DE MARIE
AUX UFONAUTES

DE MARIE
AUX UFONAUTES

Du même auteur :

AMITIE FRANCO –MARIALE

ET

GEOMETRIES UFOLOGIQUES

Editions Lulu.com 2012

ISBN 979-10-91595-00-1

DE L'ECORCE TERRESTRE

AU

DIEU INCONSCIENT

Editions LULU.com 2012

ISBN 979-10-91595-01-8

DE L'ART RUPESTRE

A

L'ÂME DES ROBOTS.

Editions LULU.com 2013

ISBN 979-10-91595-02-5

ONZE AUTRES AVATARS

DE LA BELLE

AU BOIS DORMANT

Editions LULU.com 2014.

ISBN 979-10-91595-03-2

DU FORTEEN

AU

NOMBRE D'OR

Editions LULU.com 2014

ISBN   979-10-91595-04-9

OVNI, A.M., DUAT, OSMI.

Editions LULU.com 2015

ISBN   979-10-91595-05-6

DES OVMI DE L'ABEILLE

A

LA MORT DU PANTIN

Editions LULU.com 2016

ISBN 979-10-91595-06-3

RAYMOND TERRASSE

DE MARIE
AUX UFONAUTES

DE MARIE
AUX UFONAUTES

Note de Copyright et première édition novembre 2017

Contact auteur :

Imprimé en Europe par : www.lulu.com

Dépôts légaux Bibliothèque Nationale de France en 2017

© 2017 par Raymond Terrasse. Tous droits réservés.

Livre autoédité, également vendu sur :

www.lulu.com

ISBN : 979-10-91595-07-0

EAN : 9791091595070

Une fois encore mes remerciements, et mon éternelle reconnaissance à Thierry Van De Leur pour l'aide inestimable, et le travail accompli grâce auquel mes livres purent être publiés.

*   *   *

Dédié à ceux qui prendront la relève.

*   *   *

Savoir que l'on est ignorant est le début de la Connaissance.
Mais quand la Connaissance augmente, l'ignorance s'accroît également.

*   *   *

Je rends toujours à César ce qui n'appartient pas à quelqu'un d'autre.

Couverture et 4è de couverture :

Composition de Cindy Van de Leur. Pèlerinage ufologique à

Notre-Dame de Fatima.

SOMMAIRE

* * *

.
.

* * *

AVANT - PROPOS
* * *

Ce septième livre, qui clôturera un cycle, est à la fois ancien et nouveau.

Je veux dire par là qu'il est une compilation d'articles publiés en désordre dans mes précédents ouvrages. Ils sont bien souvent actualisés, modifiés ou complétés, quelquefois avec un commentaire.

Et aussi un apport conséquent plus récent de textes nouveaux, faisant parfois suite à leur prédécesseur, et regroupés avec.

Ils concernent uniquement et entièrement le phénomène OVNI-A.M. dans son ensemble ; contrairement donc aux autres parutions, où ils se trouvaient mélangés à des dizaines de sujets différents.

D'où une publication disparate. J'ai jugé bon, après de longues hésitations, poussé par les derniers textes enfantés, de les reprendre pour en faire un tout unitaire.

Il s'avéra, au cours de l'élaboration, que c'est ma décision (mais est-ce bien la mienne ?) qui me permit non seulement de reprendre l'article sur le quatrième secret de Fatima, que je croyais complet, **mais de faire les ultimes découvertes mathématiques qui l'entérinaient définitivement** sans aucune possibilité d'en discuter la valeur ; d'où la naissance d'un article supplémentaire. J'y reviendrai à la fin de cet avant-propos, également pour une autre raison.

Ainsi, le lecteur s'étant procuré mes autres ouvrages pourra se remémorer les premiers textes sans avoir à compulser le tome adéquat. D'ailleurs, pour éviter d'alourdir la présentation par des répétitions fastidieuses, je ne citerai pas les livres correspondants.

Quant à ceux qui me découvriront, c'est encore plus simple ; s'ils sont intéressés, voire passionnés par l'ufologie, ils pourront l'étudier sous un angle autre que ce qu'en imposent les ufologues traditionalistes.

Mis à part toutefois la totalité de l'orthogéométrie disséquée dans : '' *Amitié franco-mariale et géométries ufologiques*'', sur laquelle je ne reviendrai qu'en très faible partie, mais suffisamment éloquente.

Pour les jeunes et néophytes ufologues, j'en rappellerai simplement la définition :

'' **L'orthogéométrie est une branche de l'ufologie qui relie les atterrissages d'OVNI et les apparitions mariales à des lieux préhistoriques, mégalithiques, historiques, spirituels et religieux. Cette relation est basée sur le nombre d'Or, PI et leurs dérivés.**''

J'ai découvert et présenté cette orthoténie géométrique dans ce premier livre, et les croquis en sont bien trop nombreux et pour la plupart trop complexes pour être repris ici. Sauf à deux ou trois occasions particulières.

C'est une base très importante, qui permit de mettre en lumière que les apparitions de la Sainte Vierge (ou bien sûr soi-disant telle, nous en reparlerons), font partie intégrante du phénomène.

Ce qui évidemment apporta une nouveauté exceptionnelle modifiant toute l'approche ; **finie la visite ponctuelle d'un vaisseau extraterrestre venu d'une autre galaxie (pourquoi mégoter ?) spécialement pour enlever provisoirement un couple de terriens, ou voler au passage des plans de lavande.**

IL FAUT CHERCHER AILLEURS.

Malheureusement, les ufologues - mandarins refusèrent ce rapprochement, marqués par leur religiosité. Et par crainte de sacrilège, ils maintiennent toujours leur sempiternel crédo des années cinquante / soixante.

Mon but personnel est de dépasser ce stade vieillot, irrationnel, démentiel même, car démentit par plusieurs événements plus ou moins récents, pour continuer d'analyser plus en profondeur et de comprendre l'Histoire, la mentalité et les motivations des Responsables des OVNI et des apparitions mariales, ceux que j'appelle les Shebtiw / Bitiw / Sokariens / Suivants de l'Abeille.

Cette saga, que l'on découvrira au début, je l'ai déduite et constituée à l'aide de découvertes égyptologiques, des rapports des témoins et voyants, de faits historiques, de connaissances astronomiques. Elle comporte bien évidemment, et avec mes excuses, une part de science-fiction, à laquelle on ne peut échapper.

En fait, la définition de l'orthogéométrie contient tous les éléments permettant une approche sortant des sentiers foulés, battus, piétinés, martelés par des chercheurs évitant de s'en écarter.

De sorte que le lecteur aura, entre autres, la surprise de trouver une théorie d'un dieu créateur inattendu, mais pourtant logique dans ce contexte.

Elle justifie le raisonnement d'une sorte de religion mathématique chez ceux que je considère et propose comme étant les Maîtres à la fois de ces fabuleux engins et de la planète ; aucun domaine, aussi interdit soit-il officiellement et en principe sévèrement protégé, ne leur est inaccessible sans que l'on puisse s'y opposer.

Je dois préciser que durant plusieurs décennies, j'ai été partisan de la Magonie, ce monde dimensionnel de Jacques Vallée. Les ufonautes ne pouvant être que très proches en permanence.

Jusqu'au jour, bien après la naissance de l'orthogéométrie, où j'ai appris la découverte des écrits du '' *Livre de la Construction* '' traduit par Antoine Gigal, et décrivant l'arrivée des Shebtiw à Rostau, c'est-à-dire le plateau de Giza. Les égyptologues évitent de parler de ce texte qui se trouve à Edfu, dans l'enclos du temple d'Horus.

Avec le monde souterrain du Duat, qui est le lieu dont parle le faux livre des morts égyptien, traduit réellement par '' *Livre du sortir à la lumière du jour* '' - ce qui est bien différent- auquel s'ajoute le livre de Claude Lecouteux '' *Les nains et les elfes au Moyen Âge* '' (Imago), que j'ai disséqué dans '' *OVNI, A.M., DUAT, OSMNI* '', je penche désormais pour cette possibilité.

Néanmoins, les deux thèses sont valables, car il n'y en a pas d'autres. Cependant, le plus extraordinaire, le plus stupéfiant, **c'est qu'elles n'en font probablement qu'une !**

A mon niveau, mes travaux sont exhaustifs. C'est-à-dire que je suis allé le plus loin possible, sans pour autant dire qu'il n'y a plus rien à cogiter, à méditer, à supputer, à constater, à ajouter. C'est un fait indéniable qu'il y a encore de nombreux vides à remplir concernant un phénomène qui tiendra encore longtemps, très longtemps, en haleine et en échec les misérables humains que nous sommes.

Et les futures générations d'ufologues.

Nul homme ou femme ne peut se targuer d'avoir mis ou espérer mettre un point final à l'étude d'un phénomène et de ceux qui le dirigent, et qui se moquent royalement de ce que pensent les bipèdes de la surface terrestre.

Se moquer : tout est dit.

Après la découverte de l'orthogéométrie, mes travaux m'ont amené à dénicher la raison principale des activités des Suivants de l'Abeille. Elle paraît bien cachée, et cependant, ils ne la dissimulent pas. Mon mérite n'est pas très grand, car n'importe quel ufologue aurait pu la détecter. En abandonnant toutefois les idées préconçues.

Peut-être y en a-t-il eu en vérité, mais contrairement à moi, ils n'ont pu se résoudre à l'accepter, tant elle est incongrue en apparence.

Cette raison se résume en un seul mot servi par une science nettement supérieure : AMUSEMENT.

Et comme pour les apparitions mariales, les ufologues l'ont repoussée.

De même que des personnes de mon entourage, pourtant intelligentes et ouvertes d'esprit,

Comme si un blocage mental se mettait en place à l'idée qu'une science pareille à la magie puisse servir principalement au ludique, plutôt qu'à la guerre.

Et curieusement, et pour une bonne part, c'est cet amusement qui empêchera principalement qu'il y ait un jour, même lointain, un contact officiel avec les gouvernements de l'espèce humaine.

Pour la raison que l'on ne fraternise pas avec ses jouets !

Toutefois, je pense qu'il y a une exception (partielle ou totale ?) à cet amusement : **le quatrième secret de Fatima**, que j'ai repris, complété cette fois de manière définitive ; car je pense avoir été au bout de mes possibilités..

Et qui soulève néanmoins d'autres interrogations par l'étendue du plan mis en œuvre.

C'est à coup sûr le plus grand mystère de l'ufologie.

Ah ! deux dernières précisions :

1) Dans les articles nous verrons phénomène OVNI, et les OVI ou les OSMI. Pour objets volants ou submersibles identifiés ; puisque pour moi, ils le sont désormais.

2) Le terme ufonaute vient de l'anglais : Unidentified Flying Object (OVNI , d'où UFOnaute).

* * *

ADDENDA mai 2018 :

Plutôt que de reprendre cet avant-propos où je n'ai rien à modifier, je préfère ajouter ces quelques lignes concernant la troisième facette du Phénomène OVNI : à savoir les cercles de cultures ou agroglyphes.

Après la seconde partie consacrée à Marie, ce sera donc à eux d'entrer en scène dans les champs et de clore la trilogie.

Ainsi que je l'expliquerai en détail, il ne peut en être autrement.

Cependant, pour en arriver à cette certitude, il convenait de décrypter le mécanisme de base motivant ceux que je nomme désormais les Suivants de l'Abeille / Bitiw / Sokariens.

C'est-à-dire : AMUSEMENT et MATHEMATIQUES.

D'ailleurs, on remarquera que AM c'est aussi : Apparition Mariale, avec les deux premières lettres inversées de Marie ; et que l'on retrouve également pour Mathématiques.

Ainsi, tout est bien à sa place. Et de manière définitive.

* * *

PREAMBULE
* * *
FAUSSE GLOIRE CERTES, MAIS...
* * *

Si les voyageurs grecs de l'antiquité n'avaient pas été aussi roublards, s'ils n'avaient pas pris à leur compte ce qui ne leur appartenait pas, et qu'ils avaient appris sciemment des prêtres égyptiens afin de se glorifier auprès de leurs concitoyens en se faisant passer pour des génies ; posons franchement la question :
Où en serait actuellement notre '' civilisation'' ?
Quand lucidement on constate avec une amertume certaine, à quel point elle est descendue sur le plan moral depuis un bon demi-siècle, malgré une progression technologique trompeuse, tentant vainement de dissimuler une vérité pourtant criante, on est en droit de supposer que sans cet apport gréco-égyptien nous en serions encore au concept de la Terre plate et des points lumineux peints sur la voûte céleste, tout en empruntant sa peau à titre définitif à l'ours des cavernes pour se protéger des nuits froides.

A travers les époques et jusqu'à nos jours, nombreux ont été les plagiaires.
Le plus grand ayant été Descartes, réputé grand philosophe, et qui pourtant, s'est contenté de piller les écrits anciens des bibliothèques hollandaises, copiant littéralement des textes en latin. Ce qui lui permit d'accomplir une œuvre monumentale et considérable, mais qui en vérité, ne lui demanda pas de gigantesques efforts mémoriels personnels.
Le plus étonnant étant que ces textes repris tels quels étaient eux-mêmes des plagiats ou des emprunts à une science plus ancienne, dont on évitait de révéler l'origine. Qui plus est, et plus grave encore, les plagiaires faisaient croire qu'ils en étaient les auteurs ; d'où une notoriété et un respect totalement immérités, mais qui perdurent encore actuellement. **Et bien que plusieurs auteurs aient dévoilé la supercherie.**
Dans son immense ouvrage : '' *Le paradis perdu de MU* '' tome deux, Louis-Claude Vincent – qui honnêtement ne cache pas ses sources – fait justement le procès de tous ces faussaires du lointain passé, ces '' auteurs'' et '' inventeurs'' grecs que tout le monde admire sans réserve.
Au point que la majorité des grands cratères lunaires porte leurs noms.

Il démontre, avec l'aide de critiques ayant déjà soulevé ces impostures, qu'il était impossible aux '' savants '' hellènes d'accomplir les travaux dont ils se targuent. Ils se trahissent bien souvent eux-mêmes involontairement en commettant des erreurs techniques enfantines, qu'ils auraient évitées s'ils étaient les véritables découvreurs.

D'ailleurs le géographe Strabon stigmatise la '' qualité'' de l'astronomie grecque, dont les grands penseurs disaient que le soleil passait la nuit dans la mer, et que les étoiles s'éteignaient le soir.

On se rend ainsi compte qu'il y a une grande différence entre la réalité des croyances des Grecs en général, et leurs connaissances supposées.

Pour ne pas alourdir inutilement cet article, citons simplement quelques-uns de ces voyageurs ayant profité indument du savoir des Egyptiens, parmi les plus illustres :

Thalès, Pythagore, Anaxagore, Démocrite, Hippocrate, Platon, Eudoxe, Euclide, Archimède, Anaximandre, Anaximène, Aristote, Socrate. Enfin Eratosthène, à qui on attribue la valeur de la circonférence terrestre, qu'il tenait des égyptiens, mais qu'il justifia pour asseoir sa gloire par des calculs tarabiscotés et erronés. Et bien que contradictoires, la chance voulut qu'ils se compensassent.

Comme quoi parfois, la fortune sourit aux audacieux voleurs.

Tous ces voyageurs ont passé plusieurs années en Egypte. En ce qui concerne Platon par exemple, Strabon indique : '' *qu'il eut du mal à obtenir la confiance des prêtres d'Egypte car ceux-ci '' retenaient par devers eux, cachée, la meilleure part* ''. (P.194).

Platon aurait fini par vaincre la réticence des prêtres en leur offrant un bateau d'huile d'olive. C'est ce qui s'appelle '' graisser la patte '', pour avoir accès aux archives secrètes.

En parlant d'un célèbre scientifique plus proche de nous, Kepler, L.C. Vincent rapporte qu'il avait avoué par écrit dans une lettre '' *Je veux braver les mortels par l'aveu ingénu que j'ai dérobé le vase d'or des Egyptiens...* '' à propos de ses trois lois de la mécanique universelle. (page 213 éd. La source d'Or).

Et L.C. Vincent précise que Bigourdan qui produit cette citation, ajoute que Kepler n'avait jamais indiqué comment il avait découvert ses lois.

Autre exemple : ce sont les Egyptiens qui ont appris aux Grecs quelle fraction de jour il fallait ajouter pour que l'année fût complète. Ce qui est d'une importance considérable, car sans cette connaissance, le marasme calendaire et astronomique règnerait actuellement.

Ce qu'il convient de retenir de ce qui précède, c'est :

1) Le miracle grec n'est pas celui qu'on croit, mais bien d'origine indirectement égyptienne.

2) Que les prêtres égyptiens n'étaient que les dépositaires d'un Savoir transmis par des initiateurs très évolués.

3) Pour une raison inconnue, ces gardiens de la Connaissance tenaient farouchement à la conserver secrète. Mais avec les millénaires, la moralité finit par se relâcher au bénéfice des voyageurs grecs.

Aussi, après avoir distribué les reproches et les critiques, convient-il de féliciter ces pilleurs d'avoir dérobé par la ruse, la flatterie, et l'achat de la complicité des prêtres, des informations capitales, sans lesquelles notre civilisation, déjà mise en sommeil par des siècles d'obscurantisme religieux, en serait encore à considérer le soleil et la lune comme des luminaires bibliques.

Je pars du principe, peut-être simpliste, que toute Connaissance doit être divulguée. Avec toutefois des réserves concernant les récipiendaires ; ils doivent être soigneusement choisis pour leur haute moralité.

De toute manière, le bon peuple ne saurait que faire des sciences qui le dépassent, et qu'il pourrait utiliser malencontreusement à mauvais escient.

Or les prêtres égyptiens en gardant jalousement secrètes des Connaissances utiles et permettant de progresser, bloquaient un processus naturel.

Tout Savoir enfoui à jamais dans un tiroir devient *ipso facto* inutile.

Dès lors on peut se demander pourquoi une telle obstruction ? Il est possible que depuis des millénaires de détention de ces secrets, il se soit instauré un culte de vénération pour ce Savoir antique. Ce culte dépassant toute considération de dispersion de cette science.

SURTOUT SI ELLE AVAIT ETE DEPOSEE PAR DES ETRES CONSIDERES COMME FABULEUX !

Bien entendu, et sans surprise, L.C. Vincent considère que cette Connaissance vient du continent de MU. Ce qui est logique selon son optique.

Cependant, il y a quarante ans, époque de publication de ses monumentaux ouvrages - que malheureusement il ne put compléter -, on ignorait encore que les Suivants de l'Abeille avaient débarqué sur le futur plateau de Guizeh plusieurs dizaines de millénaires auparavant.

Cette terre de l'Egypte de l'avenir ne pouvait donc pas avoir été colonisée par les Muens. Les pyramides en réduction à l'image de celles de Mars, sont bien l'œuvre de ces rescapés de l'espace, installés désormais dans le monde souterrain du Duat et maîtres des abysses océaniques.

Et du ciel de notre planète !

Il est donc facile de comprendre que les autochtones aient considéré les membres de ces ethnies sokariennes comme des Dieux à part entière, et dont les enseignements devaient être sacralisés.

Sans se rendre compte que ce blocage privait l'espèce humaine d'un essor indispensable à son évolution.

Sans ce pillage sans vergogne du trésor gardé secret par les prêtres égyptiens (que serait-il devenu ?), nous ignorerions tout de l'atome, des bateaux à vapeur et à hélices, des voitures et des vols transatlantiques supersoniques. Nous parcourrions les chemins mal entretenus avec des charrettes tirées par des bœufs ou des chevaux. Et bien entendu, pas de radio ni de télévision…

…et donc pas de publicités !

Pourtant, malgré cet apport scientifique acquis malhonnêtement, il a quand même fallu deux mille ans pour avoir Internet, les portables, et s'être brièvement posés sur notre satellite.

Si les Connaissances détenues par les Egyptiens étaient restées enfouies dans les temples, combien d'autres millénaires auraient été nécessaires pour aboutir à un résultat identique ?

* * *

COMMENTAIRE :

A propos de Platon, il est plus que probable que '' son '' Atlantide soit justement d'inspiration égyptienne. Elle est trop précise avec ses îles au-delà desquelles on pouvait aborder un continent.

L'océan Atlantique était hors de la connaissance du philosophe grec. Il ne pouvait donc imaginer aussi précisément une réalité connue uniquement des prêtres égyptiens.

Ceux-ci étaient les seuls à savoir que derrière les Bermudes, Antilles, Cuba, Bahamas, se plaçait le vaste continent qui porterait bien plus tard, le nom d'Amérique.

* * *

PROLOGUE

* * *

PHENOMENE OVNI

ET DESTINS BOULEVERSES.

* * *

Le second visage du Janus ufologique s'est dévoilé officiellement le 24 juin 1947, avec l'observation par Kenneth Arnold des neuf disques étincelants qui virevoltaient autour du mont Rainier.

Auparavant, et pendant un bon nombre de siècles, la première face avait pris l'apparence de la Sainte Vierge, elle-même composée de multiples personnalités.

Cependant, il y eut des périodes précédant la reconnaissance officielle de ces mystérieux vaisseaux, où ils apparurent sous différentes formes. Il y eut pu alors avoir un commencement d'études, un embryon d'enquêtes sous l'égide des gouvernements. Mais ces recoupements ne furent l'œuvre que de quelques personnes isolées. Je pense notamment aux '' *Soleils de Simon Goulart* '' compilés par Olivyer et Boedec, concernant les multiples apparitions sur l'Europe au 16ème siècle. La vague américaine de 1897 pouvait également être un détonateur valable, mais sans doute les esprits n'étaient – ils pas prêts ; il s'en fallait de cinquante ans. Seul, Charles Fort et ses milliers de coupures de presse en firent l'apologie, sans éveiller d'échos.

On peut considérer que le phénomène OVNI – apparitions mariales, a dans son ensemble, bouleversé la vie de deux catégories de personnes ; la plus importante étant celle ayant été en contact, soit avec des ufonautes, soit avec la Sainte Vierge.

Mais intéressons-nous en priorité aux hommes et aux femmes qui sont nés bien avant le 24 juin 1947 ; disons entre deux et quatre décennies auparavant. Ce sont les enquêteurs sur le terrain, quand les groupements d'études, comme '' *Ouranos* '', '' *Lumières dans la Nuit* '' ou d'autres plus ou moins connus, se sont formés tant bien que mal, vivotant avec peine, mais la ténacité chevillée au corps, contre savants et marée journalistique.

Que seraient-ils devenus sans la révélation officieusement officielle de Kenneth Arnold ?

Prenons l'exemple du chef de file français ; Jimmy Guieu. Il n'aurait pu écrire son premier livre sur le sujet '' *Les soucoupes volantes viennent d'un autre monde* '', en 1954, ni sa suite '' *Black –out sur les soucoupes volantes* '' deux ans plus tard. Il a obtenu également en 1954 le grand prix du roman de science-fiction pour '' *L'homme de l'espace* ''. Basé sur la guerre interstellaire entre les lézards denebiens et les humanoïdes polariens, chacun des deux belligérants utilise des engins similaires à quelques détails près ; eh oui, des soucoupes volantes, comme de juste. Cette trame et ce grand prix seraient peut-être passés sous le nez de notre célèbre ufologue écrivain, sans le coup de pouce de ces mystérieux visiteurs, et sa notoriété en aurait été réduite d'autant.

Pour lui, comme pour Aimé Michel, Charles Garreau, Michel Carrouges, Henry Durrant, Michel Figuet, Henri Julien, et d'autres tout aussi talentueux (cette étude ne se veut pas être une longue liste de noms), le destin est lié aux OVNI. **Sans cet apport miraculeux, la vie de ces hommes aurait pris une autre direction.**

Tous ces chercheurs émérites, qui ont apporté une contribution non négligeable à l'ufologie, n'ont jamais su – ou ne sauront jamais- même à l'instant de leur mort, ce qui serait advenu de leur existence, en montant dans le train de la destinée partant d'un autre quai.

On peut en dire autant de n'importe lequel d'entre nous, c'est évident ; mais dans le cas présent, c'est un événement extérieur qui a décidé pour ces ufologues, une force étrangère, et non un choix personnel dicté par une lubie subite, un chagrin d'amour, le besoin d'évasion, ou une proposition financière avantageuse.

On peut toujours objecter qu'ils n'étaient pas obligés de se plier à la volonté de ce phénomène, c'est vrai. Mais le fait est qu'il existait, qu'il existe toujours, et que par sa présence même, il influençait les adultes de cette époque. A cause, ou grâce à lui, ils se sont connus, regroupés en différents mouvements indépendants, mais qui gardaient le contact, et répandaient leurs découvertes.

Tout ceci est aussi valable pour les chercheurs étrangers ; mais restons sur le sol de ce qui fut notre beau pays.

Dans quelle mesure des auteurs, comme Robert Charroux, Jean Sendy, Guy Tarade, n'ont-ils pas été marqués par cette date historique à plus d'un titre ? Accessoirement, même un auteur de romans d'espionnage, Jean Bruce, a mis son héros OSS 117 en présence de ces intrus, venus s'installer dans un canyon, suite à une catastrophe planétaire, dans '' *Arizona zone A* ''.

Indirectement, il est possible que le phénomène OVNI ait imprégné la pensée de ces auteurs pour créer l'explosion du début des années soixante, avec, entre autres, '' *Le matin des magiciens* '' et la revue '' *Planète* ''. Cette dernière finissant par mourir sous les coups assénés par les événements de mai 68, en emmenant le peuple sur des rails trop bassement matérialistes et politiciennes.

Car depuis cette date ravageuse, on ne s'est pas gêné d'interdire l'ouverture d'esprit envers le phénomène OVNI et l'ufologie en général. Même Jacques Bergier, qui ne croyait curieusement pas à la réalité des OVNI malgré ses approches sur les extra-terrestres, a dû certainement suivre ce courant invisible, porteur d'espoirs pour l'Humanité. Espoirs qui hélas, ne se sont guère concrétisés de nos jours, bien au contraire ! En bref, **on peut dire que le phénomène OVNI fut l'outil qui créa la fonction.**

Et dans ce bouleversement des destinées, je ne fais pas intervenir l'argent. Combien de millions, voire de milliards de francs, dollars, euros, roubles, et autres monnaies, ont été dépensés, et continuent à l'être, par les gouvernements et les militaires de tous les pays, dans l'étude de ces insaisissables objets, ou pour trouver le moyen de les combattre et les détruire ?

Avec cet argent gaspillé ainsi, combien d'hôpitaux, de maternités, de centres de soins et de maisons de retraites aurait-on pu construire ? Et corollairement, combien de personnes auraient vu leur santé ou leur fin de vie considérablement changée et améliorée ? Là aussi bouleversement des destins.

Toutefois gardons les yeux ouverts ; même si le phénomène OVNI n'avait pas existé, les gouvernements et les militaires auraient-ils consacré l'argent épargné à améliorer la vie de leurs sujets ou condisciples ? **bien sûr que non !** Ils en avaient sans doute un emploi plus destructeur ou pour remplir des poches avides.

L'argent encore intervient pour la littérature dite '' soucoupiste ''. Outre les auteurs cités, il y a tous les romanciers annexes à l'ufologie. Sans compter la prise en main par le cinéma. Le phénomène OVNI a généré de nombreux films, dans lesquels les soucoupes volantes ont la part belle. Le plus célèbre étant '' *rencontres du troisième type* '', et ses prodigieux ballets du final.

Hormis '' *les soucoupes volantes attaquent* '', le titre étant explicite, d'autres productions très connues, ont utilisé une soucoupe volante comme engin de transport en vedette accessoire. Citons le merveilleux '' *Le jour où la Terre s'arrêta* ''(version 1951) '' *Planète interdite* '', et '' *la Chose* ''. A la télévision, la série '' *Les Envahisseurs* '', heureusement disponible dans le commerce, est l'archétype du phénomène OVNI. Celui-ci est donc à l'origine d'une manne financière hors du commun, et au moins d'un destin humain artistique ; sans lui, quelle serait la notoriété de David Vincent, alias Roy Thinnes ? **Le nom du héros est presque plus connu que celui de l'acteur.** Ce dernier ne figure d'ailleurs pas sur les résumés des épisodes, alors que ses partenaires sont nommés ! incroyable.

Autre point, qui doit sans doute beaucoup au phénomène OVNI ; le projet OZMA des années cinquante n'est-il pas né parce que certains astronomes croyaient en l'existence d'Êtres venus d'ailleurs pour visiter notre magnifique planète ? Son successeur, le SETI continue sa recherche avec des moyens techniques supérieurs et performants. Mais là aussi, il a ses opposants qui pensent que cette recherche est inutile, car nous sommes seuls dans l'univers.

Paradoxalement, et probablement par peur de l'inconnu, ou traumatisés par un phénomène qui les dépasse, une grande majorité de scientifiques tourne le dos à cette logique astronomique de pluralité des mondes habités.

Bien sûr, il ne faut pas oublier les loups dans la bergerie. Le phénomène OVNI a donné à certains l'idée de profiter de la crédulité humaine. Mais dans ce cas, le destin est peu ou pas changé, car le ver étant dans le fruit, ces charlatans utilisent tout ce qui peut leur rapporter. Le phénomène OVNI n'est qu'un moyen de se faire valoir, tout en ramassant un bon paquet d'argent au passage.

Je ne citerai pas de noms, car ils ne méritent pas la publicité. D'autre part, comme il est difficile de séparer les gens sincères des fripouilles, la prudence est de rigueur. On peut seulement regretter la mauvaise publicité faite à l'ufologie, car le '' bon peuple '' ne retient que le côté négatif suscité par ces profiteurs, sans chercher à approfondir la question.

Dans l'ensemble pourtant, pour les chercheurs nés avant cette année cruciale, le destin, sous la forme du phénomène OVNI, aura été bénéfique et positif ; ils ont eu la notoriété, et une vie bien remplie, à défaut de la fortune. Ce n'est pas à dédaigner. Je suppose que l'ufologue – informaticien Jacques Vallée ne me démentirait pas. Bien que nettement plus jeune que ses pairs, ayant reçu à 22 ans à peine le prix Jules Verne pour son roman '' *le sub espace* '', déjà astronome-informaticien, et en relation épistolaire avec Aimé Michel depuis 1958, le phénomène OVNI le passionnait déjà. Celui-ci a guidé son existence, surtout une fois installé aux Etats-Unis, tout en lui faisant connaître de nombreuses personnalités. Sans lui, c'est une carrière secondaire, en plus de son métier, d'auteur de romans de science-fiction, tout comme J. Guieu, qui l'attendait. Sa renommée eut été moins grande, et ses ouvrages sur les OVNI, dont ''*Les Phénomènes insolites de l'espace* '' et surtout '' *Passport to Magonia* '', n'auraient jamais vu le jour. Ni son journal personnel en volumes : '' *Science interdite* ''.

Quant aux ufologues actuels venus au monde après 1947, leur existence est bien celle qui leur était dévolue, puisqu'ils sont d'une époque déjà baignée par les OVNI. Pour eux, ce n'est plus un phénomène étranger, extérieur. Ce qui ne veut pas dire qu'ils en maîtrisent tous les rouages. A ce sujet, ils en sont au même point que leurs devanciers. Mais ils sont moins concernés par cette étude.

On peut tout de même souligner que leur vie eut été différente sans l'existence de ce phénomène. Ce qui est valable pour l'auteur de cet article, aîné de Jacques Vallée.

Voyons à présent la deuxième catégorie de personnes, dont la vie a été bouleversée de manière plus ou moins favorable.

Le partage en deux sous- classes me paraît indispensable ; d'un côté les voyants visités par la Sainte Vierge ; de l'autre, les témoins des atterrissages d'OVNI, avec contact ou approche des occupants.

Un destin de très haut niveau celui-là, doit tout à la Sainte Vierge ; celui de Louis XIV, dont nous avons déjà parlé à propos de l'apparition mariale de Cotignac en 1519 (''*Amitié franco-mariale et géométries ufologiques* ''). Eut-il existé sans l'intervention miraculeuse ? Que serait devenu, par ricochet, le destin de la royauté ? La France serait-elle ce qu'elle est actuellement ? Questions sans réponses, puisque justement, l'Histoire fut celle que nous connaissons, ou croyons connaître ; en effet, les programmes scolaires n'ont jamais intégré les interventions de la Sainte Vierge dans les cours.

Dans le cas des témoins mis en présence d'entités à leur corps défendant, et dont la vie a basculé de façon plus ou moins dramatique, alors qu'ils n'y étaient pas préparés, citons les classiques français ; Antoine Mazaud et son ufonaute câlin à Mourièras ; Marius Dewilde qui, bien que surpris par la présence des deux petits scaphandriers, se préparait courageusement à leur couper la route ; madame Leboeuf, terrorisée par l'épouvantail translucide de Chabeuil, et sans doute marquée à vie par cette rencontre ; les enfants de Cussac. Et bien sûr, Maurice Masse à Valensole, dont la transformation psychique a commencé alors qu'il pensait prendre sur le fait des voleurs de lavande ; de manière amusante, mais cela il l'ignorait (peut-être le sait -il à présent, suite à son décès en 2004 ?), **ce sont ceux-ci qui l'attendaient au coin de son champ.**

A l'étranger, outre Sonny Desvergers qui fut brûlé par un OVNI, avant de s'évanouir, et le voyage interrompu du couple Barney et Betty Hill, le cas le plus célèbre d'un destin marqué par un événement hors du commun, reste bien entendu celui d'Antonio Villas Boas, et de sa '' rencontre intime '' avec ce qui semble être une humanoïde E.T., et dont il ne connut probablement jamais le résultat. N'oublions pas le malheureux Inacio, le fermier de la Fazenda de Santa Maria au brésil. Touché par un rayon jaillit de l'objet posé au sol près de sa ferme, alors qu'il venait de tirer sur un des êtres qui s'approchaient, il mourut à 41 ans, deux mois plus tard, d'une leucémie. Celle-ci était-elle déjà en train de le ronger, ou est-elle la conséquence de la riposte de l'OVNI ? Peut-être eut-il vécu encore très longtemps sans ce tragique incident.

Un mot en passant sur les anonymes, ceux dont le nom ne fut jamais prononcé, voulant éviter sagement une publicité tapageuse et envahissante. Plus prudents que leurs célèbres homologues, ils se cantonnèrent, avec juste raison, dans une réserve de bon aloi (par exemple le docteur X). Ce qui n'empêcha toutefois pas un bouleversement de leur existence.

Cependant, cet excès d'envie de tranquillité en a poussé d'autres, tout aussi crédibles, avec des révélations peut-être plus spectaculaires encore, à se taire complètement ; leur aventure trop fantastique les désignant aux quolibets des '' homo Sapiens Sapiens ''. De ce fait, on estime à près de 90 % les témoignages totalement ignorés.

Où en serait l'ufologie, et par contrecoup le destin de l'Humanité entière, si l'ouverture d'esprit des savants et des médias avait permis que cet énorme pourcentage d'inconnus sortît de l'ombre sans crainte ? Les scientifiques railleurs et la presse dans sa grande majorité ont un lourd tribut sur leurs consciences ; sans qu'ils le soupçonnent, **c'est inscrit dans leur Karma, et ils devront bien plus tard, en payer la note**.

Le cas est différent pour les apparitions mariales. Sans doute parce que l'on touche au domaine religieux. Les médias sont plus respectueux des visites de la Vierge, qui sont plus connues et commentées que les atterrissages d'OVNI. Les autorités catholiques elles-mêmes sont débordées par leur base ; la ferveur populaire, tel un raz de marée enthousiaste, prenant le pas sur la prudence et le recul du clergé. Même des décisions négatives n'empêchent pas les pèlerinages.

Toutefois, personnellement, je note une différence sensible entre les témoins des posés d'OVNI, et les voyants des apparitions mariales. Si pour les premiers, le destin a été bouleversé dans des proportions notables, une grande partie des seconds était déjà préparée à une vie pieuse ou monastique. Et pour certains d'entre eux, la renommée a, en quelque sorte, compensé l'existence pauvre et anonyme qui leur était dévolue. Je pense à Mélanie Calvat et Maximin Giraud, les petits voyants de La Salette. Nés dans des familles sans ressources, ils auraient continué de vivre dans les alpages. Bien sûr, il est possible que Maximin eût vécu au-delà des 39 ans. Mais si, comme il l'écrivit, il a gâché son existence, il a connu des expériences qui lui seraient restées fermées.

D'autres qui ont subi les foudres de la Sainte Vierge pour s'être opposés à Sa Volonté, avec de bonnes raisons, mais qu'elle ne voulait pas entendre, en ont gardé un souvenir impérissable. Benedetto Da Pareto, tombé d'un figuier, abandonné par les médecins qui ne lui accordaient aucune chance de survie, et totalement guéri le lendemain, en est le parfait exemple.

Les mourantes au dernier degré Estelle Faguette et Madeleine Kade ont vu une vie qui s'achevait dans des souffrances extrêmes, se prolonger de plusieurs décennies dans une joie ineffable. Je crois que là encore plus qu'ailleurs, on peut affirmer péremptoirement, que grâce à l'intervention de cette facette du phénomène OVNI, **le destin a été bouleversé, et dans un sens très positif cette fois.**

Donc, avec la présence de ce Janus aux deux visages, la destinée de bien des femmes et des hommes de ce monde a changé de manière plus ou moins profonde, mais surtout indélébile.

Ce Dieu intervient-il sur d'autres mondes, sous une forme différente ? C'est une question que nous pourrons peut-être poser un jour lointain, si nous sommes enfin autorisés à nous y rendre.

En attendant cette autorisation hypothétique, le plus grand miracle que les Responsables des OVNI puissent accomplir, serait d'ouvrir les yeux et l'esprit de la presse toute puissante et négative, afin qu'elle œuvre pour une fois dans le bon sens. Alors on pourrait espérer entendre les milliers de témoignages restés enfouis dans la mémoire de ceux qui ont participé à des scènes du grand théâtre faërique, pour le plus grand profit de l'ufologie en particulier, et de l'Humanité en général.

* * *

COMMENTAIRE :

Il est possible que les Responsables des OVNI, en intensifiant depuis 1947 leurs survols, atterrissages et autres manifestations spectaculaires, aient eu pour objectif, principal ou secondaire, de favoriser en quelque sorte, la création d'une nouvelle fonction : les enquêteurs ufologiques.

Ce qui leur permettait d'augmenter leurs possibilités d'amusement, à travers les tâtonnements et erreurs de la part des chercheurs, les jugements peu flatteurs des journalistes, et les monstrueuses bévues des scientifiques acharnés à avancer les hypothèses les plus saugrenues, afin de '' prouver'' qu'une technologie plus évoluée que celle des hommes ne pouvait pas exister.

Aussi, entre la planète Vénus visible en plein jour, le gaz des marais, l'œil des vaches brillant la nuit (Sic !), et autres billevesées, il y avait de quoi se faire rouler de rire en tapant sur le sol ces braves ufonautes qui n'en espéraient pas tant.

Ce faisant, en déclenchant un tel bouleversement planétaire, peu leur importait que la vie de milliers de personnes sur toute la planète en pâtisse parfois.   Ce n'était pas leur problème.

* * *

.

PREMIERE FACETTE
* * *

UFONAUTES
* * *

CHAPITRE I
* * *

LEVER DE RIDEAU
* * *

RETOUR SUR LES HYPOTHESES
* * *

Avertissement :

Toute hypothèse doit prendre en compte tout ce qui a été accumulé sur le phénomène OVNI jusqu'à l'année 2018. Soit pour l'appuyer, soit pour la mettre en doute ou la rejeter complètement.

En ce qui me concerne, outre l'orthogéométrie avec utilisation du nombre d'or, les apparitions mariales, et les OSMI, j'ajoute à cette base de travail : les visiteurs de Beausoleil admirateurs de Victor Hugo et leur curach, et les contrôles des bases de missiles atomiques, ou des commandes des avions de chasse. Et aussi les agroglyphes que nous détaillerons.

Pour n'évoquer que les plus spectaculaires et les plus significatives manifestations d'un phénomène **très proche en permanence** de l'espèce humaine.

* * *

Ce ne sera pas une surprise, si je dis que la première de ces hypothèses est l'origine extraterrestre.

Et elle est la logique même, car il ne pouvait y en avoir d'autres à l'époque de l'entrée en vigueur de l'Ere Ufologique Moderne.

A la suite des V1 et des V2 de sinistre mémoire, les fusées avaient connu une notoriété, qui sans être fracassante, à cause de leur faible potentiel, autorisaient le rêve du voyage dans l'espace, tel le film qui se voulait documentaire'' *Destination Lune* '' de 1950.

Elles avaient été expérimentées en Europe en en particulier à partir de 1927 sous l'impulsion d'Hermann Oberth, et principalement aux Etats-Unis, où Robert Goddard réussit en 1926 le premier vol mondial d'une fusée à propergol liquide.

Cependant, ce n'est qu'après les premiers essais réalisés à White Sands à partir d'octobre 1945, que l'idée du voyage dans l'espace prit véritablement corps ; le film de 1928 de Fritz Lang '' *une femme dans la Lune* ''n'étant qu'une magnifique fiction chimérique.

Il y a toujours eu et il y aura toujours, des gens en retard sur le futur, comme ceux qui en 1925, 1935, et 1957, disaient qu'aller sur la Lune ou voyager dans l'espace était une idiotie irréalisable (rapporté par Julien et Figuet dans '' *OVNI en Provence* '').

Laissons ces anecdotes, et constatons qu'il n'est donc pas étonnant qu'en 1947 la vision de Kenneth Arnold des 9 objets folâtrant autour du mont Rainier, fut le point de départ de cette hypothèse. La vitesse estimée de ces OVNI n'étant pas compatible avec les normes terrestres de ce temps (2700 K / H).

En fait, il n'y avait que deux possibilités. Soit la séduisante ou redoutée, selon l'état d'esprit, visite d'Êtres venus du Cosmos ; soit une arme secrète d'un pays que tous les Américains avaient en tête. Et cette possibilité n'était pas réjouissante, car elle dénotait une avancée technologique redoutable.

Toutefois, à bien y réfléchir, beaucoup en doutaient. Pourquoi les Russes prendraient –ils le risque de venir narguer les Yankees sur leur territoire, alors qu'un ou plusieurs engins pouvaient avoir une panne et s'écraser, offrant l'occasion d'étudier les épaves, et d'avoir ainsi le moyen de rattraper le retard technologique ?

Non, ce n'était pas possible, et les observations qui suivirent renforcèrent la piste E.T. Les vitesses et la maniabilité de ces appareils dépassaient de loin tout ce qu'une nation aurait pu inventer en si peu de temps après la fin de la guerre.

D'autant qu'après les premiers atterrissages, la vision d'Entités revêtues de scaphandre, assura, définitivement, du moins le croyait-on, la prédominance de cette théorie. Des Êtres ne respirant pas notre atmosphère ne pouvaient venir que d'un autre monde.

Le cinéma, déjà aux premières loges, ne fit que marteler ce qui était dans l'esprit des gens.

'' *La Chose d'un autre monde* '' (1950), '' *Le jour où la Terre s'arrêta* '' (1951), '' *La guerre des mondes* '' (1951), '' *Les soucoupes volantes attaquent* '' (1956), '' *Planète interdite*'' (1956),'' *Les survivants de l'infini* '' (1955), passionnant certes, mais moins grandiose que le livre de R.F. Jones.

Tous ces films qui ont enchanté notre jeunesse, et font toujours rêver notre vieillesse, s'ils firent la fortune des producteurs, ajoutèrent leur poids supplémentaire.

Puis, quand on s'aperçut que les visiteurs ne portaient plus de protection respiratoire, certains se demandèrent s'ils s'étaient adaptés à notre atmosphère, ou à nos microbes, ce qui paraissait étonnant, ou s'ils avaient joué la comédie des astronautes sur un monde invivable pour eux.

Et l'hypothèse E.T. commença à se lézarder.

Les décennies passant, on se rendit compte que s'il s'agissait d'envahisseurs éventuels, ils prenaient leur temps, nous laissant augmenter notre potentiel de défense.

Dans le cas contraire, pourquoi ne prenaient-ils pas contact ?

Ce refus du contact inspira de nombreux scénarios ; le plus connu étant celui décrit par Aimé Michel.

La trop grande différence entre nos deux Sociétés, cultures et technologies pourrait nous détruire. Nous serions incapables de combler cet immense fossé ; **un peu comparable à celui entre l'homme et l'escargot.**

A présent, il est à peu près certain que l'hypothèse E.T. a tellement de plomb dans l'aile, qu'elle est en chute libre, sans pouvoir éviter l'écrasement.

Il y a actuellement une multitude d'arguments à mon avis imparables, bien que je puisse me tromper par rapport à une pensée non humaine ; si des explorateurs venaient sur Terre d'un espace très lointain, après avoir parcouru les 60 années-lumière de l'équation de Drake, distance minimum, ou qu'ils viennent du dix-septième univers imaginé par Francis Carsac, seuls ou en armada, ils ne s'amuseraient pas à ramasser une poule dans une ferme, récolter quelques plants de lavande et cueillir des trèfles à quatre feuilles ; et encore moins prélever quelques cailloux devant des témoins ébahis qu'ils ignorent, alors qu'ils ont probablement les mêmes chez eux. Ce qui a pu tromper les autorités et les ufologues des premiers temps, et qui était le but recherché.

Ni obliger un naïf policier à poursuivre de nuit des lutins dans un bois. Et ce n'est pas en embrassant silencieusement un paysan de la Corrèze, qu'ils obtiendraient des réponses.

Et encore moins, bien entendu, se renseigner pour savoir si une troupe ambulante va jouer une pièce théâtrale de Victor Hugo dans une petite bourgade des Alpes –Maritimes, pour y assister discrètement.

Et surtout, ils chercheraient en priorité à connaître notre niveau scientifique et notre mentalité, afin éventuellement de prendre un contact officiel.

D'autre part, comment expliquer les sorties et plongées maritimes, qui même dans le cadre d'une étude scientifique, devraient être ignorées des Terriens, en évitant la proximité des navires, les surfaces vierges étant immenses ? Au contraire, les OVI se comportent comme étant en état de droit.

De même, ils ne s'amuseraient pas à répéter les actions de manière presque identique ; à savoir l'atterrissage de Quarouble en France en septembre 1954, et son quasi copier-coller en Chine en décembre 1989, où un OVI s'est posé sur les rails à proximité d'un passage à niveau, avec deux nains comme figurants. Pour ne citer que ces deux cas. (Shi Bo '' *OVNI nouveaux dossiers chinois* '').

Et comble de l'indécision, **ils n'attendraient pas près de soixante-dix ans pour se décider dans un sens ou dans l'autre.**

Je pourrais poursuivre cette liste sans fin, mais c'est inutile ; le jury a rendu son verdict.

Cette hypothèse est donc à rejeter définitivement, du moins en ce qui concerne les OVI.

Qu'il y ait des visiteurs occasionnels, cargos marchands en difficulté provisoire, ou voyageurs pressés de se rendre à un rendez-vous galactique, et frôlant notre planète, jettent un rapide coup d'œil sur la palette de couleurs offertes à leurs regards blasés, ne me parait pas une impossibilité ; et pourrait être même plus courant qu'on ne le pense.

Mais c'est sans aucune commune mesure avec le problème qui nous préoccupe.

L'hypothèse temporelle faisant état de voyageurs remontant du futur, est séduisante de prime abord par son caractère fantastique. Néanmoins, encore plus que pour l'hypothèse E.T., les mêmes objections sont non seulement valables, mais leurs réalisations provoqueraient l'annihilation de ces mêmes visiteurs, par les bouleversements qu'ils auraient introduits à notre époque. Par effet cumulatif boule de neige, **ils n'auraient peut-être jamais existé.**

Toucher à la trame du temps, signifie : prudence, circonspection, et discrétion absolue ; tout ce qui va à l'encontre de ce qui se passe.

En fait, il n'y a que deux hypothèses qui s'accordent parfaitement avec tous les témoignages et manifestations qui font l'objet des chroniques millénaires.

A cause de ces manifestations, on peut affirmer avec certitude que le phénomène OVNI est obligatoirement plus proche des Terriens qu'on ne le pense généralement.

Tous les arguments développés plus haut le démontrent, et ne peuvent s'appliquer à toutes les autres hypothèses.

Et si on y ajoute les apparitions mariales et l'orthogéométrie, c'est la mirabelle sur le clafoutis ; cette orthogéométrie basée sur le nombre d'or, et qui est probablement en vigueur sur toute la planète. Aux Etats-Unis, l'exemple de Socorro est là pour le prouver. Mais seul un ufologue américain ayant connaissance de tous les atterrissages de son pays, pourrait en tirer des figures géométriques et mathématiques.

Et prouver ainsi définitivement que les apparitions mariales sont partie intégrante du phénomène OVNI, et que tout n'est qu'un jeu mathématique.

Une civilisation super évoluée qui partage la planète Terre avec nous, appelée civilisation parallèle. En théorie, et c'est je crois l'hypothèse du professeur Demarcq, il y aurait eu deux Sociétés évoluant côte à côte à une vitesse différente. C'est de l'hypothétique peu crédible.

C'est un peu comme si les civilisations amérindiennes, en avance sur le monde occidental encore plongé dans le Moyen-Âge, vivaient tranquillement dans leur coin, au risque de se faire rattraper par leurs voisins, et obligées de se défendre contre l'envahisseur.

Cette situation en porte-à faux ne pourrait pas perdurer éternellement, et aboutirait au choc des cultures.

J'avoue être sceptique sur cette idée, car il me semble qu'une telle différence d'évolution amènerait l'asservissement du plus faible ou sa destruction ; on rejoint la position d'Aimé Michel.

Sauf pour les Responsables des OVI, puisqu'ils ne seraient pas d'origine terrestre. N'agissant pas en envahisseurs voulant dominer le monde, ils se contentent de leurs propres domaines, suffisamment vastes pour ne pas se sentir gênés aux entournures.

Il y a également les mondes dimensionnels chers aux auteurs de science-fiction, chacun ayant un nom préférentiel.

Pour éviter ces écueils, je louvoierai entre la Magonie de Jacques Vallée, et la Faërie du génial, poétique et merveilleux J.R.R. Tolkien.

C'est suffisant pour mon petit cerveau, puisqu'en fait, il s'agirait de la même chose, d'où simplification.

Il est difficile de trancher ex cathedra. L'exemple suivant rapporté par Jean Sider dans '' *Les extraterrestres avant les soucoupes volantes* '', laisse rêveur.

Un soir d'été 1884, à l'Île de Man, en Angleterre, un cocher qui faisait sa tournée habituelle pour collecter les colis postaux, a été victime de la malignité d'un groupe de fées habillées toutes de rouge et portant des lanternes. Elles arrêtent la carriole, jettent les colis postaux à terre, et dansent autour du cocher, '' *d'une manière bien connue chez les fées* ''.Quand il remet un colis en place, il est aussitôt rejeté. Et ce petit jeu dure jusqu'au matin, le pauvre homme étant épuisé.

C'est un homme sérieux et qui ne boit pas, et vu son retard, son histoire est considérée comme crédible.

Cette mésaventure rejoint toutes les autres histoires d'amusement aux dépens des humains. Mais on peut se tromper sur l'identité des intervenantes ; fées ou Sokariennes ?

Ainsi que je l'ai exprimé dans l'article '' *Des nains aux géants ou la protection faërique* '' (Livre '' *OVNI , A.M., DUAT, OSMNI.* '') il est possible que les Shebtiw / Sokariens aient fait en sorte de passer pour des elfes, des lutins, et des gnomes pour mieux tromper les humains, et faire croire qu'ils venaient d'un monde dimensionnel. Tout en agissant comme des astronautes d'une autre planète à l'atmosphère différente de celle de la Terre.

C'est tellement bien emberlificoté, que nous ne pouvons dénouer l'écheveau ; seule la conviction personnelle peut faire pencher la balance, mais uniquement pour le compte de chacun, sans pouvoir l'imposer à d'autres.

Toutefois, je suis personnellement persuadé que la parfaite maîtrise de la technologie de l'inconscient, ainsi que l'a si bien exprimée J.R.R.

Tolkien, a permis aux Sokariens d'inculquer cette notion de peuple-fée, d'une manière générale, de sorte que nous sommes persuadés qu'il existe un tel monde dimensionnel.

Les Shebtiw / Sokariens ont une antériorité terrestre de 40.000 ans ou plus. Et même passer pour des dieux en aidant nos ancêtres à progresser dans les arts picturaux, ou les connaissances en général, est basé sur l'amusement et le ludique ; **c'est dans leur psychisme.**

Comme il faut avoir le courage de ses opinions, pour moi, un argument milite en faveur des Suivants de l'Abeille aux nombreuses composantes ; **le fait qu'ils vont dans l'espace, travailler sur leur Lune, et les autres planètes.**

Ils sont venus d'un autre monde en perdition, pour s'installer à Rostau / Guizeh, en Egypte '' *à une époque où il n'y avait rien.* '' Ils appartiennent donc à notre continuum.

Tandis que la Magonie, la Faërie, le monde du Peuple-fée en général, se situeraient sur un autre plan.

Et si dans '' *Amitié franco-mariale et géométries ufologiques* '', je privilégiais cette hypothèse dimensionnelle, à la suite de J. Vallée, je pense que les arguments sont plutôt en faveur des Shebtiw / Sokariens.

Aussi croire que ces Gentilshommes de tous poils sillonneraient l'espace qui est le nôtre, alors que le leur doit offrir de nombreuses autres possibilités, me paraît hors de propos.

Cette objection semble suffisante en elle-même. Mais ainsi que je l'ai suggéré, la possibilité que les Sokariens aient influencé l'espèce humaine pour l'amener à croire à une origine faërique, ne veut pas forcément dire que le ou les mondes dimensionnels n'existent pas.

Néanmoins, c'est toujours du domaine hypothétique, nous n'avons aucune preuve scientifique. Et d'autre part, l'homme a depuis très longtemps, été séduit par l'esprit de la magie ; un coup de baguette et hop, on obtient ce que l'on veut sans effort ; c'est le rêve absolu.

La téléportation de la science-fiction est l'exemple même de ce rêve de déplacement sans fatigue, sans dépenses, et sans perdre des heures de conduite dans les encombrements, ou d'étouffement dans des trains bondés avec un fatras de valises.

Les tapis volants sont les prototypes de ce mode ultra-futuriste.

Les humains ne sont que des faire-valoir sans intérêt, et il n'y a aucune raison de les ménager ('' *D'ici un an tu ne seras plus de ce monde* '' dixit la Sainte Vierge à une petite corse), sinon le rire perdrait de sa force. C'est du grand guignol le plus extravagant, issu d'un psychisme totalement à l'opposé du nôtre. Ou pour être plus précis, qui est plus logique et sans fard.

J'ajouterai que le fait d'aider parfois les hommes à titre individuel ou collectif (l'apprentissage du dessin et de la peinture par exemple), en plus de flatter cet ego réclamé par les Saintes Vierges (publie ma gloire), ajoute à l'aspect ludique.

Nous nous donnons bonne conscience, tout en laissant faire des atrocités sans réagir autrement que verbalement, et sans trop insister.

Nous sommes des faux-jetons, alors que les Sokariens agissent ouvertement ; on peut leur accorder qu'ils ne sont pas hypocrites, mêmes si nous sommes victimes de leurs jeux stupides et parfois cruels.

Dont ils puisent les éléments de base dans les passions (la chasse), les désirs, et dans les souvenirs, très souvent lointains et parfois oubliés du '' pigeon de service '' et s'en servent pour l'attirer dans un piège auquel il ne pourra échapper.

Les ufologues doivent bien se mettre en tête, même si cette conclusion ne leur plaît pas, que les Responsables des OVI-A.M. –OSMI, ne vivent que par les deux facettes de l'amusement, qui sont :

Les jeux géométriques et mathématiques basés sur le nombre d'or principalement, et la farce, bien que souvent pour les hommes, elle soit de mauvais goût.

Tant que l'on n'aura pas accepté que toutes les composantes du phénomène OVNI sont axées sur cette finalité, toute discussion sur les doutes de l'appartenance des apparitions mariales au phénomène, **ou le refus sans vérification des tracés géométriques, ne pourront que reculer sans fin une approche plus cohérente du phénomène OVNI.**

Il faut impérativement oublier l'hypothèse E.T. qui empêche d'ôter les œillères.

Même un homme intelligent et bien informé comme Jimmy Guieu, reprochait à Jacques Vallée de s'en tenir à son hypothèse du peuple-fée, sans accorder un peu d'intérêt à l'hypothèse E.T.

Je trouve que c'est bien dommage de s'accrocher à une idée qui devenait de plus en plus indéfendable, quand on a tous les atouts en main pour la rejeter.

*　　*　　*

INQUIETUDES SOKARIENNES.

* * *

Même si l'auteur ou le père de la théorie que les Suivants de l'Abeille / Bitiw sont les Responsables tout-puissants des Objets Volants Identifiés– en l'occurrence moi Raymond Terrasse – est le seul à la partager, il n'empêche qu'elle est la seule à expliquer :

1) Pourquoi ces maîtres de la technologie de l'inconscient sont omniprésents sur Terre.

2) Pourquoi leur science supérieure les autorise à se moquer ouvertement des endroits interdits de survols, à contrôler les bases militaires en les paralysant, et à neutraliser les missiles nucléaires. Le tout en toute impunité.

3) Pourquoi ils ont inventé et diffusé les Apparitions Mariales à travers les siècles. Rien que ce troisième point montre bien qu'ils font partie intégrante et permanente de notre environnement.

4) Pourquoi leurs sous-marins agissent également à leur guise.

5) Pourquoi je pense qu'ils sont intervenus et interviennent encore ponctuellement et occasionnellement dans l'Histoire du monde et de la France en particulier.

Tous ces : ''pourquoi'' étant réunis dans un seul but ; l'AMUSEMENT.

J'ai bien conscience que dans l'état actuel de notre civilisation planétaire catastrophique filant à grande vitesse vers le néant, en proie à des guerres de religion qui la déchiquettent, la réduisant en lambeaux irrécupérables, ce mot paraît presque obscène.

Et si j'ai écrit '' religion'' au singulier, c'est parce qu'il y en a qu'une seule responsable et coupable de toutes ces destructions (précisons : actuellement, car dans le passé, il y en a eu deux qui voulaient imposer la '' vraie foi ''. Mais la deuxième est en déconfiture). Alors qu'il suffirait qu'elle adopte et applique un seul mot qui serait la contrepartie de celui des Suivants de l'Abeille : TOLERANCE.

La reconnaissance et l'acceptation des autres religions, sans esprit de prosélytisme dans la violence, feraient que l'Humanité repartirait sur des bases solides pour son avenir.

Pourtant, de même que les ufologues refusent de reconnaître **l'amusement** comme motif de base des actions des Suivants de l'Abeille, les combattants de chaque camp adverse – qui adorent un dieu identique, ce qui interpelle sur les motifs de leurs dissensions- appuyés par les diplomates, ne veulent ni admettre ni appliquer la tolérance.

Voici pourquoi :

1) Plus de possibilités de tester les nouveaux engins de destruction.

2) Donc plus de ventes d'armes.

3) Plus de pressions diplomatiques sur les pays tiers souffrant de la faim.

4) Obligation morale de respecter les religions autres. C'est la fin de la possibilité d'imposer ses propres principes.

5) C'est aussi le respect de toutes les opinions politiques sans exclusion ni ostracisme de ce qui n'est pas dans sa propre ligne de pensée ou de conduite. Comme c'est le cas en France.

A la lumière de ces deux termes honnis, refusés, rejetés, on se rend compte pourquoi le mot : **amusement** heurte le bon sens terrien.

Puisque nous n'avons pas la générosité et le courage d'appliquer sans arrière-pensée la tolérance qui résoudrait tout, il est inconcevable, irrationnel, démentiel, incongru en un mot, que des étrangers pourtant '' bien de chez nous '' s'amusent pacifiquement à nos dépens.

C'est une leçon que nous ne pouvons tolérer. Et par voie de conséquence, cette théorie ne peut en aucun cas être viable.

Comment certains pourraient-ils passer leur temps à s'amuser, alors que nous nous démenons dans tous les domaines pour imposer notre point de vue ? Que devient notre petit pouvoir de décisions par lequel la domination des autres est le seul but valable ?

Plus haut, j'ai écrit que les Sokariens intervenaient ponctuellement dans notre Histoire générale. Permettez-moi d'être plus explicite à ce sujet.

Et avant tout de préciser ce titre de Sokariens.

Si les Suivants de l'Abeille ou Bitiw sont arrivés sur Terre il y a à peu près quarante-mille ans selon la Tradition, et que nous détaillerons dans l'article suivant, leur peuple était divisé en sept groupes ou ethnies, avec un chef à leur tête.

Ces chefs ayant eux-mêmes un supérieur général du nom de Sokar, qui serait la plus ancienne de ces Autorités (Toujours selon la Tradition égyptienne), et qui furent bien plus tard divinisés.

Lors des préparatifs du débarquement allié du 6 juin 1944, il y avait de nombreuses unités avec chacune un général à leur tête ; toutes ces unités étant coiffées par un chef suprême : Dwight Eisenhower.

On peut donc assimiler cette arrivée des Suivants de l'Abeille sur la future terre d'Egypte à cet événement contemporain. Et il n'est pas étonnant que j'aie choisi de dénommer cette armada sous le nom générique de Sokariens.

A mon avis, une fois leur installation terrestre achevée, du moins en première partie, ils commencèrent par reconnaître leur nouveau domaine, et de faire connaissance avec les peuplades existantes.

Auxquelles ils enseignèrent des rudiments de savoir ; notamment en astronomie, peinture et sculpture, tout en veillant à ne pas bousculer leur mode de vie ; ce qui aurait été un bond trop considérable et brutal sur la voie de l'évolution.

Surtout parce que le cerveau de ces autochtones n'avait pas encore le développement neuronique nécessaire pour assimiler de plus hautes connaissances sans préparation progressive.

Je pense aussi que les Sokariens établirent la première civilisation égyptienne, celle qui construisit avec leur aide la fameuse Grande Pyramide et ses petites sœurs.

La Grande Pyramide démontre indubitablement qu'elle est non pas la finalité accomplie de celle de Snefrou ou de Saqqarah, mais bien antérieure à ces pitoyables essais. Eux-mêmes sont le résultat de l'imitation par une race égyptienne décadente ; **et rien d'autre.**

Vouloir à tout prix faire croire que du jour au lendemain, après avoir raté la pyramide rhomboïdale, les architectes auraient compris et corrigé leurs erreurs de manière telle qu'ils auraient abouti à un parfait chef-d'œuvre, est tout simplement une pure folie dogmatique ; **basée uniquement sur le fait accablant que nous ne pourrions le réaliser.**

Ce qui représente un paradoxe loufoque et dramatique à la fois : nous sommes plus bêtes que les Egyptiens du temps de Kheops ; mais il vaut mieux reconnaître cette infériorité que d'admettre qu'une civilisation antérieure plus évoluée soit la créatrice de ce monument.

L'Histoire égyptienne commence à la dynastie zéro ! Et pas avant.

L'article suivant fera le point sur l'ensemble historique de l'Humanité et l'intervention des Bitiw dans notre vie quotidienne, telle que mes études m'ont amené à la déduire.

Ce sera, comme pour cet article, mon opinion personnelle pleinement, totalement et en toute conscience, assumée par moi.

Auparavant, et pour finir ce synopsis, je voudrais expliquer rapidement le titre.

Tout le monde se souvient qu'après la catastrophe de Fukushima, un film largement diffusé a été pris, montrant un énorme cigare survolant la centrale nucléaire. Visiblement, ce n'était pas par esprit morbide pour se délecter du spectacle de désolation, selon une habitude néfaste bien terrienne, mais bien pour en constater les dégâts et voir si le danger ne risquait pas de s'étendre.

Il est de fait que si les Sokariens s'amusent aux dépens des terriens, ils ne tiennent pas à ce que ceux-ci se fassent sauter la G..., car ils en subiraient le contrecoup.

D'où les contrôles des missiles atomiques, **avec intervention assurée pour qu'un conflit nucléaire ne se déclenche pas.**

Indépendamment de cette surveillance volontairement peu discrète, mais sporadique, les Sokariens, après être intervenus dans l'Histoire pour lui donner une direction, se contentent à présent de compter les points de part et d'autre, pourrait-on dire.

Tout en étant prêts à nous taper sur les doigts si le besoin s'en fait sentir ?

*   *   *

MU, BITIW : HISTOIRE OFFICIEUSE.
* * *

AVERTISSEMENT :

Tout ce qui suit, ainsi que les autres articles traitant des Bitiw / Sokariens, et non publiés dans mes livres (donc écrits après janvier 2017), sont le résultat de mes études, réflexions, cogitations accumulées suite à mes lectures et au développement de mes théories poussées à leur extrême niveau. Celles-ci s'appuyant sur des faits historiques, astronomiques, et des constats techniques irréfutables. **J'en revendique et en assume la pleine et entière responsabilité.**

En effet, je me doute – j'en suis même certain – que l'ensemble de ces articles ne sera pas accepté. Le mot même de '' réticence '' est trop faible pour qualifier l'opposition qui ne manquera pas de naître à la suite de cette lecture.

Les tenants des différentes religions seront les premiers à monter aux créneaux ; mes livres les ayant déjà titillés. Ceux qui les suivront le feront pour des raisons autres ; peut-être sans idée bien précise, mais pour montrer un désaccord de principe basé uniquement sur les enseignements inculqués comme autant de dogmes en vigueur, et de ce fait : sacrés, inattaquables, inamovibles, et indéboulonnables.

Je l'ai déjà spécifié et démontré dans mon article : '' *De quand date la grande dissimulation ?* '' (livre : '' *De l'écorce terrestre au dieu inconscient* '') : toute l'Histoire de la Terre et des peuples est volontairement faussée, afin d'éviter que la Connaissance, la véritable, se répande trop vite et à tous les échelons de la Société.

L'ignorance étant la meilleure arme pour garder le contrôle de l'esprit humain, il faut à tout prix détourner le cours de la réalité, de la même manière que l'on change le cours d'un fleuve, afin de le diriger dans la direction voulue.

Exemple suffisamment éloquent : les médias s'ingénient à orienter les lecteurs de la presse écrite, les auditeurs de la radio et les téléspectateurs vers le candidat à élire pour la présidence, candidat imposé par les dirigeants occultes.

A mon petit niveau de citoyen lambda (c'est-à-dire n'ayant aucun pouvoir de décision envers les foules), à ma faible intelligence torturée au maximum pour mettre au point mes propres théories (appuyées toutefois par des travaux pratiques telle l'orthogéométrie), je vais résumer la totalité de celles-ci, dont la triple formule en exergue sera :

1) Nous ne sommes pas maîtres de notre planète. Par nous, j'entends non seulement notre '' civilisation '', mais en remontant très loin dans le passé, ainsi que je le démontrerai.

2) Nous sommes sous surveillance. Tant que nous ne risquons pas de nous autodétruire par échange de missiles nucléaires, cette surveillance reste passive.

Le cigare volant filmé au-dessus de la centrale de Fukushima en mars 2011, venu constater les dégâts causés par le tsunami, en est la démonstration flagrante et incontestable.

D'autres preuves également irréfutables, et par-là même gênantes, existent ; comme la visite des silos des missiles atomiques, la paralysie des bases militaires, et la neutralisation des vecteurs. Et ce, chez différentes nations – Amérique et Russie entre autres - afin de bien montrer une absolue neutralité impartiale.

Pourtant, ce sont autant de constats accablants que les anti-ufologues cachent au public ; **falsification d'une réalité criante**. Et les documentaires concernant les OVNI sont autant de mensonges.

3) Le plus dur à accepter et à assimiler, même pour des esprits évolués et ouverts : **nous restons des jouets à la merci des amusements de nos maîtres.** Bien que ceux-ci soient discrets et ne nous fassent pas sentir (enfin pas trop) leur supériorité.

C'est uniquement dans ce but qu'ils nous laissent un semblant de libre-arbitre.

Le prologue ayant été présenté, que le rideau se lève à présent, et que l'Histoire se déroule.

* * *

PREMIERE PARTIE :

La théorie prédominante est que la lune serait née d'une rencontre entre la Terre et une planète errante. Or, avec ses 3476 kilomètres de diamètre, il paraît incroyable qu'une telle masse puisse avoir été prélevée sur le compte de notre globe. D'autant plus que :

1) De nombreux composants n'existent pas sur Terre ; tel l'hélium 3.

2) Certains de ses matériaux sont plus anciens que ceux de la Terre.

3) Le rapport entre les deux diamètres (3, 67) est très nettement supérieur à ceux des autres monde du système solaire.

4) Entre autres anomalies astronomiques, l'étrange coïncidence du rapport distance / diamètre qui existe entre le soleil et la lune, qui fait que les éclipses couvrent exactement le disque solaire.

En fait, rien ne permet d'affirmer à coup sûr que la présence de la lune remonte à des temps immémoriaux.

Arrivons-en à présent à ma proposition de reconstitution, même s'il s'agit d'une Histoire remontant tellement loin, que seules les preuves géologiques et les monuments anciens en ruines un peu partout dans le monde sur Terre, sur la Lune et sur Mars, peuvent apporter un semblant de cautionnement.

Je présenterai donc cette Histoire telle que je l'ai définie personnellement, en m'appuyant par comparaison sur le livre de Louis-Claude Vincent : '' *Le paradis perdu de MU* ''.(Ed. de la Source).

Dans sa saga, l'auteur a su parfaitement retracer tout ce qui reste à travers le monde des réalisations fantastiques des peuples de cet immense continent extrême-oriental de 55 millions de kilomètres carrés, situé à l'emplacement de ce qui est l'océan indien qui couvre 75 millions de km².

Cette superficie de MU représente l'Europe et l'Asie réunies (10 + 44 millions de km²), ce qui est considérable.

Par contre, la population estimée de 64 millions d'habitants laisse beaucoup d'espace à chacun d'eux, en disposant en moyenne d'un km² pour son compte personnel, si on ne tient pas compte des villes.

Bien entendu, tout ce qui touche le plan humain dans ce lointain, très lointain passé, reste spéculatif, même si l'aspect géographique ne peut être mis en doute.

En ce qui concerne la disparition brutale de ce continent, je pense qu'il est à dissocier de celle de l'Atlantide, qui était sans doute une colonie située à l'opposé du globe.

En effet, si l'on en croit Platon, l'engloutissement de l'Atlantide eut lieu 11.000 ans avant notre ère, contre 12.500 calculés par L-C. Vincent et d'autres auteurs pour la disparition de MU.

Et si des rescapés Muens purent se réfugier dans la grande île, ce furent leurs descendants, 1500 ans plus tard qui périrent à leur tour.

Ces graves et dramatiques bouleversements géologiques, avec notamment les explosions des super-volcans, plus fréquents et meurtriers que de nos jours, verront leurs conséquences se manifester dans la deuxième partie.

Pour finir, je note une curiosité qui n'est probablement pas anecdotique à mon point de vue.

Depuis quelques années, les Chinois commencent à fréquenter les stations balnéaires ; ce qui est une nouveauté pour eux. Très peu se baignent, car outre que la majorité ne sait pas nager, il y a en eux une peur de l'eau difficile à vaincre.

Ne serait-ce pas le gigantesque et terrifiant déluge ayant causé l'anéantissement de MU, qui serait à l'origine de cette phobie atavique ?

* * *

DEUXIEME PARTIE :

NOTA : Ce qui suit est une reconstitution personnelle purement imaginaire. Mais comme les Shebtiw / Bitiw / Sokariens / Suivants de l'Abeille sont arrivés sur Terre, ils vinrent probablement contre leur gré d'un endroit lointain du cosmos.

* * *

Les Bitiw / Suivants de l'Abeille sont arrivés il y a très longtemps – plusieurs dizaines de milliers d'années – à bord de leur engin spatial que nous connaissons sous le nom de lune, mais qu'ils appelaient Asonia.
Le livre d'Enoch (R. Laffont) parle de quatre patronymes : Benaces, Erae et Ebla complétant l'ensemble.
A l'origine, ce globe était un satellite d'une gigantesque planète à la civilisation très évoluée, probablement l'équivalent au moins de Jupiter ou de Saturne, pour respecter les rapports entre les deux partenaires ; ce qui n'est pas le cas de notre duo, et représente donc une anomalie astronomique qui intrigue énormément et à juste titre les astronomes.
Ainsi d'ailleurs que d'autres étranges particularités mathématiques que j'ai déjà traitées dans un autre livre ('' *Du fortéen au nombre d'Or*'' article : '' *Soleil, Terre, Asonia : Sainte Trinité astronomique ?*'').
Je suppose qu'une colonie importante habitait l'intérieur de ce satellite pour y travailler, soit physiquement à l'aide de machines pour extraire des minerais, soit plus mentalement de manière scientifique.
Puis un jour, une importante concentration de météorites arriva, telle une armada furieuse. Les blocs rocheux étaient trop nombreux et volumineux, bien que détectés longtemps à l'avance, pour être détournés, détruits ou combattus victorieusement.
Cette armée rocheuse frappa probablement Asonia sur une trajectoire tangentielle, et les puissants coups de boutoirs la délogèrent de son orbite. Ils l'entrainèrent loin de la planète mère, elle-même subissant aussi l'assaut, moins dévastateur sans doute, grâce à la protection de son épaisse atmosphère.
Asonia partit à la dérive dans l'espace profond, avec ses habitants, qui durent d'abord s'organiser pour survivre.
Bien que les installations souterraines abritant la colonie de savants et de techniciens, aient miraculeusement résisté – ce qui prouvait la solidité et l'excellence des revêtements protecteurs - il était impératif à brève ou longue échéance, de retrouver une base de ravitaillement et d'approvisionnement en matériaux divers et indispensables. Mais en

attendant cet hypothétique miracle, il faudrait vivre avec les moyens du bord.

Etant scientifiques jusqu'au fond de leur âme, les Suivants de l'Abeille, bien que d'origines diverses et physiquement dissemblables, mais soudés entre eux à la fois par leur religion unique, leur volonté inébranlable, et leur fabuleux Savoir technique, savaient bien que cet espoir était faible, mais ils s'y accrochèrent.

Au point que les années, les siècles, les millénaires probablement, s'écoulant, les descendant des survivants du cataclysme réussirent à mettre au point un moyen de transformer leur refuge en vaisseau spatial pilotable à volonté.

Ce qui représentait un exploit extraordinaire compte tenu de la précarité de leur existence. Malheureusement, les Bitiw ne pouvaient plus retourner vers leur planète, car ils traversaient des régions cosmiques inconnues qui les empêchaient de connaître la bonne direction à prendre.

D'autre part, la maniabilité de leur volumineux planétoïde n'était pas aussi souple que celle de leurs vaisseaux spatiaux, ce qui rendait malaisée la navigation au milieu des dangers permanents de l'espace.

Au cours de ce périple qui semblait sans fin, les générations des diverses ethnies composant le peuple des Bitiw se succédant, toujours aussi soudées, continuèrent donc à œuvrer en commun pour maintenir au maximum l'intégrité de leur globe durement touché par les météorites.

A l'aide de leurs gigantesques appareils, ils le réparèrent sans cesse, essayant même de contenir l'écartement des énormes crevasses menaçant de s'élargir, mettant ainsi en danger leurs installations souterraines.

C'est ainsi, qu'après des éons de temps de lutte et de voyage dans un cosmos hostile, ils atteignirent notre système solaire, reconnurent que la troisième planète, qui n'avait pas de satellite, possédait néanmoins une atmosphère à base d'oxygène – comme tous les mondes humanoïdes – et était donc viable.

En fait, elle représentait le salut et la fin de l'errance.

Qu'elle portât éventuellement la vie serait examiné plus tard, rien ne pressait ; pour le moment c'était une question secondaire. Le principal immédiat était de pouvoir s'en approcher sans causer de dommages catastrophiques, du genre : séismes, cyclones ou basculement des pôles, tout en choisissant une orbite définitive et stable.

Celle-ci, la plus complexe à définir et à calculer, mais aussi la plus judicieuse, régulait le cours des marées des océans sans préjudices pour la planète devenue mère, et qui fut nommée Urantia en souvenir de la lointaine patrie originelle.

De plus, par le jeu du calcul proportionnel des distances et des diamètres respectifs d'Asonia et du soleil central, que les Bitiw baptisèrent Oz-Iarès, les éclipses visibles depuis le sol d'Urantia pourraient se dérouler en étant ; soit partielles, annulaires ou totales.

Vivre à l'air libre sans craindre une rupture des parois protectrices était la reine des préoccupations des Suivants de l'Abeille. Toutefois, il convenait de prendre encore patience, de bien connaître ce nouveau domaine alléchant, avant d'y prendre pied ; tout en continuant les travaux de consolidation d'Asonia.

Aussi, entre les calculs puis la mise en orbite, à laquelle s'ajouta un temps indéfini pour que le nouveau système se stabilise, il dut s'écouler encore une période considérable avant de pouvoir descendre sur le sol de la nouvelle patrie.

Les mines de ce nouveau monde permettraient de reconstituer les stocks de métaux indispensables, en économisant ceux d'Asonia mis durement à contribution.

A condition bien sûr qu'il n'y ait pas conflit avec d'éventuels locataires suffisamment évolués et travaillant les métaux, qui verraient d'un œil peu conciliant cette concurrence avide.

Une fois donc l'orbite d'Asonia assurée d'accomplir sa ronde avec la régularité d'une horloge, l'étude prudente d'Urantia put commencer.

Bien entendu, seules les archives soigneusement tenues à jour par les computeurs hyper quantiques des Bitiw, sont à même de dire combien de temps dura le voyage aveugle, et combien de temps il fallut pour commencer la prospection de ce nouveau monde, après la régularisation de l'orbite d'Asonia. Nul être humain ne pourrait supputer, supposer, et encore moins affirmer audacieusement ce qui est hors de sa portée ; ni seulement trancher précisément la question concernant la période temporelle de l'arrivée d'Asonia, ou la descente et l'installation des émigrés sur le territoire de ce qui sera plus tard l'Egypte. **On peut seulement parler de plusieurs dizaines de milliers d'années, sans plus.**

La classification chronologique des dynasties égyptiennes de Manéthon de sébennytos nous en donne un aperçu très instructif, mais constitue seulement une simple base de travail pouvant être encore révisée à la hausse.

C'est-à-dire à l'époque où la civilisation du continent de MU était déjà avancée, sans atteindre, et de loin, la technologie des Suivants de l'Abeille. Mais heureusement pour les Muens, eux-mêmes pacifiques, ceux-ci n'étaient pas des conquérants, et ne demandaient qu'à vivre en paix sur ce globe assez vaste pour tous ; chacun y trouvant son compte dans l'harmonie.

Entre autres, si les Muens possédaient des engins volants, ils ne connaissaient pas les voyages spatiaux, et donc la propulsion hyper rapide. Ce qui les désavantageaient et aurait constitué un lourd et insurmontable handicap en cas de conflit. Mais les Bitiw n'en profitèrent pas, bien qu'assurés de la victoire.

La deuxième catégorie peuplant la planète en dehors du continent de MU était nettement moins avancée que la civilisation muenne. Elle se composait d'hominidés néandertaliens dont les groupes, ou tribus nomades vivaient de la cueillette des baies et des fruits, et des tubercules déterrés. Grâce à la multiplicité des animaux, la chasse était généreuse, et la pêche fructueuse.

Ces hominidés commerçaient entre eux, et bien que moins évolués que les Muens, ceux-ci, en échange de produits artisanaux : os sculptés, pierres gravées, outils en silex ou en obsidienne, leur donnaient des étoffes, du fil et des cordes solides, sans oublier des colifichets dont les femmes néandertaliennes raffolaient.

Cette dichotomie ne peut surprendre. De nos jours, bien des aborigènes d'Afrique, d'Australie et d'Amazonie vivent – en fonction de notre regard supérieur – avec un retard considérable.

Néanmoins, devenons un instant modestes ou humbles, et posons-nous la question de savoir si ce ne sont pas eux les plus heureux.

De fait, les préhistoriens commencent à prendre conscience que les Néandertaliens vivaient beaucoup plus paisiblement que ce que l'on croyait, et avaient même une certaine notion de l'abstrait. Les contacts avec les Muens, puis avec les Bitiw, participèrent pour beaucoup à cette entente cordiale, et toute cette harmonie ne pouvait que faciliter un Âge d'Or, qui a disparu depuis la grande catastrophe, et que nous ne retrouverons jamais, même si notre civilisation actuelle poursuit sa route.

La terre d'Egypte d'alors, pourtant fertile, n'intéressant pas les Muens - à qui leur vaste continent suffisait, en ayant en plus leur colonie atlante - fut donc choisie comme base pour le contingent de débarquement des Suivants de l'Abeille, avec à sa tête le chef suprême que nous connaissons sous le nom du dieu Sokar, mais dont le véritable patronyme n'est connu que des Suivants de l'Abeille actuels.

Pour mémoire, et afin que le lecteur comprenne bien les arguments que je présenterai au sujet des pyramides, je rappelle le paragraphe écrit par l'archéologue Antoine Gigal dans le hors-série N° 4 de TOP SECRET :

'' *Il est pour le moins difficile aux esprits conditionnés d'accepter l'idée qu'un peuple inconnu venu du ciel se soit installé en Egypte avec toute sa technologie de pointe à une époque où il n'y avait rien.*''

Et précisément, comme par hasard, l'endroit précis où le débarquement eut lieu fut Rostau, autrement dit : GIZA.

'' Où il n'y avait rien '' : tout est dit. Bien que couverte de prairies et de cours d'eau, fertile et giboyeuse, **la terre de la future Egypte était à la disposition de qui voudrait bien l'occuper.** Par conséquent, les Sokariens, probablement en plein accord avec les Muens, décidèrent de s'y installer.

Cette mise au point est particulièrement déterminante, comme nous le verrons.

Auparavant, je crois qu'il est bon de préciser quelque chose qui peut nous paraître incroyable, toujours à cause de cette différence de psychisme entre eux et nous.

Bien que les Bitiw soient arrivés près de la Terre paradisiaque, et que leurs malheurs soient terminés, ils tenaient à garder leur globe meurtri, peut-être comme une relique mémorielle d'un lointain passé et d'une longue et désespérance errance, mais aussi comme un bien précieux contenant les archives, les machines énormes intransportables, et toutes les installations et laboratoires. Le matériel pouvait être transféré sur Urantia, mais une grande partie devait rester sur Asonia.

D'abord en attendant que les installations terrestres soient aménagées ; ensuite, de nombreux volcans en activité permanente et super dangereux pouvaient entrer en action à tout moment, et mieux valait prévoir une base de repli sur Asonia.

La conclusion était qu'il fallait continuer les réparations du satellite, afin de sauvegarder ce refuge.

LES PYRAMIDES :

Sur ma lancée, et en sautant probablement quelques siècles ou millénaires – toujours cette incertitude temporelle -, je dirai qu'une partie de la colonie Bitiw s'envola pour atteindre la planète Mars.

Ainsi que les travaux lunaires qui se déroulent encore à notre époque le démontrent (nous en reparlerons), les Suivants de l'Abeille sont de grands bâtisseurs. Aussi, sur Mars, et marqués à jamais par ce qu'ils avaient subi, ils érigèrent des monuments qui nous semblent disproportionnés – **et ils le sont réellement** - et des installations leur permettant d'avoir une deuxième base de repli.

Le fameux visage et les ruines de Cydonia Mensae sont certainement les vestiges de leurs œuvres, mais qui subirent là encore les ravages des essaims de météorites. Sans alors nommer les bâtisseurs, j'ai détaillé ce site que la NASA fait semblant d'ignorer, dans mes articles : '' *Le Cydonia sanctuaire-montagne* '' (livre : '' *De l'écorce*

terrestre au dieu inconscient ''), et '' *Egyptologie martienne* '' (livre :
'' *De l'art rupestre à l'âme des robots* '').

Il est possible que le jour où les hommes seront autorisés à se poser sur
la planète rouge, ils découvrent les demeures sous-martiennes des
anciens Bitiw.

Toutefois, **je doute qu'ils y aient encore une colonie permanente.**

Je peux me tromper, mais contrairement à la lune, les monuments et
bâtiments sont restés en ruines, sans aucune tentative de restauration.

Et ce fut sans doute sur Terre la menace de l'explosion du super volcan
des Champs Phlégréens, au nord de l'Italie, qui se précisait de plus en
plus, et qui se produisit il y 39.000 ans, qui décida les Suivants de
l'Abeille à se réfugier sous terre, avec la création du Duat.

L'une des entrées / sorties de ce royaume est située dans la Grande
Pyramide, et indiquée par le symbole Akhet (horizon) ; bien visible
pourtant, mais ignoré des touristes. Elle fut édifiée bien plus tard, mais
avant le déluge / tsunami d'il y a 12.500 ans qui engloutit MU, et
changea l'axe de rotation de la Terre.

Les Bitiw l'édifièrent en réduction de celles de Mars, mais en y
incluant une grande partie de leurs connaissances et de leurs archives,
car elle était assurée de résister aux éléments déchaînés, aussi violents
et épouvantables fussent-ils.

De cette manière, en cas de disparition totale, ils laissaient sur trois
mondes – et peut-être aussi sur Mercure, mais là je suis plus
circonspect – un dispositif testamentaire pour les générations futures
de leur nouvelle planète-mère.

Ces générations n'étant pas notre '' civilisation '' devenant de plus en
plus démentielle, et qu'ils surveillent de très près. Mais plutôt celles
éventuellement à venir, et capables d'utiliser leur science à des fins
pacifiques.

Ici, je me sépare des convictions de Louis-Claude Vincent, qui attribue
au peuple de MU la construction des pyramides et en particulier, de la
Grande.

Il est d'une évidence criante que les Muens ne peuvent avoir édifié des
monuments sur un territoire occupé par une autre civilisation. Et
encore moins les souterrains truffant le sous-sol.

A la décharge de cet auteur, les textes mentionnant l'arrivée des
Suivants de l'Abeille sur Terre, n'étaient pas encore connus il y a
quarante ans.

D'autre part, L-C Vincent rapporte des récits de différents auteurs
antiques qui ne sont pas d'accords sur les véritables bâtisseurs.

Certains affirment que les inscriptions qui couvraient le revêtement de
la Grande Pyramide étaient intraduisibles ; ce qui ne serait pas le cas si
les Muens en avaient été les auteurs.

Et allant à l'appui de cette écriture inconnue, page 93 il est question de statues découvertes dans la pyramide par des musulmans (probablement les hommes d'Al-Mamoun) :: '' *d'un type physique TRES DIFFERENT de celui des anciens Egyptiens.*'' L.C. Vincent insistant en capitales sur '' très différent '', car pour lui, il s'agit des Muens.

Cependant, les symboles attribués aux Muens peuvent très bien appartenir aux Suivants de l'Abeille, les Muens les adoptant, car proches des leurs, et les intégrant dans leurs propres monuments.

Question posée par l'avocat du diable :

Puisqu'une écriture inconnue bien alignée en rangs serrés couvrait entièrement le revêtement de la Grande pyramide – et c'est une certitude incontournable -, pourquoi, après le tremblement de terre de 1195, les Suivants de l'Abeille ont-ils laissés les habitants du Caire démonter ces plaques extérieures pour consolider, réparer, et reconstruire maisons et mosquées endommagées ou détruites ?

Ces écrits devaient avoir une valeur considérable.

Bonne et judicieuse question.

1) En 1195 les Bitiw s'étaient repliés depuis longtemps dans le Duat, et n'avaient plus de contacts officiels avec les humains. Sauf ingérence ponctuelle et officieuse dans l'Histoire (opération '' Louis XIV ''par exemple).

2) S'ils ont laissé détruire ce témoignage, c'est peut-être parce que sa disparition ne gênait en rien le véritable et principal héritage.

En effet, il est possible, certain même, que ce '' roman-fleuve ''en caractères bitiw rapportait des connaissances extraordinaires : **mais elles n'étaient qu'un doublon visuel et en quelque sorte un leurre de ce qui est toujours enfermé dans le sous-sol.**

Je précise : Si, comme je le crois, **la Grande Pyramide est une maquette au cinquième de ce qui est enterré à 36 mètres de profondeur,** selon les travaux de Guy Gruais et Guy-Claude Mouny, tant que la Pyramide et son plan intérieur restent intacts – et c'est toujours le cas - le véritable secret demeure bien visible aux yeux des touristes et du monde entier tout en étant inviolable tant que les archéologues ne seront pas descendus dans les souterrains.

Etant donné la mentalité des savants actuels, seront-ils autorisés à ouvrir le coffret magique ? Je n'en suis pas certain, les conséquences en étant trop dramatiques pour une Humanité immature.

Mon hypothèse n'excuse nullement le vandalisme éhonté d'un peuple ignorant poussé par le fanatisme des autorités religieuses ne respectant pas la magnifique grandeur d'un prodigieux passé, et dont les inscriptions auraient pu faire avancer très loin la Connaissance.

Mais il était plus facile et moins fatiguant de récupérer ce qui était déjà prêt à l'emploi, que de se retrousser les manches pour fabriquer la matière première indispensable.

Les engins volants : cigares démesurés à nos yeux, disques et sphères des Suivants de l'Abeille, qui font la navette entre leurs domaines du système solaire, et dont Asonia est une base privilégiée, transportent les matériaux nécessaires à la remise en état du satellite.
Les minerais dont ils ont besoin, les Sokariens les arrachent aux entrailles de la Terre, là où les Terriens de surface ne peuvent aller, et qui servent à consolider leurs différents domaines souterrains. Et aussi, et principalement sur certaines des lunes des grosses planètes ; elles représentent un potentiel considérable et quasiment inépuisable pour les besoins d'Asonia.
Personnellement, je vois mal pourquoi les Bitiw feraient disparaître certains lacs terrestres, alors que l'espace solaire regorge de potentialité en la matière ; sans parler des eaux souterraines terrestres encore plus faciles à capter. Sans doute au début de leur installation, mais en voie d'épuisement.
De ce fait, récupèrent-ils l'eau d'Europe et d'Encelade sous forme de glace, ce qui serait rentable car peu onéreux, comme dans '' *la voie martienne* '' d'Isaac Asimov ?
Je reconnais que cette volatilisation des lacs, sibériens notamment, est un mystère auquel je ne m'attaque pas, par manque d'éléments.

Il peut paraître ridicule, insensé, et tout bonnement incroyable qu'après tous ces éons passés depuis leur arrivée, les Suivants de l'Abeille n'aient pas réussi à réparer complètement leurs installations sélénites.
En se référant à l'ouvrage très documenté de George Léonard : '' *Ils n'étaient pas seuls sur la Lune* '' (éditions Belfond), on se rend compte, grâce aux photos de la NASA, qui laisse faire les chercheurs en jouant l'ignorante et l'indifférente, que ce grand corps en mauvais état, complètement délabré même, nécessite des soins jamais terminés.
C'est une tâche colossale, même pour des êtres habitués aux travaux cyclopéens, pharaoniques en un mot très significatif. Ce monde de 3476 kilomètres de diamètre est un chantier permanent, et on peut dire sans se tromper : chirurgical à l'échelle cosmique : sutures, vis pour rapprocher les lèvres des failles qui ont toujours tendance à s'écarter, remblais de renfort, entretien, maintenance et réparation du matériel.
George Léonard parle de pièces cassées bien visibles. Ce qui signifie que ces machines endommagées ont des proportions que nous ne connaissons, ni n'imaginons pas sur Terre. Il ne s'agit pas de mètres, **mais de kilomètres.** Rien que ça.

Si ces machines n'ont pas été réparées, et le temps les ayant complètement rendues inutilisables, c'est que les difficultés sans nombre se sont dressées, et contre lesquelles les Bitiw ont été impuissants malgré toute leur science.

On peut donc comprendre la méfiance qu'ils ont envers les astronautes s'étant posés sur Asonia leur domaine sacré, et du peu de soins et de respect (déchets abandonnés) qu'ils ont montré.

C'est pourquoi je ne suis absolument pas d'accord avec George Léonard, quand page 139 il écrit : '' *Ils ne nous parlent pas, nous évitent, ou nous intoxiquent sciemment en nous révélant des choses contradictoires ou d'une apparente absurdité qui désoriente nos recherches. Ce qui veut dire qu'ils sont hostiles. Et des inconnus hostiles représentent une menace pour la sécurité du pays.* ''

Avec : '' apparente absurdité'', G. Léonard fait clairement référence aux ufonautes qui utilisent les témoins pour leur théâtre faërique.

Mais si je cautionne cette remarque, je n'admets pas l'affirmation d'hostilité. En bon Américain plus ou moins raciste et xénophobe, et tout doué qu'il soit pour dénicher les artefacts et activités lunaires, l'auteur saute sur une conclusion totalement fausse.

Qu'il réfléchisse que si les Suivants de l'Abeille avaient voulu nous envahir ou nous détruire, ils auraient pu le faire depuis longtemps. D'autant qu'il reconnait lui-même qu'ils sont installés depuis des millénaires. Sous-entendu non pas en étant les colons originaux, mais des squatters. L'édition américaine date de 1976, et depuis quarante ans, nous n'avons toujours pas été attaqués.

Non, il ne s'agit pas d'hostilité ni de morgue, mais ils connaissent trop bien les humains pour leur faire confiance.

Je trouve même pathétique et touchante cette obstination multimillénaire à vouloir maintenir en état, régénérer ce qu'ils considèrent probablement comme un sublime sanctuaire, un patrimoine sacré qui les rattache à la civilisation disparue de la planète natale de leurs ancêtres.

Pour eux, ce combat-là est plus important que la domination d'une multitude de Terriens qui passent leur temps à se battre, non pas pour une poignée de cerises ou de dollars, mais pour une question religieuse sans intérêt face à la grandeur de l'univers.

Quelle catégorie ethnique ou raciale d'hommes pourrait avoir cette constance ? Même le fanatisme religieux le plus exacerbé ne durerait pas aussi longtemps.

Belle leçon que nous devrions enregistrer.

* * *

TROISIEME PARTIE : :
Apports préhistoriques et interventions historiques.

Après avoir étudié la planète, pris contact avec les Muens, et s'être installés à Rostau / Giza, les Bitiw durent probablement aider également les Néandertaliens.

Toutefois, ainsi que je l'ai imaginé dans : '' *Cro-Magnon enfant de l'Abeille* '' (livre : '' *Des OVMI de l'Abeille à la mort du pantin.*''), il est possible sans l'affirmer, que les Sokariens aient pu générer la race de Cro-Magnon pour remplacer avantageusement des Néandertaliens talentueux, mais à bout de course.

Par contre, où je suis formel (pardon pour mon outrecuidance), c'est leur implication certaine dans la connaissance picturale et astronomique de ces mêmes Néandertaliens / Cro-Magnon, avant et après le déluge planétaire où MU disparut (lire ou relire : '' *Deux fois quinze mille ans de mystères au paléolithique supérieur.*'' (livre : '' *De l'art rupestre à l'âme des robots.* "").

Pour les Bitiw c'était sans doute un dérivatif autant qu'une bonne œuvre de leurs travaux de consolidation lunaire.

Le blé que nous utilisons avec profit n'est pas naturel ; il résulte de croisements, enseignés par qui ? Le blé géant d'Egypte est probablement un don des Suivants de l'Abeille.

Peut-être en est-il ainsi pour le miel ? Ce divin produit était réservé aux Pharaons.

Depuis des dizaines de milliers d'années, ils ont pris l'habitude de survoler l'ensemble du globe, à la fois par curiosité envers l'évolution humaine, par délassement, et pour intervenir parfois discrètement dans certaines circonstances individuelles.

Et suivant leur mentalité particulière, jouer de bons tours en se faisant passer pour des farfadets, lutins, gnomes, nains ou elfes, créant ainsi la magie des contes de fées.

Bien qu'ayant coupé officiellement les ponts depuis la naissance et l'extension des civilisations antiques, ils ne purent toutefois pas s'empêcher de s'immiscer dans l'Histoire, de manière sporadique ; je leur accorde gratuitement le bénéfice du doute, leur intention étant surtout une expérience de laboratoire grandeur planétaire. C'est du moins ainsi que j'interprète dans l'ordre :

1) La première tentative de monothéisme chez le pharaon Aménophis IV / Akhenaton.

2) La création du judaïsme et de la chrétienté.

3) Avec de prudentes réserves : un des leurs, Quinotaure sorti de la mer selon Grégoire de Tours, **aurait-il séduit la femme de Claudion le**

chevelu pour créer la dynastie mérovingienne ? Rencontre immortalisée par Louis XIV dans le bassin de Versailles. Or le roi-soleil, bien qu'obnubilé par cette ascendance, n'était pas un rêveur bourré de fantasmes. De plus, ce qu'il a vécu personnellement (vision d'un OVNI, rapportée par J.P. Tennevin dans son livre ; '' *François Michel de Salon de Provence* '' Ed. Marcel Petit), plaide en faveur d'une historicité assurée.

A noter, pour aller dans ce sens, que les Suivants de l'Abeille sont également maîtres des fonds marins, en plus des profondeurs terrestres. Et d'autre part, à au moins deux reprises en France, des groupes de batraciens humanoïdes silencieux ont été vus par des témoins, pas très rassurés.(La Celle sous Gouzon 1906, et Banel)

4) Mise en place des apparitions mariales. La construction des chapelles à travers le monde, et dont un tiers se trouve concentré dans le sud de la France, faisant partie d'un plan mystérieux, que je n'ai pu décrypter.

Mais qui est peut-être en réserve pour un avenir incertain.

5) Après avoir octroyé une vision du futur à Bernard de Clervaux en 1110 (apparition mariale), création de l'Ordre du Temple, qui en un temps extrêmement court à cette époque, a pris une ampleur considérable. Le quatrième secret de Fatima en étant la suite.

Cependant, là encore, la réussite finale ne fut pas au rendez-vous.

6) Opération Louis XIV, lancée à partir du mois d'août 1519 avec l'apparition mariale de Cotignac. Elle amena deux cents ans plus tard la France au plus haut niveau de rayonnement mondial.

En 2018, nous en sommes au plus bas.

7) Depuis quelques décennies, contrôle des bases nucléaires, et des missiles atomiques, avec neutralisation de vecteurs.

En 2011, petit tour de cigare pour constater les dégâts de la centrale de Fukushima.

En conclusion, et bien qu'il y aurait d'autres choses à dire, mais dont l'essentiel a été présenté, nous devons beaucoup aux Suivants de l'Abeille, sans que personne n'en soupçonne l'importance.

C'est pourquoi j'ai voulu supprimer cette méconnaissance, afin que le lecteur prenne conscience de ce que ces '' méchants envahisseurs '' ont en réalité apporté à l'espèce humaine.

Il est vrai qu'en contrepartie, ils se moquent de nous, jouent avec nos nerfs pour que leurs rires soient plus tonitruants.

Cependant, si c'est le seul inconvénient, pourquoi nous en plaindre ?

Néanmoins, dans tous ces essais divers, je constate que la finalité *apparente* prévue ne paraît pas avérée.

Malgré semble-t-il l'utilisation d'un télé-chrono - spatio-temporel quantique ou appareil similaire, visionnant l'avenir, il paraîtrait que la dimension temps joue des tours pendables à ces maîtres de la science.

En n'ont-ils pas vraiment la maîtrise − ce qui serait surprenant − **ou une force mystérieuse hostile s'oppose −t-elle à leurs projets ?**
Peut-être est-ce pourquoi l'humanité accentue son déclin de plus en plus vite ?

Un dernier mot concernant ce dont j'ai déjà parlé à propos des lacs qui disparaissent, et des prélèvements d'eau par des OVI.
Pour prendre les exemples de 1914 dans le lac Ontario, et son copier-coller de 1950, le tuyau utilisé était de faible diamètre, la durée de prélèvement d'après les témoins, était très courte. Autrement dit : **quantité d'eau négligeable.**
En fait, nul ne peut affirmer qu'il s'agissait réellement d'un remplissage, mais peut-être était-ce tout simplement une aspiration pour analyse à 36 ans d'écart ?
D'autre part, plusieurs témoignages ont fait état d'OVI à proximité de lignes à haute tension, et relié à un des câbles.
Là encore on en a déduit que l'OVI pompait le courant électrique ; absurdité sans nom. Les Suivants de l'Abeille n'ont pas besoin de notre misérable électricité pour voler, s'éclairer ou se chauffer.
ILS ONT BEAUCOUP MIEUX, et à moindres frais.
Quant à l'eau, j'ai déjà écrit plus haut qu'ils pouvaient la prendre sur les satellites de Jupiter ou Saturne.
Cependant, leur fixation sur la moquerie est telle, qu'ils ne peuvent s'empêcher de troubler l'esprit humain par des fantaisies que les témoins et ufologues prennent pour argent comptant.
C'est tout simplement du pipeau, du trombone sans coulisse, de la cornemuse à piston, et de la trompette complètement bouchée.
Quand les hommes réfléchiront-ils enfin en adultes ?

* * *

QUATRIEME PARTIE : **Déductions proposées.**

J'ai détaillé les principaux épisodes historiques que j'attribue aux Suivants de l'Abeille.
Je pourrais y ajouter les quelques interventions holographiques ponctuelles qui eurent lieu au cours de différentes guerres ; par exemple, l'apparition mariale céleste lors de la bataille de la Marne en faveur des soldats français.

Cet apport, dont l'origine paraît évidente, et que je juge secondaire, ne change rien au fait que les grands plans mis en œuvre à travers les millénaires ont échoué.

J'ai évoqué une force qui s'opposerait à ces réalisations. Quelle serait-elle ? Et pourquoi cette obstruction à ce qui semblait aller dans le bon sens pour le peuple ?

Reprenons chaque point :

L'instruction astronomique et picturale, en plus d'autres connaissances pratiquées quotidiennement dans la vie familiale, a été un apport considérable et bénéfique pour les Néandertaliens / Cro-Magnon.

Mais cette orientation se situait dans la préhistoire ; néanmoins, **se pourrait-il qu'elle soit le point de départ des futurs blocages historiques ?**

Les Suivants de l'Abeille ont-ils, sans le chercher, provoqué une accélération de l'évolution, **qui allait à l'encontre d'un Plan Autre ?**

Entrons dans la phase historique :

L'instauration égyptienne du premier monothéisme, s'est vite enflammée et aussitôt éteinte.

Aménophis IV / Akhenaton n'a pu transmettre à son fils trop jeune Toutankhaton la puissance mentale nécessaire pour que celui-ci – qui venait après sa sœur Mérytaton – maintienne cette nouvelle religion face à la fronde des prêtres des anciens dieux.

L'expérience était-elle mal dirigée ? Trop tôt initialisée ? Le Pharaon choisi était-il trop faible physiquement et spirituellement pour imposer et maintenir fermement ce culte d'Aton ?

Akhenaton était tellement absorbé par son idée fixe, qu'il en négligeait les impératifs sociaux, diplomatiques et militaires. Il n'avait pas le charisme et la puissance morale suffisante pour agir partout et bien à la fois.

Citons simplement les offrandes faites chaque jour au Dieu unique : la quantité était telle qu'elle affamait le peuple. Ce n'est pas de cette manière que l'on s'attire la bienveillance des masses.

Je pense qu'il y eut à la fois mauvais choix de l'Elu et mauvais choix de l'époque.

La deuxième tentative treize siècles plus tard fut mieux calculée, et – sous réserve que Jésus ait réellement existé – elle connut une certaine réussite.

Si je suis très réservé, c'est parce que cette nouvelle religion, qui empruntait énormément au culte de Mithra et aux Celtes, fut très vite dirigée à leur façon par ses principaux représentants. Et j'englobe ici les deux formes surgies de l'originale : le judaïsme et la chrétienne.

Au lieu d'agir par amour en appliquant le pardon, ils répondirent par la vengeance féroce et atroce aux persécutions que les premiers chrétiens avaient subies. Et par la suite en usant du même procédé d'imposer par la force.

Lors de ces deux tentatives d'implanter le monothéisme, on se rend compte que malgré leur connaissance des diverses peuplades dont ils ont suivi l'évolution, **les Suivants de l'Abeille n'ont pas assimilé la mentalité humaine,** ou n'ont pas réussi à l'infléchir dans le bon sens.

En passant, je glisse un mot à propos de l'islam. Je pense que les Bitiw n'y sont pour rien.

Sauf que là, les Suivants de l'Abeille ne pouvaient intervenir sans se dévoiler aux yeux du monde. Du coup, cette non-ingérence laissa la porte ouverte à toutes les guerres dites '' saintes '', aussi bien les croisades que les musulmanes.

En 3) rien n'est prouvé au sujet de l'ascendance des Mérovingiens. Toutefois, il n'est pas impossible que cette agression volontaire qui donna naissance à Mérovée soit à porter au crédit des Suivants de l'Abeille ; une tentative de créer dans la future France une dynastie monarchique de vrai sang bleu royal, devant régner durant des siècles, et amener ainsi notre ex- beau pays à un niveau extraordinaire.

Cependant, tout comme pour le 6) l'opération Louis XIV lancée par une apparition mariale 119 ans avant la naissance du dauphin, cette mission mérovingienne aboutit à un fiasco.

Dans les deux cas on peut le mettre sur le compte de deux défauts humains antinomiques : la faiblesse et l'orgueil.

Les successeurs de Clovis laissèrent trop de champ libre aux maires du Palais, qui profitèrent de l'aubaine.

Quant à Louis XIV, s'il amena la France au niveau le plus élevé dans le rayonnement, notamment dans les arts et Versailles, sa folie guerrière dominante et ses dépenses somptuaires gâchèrent ce qu'il avait si bien construit, en sabordant le plan de ses initiateurs.

Pire, il préparait le terrain pour que la destruction de la Connaissance, et la prise de pouvoir de la République par raccroc (et en 2018 on en constate le résultat), remplacent une monarchie, qui sujette à des remords tardifs, cherchait désespérément à se prévaloir justement des Mérovingiens.

Les Templiers eux-mêmes, au lieu de rester ce qu'ils avaient juré d'être, c'est à dire humbles, allèrent trop loin dans leur conquête du '' toujours plus ''.

Leur intention de fonder les Etats-Unis d'Europe, associée à un trop rapide enrichissement et une indépendance trop large, leur valut d'exacerber la cupidité de Philippe IV, poussé par le brutal Guillaume de Nogaret.

Si nous faisons le total de toutes ces bonnes intentions aboutissant invariablement à des échecs retentissants, il est légitime de s'interroger sur le pourquoi général.

Il est certain que les hommes ont leur part de responsabilité, le succès les rendant vaniteux et trop portés à croire que rien ne leur est interdit.

Mais les luttes intestines pour le pouvoir, une confiance exagérée et souvent hors de propos, ce qui affaiblit la vigilance, finissent toujours par profiter à ceux qui attendent patiemment de pouvoir porter le coup fatal.

Cependant, il paraît curieux que de simples individus aient pu mettre un terme **à ce qui avait été préparé avec la connaissance du futur.**

D'accord, le temps n'est pas une valeur assurée ; un grain de sable peut s'y glisser, enrayant la machine.

Toutefois, que ce grain de sable se glisse à chaque opération paraît sujet à caution.

Alors y aurait-il une faction étrangère, un groupe d'initiés maîtrisant mieux que les Suivants de l'Abeille les arcanes temporels, et ayant la volonté systématique de s'opposer à toute tentative de changer l'Histoire, ou du moins de la diriger dans une voie qui ne lui convient pas ?

Ces entités sont-elles sur Terre en tant qu'humanoïdes ? Ou sont-elles des divinités d'essence supérieure, devant lesquelles même les Suivants de l'Abeille et leur science fabuleuse doivent baisser pavillon ?

Ou plus simplement, dont les pouvoirs sont tels que rien, touchant le genre humain, ne peut se réaliser sans leur accord ?

Indépendamment de cette interrogation, l'article suivant fera état d'une autre fonction – sans doute primordiale pour eux – des Suivants de l'Abeille.

COMMENTAIRE :

Dans le H.S. N° 280 de septembre 2017 de ''*Science et vie*'', consacré au système solaire, Serge Brunier écrit : '' *Au vu du mol intérêt du grand public pour ces escapades lunaires à répétitions, les missions Apollo 18, 19 et 20 sont annulées.*''

Ce naïf acharné adversaire de l'ufologie était encore au berceau à cette époque. Sinon il saurait que ce désintérêt avait débuté dès la deuxième mission, **c'est-à-dire Apollo 12 !**

Même le drame d'Apollo 13 n'a rien arrêté. Et si la NASA avait pu faire alunir, comme prévu, Apollo 20 dans le cratère Aristarque, elle ne se serait pas gênée.

Seulement, voilà : '' *La Lune leur appartient. A eux*.'' Dr. Samuel Wittcomb, dernière ligne du livre de G. Leonard.
Et ce fut l'ère des sondes spatiales automatiques.

*   *   *

...ET DIEU GEOMETRISA.
*   *   *

AVERTISSEMENT :

Le développement de la théorie qui va suivre, est non seulement dérangeant pour un esprit cartésien, et offensant pour un esprit religieux ; mais aussi – et j'anticipe ici d'autres réactions – d'une totale aberration loufoque.
Cela étant, les arguments exposés sont loin de l'être. Et qui sait ?...

*   *   *

Du titre, il ne faut évidemment retenir que le verbe (qui était au commencement, ou de tout temps s'il n'y a jamais eu de début).
Il existe dans le cosmos des êtres de plusieurs races supérieures d'une fabuleuse ancienneté, ayant atteint le stade ultime de la divinité, après avoir décrypté tous les arcanes de la science matérielle, psychique et spirituelle, et pouvant donc sans conteste passer pour des dieux.
Néanmoins, aucune entité immatérielle, inconnaissable et incommensurable, tout en étant anthropomorphe – curieuse conception antinomique biblique – n'a jamais été à l'origine de la création du ciel et de la Terre.
Explication trop simpliste qui évite de réfléchir, tout en supposant bêtement (soyons clair et direct) qu'elle va enregistrer dans son ordinateur les prières et les suppliques des adeptes d'une religion, et y donner éventuellement suite. Après mûres réflexions ?
Je l'ai déjà affirmé dans mes livres, mais dans le cas présent, il est absolument nécessaire de le rappeler définitivement.
En effet, pour peu qu'ils n'aillent pas au bout de leur lecture, cette étude pourrait conforter cette erreur dans l'esprit de certains paroissiens.
Cependant, si Dieu il n'y a pas, il reste la géométrie.
De fait, on pourrait inverser la proposition en inventant le néologisme :
Et la géométrie théogonisa (d'elle naquirent les dieux, seul ou multiple).

*   *   *

A la différence des caisses transportant des objets précieux, délicats, fragiles, et qui doivent être estampillées soigneusement et visiblement : HAUT et BAS, afin d'éviter un retournement catastrophique, les galaxies et la vie humanoïde en général peuvent se passer de cet étiquetage.

Car ce qui est en haut est comme ce qui est en bas, et lycée de Versailles comme on disait dans mon jeune temps.

* * *

- **Eleusis – Alesia**
- **Géographie secrète de la Provence.**
- **Lignes d'Or.**
- **Parisis code.**
- **Orthogéométrie.**
- **Géométrie cachée de Washington.**

* * *

- Pourquoi les hommes sont-ils obligés inconsciemment de bâtir à demeure sur des endroits prédéterminés ?
- Ces emplacements sont-ils choisis pour que les peuples qui y habitent soient en harmonie avec ces lieux et donc en harmonie entre eux ?
- Pourquoi, oubliant cette osmose avec ces lieux, sont-ils cupides, conquérants, pillards, dominateurs, dictateurs, le peuple payant cette domination anti-divine ?
- Pourquoi les dieux n'ont-ils pas fait en sorte que l'union entre les hommes et ces points, reste sacrée ?
- Cette obligation de vivre sur des lieux préétablis décidée par les dieux, est-elle inhérente à la seule planète Terre, où se retrouve-t-elle sur tous les mondes humanoïdes à atmosphère à 21 % d'oxygène ?
- Pour quelle (s) raison (s) notre globe serait-il l'exception ? Serait-ce en rapport avec la multitude des races ?
- Pourquoi les mathématiques et la géométrie géographique dirigent-elles en partie seulement la vie des hommes de la Terre ?
Serait-ce la simple finalité d'un jeu ?

Auquel cas, **les Suivants de l'Abeille**, dont l'Amusement est le maître-mot, **et la géométrie une sorte de religion,** n'y seraient pas étrangers.

PREMIÈRE PARTIE : CE QUI EST EN BAS. :
Le Parisis- Code :

Ces questions, écrites le 16 juin 2017, si elles sont toujours d'actualité dans cet article, deviennent singulièrement limitatives, suite aux développements de ma théorie, dont le déclencheur fut la dernière découverte toute récente de Thierry Van de Leur.

Pour je ne sais quelle raison – peut-être parce que j'avais encore en tête les questions ci-dessus – ma pensée s'est focalisée sur son aspect négatif.

C'est d'autant plus curieux, que dans son tome 3 du Parisis-Code : ' ' *Et Dieu créa le code* ' ', datant de 2012, Thierry évoquait déjà un alignement similaire qui ne m'avait pas interpellé.

Sans doute les temps n'étaient-ils pas venus…

Thierry Van de Leur, génial découvreur indubitablement programmé du Parisis-Code, a pu retracer le destin rectiligne de nombreuses personnalités des arts, de la science, de la chanson, du cinéma, de la religion, et de la politique, à travers les rues de la capitale.

Le tout en fonction de paramètres incroyablement subtils, et jouant sur les mots, tels des bars, des hôtels, des sociétés immobilières ou autres ; quelquefois éphémères, créés uniquement pour que le tracé de la personnalité concernée puisse être matérialisé.

La dernière preuve en date est son livre : ' ' *Macron, un destin machiavélique* ' '.

Non seulement comme tous les autres tomes, il mérite la lecture attentive, mais il démontre que les tracés de chaque personnage ne sont pas fixés de manière identique.

Si pour le président fraîchement élu, rien ne pouvait être trouvé avant 2015, par contre pour le précédent locataire de l'Elysée, sa destinée est tracée depuis sa naissance !

Mais depuis 2015, Macron s'est rattrapé, au point même que les détails de son homosexualité apparaissent au grand jour ; toutefois, par une délicate discrétion, Thierry ne l'a pas encore inscrite dans son livre.

Une précision qui a une importance considérable : si Thierry pouvait découvrir quelques lignes le mettant sur la voie du Parisis-Code, sans Internet, il n'aurait pu dénicher les points-clés permettant de déchiffrer les milliers de tracés.

Ce qui m'a fait dire et maintenir actuellement :

1) Qu'il fallait **impérativement** connaître l'avenir.

2) Qu'au fur et à mesure de la progression de ce futur, et donc de la naissance des personnalités choisies, un ordinateur de type quantique, voire super-quantique était indispensable pour codifier tous les tracés…

… A LA DATE VOULUE !

3) **Ce qui suppose que cet ordinateur est toujours en fonction** pour que les autorités ou les simples particuliers soient influencés au moment adéquat pour créer la ou les bornes intermédiaires, ou choisir une adresse placée sur la ligne correspondante.

Ce troisième point est d'une importance extraordinaire, car nous le trouverons par la suite ; en fait il est le guide suprême.

J'ajouterai un quatrième avenant ; à savoir que je soupçonne fortement que toutes les capitales de la planète comportent leur propre code, qui n'attendent que leur découvreur local.

D'ailleurs Thierry a déjà démontré que Londres possédait le sien à travers quelques lignes, sans pouvoir aller plus loin.

On pouvait considérer que toutes les lignes désignant une personnalité, et traçant son destin, sont toutes positives. Ainsi que l'écrivait Thierry, le Parisis-Code est une sorte de bottin mondain.

Or pour en arriver à ce qui m'a brusquement interpellé, c'est le décryptage de lignes concernant des attentats islamiques, qui représentent l'horreur absolue.

De par cet aspect monstrueux, ils ne devraient pas figurer dans ce canevas. S'ils y sont, c'est que le code tient compte de tout, **sans faire aucun sentiment, ni distinction d'aucune sorte.**

Et dans le cadre de ma théorie, c'est tout bonnement logique.

Donc, dans le tome 3 cité, Thierry mentionne l'attentat de la rue Copernic du 3 octobre 1980, avec cette précision : '' *Cet attentat resté dans toutes les mémoires, est également inscrit dans le Parisis-Code grâce à la rue Gérard représentant la saint-Gérard fêtée le 3 octobre.*

En effet, la ligne joignant le centre de la Grande Croix du Christ (clef de supplice et de Mort) à la rue Gérard passe sur la synagogue de la rue Copernic.''

A ce sujet, on remarquera que le Parisis-Code utilise souvent les saints du calendrier pour marquer les dates associées à un personnage ou un événement.

Puis peu après : '' *...Aussi, cette ligne traverse-t-elle également le lieu d'un autre attentat mémorable ; celui de la rue de Rennes.*

Le 17 septembre 1986, au N° 140 rue de Rennes...''

En fait, c'est plutôt cet attentat postérieur qui se place sur la ligne de la rue Copernic ; comme si les terroristes devaient, eux aussi, suivre des directives inconscientes.

J'en arrive à ce qui a déclenché dans mon esprit un processus de réflexion aboutissant à la rédaction du présent article.

Les textes que je vais recopier avec l'autorisation bienveillante et amicale de son auteur, sont évidemment de Thierry Van de Leur. Je n'en prendrai que l'essentiel montrant l'importance des alignements.

'' *Une tentative d'attentat s'est produite sur les Champs-Elysées, à Paris, au niveau du théâtre Marigny, vers 15h40, le lundi 19 juin 2017, jour de la Saint-Gervais-Saint Protais.*

Ce fait s'est déroulé deux mois exactement après le meurtre d'un policier en faction dans son fourgon, également sur les Champs Elysées (au N° 102).

.../...On remarquera que le lieu exact de cet attentat, l'Eglise Saint-Gervais-Saint-Protais (qui fournit la date exacte de cet attentat) et le lieu de l'attentat précédent (devant le N° 102, avenue des Champs-Elysées), suit scrupuleusement l'axe des Champs-Elysées.

Sacrifice rituel.

On dirait que ces derniers actes terroristes soient soigneusement programmés en haut lieu par Daech, pour respecter le symbole du héros mort sur le champ d'honneur.

En effet, cet attentat du 19 juin 2017, le précédent du 18 avril 2017, et le premier de l'année, le 3 février 2017, sont rigoureusement alignés sur une longueur de 2,5 kilomètres. Ils suivent l'axe solaire historique et les Champs-Elysées. '' (fin de citation).

Ainsi que nous en aurons confirmation tout au long de cette étude, en définitive **seules comptent la géométrie et les mathématiques.**

Peu importe que les destins soient positifs ou négatifs, tragiques ou joyeux, favorables ou désastreux. C'est désolant, mais secondaire.

On le comprendra mieux avec la proposition ultime.

Eleusis-Alésia :

De 1911 à 1936, Xavier Guichard a planché sur un thème des plus curieux.

Il a démontré à l'aide des cartes européennes que toutes les localités portant les noms à radical Al ou El et une désinence variable, tels : Alaise, Alise, Ales, Alésia, Eleusis etc... forment des alignements par familles.

Les lignes d'Or :

Cette fois, et plus récemment, c'est Sylvain Tristan qui découvre que les villes de l'antiquité se plaçaient sur des lignes parallèles ou des croisements. De plus, pour lui, c'est une étrange civilisation mégalithique itinérante qui est à l'origine des grands monuments, tel Stonehenge.

Géographie secrète de la Provence :

Fabuleuse œuvre de Robert Maestracci, fruit de vingt- cinq ans de travail, tout comme son prédécesseur Xavier Guichard.

Je ne peux qu'en recommander la lecture, car il est malaisé de réduire à quelques lignes un minutieux décorticage des mots et des lieux. Et bien sûr, impossible de reproduire les figures géométriques sans explications.

La seule chose dont je parlerai, ce sont les carrés SATOR / ROTAS, disséminés un peu partout en Europe, et dans le monde.

Robert a su en tirer la quintessence, et les carrés européens s'inscrivent dans une géométrie plus générale qui magnifie la Provence ; en réalité, cette belle province déborde largement l'hexagone ; elle est l'Europe à elle seule.

Cependant, que les carrés SATOR / ROTAS génèrent une géométrie étendue, n'est qu'une de leurs trois fonctions.

La première, déductive des mots du carré, n'est pas, comme l'affirment à tort certains chercheurs : '' *Le laboureur à sa charrue tenant les roues* '', ce qui ne veut rien dire, ainsi que l'explique Robert faisant remarquer que les anciennes charrues n'avaient pas de roues.

Je laisse la parole à l'auteur : '' *A partir de là, sortant des sentiers battus, nous le regarderons comme **l'illustration de l'ouvrage augural**.*

Notre carré, c'est la terre toujours symboliquement représentée sous cette forme, prête à recevoir le cercle (rotas) du ciel par le travail (opera) de l'augure, délimitant et transposant l'un sur l'autre.''

J'ai choisi ce raccourci, mais pour mieux comprendre, il est indispensable de lire complètement le chapitre, qui à mon sens, met un point définitif au mystère de la traduction de ces carrés.

Dont la deuxième fonction est de pouvoir faire surgir en eux des croix de Saint-André, templières variées, des cercles, sceau de Salomon, étoile…etc.

Quelquefois en utilisant soit les voyelles, ou uniquement les consonnes.

Enfin la troisième fonction de l'ensemble de ces carrés européens, est celle déjà présentée ; à savoir de s'inscrire dans une géométrie plus générale, aboutissant non seulement à la géographie secrète de la Provence, mais aussi à son extension considérable bien au-delà des frontières hexagonales.

Ces carrés ayant en eux-mêmes leur propre géométrie au niveau du microcosme, participent à une géométrie, que l'on peut qualifier de macroscopique : tout ce qui est en bas…

Cette subtilité qui passe sans doute inaperçue chez la plupart des lecteurs, conforte ma théorie, car rien n'est laissé au hasard ; le haut et le bas sont intimement mêlés, **à tous les niveaux !**

Et pour la première fois nous rencontrons, outre la géométrie à laquelle participent des lieux majeurs comme le Mont Saint-Michel et Stonehenge, les mathématiques avec les angles de 45 et 90 degrés.
Que nous retrouvons dans…

L'orthogéométrie :

Découverte de votre serviteur : '' *Branche de l'ufologie qui relie les atterrissages d'OVNI et les apparitions mariales à des lieux préhistoriques, mégalithiques, historiques, spirituels et religieux.*
Cette relation est basée sur le nombre d'Or, PI, et leurs dérivés.
('' *Amitié franco-mariale et géométries ufologiques.* '').

Je ne m'étendrai pas outre mesure sur le sujet ufologique proprement dit. Non par modestie, mais parce que je ne peux présenter le détail des figures contenues dans mon livre. Néanmoins, nous y retrouvons le Mont Saint-Michel et Stonehenge, entre autres vedettes.
Ce qui démontre une indéniable corrélation avec la géographie secrète de Robert Maestracci.
De même l'orthogéométrie, à l'instar du Parisis-Code, peut être transposée au niveau mondial ; l'exemple du triangle demi - carré long de l'atterrissage de Socorro en avril 1964 est là pour le prouver.
Mais tout comme Thierry Van de Leur ne pourrait déterminer les lignes des capitales étrangères, je n'ai pas la capacité de matérialiser ma certitude personnelle.
Seule, une équipe internationale utilisant un super ordinateur, serait à même de m'aider et d'aider Thierry dans cette démarche.
Qui a parlé de dépenses colossales ?
Ce que je tiens surtout à faire remarquer, **c'est que nous commençons à voir surgir le nombre d'Or.**
Enfin, pour terminer cette première partie de la présentation, il y a encore la géométrie cachée de Washington que j'ai décryptée seulement de manière partielle, je n'ai aucun doute à ce sujet. ('' *Washington DC, pentagone et double losange*'' dans : '' *De l'art rupestre à l'âme des robots* '').
Le livre de Dan Brown : '' *Le symbole perdu* '' montre à quel point la capitale étasunienne recèle de mystères.

Après ce tour du monde passé et présent, force est de constater qu'à toutes les époques, les hommes n'ont fait que suivre inconsciemment des directives géométriques et mathématiques qui leur étaient imposées.
De quelle manière ?

Outre l'ordinateur super-quantique probablement enfoui dans les profondeurs insondables de Paris, et travaillant en permanence pour créer au moment voulu les lignes personnalisées, on peut se raccrocher à : (Je me cite) :

'' l'hypothèse de balises enterrées à certains endroits stratégiques, comme le dévoile Guy Tarade dans :'' *OVNI : Terre planète sous contrôle* '' (Ed. Alain Lefeuvre), nous sommes en terrain familier. Il cite l'ufologue J.L. Duchêne qui avait émis cette idée, supposant que les ufonautes déposaient ces balises pour recueillir des renseignements. Début 1999, je ne me souvenais plus de la théorie de M. Duchêne, que j'avais lue vingt ans auparavant. La revue *Sentinel News* N° 12 du défunt groupe ufologique Sentinelle de Reims, publia un article dans lequel je faisais intervenir des balises, non pas pour capter des renseignements sur nos activités, mais bien pour établir la géographie géométrique du futur. **Par impulsions mentales, les hommes seraient obligés d'obéir inconsciemment aux directives reçues**, incluant des idées scientifiques n'appartenant pas l'époque.

Ces balises qui ne sont pas forcément volumineuses, sont conçues pour résister au temps, aux mouvements telluriques, et tirent probablement leur énergie du mouvement de rotation de la planète, qu'il soit dextrogyre ou lévogyre. Ce qui leur confère une autonomie illimitée.

Il va de soi que pour réaliser ce vaste projet, il est indispensable de connaître l'avenir, afin de le confirmer où le modifier en fonction des critères inhérents aux concepteurs, et la nature géologique du terrain. Inutile en effet de courir le risque d'une construction primordiale (le Mont-Saint-Michel, ou les châteaux de la Loire), sur une zone sismique **pouvant la détruire avant la finition du Plan.''**

''Dans cette optique, Stonehenge serait le chef de file, le prototype de cette géographie géométrique et mariale. Il est possible que la balise que je soupçonne enfouie sous le plus grand (7 mètres) des cinq trilithes centraux, soit une balise mère, la plus importante, distribuant les directives aux balises filles disséminées de par le monde.

Cette implantation de balises par les Responsables des OVNI, se situerait après l'érection des trois poteaux initiaux. D'où déplacement du centre cérémoniel à l'endroit actuel.

Ces poteaux remontent à huit mille ans, le cercle de pierres définitif à quatre mille cinq cents. Robert Maestracci pourrait donc avoir raison, lorsqu'il suppose que SA géographie secrète de la Provence, et les carrés SATOR européens qu'il a si magistralement décryptés, **virent le jour voici environ six mille ans**.

De même Xavier Guichard qui, de 1911 à 1936, s'est démené pour faire connaître les Eleusis – Alésia à travers l'Europe.

Ou encore Sylvain Tristan, découvreur des lignes d'Or, et de la civilisation mégalithique, qu'il estime vieille de 7000 ans.''
(fin de citation, extrait de mon livre cité, article : '' *Stonehenge, ancêtre des chapelles mariales ?* '').

Quels seraient alors les enfouisseurs de l'ordinateur parisien et des balises ?
Car si dans mon livre je parle des Responsables des OVI, et sans renier cette proposition, il faut rester prudent, et être plus précis en fonction des derniers éléments à venir.
Les Suivants de l'Abeille ? Je confirme, mais ils entreraient dans un programme plus vaste, ainsi que nous le verrons..
Donc, avant de répondre à cette question, et de dévoiler la suite plus importante encore, il convient de quitter ce qui est en bas, et de voir ce qu'il y a en haut.

DEUXIEME PARTIE : CE QUI EST EN HAUT.

Quittons la Terre pour partir loin, très loin dans l'espace.
Avec mes excuses, je vais reprendre à nouveau mes propres écrits, qui sont et restent plus que jamais en harmonie avec ma théorie, à l'aide de la revue '' *Astronomie magazine* '' N° 174 de janvier 2015.
'' N'allons pas plus loin dans les spéculations concernant cette première partie. Ou plutôt, restons sur cette même page 14, et étudions l'article : '' *Quasars et structures du cosmos comme à la parade* ''.
Tout d'abord, il faut préciser que le titre se réfère au fait que '' *les galaxies et les réservoirs de matière intergalactique **forment de vastes filaments autour d'immenses espaces vides.*** '' (souligné par moi).
A l'aide du Very Large Telescope de l'ESO à Paranal au Chili, l'équipe du professeur belge Damien Hutsémékers a mesuré la polarisation de la lumière (réorganisation simplifiée et non dispersive, grâce à un filtre, en l'occurrence le spectrographe FORS) de plusieurs quasars. Le rayonnement de ces objets presque des étoiles (contraction de quasi stars) est si puissant, qu'il éclipse celui d'un ensemble de centaines voire milliers de galaxies. On pourrait dire qu'ils sont des phares de repérage sur l'océan cosmique.
L'équipe de l'université de Liège a pu déterminer l'axe de rotation **de dix-neuf quasars,** donnant lieu à une surprise de taille : '' *La première singularité que nous avons relevée concerne les axes de rotation des quasars ; certains d'entre eux étaient alignés par rapport à d'autres – en dépit du fait que ces quasars sont distants de milliards d'années-lumière* ''.

Le calcul montre que le hasard ne peut avancer timidement que 1 % de probabilités.

De plus, la singularité est encore plus poussée, **car ces axes ont tendance à être parallèles aux filaments à grande échelle évoqués plus haut.** Ces filaments rassemblant la majorité de la matière visible.

A première vue pourtant, ces constatations sont prédites par les modèles numériques d'évolution de l'univers, selon l'astronome Dominique Sluse.

Ce qui diminuerait leur importance, si le résultat obtenu par l'équipe belge n'était pas plus généralisé que prévu.

Et Dominique Sluse de conclure : '' *De tels alignements à des échelles bien plus vastes qu'envisagé par les simulations actuelles, laissent entrevoir la possibilité que nos modèles d'univers actuels soient incomplets* ''. (extrait de '' *OVNI, A.M., DUAT, OSMNI.* , article :'' *La limite du chef-d'œuvre* '').

On remarquera sans peine les deux points les plus caractéristiques :
1) Alignement de la plupart des dix-neuf quasars sur des milliards d'années-lumière.
2) Le parallélisme avec les filaments.

La coordination de cet ensemble géométrique sur de telles distances relève presque de la magie.

On retrouve une fois encore la géométrie d'en bas sur une échelle plus gigantesque (milliards d'années-lumière, mazette, c'est grand chez vous !) en haut. Et les parallèles de Sylvain Tristan.

Ceci pour la partie géométrique ; quant aux mathématiques, je rappelle que le nombre d'Or, connu des Egyptiens, et probablement même bien avant, est omniprésent dans le cosmos. **Il est le lien absolument incontournable entre le haut et le bas.**

A présent, abordons une autre étrangeté de l'univers ; le fait que tout soit programmé pour que les étoiles naissent, et que la vie atteignant le stade humanoïde puisse voir le jour et prospérer en toute sécurité.

Je commencerai par reprendre mon livre concernant cette dernière :
'' Un petit encadré en bref publié page 14 de la revue '' *Astronomie magazine* '' N° 174 de janvier 2015, entamera la première partie de cet article.

Il annonce que grâce à deux satellites jumeaux de la NASA, des scientifiques ont découvert au sein de la ceinture de Van Allen, une '' barrière '' placée à 11.600 kilomètres d'altitude, '' *...qui semble stopper net l'arrivée d'électrons chargés venus du soleil ou des rayonnements cosmiques et qui ont des effets néfastes sur les satellites ou les astronautes s'aventurant au-delà de l'orbite basse* ''.

Pour finir, il est précisé que **l'origine de cette barrière reste inconnue.**

Afin de bien comprendre l'importance de ces quelques lignes, il est nécessaire de revenir sur les trois aspects principaux de la protection de la planète Terre.

En premier, nous avons le champ géomagnétique dipolaire (charges électriques égales, mais de signes opposés), qui trouve sa source dans le noyau central.

La rencontre de ce champ englobant la planète avec les particules électrisées venues du soleil, prend le nom de magnétosphère.

Celle-ci se déforme pour s'aplatir à l'avant et s'étirer à l'arrière. Ce sont cette fluidité et cette malléabilité, qui permettent de résister à ce que nous nommons : éjections de masses coronales solaires ; tout comme le roseau qui plie mais ne rompt pas.

Cependant, jusqu'à quel point peut-elle ne pas céder ?

Il est possible que suite à l'assaut d'une fabuleuse concentration de particules voyageant à 1 million 600.000 kilomètres / heure, la magnétosphère s'étire et s'aplatisse jusqu'à ne plus former qu'une mince pellicule ayant perdu tout pouvoir défensif.

Il en résulterait la mise au rebut de tous les satellites et des centrales électriques. **Et le retour à la lumière dispensée par les bougies.**

En second justement viennent les ceintures dites de Van Allen, qui désignent le nom de leur découvreur. Elles présentent deux maxima vers 3.000 et 15.000 kilomètres, et se complètent, puisque l'une est formée d'électrons, l'autre de protons. Elles doublent en quelque sorte le bouclier de la magnétosphère.

Dans le court exposé, la formulation '' qui semble stopper net '', implique que la nouvelle venue restée inconnue jusqu'alors, joue un rôle majeur.

En trois vient la couche d'ozone, située entre vingt et trente kilomètres de la surface terrestre. Ultra mince, elle est la protection ultime de la vie humaine et animale, en empêchant le mortel rayonnement ultra-violet de parvenir jusqu'au sol.

Qu'elle s'amincisse encore, ou que les trous qui risquent de l'endommager de manière irréversible se développent et se multiplient, **adieu l'espèce humaine.**

Cette mise au point récapitulative nous ramène à notre avant-propos.
Cette mystérieuse barrière apportant un plus non négligeable à la protection de la vie sur Terre, semble être un gage de pérennité de l'Humanité, et de son développement technologique.

Cette supposition ne s'étendant pas évidemment à la possibilité que l'homme se détruise lui-même par sa propre bêtise, qui devient chaque jour de plus en plus incommensurable, et touchant malheureusement de nombreux domaines.

Ici, faisons une première pause / constatation / déduction :

Si le noyau central fluide de notre globe tournant sur lui-même génère un champ magnétique qui s'évade et s'étend à l'extérieur, créant un écran face aux particules solaires, rien que de plus naturel suivant les lois de la physique.

Mais que la couche d'ozone **possède la bonne épaisseur protectrice** provoque une interrogation que nul ne s'est jamais posée, semble-t-il.

En effet, elle est estimée à trois millimètres, suffisante pour empêcher la mort de la vie ; plus elle irait en s'amincissant, plus les coups de soleil deviendraient intenses, allant jusqu'à la brûlure létale, et à l'éclatement des globules.

En s'épaississant, elle provoquerait la prolifération des microbes de toutes sortes, contre lesquels l'homme serait impuissant.

Quant au sandwich Van Allen, cette nouvelle tranche de jambon (11.600 kms) placée entre les deux couches de beurre différentes mais complémentaires (3.000 et 15.000 kms), ajoute encore au mystère de l'origine du traiteur.

On s'aperçoit donc que sur les trois postes de surveillance, de détection, et de barrage à un ennemi potentiel se présentant sous différents composants, le premier est **d'origine indubitablement naturel** ; les deux autres indiquent par eux-mêmes une source non intrinsèque, extérieure, et pour tout dire : **artificielle.''** (fin de citation, extraite du même article que précédemment).

Bien qu'un peu longue par nécessité, j'ai réduit cette copie à l'essentiel. Dans les deux cas présentés, **nous voyons que l'arithmétique, la géométrie et la vie sont indissociables.**

Tournons-nous maintenant vers David Louapre et son livre : '' *Insoluble, mais vrai !* '' (Flammarion 2017). Ce jeune physicien vulgarisateur scientifique présente des problèmes casse-tête n'ayant pas encore trouvé de solution.

Parmi les plus insolites, citons : '' *Pourquoi dort-on ?* '', '' *Le problème des déménageurs* '', '' *Qui était LUCA, le père de nos pères ?* '', '' *Le prochain prix Nobel se trouve-t-il à la sortie du robinet ?* '' '' *Le paradoxe du soleil pâle* ''.

'' *Tout l'univers est-il contenu dans PI ?* '' nous ramène aux mathématiques.

Grâce à ce scientifique de haut niveau, je vais pouvoir aller au fond de ma présentation, en résolvant les trois objections qui auraient pu m'être jetées au visage, empêchant ma théorie d'éliminer la concurrence.

1) Pourquoi les étoiles sont-elles nées et durent suffisamment longtemps pour permettre l'apparition de la vie ?

2) Pourquoi justement la vie a-t-elle pu apparaître ?

3) L'épineuse question de la matière noire et de l'énergie sombre / noire.

Je l'ai écrit dans mes livres, car c'est une évidence : ces deux matière / énergie totalement ennemies et aux pourcentages déséquilibrés, ne peuvent faire partie du bigbang originel. **Il a fallu obligatoirement les introduire après coup.**

Ce qui ne cadrait pas avec ce que je propose.

Heureusement, David Louapre est venu à mon secours avec les toutes dernières avancées astronomiques.

Pour résoudre les trois points, je vais être aussi bref que possible, tout en étant compréhensible ; gymnastique délicate, car en réalité, ce sont plusieurs pages du livre que je devrais recopier.

L'univers est en expansion accélérée, ce que les modèles ne prévoyaient pas. La coupable serait cette fameuse énergie noire qui représenterait 72 % de la masse de l'univers, alors que la matière noire, elle, tend à fédérer les atomes, et contribuerait à la formation des étoiles. Cependant, ayant un pourcentage trois fois moins fort, l'énergie noire aurait dû gagner.

'' *La question n'est maintenant pas tant de savoir si l'énergie noire existe, mais plutôt pourquoi son effet de répulsion est si faible et ne domine pas le comportement de la matière autour de nous. Bref, de savoir pourquoi nous ne sommes pas tous déchirés instantanément par l'énergie du vide.*''

Comme ce n'est pas le cas, les physiciens ont planché sur un autre concept.

'' *Pour expliquer de manière théorique cette expansion accélérée de l'Univers, il a fallu modifier les équations de la relativité générale...et réintroduire cette fameuse composante qu'Einstein avait fini par écarter. On l'appelle aujourd'hui la constante cosmologique : elle produit une sorte de répulsion, dont la force augmenterait au fur et à mesure de l'expansion de l'univers.*''

'' *Du côté de l'infiniment grand, la théorie de l'expansion de l'univers mobilise plusieurs constantes fondamentales dont on ne peut que constater les valeurs sans parvenir à les expliquer, par exemple la densité moyenne de l'Univers ou la valeur de la constante cosmologique, appelée aussi '' énergie du vide '' ou '' énergie noire''...*/... '' *La réponse est troublante ; dans cet univers modifié à la main, la vie telle que nous la connaissons n'aurait pas pu exister...Comme si les valeurs des constantes étaient parfaitement accordées pour que la vie puisse exister.*''

En fait, et sous réserve de futures autres surprises, la matière noire minoritaire et l'énergie sombre / noire / du vide, **n'existeraient que sous forme de mathématiques : densité moyenne de l'univers ou constante cosmologique.**

Donc exit l'introduction postérieure au bigbang !

'' *Que la force nucléaire forte ait eu une valeur légèrement plus élevée, et le diproton aurait été stable et tout l'hydrogène de l'Univers aurait rapidement été converti en diproton ! Cela aurait empêché l'apparition des étoiles, et de tous les éléments chimiques qui nous sont familiers.''*...

.../...*De même, on calcule que si la force nucléaire forte avait été plus faible, seul l'hydrogène aurait existé. Encore une classification périodique à une seule case ! Tout se passe comme si la force nucléaire forte avait exactement la bonne intensité pour assurer l'apparition des étoiles et d'éléments chimiques plus complexes que les simples hydrogène et hélium.''*

Bien professeur, il semble que les chiffres aient été astucieusement et minutieusement calculés par le divin mathématicien, pour que SON univers prospère selon SES désirs. Et pour conclure cet exposé ardu mais indispensable pour lever les derniers doutes, voyons ce qu'il en est de l'apparition de la vie, toujours expliquée, en raccourci, par David Louapre :

'' *...D'après Hoyle, si l'intensité de la force nucléaire forte ou celle de la force électromagnétique avaient été différentes de seulement quelques pourcents, cet état n'aurait pas existé tel quel, et l'Univers n'aurait pas pu contenir de quantités significatives de carbone, élément indispensable à la vie telle qu'on la connaît sur notre bonne vieille planète.''*

Ouf ! Nous sommes vivants, c'est l'essentiel. Cependant, pour y parvenir, il a fallu de l'arithmétique encore et toujours ; intensité plus ou moins élevée, pourcents légèrement différents, et la recette ne prenait pas ; le plat sorti du four eut été immangeable.

C'est une question d'équilibre extraordinaire entre tous les ingrédients.

D'où aussi cette histoire de calcul précis concernant l'oxygène indispensable à la vie en général, et humanoïde en particulier.

Dans mon article :'' *O.N.U. 21* '', je faisais état des derniers échos de l'astronomie, montrant que la création terrestre de l'oxygène avait fait exploser la vie ; mais qu'un pourcentage trop élevé (35 %) était dangereux par le grossissement anormal de la faune et la flore, et la multiplication des incendies.

Par contre, une teneur trop faible était également négative.

Seul, un pourcentage aux alentours de 21 % permettait une éclosion et une évolution favorable pour l'intelligence supérieure (avec toutes les réserves d'usage en ce qui concerne la ''civilisation'' actuelle).

Et n'oublions pas que la vie terrestre dans son ensemble est basée effectivement sur le carbone, très abondant dans l'univers. D'où la probabilité que le stade bipède humanoïde soit également celui le plus répandu sur les mondes habités.

AVANT-DERNIERE PARTIE : APPROCHE FINALE.

Qu'est-ce que l'intelligence ?
Nous n'en savons absolument rien. On parle d'échanges électriques entre les neurones ; eux-mêmes en action en plus ou moins grand nombre chez chaque individu. Apparemment, tout dépendrait de l'activité cérébrale ; le cerveau serait une centrale d'énergie qui ne fonctionnerait bien qu'à pleine capacité.

Déjà, dès la naissance, le niveau d'intelligence n'est pas identique pour tous. D'où le dicton populaire bien connu : '' A la distribution d'intelligence certains ne sont pas repassés au rab.'' (pourquoi spécialement les politiciens ? Il y en a qui sont très intelligents. Tenez, par exemple, prenez…bon quand j'aurai retrouvé son nom, je vous le communiquerai.).

Que les sujets traités soient toujours les mêmes et tournent en rond, ils encrassent les cellules grises, et diminuent notablement les capacités à réfléchir à des questions sortant du quotidien.

Tout ceci est bien connu, mais ne mène pas loin dans la connaissance de l'intelligence. Cependant, celle-ci a-t-elle réellement besoin d'un cerveau, d'un support matériel pour se manifester ?

Puisqu'il s'agit d'électricité, les orages qui ne sont pas matériels en produisent d'énormes quantités. Quel serait le voltage nécessaire pour qu'une intelligence jaillisse spontanément et durablement, atteignant un niveau notablement élevé ?

L'exemple du dieu créateur immatériel est symptomatique d'une antinomie flagrante ; car il est le prototype même de l'intelligence supérieure.

L'intelligence ne serait donc pas l'apanage de la matérialité.
Pour aller dans ce sens, dans '' *La limite du chef-d'œuvre* '' j'écrivais :
'' *Toutes ces structures en filaments, avec leurs radiophares alignés, suggèrent un chef-d'œuvre d'Art Mathématique multidimensionnel, dont une minime fraction ou une légère frange serait accessible à nos sens.* ''

De cette supposition découle :

LA PROPOSITION ULTIME : **LE VERBE C'EST LE NOMBRE :**

Une entité, un concept, une subtilité insaisissable, impalpable, tout en étant purement mathématique, peut-elle détenir l'intelligence ?
Au point de pouvoir créer un univers à sa mesure ? ET DIEU GEOMETRISA !
C'est-à-dire où tout serait basé sur sa propre personnalité, matérialisée en quelque sorte en HAUT comme en BAS par la géométrie et l'arithmétique d'une précision absolue.
Ce créateur omniprésent n'apparaîtrait cependant pas comme tel aux yeux d'un être concret et rationnel.
Et pourtant, il serait présent partout autour de nous, et en nous sans que jamais nous pensions qu'il puisse être le Dieu que nous cherchons vainement à contacter par la prière sans cesse répétée, l'ascèse, la méditation, la concentration, la mortification ; chacun utilisant la méthode qu'il croit être plus efficace que les autres.
Autrement dit de manière directe :
LE NOMBRE D'OR EST-IL LE VERITABLE DIEU CREATEUR ?
C'est immanquablement ce vers quoi aboutissent tous les éléments présentés, à la fois sur Terre et dans l'espace.
Sincèrement et sans flatterie, je pense que le lecteur aura déjà deviné la question bien avant d'être posée ; ce qui serait une preuve et un satisfecit pour moi que mon exposé était limpide.
Ainsi que le confirme le professeur de mathématique Christian Hakenholz dans ''*Nombre d'Or et mathématique*'', le nombre d'Or est partout. L'exemple de la fleur de la passion est on ne peut plus parlant. L'homme lui-même est un enfant de PHI.
Mais il y a mieux encore, si l'on considère que l'espèce humaine actuelle n'est qu'une virgule mal placée sur le contrat d'embauche, ou le parasite de la planète ; nous parlons d'insectes plus utiles et véritablement sociaux, eux : les abeilles.
Le N° 110 de mai-juin 2017 de la revue Nexus publie un article intitulé (sans doute pour me faire plaisir personnellement, et j'en suis très sensible) :
'' *Géométrie sacrée : un message divin caché dans les ruches ?* ''
Sans aller plus loin, je me contenterai du prologue de l'article écrit par Daniel Favre : '' *Guidé par sa passion des abeilles et fasciné par la présence des principes mathématiques au sein du vivant, Daniel Favre, docteur en biologie, a découvert que dans le cadre d'une apiculture ''proche de la nature'', les abeilles construisent leurs rayons selon une géométrie basée sur le nombre d'or. Une recherche jalonnée d'heureuses coïncidences…* ''

Que disais-je ? un régal, un véritable nectar pour ma théorie, aussi bien par le titre que par l'exorde.

On peut mieux comprendre pourquoi les Bitiw sont devenus : LES SUIVANTS DE L'ABEILLE.

Compréhension qui se concrétisera davantage si, comme le dit mon article :" *Abeilles, citoyennes du cosmos ?"* (livre :" *Des OVMI de l'Abeille à la mort du pantin."*), : " *Seule compte la supposition que si ces " Bitiw", ces Suivants de l'Abeille ont amené avec eux le culte de cet insecte, alors que celui-ci était déjà répandu sur Terre, c'est bien parce que l'abeille existe normalement et naturellement **partout sur les autres mondes à atmosphère d'oxygène.***"

Je rappelle que selon le dogme en vigueur, le système solaire et la Terre ne sont âgés que de moins de cinq milliards d'années, alors que l'univers remonte à près de quatorze. D'où une différence tellement considérable que les races à l'ancienneté fabuleuse dont j'ai parlé dans le prologue, peuvent avoir atteint le stade quasi divin. A la fois par la Sagesse et la science.

Il est raisonnablement supputable qu'elles aient formé une sorte de confédération, dont un des axes serait la religion commune et Suprême de : **la Vénération et l'Adoration du Nombre d'Or '**'.

De plus, le fait d'avoir trouvé des abeilles sur tous les mondes à atmosphère d'oxygène avec des ruches construites selon PHI, les aurait convaincus qu'elles étaient les vestales ou les grandes prêtresses du divin créateur.

L'univers entier étant une œuvre d'Art Mathématique, ces Suivants de l'Abeille se donnèrent pour mission qu'il en soit de même en BAS.

C'est ainsi qu'ils seraient arrivés sur Terre, comme écrit dans l'article précédent, à Rostau, c'est-à-dire le Giza de la future Egypte, il y a des dizaines de milliers d'années (une seconde d' éternité) : et fait en sorte que la géométrie soit matérialisée par le destin des hommes.

Je crois que tout est dit ; il ne me reste plus qu'à préciser ma dernière élucubration :

Je suis persuadé que les Suivants de l'Abeille se sont installés secrètement sur tous les mondes à atmosphère d'oxygène à 21 %, et y ont créé des lignes et figures géométriques obligeant les autochtones à s'y installer inconsciemment guidés par les balises émettrices d'ordres incontournables.

La religion mathématique de Vénération et d'Adoration du Dieu Nombre d'Or doit être appliquée partout et par tous.

Et veiller constamment à ce qu'elle perdure éternellement.

Il est une évidence déjà affirmée dans les années soixante par Aimé Michel, et que David Louapre reprend dans '' *Mais où sont les extraterrestres ?*'', à propos des conquistadors.

'' *Non, rien de tout cela : pour les colons espagnols, les fourmilières et leurs habitants à six pattes étaient absolument dénués de tout intérêt, au point qu'ils ne les ont probablement même pas remarqués, et réciproquement. Nous pourrions bien nous trouver dans cette situation vis-à-vis des extraterrestres.*''

Effectivement au regard de l'ancienneté de milliards d'années des Suivants de l'Abeille, et même s'ils le voulaient, prendre officiellement contact avec les autochtones de la planète occupée signifierait la destruction de ceux-ci.

Le choc des cultures aux deux extrémités de la Connaissance, et la différence de psychisme seraient plus dévastateurs qu'une guerre nucléaire.

Mais afin de perdurer et que survive la Religion Suprême, force leur est de coopter des représentants de la civilisation planétaire à travers les époques, par la ruse, la persuasion ou la force, tout en restant toujours à l'écart. Nous l'avons constaté dans : '' *OVNI, A.M., DUAT, OSMNI.*''

Et peut-être même dans certains cas, sont-ils intervenus auparavant pour que la vie soit sauvegardée en installant la couche d'ozone protectrice, et en ajoutant le rideau supplémentaire de la ceinture de Van Allen, dont j'ai fait mention dans la deuxième partie de cette étude ?

Sans oublier l'anéantissement volontaire des dinosaures. La Terre n'étant sans doute pas la seule ayant subi cette monstrueuse domination, à cause du trop grand pourcentage d'oxygène.

Y aurait-il alors des OVI, **maintenant bien connus**, folâtrant librement comme ils le font sur la Terre, sur toutes les planètes, afin de poursuivre l'œuvre merveilleuse entreprise des millions d'éons auparavant sur les mondes arrivant peu à peu à la maturité, et dont notre globe encore dans sa jeunesse serait le dernier de la liste ?

Pourquoi pas ?

* * *

NOMBRE D'OR CATALYSEUR.
* * *

Afin de ne pas alourdir l'article et le mal de tête du lecteur, j'ai réduit les pouvoirs du nombre d'or à sa particularité la plus extraordinaire.

Elle va démontrer que PHI mérite bien son statut divin.

Au préalable, je rappelle que ce nombre généralement admis et utilisé **est de 1, 618.** Toutefois, poussée au maximum, en arrondissant à la sixième décimale, sa valeur est de : 1, 618034.

Ceci précisé, il suffit d'effectuer un calcul complètement absurde en apparence, car totalement déséquilibré ; **obtenir une égalité entre multiplication et division.**

Il s'agit de choisir un chiffre, unitaire pour la démonstration, et de le multiplier par lui-même ou un autre. Puis de le diviser par le multiplicateur choisi. Ensuite, on déduit le second résultat du premier, et on doit retrouver le chiffre initial.

Absolument impossible, et je le prouve.

Prenons 5 ; on le multiplie par 5, le résultat ? Laissez-moi un petit instant, Je dirais 25.

Passons à la division plus facile, puisque j'obtiens 1. La différence est : 24. On est loin du chiffre 5 de départ.

On peut choisir un nombre de deux, trois, quatre ou plus de chiffres, on ne peut retomber sur ce nombre, en multipliant d'un côté, en divisant de l'autre, et en extrayant la différence des deux résultats.

Exemple : 525 X3 = 1575 ; 525 / 3 = 175 ; différence : 1400. Pour retomber sur 525, on devrait multiplier celui-ci par 1, 333 (700), et garder la division par trois. Ce qui fausse le jeu.

Amusons-nous à présent à prendre PHI comme multiplicateur et diviseur, et recommençons le calcul avec notre 525. Qu'obtient-on ? 849, 45 et 324, 47 dont la différence est : 524, 98, avec une très légère fraction en moins.

Ecart qui s'accentue avec quatre, cinq ou six chiffres.

Soyons audacieux, et essayons : 523.698. La multiplication le porte à : 847.343, 36, et la division le réduit à : 323.669, 96. Ce qui nous ramène à : 523.673, 40.

L'écart avec le nombre de départ est de 24, 60. Sans être excessif, ce résultat, montre une certaine limite dans le choix des nombres ; **tout en montrant que le nombre d'Or est bien le catalyseur de ce calcul.**

Mais j'ai volontairement choisi un grand nombre de six chiffres, à la fois pour montrer que la différence est minime, mais réelle, tout en vérifiant la validité du calcul à ce niveau.

Cependant, en remontant au début de l'article, j'ai précisé la valeur poussée du nombre d'Or : 1, 618034 (contre en réalité 1, 61803398).

Reprenons le calcul avec cette valeur multipliant et divisant ce nombre 523.698.

Cette fois les résultats sont (j'invite le lecteur à vérifier) : 847.361, 16 – 323.663, 16 = 523.698. Différence avec le nombre initial = **zéro**.

C'est assez édifiant, et montre bien à quel point ce nombre mérite son adjectif d'Or. Pour obtenir ce résultat remarquable, il a suffi de lui rajouter simplement une fraction de décimales.

Autrement dit : **montrer jusqu'à quel niveau s'élève Sa Divinité.**

Les Anciens, et même les Très Anciens qui nous ont précédés, l'avaient déjà compris et utilisé pour leurs constructions, afin d'obtenir des proportions harmonieuses.

Il est d'ailleurs à peu près certain que PHI est LE CADEAU SUPRÊME accordé par les Suivants de l'Abeille aux premiers Egyptiens.

Bien loin de nos cages bétonnées à lapins, sans aucune grâce, et pour lesquelles le mot '' esthétique '' est inconnu. C'est pourquoi l'architecte Le Corbusier ne fut pas suivi, **sans doute volontairement pour ne pas amener le peuple à un degré spirituel plus élevé.**

Alors que les monuments du passé généraient des ondes bénéfiques, nos entassements d'appartements sont les proies idéales des ondes négatives, de la mauvaise ambiance générale, le sommeil n'étant pas propice à la relaxation.

Alors que PHI règne en maître à travers tout l'univers, du microcosme au macrocosme, même nos scientifiques, principalement astronomes et astrophysiciens, le négligent, passant à côté de la possibilité d'approcher de plus près la Connaissance de ce qui nous entoure.

*   *   *

IL FAUT POINTER, DU DUAT,
SES MANIFESTATIONS.
* * *

'' Tel nain qui lundi sera, samedi géant deviendra '' (R.T.)
* * *

'' *Il semblerait, à première vue, que tout se passe comme si nos ''
visiteurs '' avaient fait un effort délibéré et convergent pour nous
tromper.*'' (Donald B. Hanlon, 1966, '' *En quête sur les humanoïdes*
'' C. Bowen, J'AI LU).
Il y a eu des ufologues lucides, qui n'ont malheureusement pas fait
école.

* * *

'' *Ce que je crois savoir de vérité sur les OVNI, après tant d'années de
recherches, tiendrait largement sur un timbre-poste.*'' (Courageuse et
honnête constatation d'Aimé Michel, quelque temps avant sa mort ;
rapportée par Julien et Figuet dans '' *OVNI en Provence* '').

Je suis d'autant plus d'accord avec cet étonnant aveu, qu'il devrait
s'appliquer, non seulement à tous les ufologues sans exception encore
en 2018, avec en tête le modeste auteur de cet article, mais aussi à tous
les chercheurs des autres disciplines, dans leur sphère particulière.
L'étendue de leur savoir est limitée à leur seule spécialité. Comme ce
savoir est soumis à la censure drastique des mandarins, et confiné dans
le cadre où il est soigneusement encagé, il lui est interdit de s'évader
vers des espaces non contrôlés.
Par exemple, et pour ne citer que lui, l'éminent et sympathique
paléontologue Jean Clottes a avoué ne pas connaître grand-chose à
l'astronomie. Dans ces conditions, comment pourrait-il juger à quel
lointain passé cette science débuta ?
En 2018, l'astronomie, science de base puisque son domaine nous
entoure, et nous baigne en permanence, n'est pas une priorité de
l'enseignement. Ce qui fait que l'homme de la rue ne lève pas le nez
vers les étoiles ; et donc pour son confort personnel, se laisse persuader
qu'il est seul dans l'univers, le voisin éventuel pouvant être un
méchant envahisseur.
Pour ma part, mon ignorance est tellement effrayante à voir, que je
crains de la regarder en face ; mais je crois qu'il en est de même pour
chacun de nous qui s'en rend compte à son niveau, et nous vivons
comme si cette carence n'avait aucune importance.

Heureusement d'ailleurs pour la santé de nos neurones. En compensation, il faut avoir la volonté de réduire cette ignorance ; ou à tout le moins, de ne pas l'aggraver.

La conclusion d'Aimé Michel est donc symptomatique des phénoménales dichotomies de l'humanité terrestre.

D'un côté, nous avons de brillants astrophysiciens capables d'envoyer la sonde New Horizon frôler très précisément Pluton à plus de cinq milliards de kilomètres, et des physiciens des particules mettre en place le plus grand accélérateur du monde.

A l'opposé, un milliard de personnes meurent de faim ; et l'on apprend que dans un pays européen, la Roumanie, le réseau électrique **ne couvre que 87 % du territoire.**

Au 21è siècle, il existe encore des relents de Moyen Âge dans des régions que l'on croit civilisées.

Et puisque nous évoquons l'électricité, la nation qui prétend diriger le monde - les Etats-Unis d'Amérique - a un réseau aux multiples sociétés indépendantes, et qui de ce fait, fonctionne de manière aléatoire, avec de nombreuses pannes. Ce qui n'est pas à l'honneur de ce géant dictateur, qui n'arrive pas à régler ses problèmes internes de racisme.

Toutes ces évidentes, criantes, et incompréhensibles contradictions, justifient amplement le jeu de nos colocataires planétaires, qui voient l'espèce humaine s'enfoncer dans l'abjection, la perversité (lors des étapes pyrénéennes du tour de France 2015, on a vu des spectateurs présenter leurs fesses nues aux coureurs !), le refus d'égalité des peuples et des races, et la mise en avant de notions que les enfants de chœur qu'étaient les gens de Sodome et Gomorrhe n'ont pas connues.

A ce propos d'ailleurs, les exégètes sont partagés sur ce que le soi-disant Dieu reprochait aux habitants de Sodome en particulier (documentaire TNT 24 du 18 juillet 2015).

Comment espérer un rapprochement, parler d'égal à égal avec des personnes qui ont perdu la différence entre le bien et le mal, **en estimant que seul ce dernier est la voie du salut ?**

Pourquoi fournir des informations scientifiques, sachant qu'elles ne serviront qu'à des fins guerrières ? Même des moyens de guérisons par rayons pourraient être transformés en armes destructrices à grande échelle.

D'ores et déjà, avec la meilleure bonne volonté du monde, il est impossible de prendre officiellement contact avec toute la mosaïque des pays se partageant le globe terrestre. L'O.N.U. n'ayant que peu de pouvoirs serait hors-jeu dans de telles circonstances.

Les grandes puissances exigeraient la plus grosse part, et les nations dites faibles s'estimeraient systématiquement lésées, même si le partage était équitable.

Ce serait dû à une simple mentalité '' d'esclave '' enracinée depuis des siècles.

Cette évidence publiée en 2015, fut confirmée par un extrait d'un article du N° 387 (août-septembre 2017) de la revue '' *Monde Inconnu* '' : '' *L'aide extraterrestre viendrait aujourd'hui, elle serait détournée au profit des oligarchies dominantes et non pas à celui de l'humanité.* ''

Véritable casse-tête, suprême imbroglio dont il serait impossible de sortir, car chaque proposition se heurterait à un entêtement inébranlable de la part des uns ou des autres.

Alors, que reste-t-il, que peut-on faire ?

Eh bien, après un départ qui paraissait être lancé sur de bonnes bases il y a des millénaires, tout s'est emballé au fur et à mesure que l'humanité se développait.

La vocation de nos voisins n'étant pas de nous protéger contre nous-mêmes, en réglant nos problèmes, ils ont fini par se replier, tout en continuant d'effectuer des incursions.

Pour aller dans ce sens, et montrer à quel point la mentalité humaine n'hésite pas **lâchement** à rejeter ses responsabilités, et à les faire assumer par d'autres, je vais citer la réflexion stupide et tout simplement honteuse, que Jean Sider rapporte page 342 de son livre '' *Les '' extraterrestres '' avant les soucoupes volantes* '' (J.M.G. éd.) :

'' *Même à l'heure actuelle, il est impossible d'obtenir une ascendance pareille sur un cerveau, surtout dans les mêmes circonstances, autrement dit : à distance. Toutefois, ce cas ouvre des perspectives hallucinantes sur les pouvoirs de '' l'Etage du dessus '', notre expression favorite, pour désigner l'intelligence inconnue qui suscite ces phénomènes. Comme nous l'a dit un correspondant :*

Pourquoi cette transcendance ne manipule-t-elle pas l'esprit des terroristes pour les obliger à arrêter le massacre d'innocents, et celui des politiciens pour qu'ils empêchent notre planète de crever ? ''

La teneur de ce texte aura sans doute fait souvenir au lecteur ma théorie de la '' technologie de l'inconscient '' que j'ai développée dans '' *De l'écorce terrestre au Dieu inconscient* '', et qui termine le deuxième volet de mes articles '' *Des nains aux géants* ''.

Ici, Jean Sider m'apporte sa caution sans le vouloir et sans pousser davantage, se contentant de donner quitus à l'inconscient qui se plaint que ceux qui ne sont pas concernés par nos bêtises n'interviennent pas sans que nous ayons à lever le petit doigt : **pitoyable et grotesque.**

J'avoue ne pas comprendre la réaction de Jean Sider qui semble approuver une telle attitude totalement irresponsable.

Comment réagirait cet individu irréfléchi si un intrus venait se mêler de ses affaires familiales ?

Il est vrai que maintenant, dès qu'un enfant ou un adulte se casse un ongle, il est aussitôt entouré par des psychologues qui le prennent en charge ; ce coucounage affaiblit évidemment la force de caractère du personnage, devenant incapable de s'assumer.

Cette assistance s'étend à des professions demandant l'aide de l'Etat ; mais aussi aux nations en difficulté (voyez la Grèce que l'on graisse).

Ainsi, par paliers, **on en arrive sur le plan planétaire, à espérer l'intervention d'entités supérieures.**

Cette attitude démentielle génère la sublime loufoquerie :

On nie l'existence d'un phénomène, auquel on demande pourtant de trouver à notre place la solution de nos problèmes, dont nous ne maîtrisons pas l'énoncé.

Le comble de la veulerie.

Par ailleurs, '' l'Etage du dessus '' prôné par cet auteur, est plutôt **l'Etage du dessous, puisqu'il s'agit du Duat.**

Je ne reprends ici que le troisième des opus consacrés à ceux qui partagent le loyer planétaire avec l'espèce humaine. **Que ce soient les descendants des Shebtiw / Sokariens du Duat initial égyptien, ou les Hav-Musuvs californiens cités par Jimmy Giueu, la colonie antique de l'Agartha, ou les habitants des cavernes de l'île de Cuba, pour ne parler que des plus connus par certains terriens minoritaires ; les autres communautés restant définitivement dans l'ombre souterraine.**

Et comme tout bon voisin, tout ce beau monde nous côtoie discrètement, sans trop interférer dans nos problèmes étatiques. **Ce qui est la logique même.**

C'est d'ailleurs la seule commune.

Il faut bien se rendre compte d'une chose : **Ceux que j'appelle les Sokariens, les habitants du Duat (et les autres bien sûr) n'ont absolument pas un psychisme identique au nôtre.**

Et bien que connaissant l'espèce humaine sur le bout des doigts (j'allais écrire du Duat), après des dizaines de millénaires d'étude, il leur arrive encore de se tromper dans leur façon de présenter leur requête (ou leur diktat), pour l'érection d'une chapelle mariale par exemple, en employant une méthode qui s'avère à nos yeux comme étant contraire à ce qu'elle devrait être ; ainsi que je l'ai abondamment détaillé.

Bien entendu, ce peut être voulu pour nous amener à croire que c'est une erreur. Une fois, probablement ; mais quand il y a répétition, **c'est**

indubitablement par incompréhension véritable, et obstination puérile.

Cette puérilité qui est une de leurs caractéristiques, dont le maître mot est **l'amusement**, et sur lequel je n'insisterai jamais assez.

Mais aussi une puérilité qui se révèle dramatique, quand la prétendue Sainte Vierge va jusqu'à laisser perdurer une épidémie pour obtenir satisfaction !

Ayant atteint les sommets d'une science finissant par s'apparenter à la magie, ils préfèrent l'utiliser pour se faire plaisir et se distraire, avec un petit rien de mépris ou de condescendance, voire de brutalité pour les pauvres humains ; d'où ce jeu du théâtre faërique en vigueur depuis la nuit des temps, avec parfois des mauvaises surprises, quelquefois même dans les récompenses, qui se transforment ensuite de manière inattendue.

Ainsi ces deux anecdotes rapportées par Edouard Brasey dans '' *Nains et gnomes* '' (Pygmalion).

'' *Ainsi, on raconte que dans une petite ville près de Zurich les Erdluitle avaient coutume de descendre de la montagne pour visiter les maisons de la vallée. Ils étaient les grands amis des enfants, à qui ils offraient de l'argent, de la nourriture et des joujoux.*

Un jour, l'un des nains s'approcha d'un enfant et lui dit d'un ton enjoué :

- Ferme les yeux et tends la main !

L'enfant s'exécuta, se réjouissant déjà du gâteau ou du joujou que le petit homme allait lui offrir, mais lorsqu'il ouvrit les yeux, il ne découvrit qu'un morceau de charbon noir.

- Je ne veux pas de cette chose dégoutante ! hurla-t-il, et il jeta le morceau de charbon à terre.

Le lendemain matin, lorsqu'il s'éveilla, le garçon remarqua quelque chose qui brillait sur le tapis. Durant la nuit, le morceau de charbon s'était transformé en un joyau de prix ! ''

Cette histoire est à rapprocher de l'aventure d'une brave sage-femme, qui ayant aidé une femme-fée à accoucher, repartit en emportant dans son tablier des morceaux de charbon que le mari avait pris sur un tas. Une fois rentrée chez elle, elle les jeta avec dégoût, s'estimant mal récompensée de sa peine.

Le lendemain, les morceaux de charbon s'étaient transformés en or.

La deuxième anecdote détaillée par Edouard Brasey est tirée d'un article publié par le *New York Herald* du 22 juillet 1907, qui relate ce qui serait arrivé à un ouvrier des mines de Fonshire, nommé Jones Burton, le 14 janvier 1905.

Le récit étant beaucoup plus long que le précédent, je vais en résumer les grandes lignes.

Ce jour-là, Burton s'était endormi au fond de la mine, personne ne s'étant aperçu de son absence. Quand il se réveilla, il constata que l'équipe de nuit ne descendrait que trois heures plus tard.

Pendant qu'il patientait, il aperçut une brillante clarté qui venait vers lui. Il saisit sa pioche, prêt à se défendre, mais la lueur éblouissante s'arrêta à quelques pas de lui, et Burton vit alors un être de quatre-vingt centimètres à un mètre de haut.

'' *Nu-tête, des cheveux abondants lui descendant jusqu'au milieu du dos, une barbe entièrement blanche encadrant un visage ovale aux yeux malicieux, aux traits accentués.* ''

Gardant un silence absolu, l'individu avance la main qui tenait un objet dur, que Burton saisit ; la main était froide et visqueuse.

Puis tout s'évanouit. L'objet était un morceau de métal brillant comme de l'argent, et n'avait aucun rapport avec le minerai de la mine.

Bien entendu, les hommes de l'équipe de nuit à qui Burton raconta son aventure, ne le crurent pas, et se moquèrent.

Le lendemain, Burton remit le lingot à son ingénieur, qui ne crut pas non plus son histoire, mais reconnut le lingot pour être de l'argent mêlé de quartz, et pesant 345 grammes.

'' *Cette histoire n'aurait pas de conclusion si nous n'apprenions aujourd'hui une nouvelle stupéfiante. A la suite du percement d'un nouveau puits, un filon d'argent a été découvert dans la mine de Fonshire, le 18 juin écoulé.* ''

On remarquera un détail des plus importants, que l'ouvrier ne pouvait pas inventer, et qui crédibilise son récit : la lueur intense qui se transforme en nain, **tout comme à La Salette en septembre 1846,** ('' *Cette clarté sembla s'ouvrir et laissa apparaître une femme assise, la tête entre les mains et les coudes sur les genoux.* '') (Y. Chiron, '' *Enquête sur les apparitions de la Vierge* '', J'AI LU), et lors d'autres apparitions mariales ; la mandorle protectrice est si vive que la visiteuse doit en atténuer l'éclat.

Une autre aventure (forcément étrange) du même genre est survenue à un chercheur d'or en juillet 1939 à Serra do Gordo au Brésil, et rapportée en détail par Jean Sider (livre cité plus haut)..

Une nuit, alors qu'il campait avec sa famille dans une région isolée, Joao Vicente Lucindo est réveillé par un sifflement qu'il ne peut identifier. Il se lève, et repérant une lumière près d'un bois, il va vers elle, et tout d'un coup, se retrouve paralysé. Il voit deux hommes de haute taille (au moins 1m, 80) qui s'approchent de lui. L'un d'eux lui demande de regarder dans une direction, et Joao voit un disque au-dessus des arbres.

Les deux hommes l'entraînent à l'intérieur, où il est soumis à divers examens, tout en lui assurant que ce sera bénéfique pour sa famille. Il est ensuite relâché, et il retourne à son camp et se rendort *''...mais durant la nuit, il fait un étrange rêve, dans lequel les deux humanoïdes vus plus tôt lui disent où creuser exactement pour trouver de l'or. Le lendemain, il suit leurs oniriques conseils, si l'on peut dire, et il met au jour un filon riche de minerai d'or qui a ensuite rapporté la fortune à toute la famille.''*

Et Sider de conclure en se trompant lourdement :*'' Les entités du monde paranormal n'étant pas connues pour rendre riches les personnes qu'elles contactent, voire qu'elles « enlèvent «, nous émettons des réserves sur cette affaire.''*

C'est ainsi qu'un ufologue de renom, à la littérature prolifique et bien documentée, ignore que les entités du genre Sainte Vierge (puisque l'origine est identique) peuvent s'introduire en esprit dans / ou créer les rêves des témoins privilégiés, et leur transmettre des suggestions de commandement ou bénéfiques, comme ici pour Joao.

De même, toute l'aventure est d'ordre uniquement onirique, grâce à la technologie de l'inconscient, et se termine par ce rêve- récompense.

Je constate une fois encore, et je le déplore, le manque d'approfondissement des recherches axées sur **les concordances OVI – apparitions mariales- folklore- Traditions.**

Seul, Bertrand Méheust a réalisé un léger rapprochement, mais il s'est arrêté en cours de route.

Mais ce présent livre est justement là pour pousser les ufologues à s'investir davantage dans cette direction.

Abordons à présent un autre aspect des Sokariens habitants du Duat, et qui est en rapport avec la phrase que j'ai imaginée en exergue ; **la transformation.**

Rapprochons-nous encore une fois de Claude Lecouteux et de son livre *'' Les nains et les elfes au Moyen-Âge ''* (Imago).

Pages 98 et 99, nous avons la surprise de lire ce que je vais reproduire *in-extenso*, car nous **en aurons confirmation d'une manière extraordinaire et totalement inattendue**, dont je vous réserve la primeur.

Je me permets de conseiller au lecteur (lectrice) de lire très, très attentivement ce texte, mes commentaires, et tout ce qui concerne la confirmation.

Je pense vraiment que c'est d'une importance capitale pour la compréhension du phénomène OVNI-A.M.

'' Au vu des faits, force nous est d'admettre que les vocables que nous traduisons par '' nains '' et '' géants '' désignent des familles, des races d'êtres cohabitant au sein d'une même mythologie et ayant même des rapports entre eux. Ils ne vivent pas chacun de leur côté, dans un '' splendid isolatio '', ils se mêlent les uns aux autres, - nous

illustrerons cela plus loin -, et aux hommes, et pour ce faire, ils changent de taille.

*Sur ce point, un passage de la Saga de Hadingus, que Saxo Grammaticus insère dans ses Gesta Danorum (vers 1200), nous semble extrêmement révélateur. Lorsque la géante Harthgrepa déclare à Hadingus : '' tu as sucé mon lait, je t'ai servi de mère, tu dois donc t'unir à moi par les liens de Vénus '', son protégé objecte que leur différence de taille s'y oppose, et il s'attire la réponse suivante : '' **je dilate mes membres contractés et, quand ils sont étendus, je les resserre, disposant d'une apparence double, bénéficiant de deux sorts : par ma plus grande taille, j'effraie les audacieux ; par la plus petite, je recueille les embrassements des hommes.** ''*

La faculté est ici expliquée de façon rationnelle, mais nous pensons qu'elle appartient au registre de la métamorphose...''

Dans mes livres, j'ai déjà parlé des différents aspects de celle qui se dit la sainte Vierge ; pour rejoindre Claude Lecouteux, je reviendrai sur l'apparition mariale de Celles en Ariège en 1686. Le 28 mai, Jean Courdilh, jeune paysan, aperçut près d'une fontaine (toujours l'eau) une fillette de six ou sept ans.

Le jeune homme est d'abord effrayé, **mais l'apparition grandit**, et lui dit : '' *N'apprehande rien mon enfant je suis la Sainte Vierge.* '' en vieux français ('' *Enquête sur les apparitions de la Vierge* '' Y. Chiron, J'AI LU).

Toujours les mêmes réactions ; peur du voyant face à l'étrangeté qui se dégage (il ne s'agit pourtant que d'une apparence de petite fille !), et paroles rassurantes de la visiteuse. Et cette faculté protéiforme qui est le propre du phénomène.

A propos de l'étrangeté de la Sainte Vierge, Jean Sider dévoile la véritable description de la visiteuse à Fatima, faite par la voyante principale Lucia, et dessinée par un prêtre. Elle est très loin de l'iconographie traditionnelle véhiculée par l'Eglise catholique, et imposée dans les récits :

'' *C'était une Dame très brillante **d'environ 1, 10 m de hauteur**, qui semblait avoir entre douze et quinze ans. Elle portait une jupe étroite, une chemise et un manteau (erreur de traduction : il s'agissait d'une mante- NdjS)...' ...Son visage ne bougeait pas, et elle n'actionnait pas ses membres inférieurs quand elle se déplaçait ; elle parlait sans remuer les lèvres, agitant seulement ses mains de temps en temps. Lorsqu'elle partit, elle nous a tourné le dos.''*

Le même document affirme que cette apparition d'une entité féminine fut transportée dans un faisceau de lumière '' tronconique'' qui a été émis aussi graduellement, d'abord pour se former, puis ensuite pour se rétracter et disparaître.'' ('' *Les E.T. avant les S.V.*'' page 219).

Le fait de ne pas bouger les membres inférieurs est fréquemment mentionné chez les ufonautes, comme s'ils glissaient. Quant à la lumière, c'est la réplique de ce qu'a vu le mineur Jones Burton. L'ensemble étant un bel exemple d'hologramme.

Et surtout exsudant une étrangeté particulièrement bizarre et indéfinissable.

Rappelons qu'à Tepeyac au Mexique en 1531, la visiteuse de Notre-Dame de Guadalupe, était une Indienne nahualt de 14 ans.

A présent, c'est en Chine, à l'époque moderne, que nous allons chercher la confirmation du texte de Lecouteux que j'ai renforcé, afin que le lecteur puisse le comparer.

'' *La femme extraterrestre mesurait trois mètres de haut. Lors de son rapport avec Meng,* **son corps se raccourcissait automatiquement pour s'adapter à la taille de l'homme terrestre (Meng mesure 1, 77 m)**. *Elle était au-dessus de lui, les deux bras appuyés sur le lit pour ne pas trop peser sur l'homme.* ''

La correspondance avec le texte de Lecouteux est évidemment incontestable.

C'est un extrait d'un long développement d'une histoire intervenue en juin 1994 dans le domaine forestier du '' Drapeau rouge '' de la province du Heilongjiang.

Un objet y aurait atterri. Voyons la première tranche du récit, qui conditionne la suite :

'' *Le 9 juin 1994, le témoin, Meng Zhaoguo, accompagné de plus de trente ouvriers forestiers, était parti en direction du versant sud, à la recherche de l'objet inconnu, et tandis qu'il observait la montagne, il a reçu à distance une commotion imputable à l'objet et est tombé dans le coma. Maintenant, Meng à partiellement recouvré sa mémoire.*

Une première observation remonte au 4 juin dernier.../...Ils ont tous aperçus un énorme objet aussi blanc que la neige, posé sur le versant sud du mont Phénix. '' *(* Shi Bo '' *OVNI Nouveaux dossiers chinois* '' Aldane éditions).

Je reviendrai plus loin sur cet objet. Pour le moment, concentrons-nous sur ce qui est arrivé à Meng, **car c'est une confirmation sans appel de la '' technologie de l'inconscient. ''**

Quand il a recouvré la mémoire, il a écrit en détail ce qui lui était arrivé, non pas au cours du mois de juin, mais dans la nuit du 16 juillet. Il aurait été enlevé par la voie des airs par un géant, vers le fameux objet du mont Phénix.

Inutile de décrire ce qui se passa dans cet endroit, car l'ensemble rejoint les élucubrations oniriques de tous les autres récits du même genre recueillis de par le monde. Le seul point intéressant concerne un fait astronomique qui lui fut montré sur un écran de télévision : la rencontre entre Jupiter et une comète.

A cette occasion, les questions posées par Meng dénotent une extrême indigence de sa connaissance de l'astronomie. Et les réponses de son guide ne sont pas moins absurdes.

Quand Meng demande : '' *Ces deux étoiles* (SIC !), *quand vont-elles se heurter ? Mon accompagnateur répondit : Selon votre calendrier, ce sera à l'aube du 23 du mois prochain.* '' (**le 23 août donc**).

L'écran montrait un globe unique fonçant vers Jupiter. Or la comète Schoemaker-Lévi 9 dont il est question, était déjà fragmentée en plusieurs morceaux, qui à partirent du 16 juillet précisément, et jusqu'au 22, allèrent perforer l'épaisse couche nuageuse de Jupiter.

Ce dialogue on ne peut plus stupide est un élément supplémentaire qui s'ajoute à l'irréalité de cette histoire.

Cependant, outre cette prétendue aventure nocturne du 16 juillet, ce qui est le plus important concernant la technologie de l'inconscient, est ce que Meng a révélé aux enquêteurs :

'' *Alors qu'il se trouvait en état apparent de coma, les 9 et 10 juin, Meng Zhaoguo aurait eu trois fois des rapports sexuels avec cette femme extraterrestre. Les deux premières fois, ce fut presque malgré lui ; la troisième fois, il y a pris plaisir et cela a duré deux heures.* ''

'' *Liu Zhiguo, directeur adjoint du domaine, Li Xuewen, secrétaire de la ligue communiste de la jeunesse, et Lin Hui, médecin du domaine, ont porté leur témoignage selon lequel Meng aurait eu dans le coma la verge en érection pendant deux heures environ.* ''

Entre ces deux textes se place celui cité de la transformation de la femme.

Tout est là ; Meng fut choisi et mis en léthargie comateuse pendant deux jours par les ufonautes. Au cours de ce coma, on lui envoya les rêves de copulation, qui se matérialisèrent sous les yeux des témoins par une réaction physiologique bien visible, durant une période que Meng déclara être la durée du troisième rapport.

En plaisantant, je dirais que c'est une preuve on ne peut plus tangible.

Ce témoignage rappelle la mésaventure du fermier brésilien Antonio Villas Boas, en octobre 1957, qui fut le prototype des rapports sexuels avec des êtres venus d'ailleurs. Ce cas qui m'a servi pour démontrer l'utilisation de la technologie de l'inconscient, contient quasiment les mêmes éléments d'irréalité.

Au surplus, je constate que si les ufonautes ont passé une éponge imbibée d'un certain liquide sur le corps d'A.V. B., ici, c'est une sorte de gomme que la femme a planté dans le corps de Meng, selon ses dires.

D'ores et déjà se dégage une certitude que je qualifie d'absolue ; le livre de Claude Lecouteux date de 1988. Toutefois, je doute fortement qu'il ait été traduit en chinois avant 1994, et que Meng ait pu le lire, d'autant que d'après les enquêteurs '' *son histoire était nettement hors de portée de son imagination.*''

Cependant, même s'il avait imaginé ce détail particulier de la transformation, il lui était impossible de savoir qu'un auteur occidental l'avait exhumé des archives folkloriques.

D'autre part, nous savons que la Sainte Vierge s'insinue dans les rêves des voyants pour leur parler, ce qui est une confirmation de plus.

Par contre, ce qui est bien réel est l'objet, puisqu'il fut aperçu et dessiné par les deux hommes qui le découvrirent, dont précisément Meng Zhaoguo.

Ce que je retiens le plus de cette description, c'est : '' *On avait l'impression que le devant de l'objet était aspiré ou enfoncé dans le rocher.* ''

Quelques pages plus loin, nous trouvons un appui supplémentaire :

'' *Ce qui attira notre attention, c'était que beaucoup de pierres énormes avaient été nettement déplacées dans le même sens, ce qui ne pouvait provenir d'un travail humain, vu la lourdeur des blocs. Mais qui avait pu remuer ces mégalithes ?* ''

On se croirait revenu à Villa Santina, vedette de mon premier article du triptyque de '' *OVNI,-A.M., DUAT, OSMNI*''.

C'est indubitable : comme en Italie en 1947, l'OVI est venu de l'intérieur de la montagne, et sans doute reparti de la même manière, en bousculant les roches monumentales.

Dans cette longue manifestation chinoise, tout se conjugue pour démontrer la venue et la disparition d'un OVI de bonne taille à travers la croûte terrestre, et l'utilisation de la technologie de l'inconscient.

Je me permets de féliciter cordialement monsieur J.P. Tennevin, qui a aidé Shi Bo à mettre son livre au point, tout en donnant son point de vue après chaque affaire présentée.

A la fin de ce long dossier, J.P. Tennevin analyse longuement avec une grande lucidité les faiblesses de l'enquête, et le manque de rigueur des ufologues chinois, qui prennent pour argent comptant les affirmations des agents forestiers, sans faire effectuer des analyses de la terre et des broussailles à l'endroit de l'atterrissage. Citons sa conclusion.

'' *Comme dans toute affaire ufologique, ce n'est pas seulement aux faiblesses de l'esprit humain qu'il faut imputer le brouillage des pistes. Il semble que la mystérieuse causalité qui louvoie entre le réel, le faux et le non vrai s'ingénie à nous mettre en face de demi-évidences incompréhensibles, comme pour nous poser des énigmes – ou se moquer de nous – en tout cas en ouvrant le champ à toutes sortes d'interprétations...''*

Petit à petit, un par un, les ufologues commencent à prendre conscience de l'amusement des ufonautes. Malheureusement, c'est encore trop timide, pour que le mouvement prenne de l'ampleur.

Pour faire bonne mesure en appui de ce cas du pays des dragons, revenons en France fin septembre 1954 :

'' M. R., commerçant connu à Brignoles (83), revenait de Toulon. Entre Néoules et Garreoult. Mme R., son épouse et passagère, aperçut dans un champ une sorte de toupie lumineuse rougeoyante. L'objet paraissait planté en terre. Il était de volume relativement important. Il fut décrit par les témoins comme ayant l'apparence d'une enseigne de bureau de tabacs qu'on appelle '' une carotte '', sorte de gros cigare vertical rouge.'' (Julien et Figuet '' *OVNI en Provence* '' éditions de Haute Provence.)

Bien que ce soit inutile, je précise que si l'objet était planté en terre, ce n'est pas à la suite d'un atterrissage brutal mais parce qu'il ne s'était pas extrait complètement du sol, **après avoir peut-être repris son volume normal.**

Dans le même ouvrage bien documenté- qui met en avant l'événement de Beausoleil, où deux spectateurs resquilleurs suivaient le drame de Victor Hugo à bord de leur OVI / curach transparent, je relève un autre fait qui sent '' le Duat ''.

Tard le 17 mai 1974, les habitants du village de Flayosc (83) voient des boules lumineuses dans le ciel, et l'une d'elle tombe à proximité.

Deux jours plus tard, M. X. constate que des ceps ont été saccagés par des vandales. Au bout de trois semaines, Mr X. s'aperçoit que les grappes fleurissent en avance sur les ceps abimés, et l'histoire se répand.

A 100 mètres de la vigne de Mr.X.., les enquêteurs découvrent : '' *dans un taillis épais, en friche depuis de nombreuses années, un cylindre de 7 mètres de diamètre où sur les parois, les arbres sont tordus en larges spirales, où des branches ont été arrachées à quelques mètres de hauteur au-dessus du sol..../... Une tornade n'aurait pas pu agir de façon si précise et créer cette sorte de nid étroit et profond.''*

Bien sûr que non, **mais un OVI s'enfonçant dans le sol, ou émergeant, oui.**

Enfin, terminons ces perforations terrestres par un rapport extrait du catalogue de J. Vallée pour 1954, publié dans '' *En quête des humanoïdes* '' de Ch. Bowen.

Le 29 décembre, au voisinage de Bru, près de Gardanne (13), un homme voit un objet au sol ; il s'approche et reste paralysé. *''Des traces étranges furent découvertes sur les lieux, comme si le sol avait été creusé, et des petits arbres près de la rivière étaient coupés, comme avec un couteau.''* Autre manifestation du vortex lithique.

Voyons à présent trois cas présentés par Jean Sider dans son ouvrage déjà cité : '' *Les extraterrestres avant les soucoupes volantes.* ''

En octobre 1946 à Raufoss en Norvège, un vieillard vient déranger ses voisins parce qu'il est visité par des géants qui viennent chez lui chaque nuit ; '' *mais il est arrivé aussi qu'ils se présentent sous forme de nains.* ''

Pour le moins bizarre, n'est-ce pas ?

En été 1945, baie de Taganrong, mer d'Azov, Rostov, Russie.

Un garçon de neuf ans pêche à la ligne. Soudain un engin de cinq mètres descend du ciel et se pose brutalement sur les flots, arrosant copieusement l'enfant. Un être casqué et vêtu d'une combinaison apparaît, et parle au témoin, avant de retourner à sa machine après que le témoin ait refusé de l'accompagner.

Et l'engin s'enfonce dans les flots. Ce qui parait étonner Sider, qui reste dubitatif.

Ce qui est logique dans un sens ; mais si on pense que le pilote a fait exprès de se poser brutalement sur l'eau pour arroser l'enfant par amusement, avant de prendre le chemin du Duat (la profondeur de l'eau n'est que de quelques mètres), la logique s'inverse.

Enfin, il y a cette curieuse rencontre faite par un homme aujourd'hui décédé, alors qu'il était enrôlé de force au STO en Allemagne. En mars 1943, il est affecté à Gotenhafen en Pologne, et il se rend par la côte à pied à Exelgroud pour effectuer un travail de commis-boucher.

Parvenu au sommet d'une dune : '' *il aperçoit en contrebas un appareil métallique bizarre, couleur gris aluminium, dont la base de sa masse centrale, la plus large, est partiellement enfouie dans le sable de la dune qui lui fait face. C'est un objet plat de forme arrondie, près duquel se trouve une silhouette humaine accroupie qui tente maladroitement de dégager le sable sur la partie ensevelie de l'engin.* ''

C'est une femme aux longs cheveux, que le témoin prend pour une aviatrice de la Luftwaffe. Elle mesure une tête de plus que l'homme qui n'atteint qu'un mètre soixante. Elle s'adresse au prisonnier dans une langue incompréhensible, et finit par lui faire comprendre par gestes, de dégager le sable sous l'engin. Il obéit, et termine le travail en dix minutes. Souriante, la femme lui fait signe de reculer car elle doit repartir. Elle ouvre un panneau en appuyant sur la boucle de sa ceinture, et pénètre dans l'appareil, le panneau se refermant.

Le plus extraordinaire est que par l'un des hublots, le témoin ne voit aucun appareillage, et que la femme se met à quatre pattes au centre.

Les deux bords des '' assiettes'' formant l'engin se mettent à tourner très vite en sens inverse l'un de l'autre, et l'engin s'envole plus vite qu'un avion de chasse de l'époque.

D'après certains physiciens, la rotation en sens inverse de ces deux bords pourrait générer un champ antigravitationnel.

Toutefois, le fait que la femme se mette à quatre pattes est indiqué dans les livres anciens de l'Inde ; le vimana volait ainsi, propulsé par la pensée du pilote.

Tout comme les tapis volants des contes arabes ; à ceci près que les Sokariens préfèrent les conduites intérieures plus sécurisantes, aux plateaux tissés et ouvragés sans rambardes de protection.

Quant à l'épisode du sable bloquant l'envol, il paraît surréaliste ou faire partie du théâtre faërique, car il n'empêchait pas le départ ; **surtout si l'engin était sorti de terre, et resté partiellement enfoui comme à Villa Santina !**

La femme tentait '' maladroitement '' de dégager le sable, alors qu'il ne fallut que dix minutes à l'homme ; autrement dit, elle préparait le terrain pour la rencontre.

Accessoires du théâtre faërique - outre les traînées de fumée, et les différents bruits entendus émis par les engins, dont j'ai parlé par ailleurs - ; ce sont les traces de fluides '' probablement un carburant '', ou comme dans un cas, de liquide du genre nitrobenzène. Je doute fort que ce produit toxique et huileux serve à propulser des OVI à des vitesses vertigineuses.

Je serais curieux de visiter le magasin des accessoiristes du Duat ; ce doit être une véritable caverne d'Ali Baba.

De même, les histoires de tentatives d'enlèvements de fermiers ou d'enfants, toujours et comme par miracle avortées. Les témoignages sont fréquents dans les livres ufologiques. Alors que la technologie de l'inconscient est bien plus discrète et efficace, ainsi qu'en témoigne justement Jean Sider dans son livre ; tel ce père de famille ne fumant pas, qui se lève en plein repas, et annonce qu'il va acheter un paquet de cigarettes. Il sortit pour ne jamais revenir.

Justement, il paraît à peu près certain que les Sokariens tiennent à jour un registre des atterrissages et des contacts. Suite à quoi, suivant une idée de Guy Tarade que Jean Sider confirme, des familles seraient suivies dans le temps, comme par exemple le grand-père et la petite fille.

Quelles en sont les raisons ? Pourquoi certaines familles sont-elles choisies ? Quels sont les critères du choix ? Il s'agit peut-être d'un autre leurre pour dérouter davantage les enquêteurs.

Comme nous arrivons à la fin de ce dossier dans lequel j'espère avoir présenté tous les arguments en faveur d'une intervention venue de l'intérieur de la Terre, j'aimerais solliciter l'attention des tenants de l'hypothèse extraterrestre, ufologues ou simples curieux.

Si selon l'équation de Frank Drake, datant de 1971 (voir mon article '' *Les dirigeants et l'exoplanète* '' dans mon livre '' *Du fortéen au nombre d'or* ''), il y aurait un million de civilisations dans la Galaxie, soit une par 60 années-lumière, depuis longtemps il y en aurait au moins une qui nous aurait trouvés. C'est d'ailleurs la position des partisans de la théorie des anciens astronautes.

Alors de deux choses l'une ; ou bien elle aurait pris contact officiellement, ou bien, elle aurait décidé que nous n'en valions pas la peine.

Cependant, si en modifiant les paramètres de Drake de manière à réduire le nombre de civilisations, et dont le résultat sans surprise donne de une à trois, **y compris la nôtre,** alors la probabilité pour les deux autres de nous dénicher dans le fouillis de la meule de foin galactique, est désespérément faible.

Par ailleurs, je regrette que les photos d'OVI obtenues avec des appareils numériques, ne soient plus considérées comme fiables ; officiellement parce qu'il est facile de les truquer sur Internet. C'est un argument valable, qui malgré tout risque de nuire à la recherche. D'autant que je pense que **le véritable motif de rejet** est le fait qu'il n'y a plus de négatif comme pour l'argentique, que l'on peut chouraver et ne pas rendre à leur propriétaire. Le numérique non trafiqué peut servir aussi bien de preuve. Ce qui n'est évidemment pas du goût de tout le monde, car à présent, on peut multiplier les clichés sans grosse dépense.

Je vais conclure cette étude d'une manière qui paraîtra curieuse au lecteur, tant je ne puis qu'exprimer imparfaitement ce que je ressens.

D'un côté, je pense que nous ne risquons pas de connaître une '' guerre des mondes '', car tout envahisseur extraterrestre se heurterait à la science supérieure des Sokariens, et à la fabuleuse technologie de l'inconscient.

Ils sont en quelque sorte nos anges-gardiens, même si ce n'est pas leur vocation. Cependant, leur science magique, leurs rayons guérisseurs, mais qui peuvent être aussi mortels, leur possibilité de dématérialisation et de réduction volumétrique de leurs engins, et les fantastiques vitesses qu'ils peuvent atteindre instantanément, sont une garantie de sécurité pour notre planète, en face d'une hypothétique agression extérieure.

Par contre, l'attitude de ces mêmes habitants du Duat, me gêne aux entournures.

Si dans l'ensemble ils sont neutres, indifférents, moqueurs, très farceurs même, souvent amicaux par les guérisons procurées et les dons accordés, il y a une grande part d'*ego* démesuré, une étrangeté troublante, notamment par les apparitions mariales, un aspect visuel parfois effrayant (cas de la plage de Sanary), et un toucher froid et visqueux (cas du nain rencontré par Jones Burton), qui évoque instinctivement un côté reptilien dont Zecharia Sitchin, le chef de file des auteurs parlant abondamment de ces êtres dominateurs, ne nous rassure pas à leur sujet.

Mais n'est-ce pas une autre manière d'attirer l'attention vers ces reptiliens dont on dit qu'ils dirigent notre planète en dominant les chefs d'Etats ?

N'oublions pas que tous les moyens sont bons aux Sokariens, **y compris les guérisons de toutes sortes, même celles des mourantes par la Sainte Vierge,** pour que nous regardions dans toutes les directions, sauf une : LA LEUR.

Sont-ils aidés en cela par les dirigeants planétaires ? On peut le supposer.

Ceux-ci, quels qu'ils soient, sont probablement, sinon sûrement, au courant du Duat et de ses habitants, **répartis, rappelons-le, un peu partout sous la planète,** contre lesquels ils sont impuissants.

Ce qui expliquerait l'acharnement des gouvernements ayant reçu l'ordre de ridiculiser *mordicus*, à la fois : le phénomène OVNI, les témoins, et les groupements ufologiques.

Politique qui fonctionne, puisque l'on estime que **90 % des témoignages** restent dans l'ombre par peur d'être brocardés.

* * *

COMMENTAIRE :

Nous verrons en détail la technologie de l'inconscient, que j'ai évoquée à différentes reprises, dans le chapitre consacré à la technologie.

Par ailleurs, les témoins ayant vécu une aventure peu commune, se sont-ils tus d'eux-mêmes, où ont-ils été suggestionnés afin d'éviter d'apporter des éléments importants pour l'étude du phénomène OVNI ?

* * *

CHAPITRE II
* * *

CLASSIQUES DECORTIQUES
* * *

COMMENTAIRE
* * *

Pour les lecteurs néophytes, je vais présenter les cas que j'ai entièrement résolus, dont trois seront accompagnés des croquis adéquats.

J'ai choisi pour le premier de faire un rapide résumé de la naissance du rectangle initial de mon orthogéométrie, car outre qu'il en est le point de départ, il est spectaculaire et permet de mieux appréhender les arcanes de cette branche de l'ufologie.

Le second, concernant les cigares, aborde une section annexe de l'orthogéométrie.

Le troisième, encore plus connu, puisqu'il s'agit de l'atterrissage de Socorro, au Nouveau-Mexique, est l'exemple géométrique et mathématique de ce que pourrait donner une étude générale des posés américains. Mais seul, un spécialiste d'Outre-Atlantique serait à même de tracer les figures correspondantes en fonction des lieux basés sur mon théorème.

Quant au quatrième, c'est l'aventure de Maurice Masse à Valensole. Et bien que cette localité soit souvent présente dans les lignes et les figures, ici je me contente de reprendre toute l'histoire AVANT son commencement, pour aller jusqu'à sa conclusion, avec un autre regard que ceux qui y ont été portés. Cet article est suivi d'un inédit complémentaire.

Si je répète ici les articles parus dans mon premier livre déjà cité, c'est principalement pour montrer que le phénomène OVNI n'est pas une simple visite occasionnelle, ou des balades de vacanciers admirateurs de notre planète.

Mais que les survols et atterrissages sont parfaitement organisés, structurés, avec un but qui peut nous échapper. Cependant leur étude attentive aboutit à un constat effarant : tout est minutieusement préparé, calculé, et la présentation suit une orchestration impeccable.

J'espère que ces quatre exemples emporteront l'adhésion de ceux qui ne les connaissent pas, ou seulement à travers quelques lignes de journaux tendancieux et malveillants.

Pour être complet dans mes explications, j'ai choisi particulièrement le second article pour son aspect spectaculaire, à la fois parce que j'y explique le fonctionnement de mon orthogéométrie par rapport à l'orthoténie d'Aimé Michel, et que les visites de la Sainte Vierge les plus représentatives y font leur…apparition.

Par ailleurs, il donnera une petite idée de la complexité parfois des figures imposées par les Suivants de l'Abeille. Ce qui, de mon point de vue – sans vouloir le faire partager, c'est au lecteur de juger – dénote bien une volonté d'appliquer une sorte de jeu mathématique et géométrique.

Il est facile d'en déduire qu'aucun touriste, terrestre ou spatial, ne s'amuserait à visiter des lieux suivant des tracés bien déterminés, dont il ne faudrait pas s'écarter.

Par anticipation, je présente mes excuses aux lecteurs peu ou pas familiarisés avec les annales de l'ufologie, et n'ayant pas connaissance de tous les atterrissages ayant fait la une de l'actualité.

Je les cite pour les besoins de l'orthogéométrie, mais je ne peux revenir en détail sur chacun ; car dans ce cas, l'article s'alourdirait inutilement, et deviendrait ingérable.

Il en est de même pour les apparitions mariales. Cependant, si un lecteur pointilleux a des doutes sur mon honnêteté, en pensant que j'affabule ou invente des localités pour coller avec mes croquis, il a tout loisir de se renseigner par ailleurs.

Socorro est un grand classique américain, et je suis le seul ufologue à l'avoir décrypté. Du moins, en grande partie.

L'aventure ou mésaventure plutôt de Maurice Masse à Valensole, est on ne peut plus indiscutable. Mais là aussi, les dessous cachés sont stupéfiants.

Quant à Beausoleil, ah Beausoleil, c'est la lumière, malheureusement mise en veilleuse, de l'ufologie.

Nous en reparlerons.

*   *   *

LE RECTANGLE MAGIQUE
DE L'ORTHOGEOMETRIE.
* * *

En repensant à l'orthoténie d'Aimé Michel, dont les lignes s'égaillent tous azimuts en partant d'un centre commun, l'idée m'est venue de tracer un cercle.

Pourquoi un cercle et lequel ? on associe plus volontiers le mot : centre à une circonférence, plutôt qu'à un carré, un rectangle, et encore moins à un triangle.

Il fallait que le cercle soit entièrement sur le sol français.

J'effectuai plusieurs tentatives qui n'aboutirent pas ; jusqu'au moment où je pris le Château de Chambord pour centre et Gisors comme extrémité du rayon de 184 kilomètres (exactement 184, 4, distance vérifiée sur les cartes jaunes).

Croquis N° 1 :

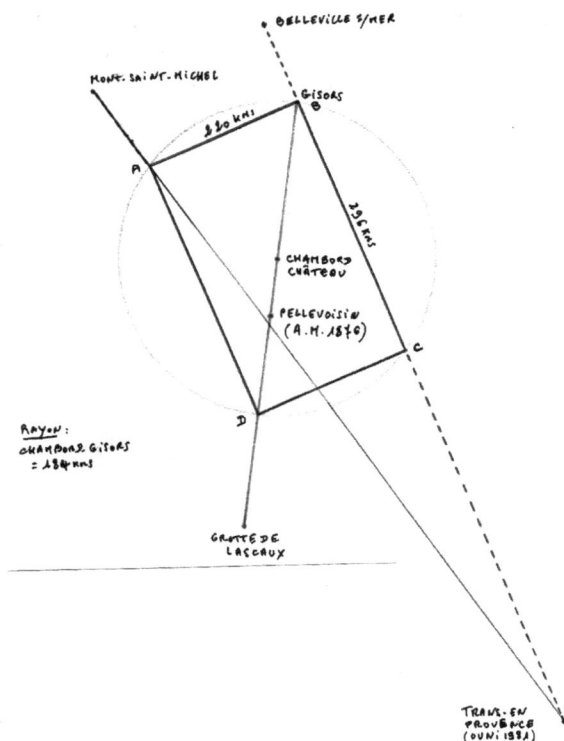

Le tronçon B –C de la droite Belleville-sur Mer / Trans en Provence est contenu dans la circonférence. Sachant que tout triangle inscrit dont le diamètre du cercle est l'un des côtés, est forcément un triangle rectangle, ce qui était le cas en traçant le petit côté. Ce diamètre étant également la diagonale d'un rectangle, que j'achevais de dessiner, **et qui descendait jusqu'à la grotte de Lascaux.** Allais-je être déçu ?

Eh bien doublement non, car j'avais décroché le gros lot. Le deuxième grand côté indiquait la voie à suivre de part et d'autre.

C'est ainsi que naquit la grande transversale de 832 kilomètres allant du Mont-Saint-Michel – Haut Lieu spirituel s'il en est, dont la pose de la première pierre date de 706 – à Trans en Provence.

Ce qui fait bien de cet atterrissage méridional le géniteur de trois des angles du rectangle. Ce que je trouve vraiment merveilleux.

Ce serait déjà une heureuse conclusion à cette première partie ; pourtant, celle-ci a décidé d'être encore plus euphorique.

Effectivement, la circonférence coupe la ligne exactement en son milieu, à 416 kilomètres.

Pourquoi Belleville sur mer ?

Cette localité côtière située 6 kilomètres à l'ouest de Dieppe, est le point de départ sur le sol français du méridien intermédiaire à mi-chemin entre celui de Paris et Greenwich Soit à un degré dix minutes de part et d'autre.

Je l'ai baptisé Gruais-Mouny du nom de ses découvreurs.

Autres interrogations :

1) Quelles sont les probabilités pour qu'un atterrissage d'OVI arrive à générer un rectangle parfaitement régulier inscrit dans un cercle ?

2) A l'instar de la question déjà posée pour Trans en Provence, demandons-nous quelles sont les probabilités pour que ce partage moitié-moitié ait lieu ? Pour mon compte personnel, je dirais qu'elles ne sont pas loin de la nullité, dans le cadre du simple hasard. *Mais si c'est étudié pour...*

Les rapports mathématiques concernant les deux côtés du rectangle sont indirects : 296 / 220 = 1, 345 : le carré du nombre d'Or (1, 618 X 1, 618 = 2, 618) divisé par 1, 345 = 1, 946. Ce résultat est très proche de PI sur PHI, soit : 3, 1416 / 1, 618 = 1, 942. Très peu parlant donc.

Pour la remercier d'avoir inauguré toute cette orthogéométrie à base de cercles, j'ai décidé de baptiser la trajectoire : Gisors – Chambord – Pellevoisin –Lascaux : ligne primordiale.

Nous reparlerons de Pellevoisin (A.M. de1876).

* * *

IL ETAIT SEPT, NON...HUIT FOIS UN CIGARE

* * *

(*Donc, nous allons continuer sur les deux plans, spirituel et physique, toujours en nous amusant dans la merveilleuse fraternité qui est la nôtre, l'œuvre entreprise depuis des siècles pour le meilleur avenir des humains, tout en sachant que ceux-ci ne nous en seront jamais reconnaissants. Je rappelle également qu'il nous est interdit de les aider autrement. Hélas, malgré leur nombre, ils ne sont pas très futés, bien que se prenant beaucoup trop au sérieux, tout en étant d'une incroyable mauvaise foi. Au point que pour sauvegarder leurs fausses théories*, **ils n'hésitent pas à imposer des dogmes scientifiques d'une malhonnêteté flagrante**. *Passons sur le fait que dans leur grande stupidité, ils ne peuvent croire en la réalité de notre existence* (rire général de l'assemblée).*J'en arrive à la conclusion :*
Ainsi que vous le savez, grâce à nos prospecteurs temporels, dans quelques dizaines de leurs années, un de ces imbéciles pas plus intelligent que les autres, mais plus logique et surtout plus chanceux, aura l'idée de regrouper toutes nos manifestations, et de découvrir la géométrie que nous avons préparée, ainsi que ses diverses extensions historiques.
Cependant, ce n'est pas cet humain qui en comprendra la finalité ; il faudra encore patienter...) (Clôture du symposium des Suivants de l'Abeille de l'année 1954, selon l'ère du monde occidental terrien) .

* * *

Allons-y, ne lésinons pas ; pourquoi se contenter d'une fois quand sept, pardon, huit fois font l'affaire. Ne vous en faites pas, avant la fin de cette étude vous connaîtrez la raison (positive) de cette modification.
Au demeurant, je ne vous conseille pas de fumer ce genre de cigare, bien plus gros que ceux fabriqués à la Havane. Ni comme celui que j'ai eu entre les mains en Suisse, et qui demande quatre heures pour en venir à bout ; surtout en tenant compte du fait qu'un cigare n'est pas une cigarette, et qu'il faut respecter les règles en la matière.
Le cigare en question n'est pas du même acabit ; il est plutôt du genre gigantesque, et de plus il vole. C'est le bon vieux cigare des nuées, ainsi nommé car il s'enveloppe pudiquement d'un voile cotonneux. Il avance dans le ciel le nez légèrement incliné par rapport à l'horizontale, et quand il s'arrête et se maintient en sustentation, il se redresse verticalement.

J'ai vu dans le ciel des choses et manifestations merveilleuses et fantastiques, mais je n'ai jamais eu la chance d'observer ce géant spatial, car c'est lui le héros de l'aventure.

Les dates (elles ne jouent aucun rôle) que je vais citer sont différentes, ou s'il s'agit de la même, les heures divergent. Ce qui permet de supposer qu'il est le seul dans huit des cas à accomplir la mission impartie. C'est une supposition qui se tient, car à l'instar DU porte-avions français, ce type de vaisseau mère ne doit pas courir les nues. Bien que ce rapprochement soit un peu osé.

Pourquoi huit seulement, alors qu'en réalité, on comptabilisera neuf sites ? La neuvième fois, c'était une énorme sphère qui larguait des petits rejetons d'elle-même, au lieu des soucoupes habituellement issues du cigare. Celui-ci était sans doute en révision, ou son équipage mis au repos en prévision des dures missions qui l'attendaient, et ce fut un autre mastodonte qui le relaya ce jour-là.

On va voir que ces huit missions, ainsi que la neuvième qui viendra après coup, ont bien leur raison d'être. Nous en déduirons, après la partie géométrique inattendue qui en découle, ce que je me permets d'appeler des quasi-certitudes, jamais exprimées jusqu'alors.

Nous sommes en 1954, l'année des grandes vague et vogue des soucoupes volantes, et autre vaissele. Les exemples dont je vais me servir, sont tirés du livre d'Aimé Michel '' *Mystérieux Objets Célestes* '' (R. Laffont). Ils concernent uniquement et strictement le cigare des nuées accompagné d'une ou plusieurs navettes ; et bien sûr sa doublure, la grosse sphère.

J'insiste sur le fait que ce sont les seuls de toute cette année-là. Il n'y a donc pas lieu d'ergoter en disant que j'ai choisi les cas qui me convenaient.

Aimé Michel, admirable précurseur, les a utilisés à sa manière pour son **orthoténie quotidienne,** découvrant qu'ils étaient à l'origine de tracés en étoile, ou d'un changement de direction des survols et atterrissages. C'était une avancée majeure, cependant trop jeune pour être exploitée à fond.

En effet, la future ufologie n'avait que sept ans, et il manquait bien des atterrissages pour décrypter le phénomène. Le second point, négatif celui-là, était l'utilisation des survols, imprécis, même s'ils permettaient de suivre une trajectoire.

Enfin, si les relevés au jour le jour ont été déterminants, ils empêchaient de voir l'ensemble. **C'est ici qu'intervient la globalité.**

Mon orthogéométrie reprend tous les atterrissages répertoriés, et **uniquement ceux-ci depuis le début du vingtième siècle,** c'est-à-dire avant 1947. Et ce, de manière globale, sans tenir compte des dates. Ce qui a amené le décryptage d'une extraordinaire géométrie, accompagnée de nombreuses lignes droites dans lesquelles posés d'OVI et apparitions mariales font bon ménage, **démontrant une fois pour toutes que tous deux appartiennent bien au même phénomène.** Ce que Jacques Vallée subodorait sans pouvoir le justifier. J'anticipe déjà l'objection d'utiliser les survols du cigare géant, et que je n'ai jamais comptabilisés dans mes travaux, comme précisé. J'y reviendrai en fin de chapitre, mais je pense qu'elle tombera d'elle-même au vu des figures obtenues.

Quand j'ai repris le livre d'Aimé Michel, il m'est venu à l'esprit de tenter une percée de ce côté, par curiosité pure, sans grand espoir d'aboutir à un résultat. Or, non seulement ce n'est pas une reculade d'un demi-siècle, mais bien une avancée. Cette réunion des neuf manifestations qui vont du 22 août au 7 octobre, permet de mieux comprendre les intentions des ufonautes acharnés à ce travail de haute précision.

Le plus fabuleux, c'est qu'Aimé Michel possédait tous les éléments, mais braqué sur l'actualité quotidienne très chargée cette année-là, il n'a pas songé au regroupement.

Ce qui aurait bouleversé toute la face et l'avenir de l'ufologie. Nous employons deux aspects différents de la géométrie.

C'est Vernon, dans l'Eure, qui ouvre le bal dans la nuit du 22 au 23 août. C'est le classique ballet de largage des engins de reconnaissance à partir du grand vaisseau positionné au-dessus de la ville. Spectacle impressionnant puisqu'il se déroule de nuit. Ce n'est certes pas pour dissimuler ses activités que le cigare céleste a choisi la période nocturne. La lumière qu'il émet est suffisamment forte et visible pour attirer l'attention des insomniaques et gens attardés.

Le deuxième acte se passe le 14 septembre à Saint-Prouant en Vendée, petite localité à quelques kilomètres à l'ouest de Pouzauges. Là, il n'y a qu'un seul véhicule qui tombe de son porteur, et survole la région en tous sens, entre Saint-Prouant et Sigournais, autre village à six kilomètres sud-ouest en ligne droite. Comme s'il voulait attirer l'attention des témoins sur ce parcours.

Nous verrons que le pilote avait raison.

On a tellement dit et écrit abusivement que les OVI se cachaient, qu'il est temps de réviser ce jugement hâtif et hors de propos. J'ai démontré que les ufonautes, s'ils ne prenaient pas contact avec les humains, sauf cas particuliers relevant du théâtre fäerique, savent parfaitement à quoi s'en tenir sur la présence des témoins. Ils font en sorte de se faire voir par eux en France, et sans doute aussi chez les Grecs. Sinon, comment saurait-on qu'ils sont passés par-ci, qu'ils ont atterri par-là ? C'est absolument nécessaire pour que nous puissions en déduire la géométrie qu'ils ont concoctée à notre intention. De plus, toujours par esprit d'amusement, ils s'arrangent pour attirer les témoins que j'ai désignés depuis le début de mes recherches, comme étant '' privilégiés '', tout comme les voyants qui ont à faire avec la Sainte Vierge.

A Saint- Prouant / Sigournais, un seul vaisseau c'est maigre, mais c'est suffisant pour participer au canevas général.

Le 22 septembre, c'est au sud de la région parisienne d'apporter son concours. Cette fois, c'est la sphère qui prend la place de son compère dans les environs de Ponthierry- Fontainebleau. Le témoin principal, une automobiliste qui rentrait sur Paris par la nationale 7, s'arrêta en voyant l'appareil au-dessus d'elle, et suivit toute la scène.

Aimé Michel précise '' *à moins de 40 kilomètres de l'aéroport d'Orly* '', et comme la femme n'était pas encore sortie de la forêt, il me fut facile, à l'aide la carte au 200.000ème de pointer l'endroit et de le reporter sur la carte générale. Il sera heureusement confirmé par les tracés. Le témoin fasciné par cet étrange spectacle en oublia de compter les petites boules qui sortaient par dessous l'engin, et s'égayaient tous azimuts.

Le 27 septembre, le grand cigare reprend du service pour une double mission. A Rixheim d'abord, située à l'ouest juste derrière Mulhouse, ce porteur est entouré par une dizaine de patrouilleurs, qui étaient donc sortis avant que les témoins les remarquent. Plus tard dans la soirée, à Lemps, 20 kilomètres nord-ouest de Valence, ce ne fut qu'un grand carrousel, le cigare étant précédé et suivi par des petits vaisseaux virevoltant sans cesse et disparaissant. Ici donc, point de station d'attente ; rien que ceci devrait éliminer Lemps de la liste ; **ce serait une grave erreur** ; cette bourgade étant un point crucial de la géométrie à venir.

Nous entrons dans le mois d'octobre. Le 2 c'est Poncey sur L'Ignon au nord-ouest de Dijon, qui reçoit la visite du Seigneur des nuages.

Seulement là, il me posa un cas de conscience, comme à Aimé Michel à l'époque. Sur ses cartes, huit trajectoires se recoupaient sur Poncey, dont il n'avait aucun souvenir précis à la date du 2 octobre. Ses recherches l'amenèrent à trouver des témoignages qui faisaient état de '' *...une sorte de vaste cigare lumineux qui volait silencieusement vers l'est à une vitesse comparable à celle d'un gros avion en gardant une position sensiblement verticale* ''. C'est précis, précieux et très instructif.

Si j'ai renforcé la dernière partie, c'est pour mieux faire comprendre mon propos. Je vais devancer mes commentaires, en précisant que ce vaisseau mère est en position verticale **uniquement** pour lâcher ou récupérer ses patrouilleurs. Or ici, il venait d'accomplir l'une ou l'autre de ces actions, hors de la vue des témoins, et s'apprêtait à reprendre son vol horizontal, en gagnant de la vitesse. Il n'a jamais été vu avançant en position redressée.

Dans son '' *hypothèse sur le fonctionnement des soucoupes volantes* '' rapportée par Henry Durrant dans '' *Les dossiers des OVNI* '' (R. Laffont), le lieutenant Jean Plantier écrit qu'en déplacement lent '' *ce déplacement sera nécessairement oblique* ''. A Saint -Prouant '' *La carotte s'inclina en démarrant* ''. Ce qui corrobore parfaitement Plantier et Poncey.

D'autre part, sans doute pour enfoncer le clou, ou dissiper un doute sur le cas Poncey, un engin de trois mètres de diamètre s'y est posé le 4 octobre. Si c'est un plus, ce n'est pas encore suffisant. Il reste un autre point majeur ; la trajectoire qui allait vers l'est. Selon le relevé d'Aimé Michel, le cigare est passé entre Poncey et Pellerey, localité à deux kilomètres nord-est, et il a été vu des deux endroits.

Enfin, argument que ne pouvait avancer notre précurseur ; il faut connaître parfaitement l'historique des apparitions mariales, et être persuadé de leur appartenance au phénomène OVNI. On sait que la Sainte Vierge se présente près ou dans une grotte, ou d'une source, un cours d'eau, une fontaine. A Lourdes par exemple.

Accrochez-vous bonnes gens, car nous volons très haut ; où est située la commune de Poncey sur L'Ignon ? déjà sur cette rivière, et à deux kilomètres de la source de celle-ci. **Mieux encore, aussi à moins de quatre kilomètres à l'ouest des sources de la Seine !** Voilà, l'incertitude est levée concernant Poncey.

Cinq jours plus tard, le 7 à Montlevicq, six kilomètres à l'est de La Châtre, dans l'Indre, c'est le grand spectacle. Semblable à celui de Vernon, à part le fait qu'il se déroula en plein jour, et dura environ 45 minutes, le vaisseau étant positionné à la verticale de la cité.

Pour que les ufonautes prennent le risque d'affoler une petite communauté peu préparée à '' cette invasion de martiens '', ce qui n'est jamais dans ses habitudes, il faut que la motivation soit vraiment profonde, puissante et impérative.

Une curiosité, invisible de tous les ufologues, qui n'est peut-être qu'une coïncidence, mais sait-on jamais avec ces facétieux gentilshommes ; la rivière qui longe Montlevicq se nomme L'Igneraie, avec les quatre premières lettres de L'Ignon. I.G.N., serait-ce un clin d'œil à cet honorable Institut Géographique ? Ou pour faire comprendre que les implantations géographiques n'ont pas de secrets pour eux ?

Nous voici donc en possession de sept sites qu'il s'agit de placer sur la carte générale, afin de voir ce que l'on peut en tirer. Et c'est la majestueuse surprise.

Vernon, Montlevicq, Poncey, et Lemps, forment un losange irrégulier certes, mais sans exagération, et très esthétique. Mieux encore ; Lemps, qui aurait dû être éliminé, est le sommet d'un triangle isocèle de 266 kilomètres de côté, où Montlevicq et Poncey (lui-même en balance) sont les bases. Ce losange n'est pas une petite figure, puisque les axes, non perpendiculaires comme il se doit, mesurent 508 et 228 kilomètres. Croquis N° 1 : (non à l'échelle, comme ceux qui suivront)

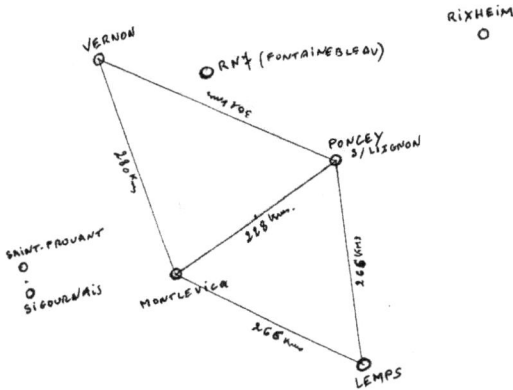

Je me dois de préciser qu'il y a une divergence avec Aimé Michel. Il annonce 235 kilomètres entre les deux localités ; ce qui représente 7 millimètres sur la carte générale. Il peut y avoir un voire deux kilomètres d'écart par accumulation, mais pas autant. Comme lui et moi avons soigneusement mesuré par rapport à des repères précis, je pense que la différence est à mettre sur le compte des cartes des années cinquante, moins précises que leurs homologues satellitaires et informatiques du XXI è siècle.

D'autant que j'ai un général Grouchy qui cette fois arrive à la rescousse au bon moment ; **le nombre d'Or**. La hauteur descendant de Vernon, partage la base en 87 et 141 kilomètres. Ce qui donne : 141 divisé par 87 = 1, 620 ; 228 sur 141 = 1, 617 ; et 228 par 87 = 2, 620. C'est suffisamment éloquent, l'inverse du nombre d'Or apportant aussi sa caution. Le plus plaideur des normands n'oserait intenter un procès pour les 155 mètres en trop (141 / 0, 618 = 228, 155), ou les 224 mètres manquants (87 / 0, 618 = 140, 776), soit un cinquième de millimètre .

La simplicité initiale va laisser sa place à plus élaboré, qui ne doit absolument rien au hasard. Et ce, dès le croquis suivant.

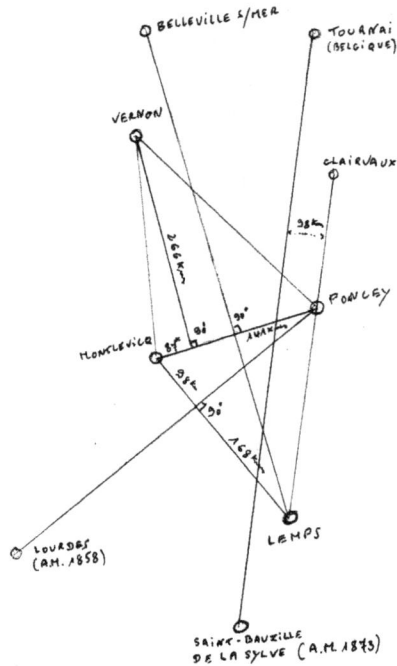

<u>Croquis N° 2</u> :

La plus grande surprise vient justement de Lemps, dont la hauteur file hors losange à droite de Vernon, pour aboutir à Belleville sur mer, à six kilomètres à l'ouest de Dieppe.

C'est l'origine du méridien intermédiaire, à égale distance (un degré 10) entre ceux de Paris et Greenwich, et mis en évidence par Guy Gruais et Guy Mouny dans leur livre '' *Guizeh, au-delà des grands secrets* '' (Ed. du Rocher). Cet ouvrage est à l'origine de l'orthogéométrie, et il n'y pas lieu de s'étonner de voir **son méridien être mis ainsi en valeur par le grand cigare des nuées,** car il est un des principaux protagonistes de mes travaux. C'est sur Belleville sur mer que se referme la boucle des trente degrés des apparitions mariales. Le côté Lemps-Poncey se prolonge sur l'abbaye de Clairvaux, aujourd'hui hélas prison. Du temps de Bernard de Fontaine et de l'Ordre du Temple, **c'était la Lumière, devenue à présent ombre.**

La hauteur partant de Poncey aboutit sur Lourdes. Cette hauteur partage le côté en 98 / 168 kilomètres, chiffres sur lesquels nous reviendrons. Constatons que 98 est également la distance qui sépare les parallèles : Lemps- Poncey- Clairvaux et Tournai – Saint- Bauzille de la Sylve, apparition mariale de 1873. Cette égalité est-elle voulue, ainsi que celle des 266 kilomètres des côtés du triangle et de la hauteur de

Vernon ? Mes recherches n'ont pu confirmer une quelconque intention. Tournai, ville belge par excellence, fait partie du règne de Louis XIV avec le tombeau et le trésor de Childéric 1er , fils supposé de Mérovée, et père de Clovis.

Supposition amusante justement : se pourrait-il que le grand M ainsi obtenu soit une fantaisie volontaire des Bitiw, pour désigner Mérovée, Marie ou les deux ?

Croquis N° 3 :

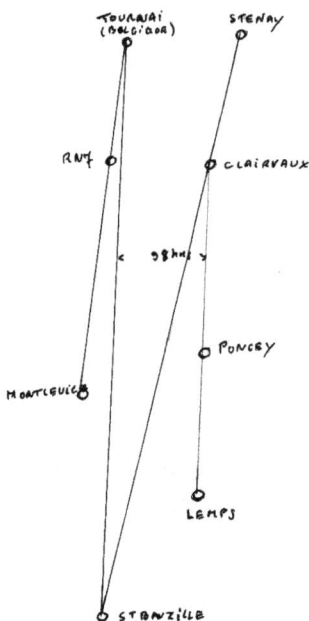

Par contre, on peut affirmer que la parallèle est volontaire, car la ligne Saint Bauzille – Clairvaux monte jusqu'à Stenay, la capitale mérovingienne, convoitise du roi Henri IV et de son petit-fils Louis XIV, et lieu de visite des souverains français et présidents de la république.

Montlevicq – Tournai coupe sur la RN 7 la position de la remplaçante du cigare des nuées. Ce qui montre bien que rien n'est laissé au hasard par les concepteurs de cette géométrie.

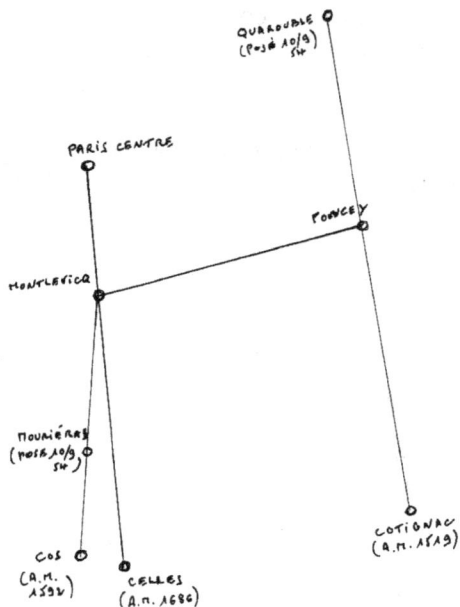

La figure N° 4 fait intervenir, en accord avec Poncey et Montlevicq, deux posés d'OVI tout récents, puisque datant du 10 septembre précédent, et trois apparitions mariales très cotées :

Cotignac (1519)-Poncey- Quarouble ; Celles (1686) – Montlevicq – Paris centre ; Cos (1592) – Mouriéras – Montlevicq.

Tout comme Tournai, Cotignac est intimement mêlée à la vie du roi soleil, la Sainte Vierge y ayant déclenchée '' *L'Opération Louis XIV* '' 119 ans avant sa naissance (voir également la revue Atlantis N° 431en plus de mes livres).

A Celles, qui avec Cos encadre Foix, La Noble Dame est apparue au voyant **près d'une fontaine,** et sous l'aspect d'une petite fille, avant de grandir et devenir une femme adulte. Comme témoignage de sa visite elle laissa sur le manche d'une bêche trois feuilles de chêne en forme de croix. Ce qui évoque plus le druidisme que le catholicisme, et se rapproche des paroles de Bernard de Fontaine (dit de Clairvaux), '' *Mes maîtres sont les chênes et les hêtres* '', ce qui n'empêcha pas l'Eglise de le sanctifier (il faut savoir fermer les yeux).

A Cos, la Sainte Vierge ordonne de creuser pour trouver une source, tout comme à Lourdes...**266 ans plus tard** ! Cette fois, plus de doutes ; cette référence aux 266 kilomètres n'est pas fortuite, les deux apparitions étant inscrites dans ce canevas. Et Poncey trouve une confirmation de sa légitimité.

Croquis N°5 :

Dans cette figure légèrement complexe, mais aérée et compréhensible, nous trouvons presque tous les acteurs enfin réunis sur scène. Rixheim et Saint- Prouant / Sigournais faisant leur entrée pour jouer les premiers rôles.

Je vais justifier l'affirmation disant que le pilote de l'OVI avait raison de faire la navette entre les deux villages vendéens. En effet, les quatre lignes qui partent d'eux **ne sont valables que si l'on prend leur milieu comme point de référence.**

Prenons par exemple celle qui passe par Montlevicq pour atteindre le centre de Poncey-Lemps ; de Saint- Prouant on est en dessous, de Sigournais on arrive au-dessus. Juste entre les deux, on est pile. Et cette histoire de milieu en génère deux autres.

Du milieu de Saint- Prouant / Sigouenais – Vernon, nous partons vers le château de Chambord, pour atterrir à Prémanon, le posé du 27 septembre (on ne perd pas de temps chez les ufonautes).

De Vernon, la trajectoire passant par la RN7 arrive au milieu de Lemps-Rixheim. Ce stationnement de la sphère est recoupé par la ligne

Saint -Prouant / Sigournais – Stenay, qui refait surface, afin d'être à égalité avec Tournai (pour le moment), le trajet de celle-ci avec Montlevicq ayant déjà été présenté. Mais il était bon de matérialiser le triple croisement de cette fameuse route des vacances sur un même croquis.

Terminons celui-ci sur le parcours Saint- Prouant / Sigournais – Poncey – Rixheim.

Accordons une attention particulière sur le tracé Lemps-Rixheim. Il passe par Villers-le-lac, atterrissage du 4 octobre, et coupe Les Rousses dans son quartier est. Cette commune, outre le constat qu'elle n'est qu'à quatre kilomètres de Prémanon, reçut la visite du grand cigare dans l'après-midi du 2 octobre. Elle devient donc le huitième site général, et le septième du géant du ciel.

Néanmoins, son comportement fut quelque peu ambivalent. S'il s'arrêta, se redressa verticalement selon son habitude, un seul disque sortit pour rentrer aussitôt. Comme s'il avait reçu un contre-ordre, ou s'il y avait erreur sur le lieu, peut-être à cause justement du posé de Prémanon. Le cigare repartit rapidement. L'observation totale, très courte, n'avait pas duré cinq minutes. De fait, nous le verrons, Les Rousses sont le terminus d'une seule ligne.

Croquis N° 6 :

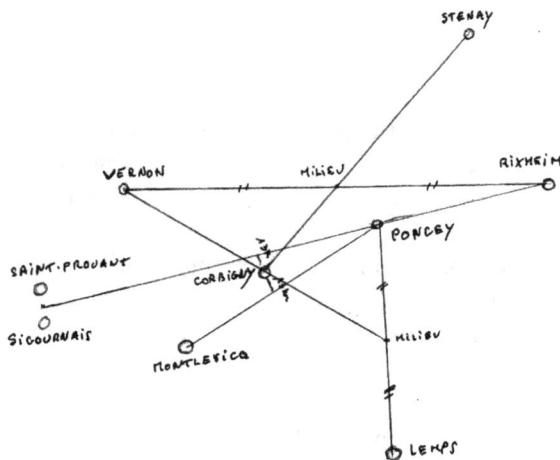

Ah voici le petit dernier, celui pour lequel j'ai modifié le titre : Corbigny, dans la Nièvre, à 24 kilomètres au sud de Clamecy-Vézelay. Non seulement je lui pardonne d'être arrivé en retard au festival, mais je lui en suis même reconnaissant, car il apporte la touche finale. C'est à dire la preuve par huit qui confirme totalement mon travail, et toutes mes déductions concernant la prise en compte du grand cigare des nuées.

En effet, Corbigny m'avait complètement échappé lors d'une première lecture, qui faisait ressortir les huit lieux précédents. Ce n'est que par une vérification générale, à la fois du texte et des cartes tracées par Aimé Michel, que j'ai trouvé cette bourgade, où les témoins décrivaient le géant céleste vertical et immobile, et duquel sortirent deux vaisseaux.

Sa position repérée sur la carte générale où elle était marquée m'embarrassa un moment. Placée à l'intérieur du triangle : Vernon – Montlevicq – Poncey, elle ne semblait pas devoir participer à la géométrie d'ensemble. Ce qui mettait à mal tous les croquis précédents.

Puis je m'aperçus que Corbigny se trouvait exactement au centre de deux tracés formant triangle : Saint- Prouant / Sigournais – Poncey – Rixheim et Poncey- Montlevicq. Mesure prise, il y avait bien 13 kilomètres de part et d'autre. Nous reverrons ce chiffre des apparitions mariales, à Fatima.

Comme pour les villages vendéens, Corbigny était une affaire de milieux, ce qui était une fructueuse avancée. Il me fut alors facile de trouver : Vernon – Corbigny – milieu Poncey / Lemps et Corbigny – milieu Vernon / Rixheim – et Stenay pour la troisième fois.

Afin de ne pas surcharger, j'ai préféré préparer le croquis N° 7 ci-dessous qui insiste bien sur le fait que Corbigny est exclusivement au centre de toute cette géométrie.

Les deux derniers tracés font état de : Lemps – Corbigny – milieu Vernon / Poncey ; et Les Rousses – Corbigny – milieu Vernon / Montlevicq.

Ainsi la totalité de ce canevas se termine comme elle a commencé ; par les quatre points du losange initial.

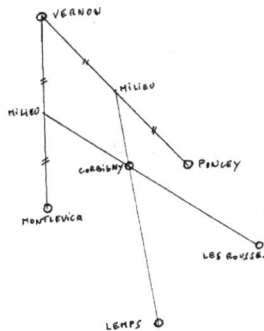

Croquis N° 7 :

De ces sept figures, il ressort deux constatations.

Tout d'abord que les engins porteurs, cigare et sphère, organisent leur propre géométrie, à l'instar des chapelles mariales, tout en participant à l'orthogéométrie générale.

Ensuite, qu'il ne s'agit ni de survols ni d'atterrissages, mais qui s'apparente aux deux ; **c'est le stationnement aérien en un point précis**, dont on peut déterminer l'emplacement sans aucun doute ; au-dessus précisément des localités (Vernon, Montlevicq, Corbigny, Rixheim, Les Rousses), de la campagne (RN 7), entre deux villages en Vendée, ou avec une approximation suffisante (Poncey, Lemps).

A propos, la RN7 est le seul point de largage dans la nature. Bien que le porteur soit différent du cigare, on peut s'étonner de cette '' anomalie '', qui ne l'est pas dans le cadre de la participation à une géométrie précise.

Je le martèle pour la X ième fois ; les atterrissages d'OVI et les apparitions mariales ne sont absolument pas aléatoires, mais bien prévus et concoctés pour que les figures géométriques prennent leur place.

On peut y ajouter le positionnement du grand cigare et de la sphère, son alter ego. **Ce qui suppose une connaissance parfaite de la géographie, de l'emplacement et des distances des principaux lieux** (villes, châteaux, abbaye…), et de leur Histoire.

Si les ufonautes ne voulaient pas qu'on les voit, pourquoi installer le cigare géant à faible altitude au-dessus d'une agglomération, où au-dessus d'une route à grande circulation en plein jour ? Et quand c'est de nuit, comme à Vernon, pourquoi cette débauche de lumière gratuite à rendre jaloux et envieux les malheureux abonnés d'E.D.F. ?

Dans les années cinquante, nous étions pardonnables de croire que nous étions scrutés, analysés, disséqués, transformés en chantiers archéologiques par des extra-terrestres qui nous découvraient soudainement.

Le leurre, l'appât, le ver de terre que le poisson terrien a avalé goulûment avec un hameçon de sept pour gogos. Alors que les OVI font partie de notre quotidien depuis des millénaires, et sont inscrits dans les grottes préhistoriques (Altamira, Lascaux, Pech Merle…).

Bien sûr que c'est pour préparer les fameuses toiles d'araignées selon l'évangile d'Aimé Michel, et pour nous délivrer un message géométrique et linéaire, basé sur l'Histoire, que les ufonautes sortent le grand jeu. A nous de le déchiffrer en deux parties. Modestement, je crois avoir décrypté la première, en avouant que c'est la plus facile, même étalée sur quatorze ans.

Je laisse à meilleur que moi, plus instruit, plus déductif et plus malin, la résolution, la conclusion, en un mot, la finalité du rébus.

Auparavant, je vais ajouter un plus mathématique qui pourra peut-être servir à mon successeur. Ce sont des calculs faisant suite à ceux déjà présentés, et qui s'inscrivent dans un cadre voulu et prémédité par les Responsables des OVI.

Nous avons vu ce que donnait la hauteur descendue de Vernon. Poursuivons avec le triangle N° 1 : Vernon / Montlevicq / Poncey, qui n'a pas encore tout avoué.

Dans un premier temps, j'avais négligé la hauteur 266 kms divisée par 141, dont le quotient quelconque est de 1, 886. Or, il se trouve que celle issue de Montlevicq (202 kms) partage le côté de 301 kms en 197 / 104 kms, dont le rapport est : 1, 894. Coïncidence, coïncidence, ces deux nombres quasi jumeaux. Tout comme le résultat de : 202 / 104 = 1, 942. C'est modestement le quotient de PI divisé par PHI (3, 1416 / 1, 618).

La hauteur venue de Poncey (216 kms) coupe les 283 kms du côté en : 211 / 72 kms. Tout de suite, nous voyons que : 216 / 72 = 3.

Avec le résultat de 211 divisé par 72 (2, 930) nous ouvrons la porte à un triplé inattendu, ou nous retrouvons les 168 / 98 kms que j'avais laissé en plan. Le quotient de ces deux chiffres donne : 1, 714, peu parlant à première vue ; pourtant sa racine carrée est : 1, 309, qui est la moitié du carré du nombre d'Or (2, 618). Simple et enfantin n'est-ce pas ?

Alors revenons sur les 2, 930 ; sa racine quatrième cette fois est : 1, 309 ! (2, 936). Le dernier des trois enfin, c'est : 283 divisé par 216 ; résultat : 1, 310.

Nous parlions humblement de coïncidences à propos de 1, 886 et 1, 894. Eh bien en voici deux autres pour faire bonne mesure. Elles appartiennent au triangle N° 2 : Lemps / Montlevicq / Poncey. Nous avons : 240 (hauteur de Lemps) sur 114 = 2, 105, et 206 (hauteurs de Poncey et de Montlevicq) divisé par 98 = 2, 102. Deux coïncidences partout.

Soyons sports, et reconnaissons honnêtement que les Responsables des OVI ne laissent rien passer ; en toute franchise, c'est du bon boulot. Du travail vite fée, bien fée. Bien que ces fées-là soient les enfants des Suivants de l'Abeille.

Abordons enfin une curiosité technique, qui peut avoir son importance pour un physicien curieux : la verticalité et l'immobilisme du grand cigare.

A part Poncey où il a été vu avançant doucement en position oblique (*sensiblement verticale*), tout en ignorant ce qu'il faisait avant ou après que les témoins le remarquent, le cigare des nuées s'arrête et redresse

sa pointe vers le ciel, avant de libérer ses navettes... ou de les récupérer, comme l'équipage d'un B 29 put le constater le 6 décembre 1952 dans le golfe du Mexique : '' *Soudain le radar de bord détecta cinq objets non identifiables...Les aviateurs effectuèrent promptement les calculs d'évaluation et assignèrent au dernier de ces objets une vitesse supérieure à 8000 km / h !*
Subitement 4 nouveaux engins, puis d'autres encore, furent détectés par le radar. La vitesse de ces derniers était également supérieure à 8000 km / h. Ces bolides ralentirent pendant quelques secondes, puis avec une accélération terrifiante, ils prirent la tangente. L'écran du radar révéla alors une grosse tache bleutée – un engin colossal – vers laquelle fonçaient les soucoupes volantes. A 8000 km / h, celles-ci rattrapèrent le géant de l'espace... et se fondirent en lui. Après quoi le mastodonte spatial démarra à une allure folle et disparut. Sa vitesse de fuite fut évaluée à un minimum de 14.000 km / h ! ''. (p 117 '' *Les soucoupes volantes viennent d'un autre monde* '' J. Guieu , éd. Fleuve Noir).*

J'ai préféré prendre le texte de J. Guieu, plus détaillé, notamment pour les vitesses, que celui d'Aimé Michel. A 8000 km / h, soit plus de 2.200 mètres / seconde pour pénétrer dans son nid douillet, il n'est évidemment pas question de cocher une grille de loto, ni de se perdre dans le bleu lumineux des yeux de sa co-équipière, tout en pilotant. Seul un ordinateur au minimum quantique peut prendre en compte une telle vélocité. Cette belle maîtrise d'appontage, ou '' d'empontage '' plutôt, laisse encore pantois en 2017. D'autant qu'elle est totalement à l'opposé des méthodes terrestres.

Mais là n'est pas mon propos. '' *Le mastodonte spatial démarra* ''. Une fois de plus, il est confirmé que largage et récupération ne se font que vaisseau mère stoppé.

J'y vois deux réponses : 1) Les instruments qui dirigent la manœuvre ne sont pas suffisamment performants pour prendre en compte les vitesses respectives des deux engins ; d'où arrêt du porteur. Ce qui est peu probable, car il suffirait de réduire la vitesse d'approche. 2) Plus important, et peut-être plus véridique, les moyens de propulsion des deux vaisseaux risquent de se neutraliser ou de se repousser, à la manière de deux aimants de polarités identiques mis l'un en face de l'autre.

Supposons qu'il s'agisse d'un champ magnétique antigravitationnel ; pour que l'appareil vole dans l'atmosphère, il doit contrebalancer la pesanteur terrestre. La polarité est donc la même pour le porteur et sa navette. Pour que celle-ci puisse regagner le bord, le champ du porteur doit être coupé, pour éviter tout rejet.

La sustentation sur place dépend probablement d'un système différent, qui n'affecterait pas le mode de propulsion proprement dit. Les patrouilleurs pourraient donc entrer et sortir sans aucune difficulté ou opposition. **Le fait que le cigare géant s'arrête avant de se redresser verticalement, milite en faveur de deux systèmes différents, mais complémentaires.**

Dans le cas des deux engins porteurs, le cigare et la sphère, la technique de largage est la même ; les navettes se laissent tomber à la verticale, et stoppent leur chute à l'altitude voulue, avant d'enclencher la propulsion et de partir dans une direction prédéterminée.

Je ne crois pas que ce soit par économie de carburant, qui est une énergie entièrement gratuite et illimitée. **Ce qui plairait certainement à la firme Total, qui pourrait gonfler encore plus ses bénéfices** (aucune dépense, rien que des rentrées d'argent).

Je pense plutôt que c'est toujours en rapport avec l'attraction-répulsion. Si les patrouilleurs allumaient leur moteur à l'intérieur du porteur, pour s'en extraire, ils devraient repousser le vaisseau-mère, ce qui serait peut-être préjudiciable. Alors qu'à l'inverse, pour pénétrer à l'intérieur, ils doivent l'attirer en quelque sorte. Et si un ordinateur s'occupe de toute la manœuvre, comme c'est plus que probable, il peut arrêter le moteur des navettes au dernier moment, les prenant en charge juste à l'entrée (un peu comme le rayon tracteur de Star Trek).

Le plus fascinant reste la vélocité extrême, accompagnée d'une accélération là où nos avions ralentissent, avec laquelle les patrouilleurs agissent pour regagner le bord. Il faut diablement être confiant dans la fiabilité absolue du système de récupération.

On a du mal à imaginer comment un appareil peut s'introduire dans son vaisseau porteur à une vitesse vertigineuse, sans ralentir, et ne provoquer aucune catastrophe, même si le lieutenant Plantier a raison en disant : '' *L'engin peut difficilement être accidenté. Le pilote, par simple inversion du champ, provoque le plus parfait des freinages. Au besoin ; un simple montage type radar peut déclencher ce freinage à l'approche d'un obstacle.*''

N'empêche, le passager non averti doit croire sa dernière heure arrivée.

Il n'est pas facile de présenter ce genre d'idée sur le plan littéraire, alors que c'est du domaine mathématique, qui est loin d'être le mien ; j'espère malgré tout être assez clair pour qu'un physicien s'y intéresse, et la mette au point d'une manière plus technique.

En conclusion de toute l'orthogéométrie, désormais complète, j'espère de tout cœur que mes consœurs et confrères ufologues admettront enfin l'évidence que les apparitions mariales appartiennent bien au phénomène OV NI. En abandonnant la méfiance que certains d'entre eux ont toujours, principalement pour des raisons religieuses ; méfiance et réserve qui empoisonnent la recherche en la paralysant.

Cette conviction acquise, ajoutée au fait que le hasard n'a pas sa place, libérera une ouverture d'esprit salutaire. L'ufologie ne s'en portera que mieux.

* * *

SOCORRO , CLOVIS , ET LE POLICIER
*   *   *

Provisoirement, nous quittons la France, pour aller chercher aux Etats-Unis, ce que nous ne trouvons pas dans notre beau pays.

Bien que l'affaire de Socorro soit aussi connue des ufologues que les atterrissages français, ou sud-américains tel Trancas, il est bon de la détailler et d'insister sur des particularités, dont certaines ne se sont dévoilées que tout récemment, et présentées ici pour la première fois (hormis l'article paru dans la défunte revue *Sentinel News N° 10*, et dans Ufomania N° 53, fin 2007).

Commençons donc par situer cette localité du Nouveau-Mexique, avec la photo N° 1 :

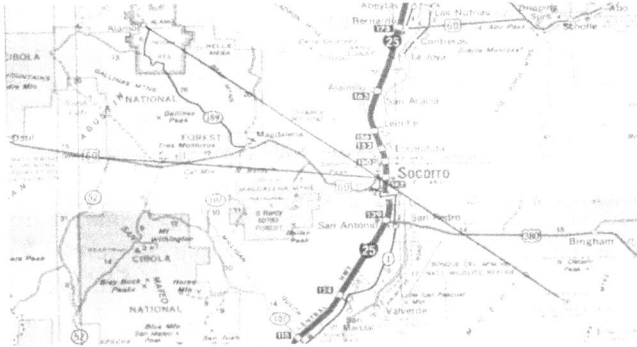

Socorro se trouve être le centre approximatif de convergence de trois sites célèbres aux Etats-Unis, et un peu moins dans le reste du monde, même si leur renommée s'est répandue : Alamo, dont la bataille de 1836, immortalisée de nos jours par le film de John Wayne, devait influencer fortement l'avenir du futur Etat américain ; le V.L.A. (Very Large Array), observatoire de radioastronomie, également un des héros du film *Contact,* complètement opérationnel depuis 1980. Tous les deux sont situés à moins de 75 kilomètres de Socorro. Enfin, le Trinity Site, emplacement de l'explosion de la première bombe atomique expérimentale en juillet 1945, distant de 55 kilomètres.

L'objection principale, et en fait unique, que l'on peut opposer au rapport de Lonnie Zamora, est qu'il fut le seul témoin, et son statut de policier ne change rien à la méfiance que son récit suscite. Je suis d'accord : si un témoignage n'est pas confirmé par d'autres personnes (qui pourtant peuvent très bien s'être entendues entre elles), il est logique de suspecter son authenticité, et la bonne foi du témoin, assermenté ou non.

Seulement voilà ; ce rapport comporte un élément irrécusable, car technique : les traces relevées et étudiées sur place à l'emplacement de l'atterrissage. Encore plus flagrant qu'à Trans -en- Provence, où il s'agissait d'un cercle. Ici, c'est un quadrilatère curieusement déformé, mais que le policier aurait été techniquement incapable de concevoir, **car faisant appel à des connaissances géométriques de haut niveau.**
Ensuite, ce que j'ai personnellement découvert, et rentrant dans la logique mathématique qui préside au présent ouvrage ; ce n'est pas une simple confirmation du témoignage, un peu tardive au bout de cinquante ans. C'est une avancée à un degré supérieur, qui ne pouvait être mise en lumière qu'en mêlant intimement Histoire et atterrissages. Sans compter deux curiosités annexes ; une géométrique indirecte, la deuxième calendaire.
Mais tout d'abord, je vais reprendre les principaux points du rapport, tel qu'il a été publié par W. T. Powers dans le livre de Charles Bowen, intitulé : '' *En quête des Humanoïdes.* '' (J' Ai Lu).
Le 24 avril 1964 donc, l'officier de police Lonnie Zamora poursuivait une voiture qui roulait à grande vitesse dans les rues de Socorro, vers 17 h 45. Soudain, il entendit un grondement, et vit une flamme dans le ciel au sud-ouest, à une distance qu'il estima entre 800 et 1500 mètres. Pensant qu'un dépôt de dynamite, dont il connaissait l'emplacement, avait dû sauter, il changea de direction pour se rendre compte du sinistre. Puis il réalisa que la flamme descendait du ciel, et tout en conduisant, il la suivit des yeux, par à-coups ; le bruit entendu correspondait plus à un grondement continu qu'à une explosion. Selon son estimation, il a duré une dizaine de secondes, en descendant de l'aigu au grave, **pour finalement s'éteindre.**
Comme la flamme descendait vers une colline où précisément s'élevait la cabane contenant la dynamite, le policier s'acharna à gravir la pente très accidentée et caillouteuse ; il dut s'y prendre à deux reprises pour grimper jusqu'en haut, **pendant que le grondement continuait.**
Ensuite, il dut recommencer une troisième fois, pour gravir la colline, **sans remarquer ni le bruit ni la flamme.**
Arrivé au sommet, il roula lentement, cherchant surtout le dépôt de dynamite, étant toujours persuadé de son explosion. Et brusquement, il remarqua un objet brillant à 150 ou 200 mètres, qui lui sembla être une voiture renversée, avec deux personnes à proximité. L'une d'elles, apercevant Zamora, parut sursauter, comme surprise. Le policier roula rapidement vers l'objet, dans le but d'aider ceux qu'il prenait pour des passagers accidentés.
Cependant, il détailla l'objet, décrit comme blanchâtre, faisant penser à de l'aluminium, de forme ovale. Quant aux deux êtres, ils paraissaient de petite taille (*comme deux grands enfants*, dira le témoin).

Après avoir alerté le bureau de police par radio, il stoppa son véhicule, et descendit en le contournant. A ce moment, il entendit le grondement, et vit la flamme sous l'objet. Pensant que celui-ci explosait, tant le grondement était infernal, Zamora tourna les talons, et fonça vers sa voiture, tout en regardant vers l'engin.

L'objet était de forme ovale, le grand axe horizontal. Il était lisse...pas de fenêtres, pas de portes. Lorsque le grondement commença, il était immobile sur le sol ou presque. J'ai remarqué des lettres rouges. L'emblème avait environ 75 cm de haut sur 60 cm de large, à l'estime. C'était au milieu de l'objet...

...Puis il y eut un silence complet du côté de l'objet. C'est alors que j'ai relevé la tête, et vu l'objet qui s'éloignait de moi. Il n'est jamais venu plus près de moi. Il paraissait aller en ligne droite et à la même hauteur...peut-être 3 ou 4 mètres du sol, et il frôla le dépôt de dynamite d'environ 1 mètre...

...L'objet se déplaçait très vite. Il sembla s'élever et s'élancer aussitôt à travers la région...

Le rapport continue avec l'arrivée d'un collègue, et les premières constatations au sol ; empreintes de petits pas, brûlures à l'endroit où l'engin s'est posé.

Il semblerait que le policier ait été le seul à entendre le grondement, et à voir la flamme. Tout au moins, il fut le seul à s'en inquiéter. Malgré l'heure avancée de l'après-midi, il n'y avait pas beaucoup d'animation dans les rues ('' *pas remarqué d'autres spectateurs, pas de trafic* '').

Je relève au passage un curieux point resté dans l'ombre ; Lonnie Zamora dit que le grondement qui l'a alerté en même temps que la flamme, a duré à son estime une dizaine de secondes, avant de diminuer et de s'éteindre. Or il en était à 1200 mètres environ. De plus, il s'y est repris à deux fois pour escalader la pente abrupte de la colline (*je suis arrivé à mi-chemin la première fois, les roues ont commencé à patiner.*), pendant que le grondement continuait. A la troisième tentative pour arriver en haut, il n'a plus entendu le grondement.

Même si l'estimation du temps de durée du grondement est sous-évaluée, l'erreur ne peut être telle que le policier ait eu le temps d'arriver au sommet de la colline, avant son extinction. Il y a donc bien eu arrêt du grondement dans le ciel, puis reprise pendant l'escalade de la colline par la voiture du policier, **comme pour inciter celui-ci à aller de l'avant malgré les difficultés, à ne pas abandonner.** Une fois cette certitude acquise, le grondement a cessé jusqu'au départ.

Comme dans la majorité des cas depuis le recensement officiel des témoignages, c'est à dire depuis 1947, il y a toujours deux ou plusieurs ufonautes qui semblent tout surpris de voir arriver le témoin **qu'ils**

avaient eux-mêmes convoqués. Cela n'a l'air de rien, mais ça trompe bien son monde. Quel talent !

Bon maintenant que le décor est planté, et que tout le monde est à sa place, il faut songer à partir, en même temps que le comédien surprise joue son rôle ; c'est à dire relève le symbole, et note tous les détails. Pour l'aider à affiner encore son rapport, l'engin va glisser en ligne droite à 3 ou 4 mètres d'altitude, sur une certaine distance (drôle de décollage !). Pour corser le tout, on va même jusqu'à survoler le dépôt de dynamite à 1 mètre de haut ; et le dépôt ne saute pas. Dans son rapport, Lonnie Zamora ne précise pas si la flamme existe toujours lors du survol de la cabane, alors que le grondement lui, a cessé. Si c'est le cas, **alors il s'agissait d'une flamme froide**, qui ne risquait pas de mettre le feu aux poudres…D'où amusement supplémentaire des occupants du vaisseau. **On est loin ici du très sérieux X-files.**

L'hypothèse de la flamme froide, contraire à nos propres moteurs thermiques, qui dégagent une énergie calorique en rapport avec leur puissance, n'est pas à dédaigner. Malgré la proximité relative de l'engin, le policier ne parle à aucun moment **de sensation de chaleur.** En outre, l'OVI n'a pas tenté de s'éloigner rapidement du témoin, preuve à mon sens que ce dernier ne risquait pas d'être mis en danger par le système de propulsion. Pourtant, cette flamme de faible amplitude, selon Zamora, contrairement à nos fusées, était capable de propulser une masse de plusieurs tonnes (selon les calculs des experts) dans les airs. Le fait que les broussailles brûlaient lors du départ de l'engin, n'infirme pas cette hypothèse ; c'est peut-être inhérent à la mise à feu, **l'énergie devenant froide aussitôt le moteur lancé.**

Enfin, si l'engin a atterri, c'est pour une mission précise, ou parce qu'il était en difficulté. Cette théorie ne tient pas la route, car si l'endroit choisi pour réparer était difficile d'accès, il se trouvait près de la localité. Le désert, voire les canyons de la région, que l'OVI a survolés après son départ, auraient mieux convenu à un atterrissage discret. D'autre part, vu le peu de temps écoulé entre son arrivée, la '' découverte '' du témoin par les ufonautes, et le '' départ précipité '', la panne ne devait pas être dramatique, l'appareil étant reparti, semble-t-il, dans les mêmes conditions de bon fonctionnement qu'à son atterrissage.

Par contre, tout converge **vers une mission à accomplir,** donc avec témoin à la clé. Le premier aspect de cette mission consistait à montrer l'emblème inscrit en rouge sur le flanc de l'appareil ; sinon, comment expliquer la curieuse manœuvre consistant à décoller verticalement, puis à voler horizontalement à 3 ou 4 mètres d'altitude, avant de s'élever, et partir à grande vitesse ?

Jamais une inscription ou un dessin quelconque, ne fut jusqu'à présent, aussi clairement montré. Contrairement à nos avions de ligne, de chasse, ou privés, les OVI sont neutres. Aucune inscription, aucun sigle désignant la provenance ; aucun symbole indiquant une origine, aucun nom de baptême en langage terrestre ou non, ne viennent égayer leurs flancs.

Il y a bien eu la lettre H ou assimilée sur un OV I, mais comme il était associé à l'affaire UMMO, qui s'est révélée plus tard être un canular bien monté, je maintiens mon assertion.

La race humaine, quelle que soit la nationalité et la couleur de la peau, obéit à un sentiment fétichiste et possessif, et fait vivre par un baptême officiel, ou beaucoup plus intime et personnalisé, un paquebot, un avion, une locomotive, voire son camion pour un routier. Cette façon d'agir est symptomatique d'une cohabitation amicale, ou sentimentale, entre l'utilisateur habituel et son appareil. Mais elle montre aussi la profondeur du fossé psychologique qui nous sépare des occupants des OVI. On peut éventuellement arguer que les Responsables de ces engins ne veulent pas nous fournir des renseignements sur eux, en évitant toute publicité.

C'est pourquoi l'objet de Socorro présente un intérêt tout particulier, en contradiction avec ce qui précède ; **il nous lègue un dessin symbolique, comme pour nous inviter à le décrypter.** Depuis Socorro, cet engin ou son semblable ne s'est jamais plus manifesté. Si cinquante-trois années ne sont rien pour les Responsables des OVI, elles comptent plus qu'énormément dans une durée humaine.

J'avais connaissance d'un symbole appartenant à un groupement de Sociétés Initiatiques fondé en 1934, et dissous en 1951. De couleur rouge comme celui de Socorro, il possédait de nombreux points communs avec son collègue du Nouveau-Mexique. Seulement, il y a peu de temps, j'ai appris que l'emblème reproduit par Zamora, et paru dans le livre de Bowen, et que l'on retrouve également dans les **géniales bandes dessinées de Lob et Gigi,** ne serait pas exact ; il y aurait une légère variante dans la flèche verticale. Du coup, n'étant pas certain de la forme du symbole, je préfère m'abstenir de faire des comparaisons qui n'apporteraient aucune certitude au dossier.

Malgré tout, je persiste à penser que c'est volontairement, bien qu'exceptionnellement, que l'OVI de Socorro a montré l'emblème ornant ses flancs, après avoir attiré un témoin de qualité.

Au début de cette étude, j'ai écrit que le train d'atterrissage de l'engin avait laissé les traces d'un quadrilatère déformé. C'est sans doute le deuxième message du visiteur. Cette carte de visite au second degré, a permis, 32 ans après, soit en 1996, de trouver une relation mathématique et géométrique, avec un monument défini comme étant de construction humaine. Ce sont deux français, **messieurs Guy Gruais et Guy Mouny,** vieilles connaissances de ce livre, qui sont les auteurs de cette découverte.

Le tracé de Socorro permit à ces deux associés, de vérifier l'exactitude de certains de leurs travaux basés sur le tracé de Marliens. Ceux qui ont lu leurs ouvrages, savent déjà que page 160 de *Guizeh, au-delà des grands secrets,* l'ensemble du tracé de Marliens s'insère parfaitement dans la pyramide de Chephren, en égalisant les échelles bien entendu.

Mais Gruais-Mouny voulaient aller plus loin. Ils sont arrivés à la pyramide ronde de Cuicuilco, près de Mexico. Et là, divine surprise, toujours à échelle égale, le tracé de Marliens trouve aussi sa place (page 295). Et la vérification citée plus haut intervient page 380, avec le tracé de Socorro, qui à son tour, mais évidemment pas dans la même disposition, s'insère exactement dans le monument mexicain !

Je parlerai plus tard du troisième, et probablement majeur message du visiteur de Socorro. Auparavant, et sur la lancée du rapport Socorro-Marliens à travers la pyramide de Cuicuilco, je voudrais citer une curiosité calendaire, qui n'est peut-être qu'anecdotique, mais que je ne peux passer sous silence. C'est une coïncidence d'écart de dates entre deux évènements de nature similaire.

Si Rex Heflin photographia son OVI à Santa-Ana en Californie, le 3 Août 1965, l'ingénieur Emil Barnea prit quatre clichés du sien à Cluj, en Roumanie, le 18 août 1968, soit 3 ans et 16 jours plus tard, en tenant compte de l'année bissextile. Lors de ces deux occasions, les engins, de forme identique, mais de diamètres différents**, vinrent volontairement** '' se faire tirer le portrait '', avant de partir comme ils étaient venus. Les comptes --rendus des témoins sont très édifiants à cet égard. J'ajoute que dans le cas de **Cluj, la Sainte-Vierge était venu visiter cette cité 20 ans auparavant, en 1948.**

Or Socorro et Marliens datée officiellement du 10 mai 1967, qui ont tous deux laissé un tracé géométrique de première grandeur, et que l'on peut considérer comme deux atterrissages frères, ont aussi un écart de 3 ans et 16 jours. Soit en jours, un total de 1111. C'est le résultat de la multiplication de deux nombres premiers : 101 X 11. Et un zéro un est un langage binaire.

Je cite ces écarts et ces données mathématiques à titre de simple curiosité. Mais il vaut mieux les souligner que les ignorer, car cette relation peut éventuellement inspirer d'autres chercheurs.

Trois triangles prennent le relais de cette curiosité calendaire ; le dernier présenté étant, à mon avis, le message phare du visiteur de Socorro. J'avoue que je parle un peu pour ma paroisse, ce que le lecteur indulgent comprendra.

Le premier de ces triangles, scalène de par sa forme, amusant par ses composants, débouche sur une conclusion inattendue. Il se trouve que la ville de Roswell, dont on continue d'alimenter la chronique avec le crash supposé d'un OVI, en juillet 1947, est à 232 kilomètres de Socorro. Il était tentant de voir si une relation intéressante intervenait en les reliant toutes deux à Alamogordo, où se trouvaient les laboratoires concernés par **le projet Manhattan.**

Par lui-même, et à en dépit de la renommée de ces composantes, il ne sortait pas de l'ordinaire anonymat. Quand La revue ufologique *Sentinel News*, éditée par le défunt Groupe Sentinelle de Reims, publia dans son numéro 7 du dernier trimestre 1997, une information qui me mit en alerte ; un cigare s'était posé près de Springer, localité située à 360 kilomètres au Nord-est de Socorro. Vérification effectuée avec ce triangle sans attrait, il s'avéra **que la hauteur partant d'Alamogordo se prolonge en plein sur Springer.** Ce qui évidemment, ne pouvait que me réjouir. Sur la photo N° 2 Springer, trop éloignée, n'est pas représentée.

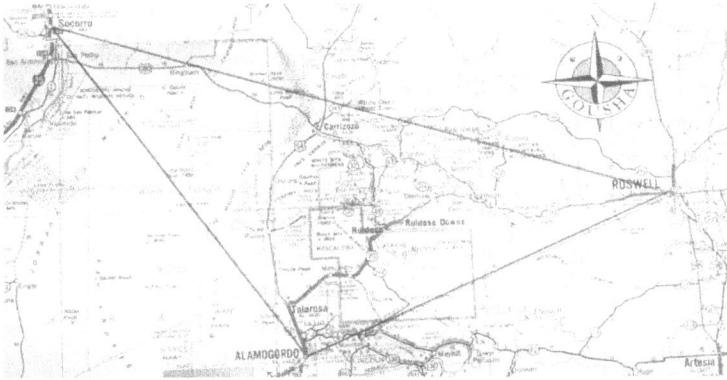

Bien entendu, il n'est pas question, malgré cette étonnant rapport triangle-atterrissage d'OVI, de voir ici une relation quelconque avec l'engin de Socorro, **ni de cautionner** le crash supposé de Roswell.

Photo N° 3 :

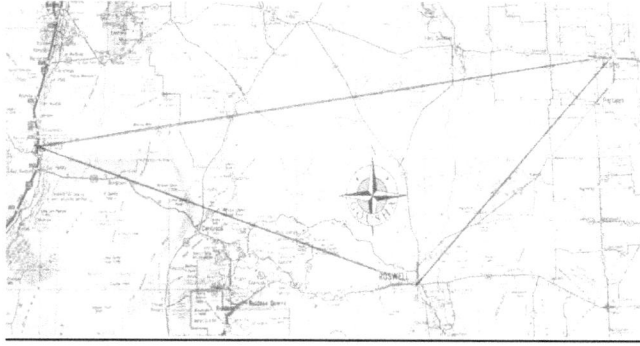

Avec ce second triangle : Socorro -Roswell- **Clovis,** nous approchons d'une extraordinaire vérité. **A savoir que les Responsables des OVI sont allés chercher aux Etats-Unis ce qui n'existe pas en France.**
En effet, aucune des trente-six mille communes de l'Hexagone ne porte le nom du plus puissant monarque mérovingien. Personnellement, devant cette carence, je n'hésite pas à parler **d'ostracisme volontaire**, même si ces deux mots accolés forment un pléonasme.
Bien que non enseigné à l'école car sujet tabou, les rois mérovingiens ont été faits néant, en deux mots, et non en un seul, **Réduits à Rien par les usurpateurs, les maires du palais.** Et si chaque roi de France qui leur a succédé, s'est acharné à tout prix à faire croire qu'il avait du vrai sang bleu de la Noblesse mérovingienne dans les veines, il n'en reste pas moins que cette dynastie, **cette Royauté Divine**, a été mise au ban de la Connaissance de l'Histoire de France.
Mais ce qui est honni en France, est en honneur aux U.S.A., et ce n'est que justice. Ce que pensent aussi sans doute les Responsables des OVI, puisqu'ils ont agi en conséquence pour nous le faire comprendre.
L'orthogéométrie française nous a attiré vers Stenay la-mérovingienne, vers Rennes –le -Château, visitée du temps de l'abbé Saunière par le duc de Habsbourg dont la famille se réclamait des mérovingiens, et sur Tournai, où était enterré son roi, Childéric 1er, fils supposé, mais réel, de Mérovée, fondateur de la dynastie. Il semblait tout naturel qu'une figure géométrique fasse la part belle à ce cher Clovis (le véritable Louis 1er). Mais la France ne se prêtait pas à ce genre de représentation. Aussi a-t-il fallu aller la programmer de l'autre côté de l'Atlantique. Non pas par ce triangle annonciateur, mais par le suivant.
Photo N° 4 :

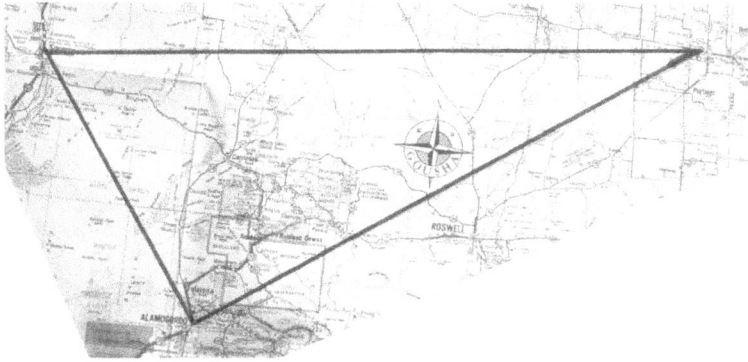

Eh oui, c'est bien un triangle rectangle dont l'angle droit est sur Alamogordo, qui se trouve à 154, 33 kilomètres de Socorro. Quant à Clovis, cette agglomération se place à exactement 308, 66 kilomètres de la localité qui abrita les laboratoires chargés de la fabrication de la première bombe atomique secrète. ; c'est à dire que le grand côté est le double du petit. **Ce qui fait de ce triangle-rectangle un demi- carré long, la longueur étant le double de la largeur !**
Or le carré long est la figure de base servant à la détermination du nombre d'Or. Qui plus est, il est utilisé par les constructeurs des pyramides, et des cathédrales gothiques. Il est gravé à l'intérieur de celle de Meaux en Seine-et-Marne.
Les probabilités pour que Clovis forme avec Socorro et Alamogordo un triangle rectangle sont déjà faibles, mais elles frôlent la nullité pour que ce triangle soit un demi- carré long, au rapport de 2 sur 1.
Signalons aussi que le site préhistorique de Clovis est réputé pour ses lames de lances d'une finesse et d'une solidité telles, que les chasseurs venaient de très loin pour les acquérir. Leur tranchant était supérieur à celui d'un scalpel. Toutefois, je ne crois pas que ce soit la raison de cet atterrissage.
Ma conviction personnelle me souffle que c'est volontairement que les Responsables des OVI ont fait atterrir un engin chargé de mission à Socorro, le 24 avril 1964. Afin de former ce fabuleux triangle.
Je pense que c'était le motif principal de cette venue, avec en prime, le quadrilatère d'atterrissage, et le symbole. Celui-ci étant peut-être en rapport direct avec les mérovingiens, mais sans garantie, évidemment
D'autre part, le Very Large Array, le radiotélescope qui regroupe trois branches en forme de Y de 27 kilomètres de longueur, a vu sa construction débuter en 1967. Soit trois ans après l'atterrissage de Socorro. Y avait-il 16 jours en plus ? Entrait-il dans les calculs des Responsables des OVI ?

Dans un rituel initiatique, V.L.A. existe aussi. Mais sa signification est beaucoup plus ésotérique. Etait-ce le quatrième message des petits bonhommes de Socorro ?

*   *   *

VALSE EN SOL A VALENSOLE

* * *

La curieuse et extraordinaire séquence qui s'est déroulée vers la sixième heure du matin ce premier juillet 1965 à l'Olival, aurait pu être mise en musique par l'un des deux Johann Strauss sous le titre '' *Valse en sol des lutins dans champ de lavande* ''. C'eut été un complément idéal à la merveilleuse '' *Légende de la forêt viennoise* ''.

Si je me suis lancé dans l'étude détaillée de cette rencontre du troisième type, non pas hors norme, car il y en eut d'autres similaires, c'est parce qu'elle comporte des éléments qui lui sont propres. Ils m'ont fait aboutir à la conclusion qu'elle fut la finalité de trois facettes, échelons, ou graduations. Cette trilogie de base amenant à la scène finale, a échappé aux enquêteurs ufologues, et encore plus aux gendarmes. Quant aux journalistes, la plupart ont surtout cherché à discréditer le témoin, en faisant croire qu'il était incapable de différencier un hélicoptère d'un engin d'une facture totalement étrangère. Par contre, Maurice Masse ne s'est probablement jamais douté lui-même qu'il avait été entièrement manipulé, roulé dans la farine, par ses visiteurs facétieux mais peu charitables, comme nous le verrons.

Le premier palier de la première partie, le plus simple et le plus évident, s'il fut connu de tous, car révélé par l'intéressé, passa inaperçu d'un bon nombre de personnes, qui ne firent pas le rapprochement avec la suite. Pourtant, ce premier palier est indissociable de cet échelon, et permet d'ouvrir la discussion sur la troisième graduation.

La deuxième facette est fournie par l'orthogéométrie, qui justifie la place de Valensole dans le canevas ufologique.

La troisième graduation, évoquée ci-dessus, est certainement la plus difficile à décrypter, tout en étant la conséquence des deux autres.

Il est bien entendu que ceci n'est que la présentation du scénario, et que le rideau va se lever sur le déroulement de la pièce, acte après acte. Pour ce faire, je me suis appuyé sur cinq documents et sept auteurs différents, afin d'être sûr de mettre en lumière le témoignage de Maurice Masse en fonction des procès-verbaux officiels des 7 juillet et 18 août 1965. S'y ajoute un petit plus, le fameux premier palier de la première partie, mais qui fut rapidement occulté.

La référence en la matière est évidemment J.J. Vélasco et son livre '' *OVNIS l'évidence* '' (Carnot). Il est suivi par C. Garreau '' *Soucoupes volantes, 20 ans d'enquêtes* '' (Mame). Puis H. Julien et M. Figuet '' *OVNI en Provence* '' (Edition de Haute -Provence). Et '' *OVNI, dimension autre* '' un des trois volumes en bandes dessinées de Lob et Gigi : '' *Le dossier des soucoupes volantes* '' (Dargaud).

Enfin l'article du célèbre ufologue Noël Jeudyquos, français de souche, mais anagrammiste d'adoption. '' *Quelques précisions sur le cas de Valensole* '', publié par la revue Ufovni N° 87 (4è trimestre 2008) du G.E.R.U. de Roubaix.

C'est dans cet article que surgit le petit plus qui démarque nettement cette rencontre de ses consœurs aussi renommées (Quarouble ou Socorro à laquelle elle fut comparée).

La totalité de ces documents fait appel aux procès-verbaux cités, et utilisent des termes et phrases identiques, avec quelques variantes de peu d'importance, mais surtout sans divergences pouvant laisser place au doute. La base principale étant bien sûr les écrits de J.J. Vélasco, qui a personnellement rencontré Maurice Masse, et différents intervenants dans le cadre de son enquête officielle.

'' *Maurice Masse est un matinal. Il vient de passer une demi-heure à biner son champ de lavande. Alors qu'il fait une pause et fume une cigarette derrière un petit muret de pierre, il entend soudain un sifflement. Un hélicoptère ? Alerté, l'homme se relève, dépasse le muret et porte le regard sur son champ. Là-bas à 90 mètres il y a bien quelque chose qui ressemble à une voiture de type dauphine. Masse s'interroge ; que peut bien faire à cette heure une voiture dans son champ ?* **peut-être s'agit-il de voleurs de lavande ?** (page 61). (c'est moi qui souligne cette dernière phrase, car elle est plus qu'importante, CAPITALE, ainsi que nous le verrons plus tard.).

Dans son article, Noël Jeudyquos écrit page 17 : ''...*comme ils surent* (Maurice Masse et son père, cités avant par l'ufologue) *remarquer chaque matin les brins de lavande qui, prétendent-ils,* **étaient mystérieusement arrachés la nuit** ''. (autre insistance de ma part.).

Et Noël Jeudyquos ajoute avec une prescience digne d'éloges '' *Ainsi les différents éléments de cette affaire, ne peuvent être disjoints* ''. C'est une excellente déduction qui est passée sous le nez des autres enquêteurs.

Tout est lié dans cette affaire, **même les éléments antérieurs qui ne paraissent pas avoir de rapport !** L'attention de Maurice Masse a été attirée par le sifflement. **Mais aussi de façon plus discrète par les chapardages répétés de plants, qui l'ont mis en condition.** Aussi, quand il voit l'appareil posé au sol, et qu'il prend tout d'abord pour une voiture, car il en a la taille, sa première réflexion fut de supposer qu'il s'agissait de voleurs.

D'autre part, si le sifflement fut également perçu par d'autres personnes placées à plusieurs centaines de mètres de l'Olival, elles ne virent pas l'appareil. Par conséquent, **ce ne sont pas elles qui étaient directement concernées.**

Et surtout, ce bruit intense et très particulier se manifesta bruyamment pendant 15 à 20 secondes à l'arrivée de l'engin, **mais ne reparut pas à son départ**. C'est une caractéristique significative, et que pourtant aucun des auteurs ne retient.

Comme pour Socorro, on peut arguer que l'OVI était en difficulté, et que le bruit en était la manifestation extérieure. Rien ne justifie un tel argument, puisque les ufonautes n'ont pas eu le temps de réparer avant la vision de l'engin par le témoin. Et quand on est en panne sur un sol étranger, on ne s'amuse pas à contempler les fleurs. De même à Socorro, les petits pilotes n'eurent aucune difficulté à repartir. Théâtre faërique oblige. Tout est codifié, et suivi point par point.

En fait, le sifflement a été émis pour prévenir le témoin choisi et privilégié, à savoir Maurice Masse, de l'arrivée de l'appareil, et qu'il pouvait se manifester en sortant de derrière son muret. En poussant le raisonnement plus avant, il est possible que cette émission sonore ait eu **pour but de déclencher le réveil d'une suggestion hypnotique** entamée avec les vols des plants de lavande, conditionnant Maurice Masse.

En s'attaquant à sa vie de toujours et à son gagne-pain, les ufonautes savaient ce qu'ils faisaient.

Il existe d'ailleurs un parallèle étonnant entre Valensole et Socorro, dont J.J. Vélasco fait le rapprochement à cause de la similitude des deux appareils.

Au Nouveau-Mexique, l'OVI a émis une lueur accompagnée d'un grondement suffisamment fort pour que le policier se décide à laisser filer le véhicule en excès de vitesse qu'il pourchassait. Là aussi, la possibilité d'une suggestion hypnotique est-elle à retenir.

Dans le livre de C. Bowens '' *En quête des humanoïdes* '' (J'ai Lu), W.T. Powers rapporte que le grondement s'est éteint au bout d'une dizaine de secondes, à l'estimation de Lonnie Zamora. Puis, comme la pente de la colline qu'il gravissait pour aller sur les lieux du drame supposé (l'explosion d'un dépôt de dynamite), était très escarpée et sinueuse, il dut s'acharner **pendant que le grondement continuait**.

Ainsi que je l'ai écrit dans l'article publié par la revue Ufomania N° 53 de décembre 2007, et dans le précédent article, il y eut donc un arrêt, puis une reprise de ce grondement '' *comme pour inciter celui-ci (le policier) à aller de l'avant malgré les difficultés, à ne pas abandonner.* ''

Donc le premier échelon commun à Valensole et à Socorro est un bruit strident émis pendant peu de temps, afin '' d'inviter '' le témoin privilégié à aller à la rencontre des ufonautes. Simple constatation, dans les deux cas ceux-ci sont en couple à l'extérieur.

A l'appui de ce choix volontaire, nous pouvons être sûrs que les OVI n'atterrissent pas n'importe où et aveuglément, car ils pourraient risquer de gros déboires. **Imaginez qu'ils se posent sur un champ de mines ?**

Les ufonautes agissent avec certitude à l'aide de leurs instruments de détection et écrans de contrôle de proximité qu'ils ne peuvent manquer de posséder, puisqu'ils s'emparent à volonté de l'esprit des humains, et surveillent leurs réactions physiologiques, ainsi que de nombreux cas que j'ai déjà explicités le démontrent.

A Socorro, ils avaient repéré la voiture de police, et à Valensole, **ils savaient que Maurice Masse se tenait derrière le muret.**

Cette déduction naturelle est basée sur des faits multiples inscrits dans les catalogues ufologiques. Elle m'amène aussi à redresser une fois de plus une erreur que j'ai déjà signalée dans mes articles, et à laquelle adhèrent encore de nombreux ufologues et non des moindres. Tel J.J. Vélasco : '' *Les personnages viennent de repérer Maurice Masse.*'' (J.J. V. p. 62). AMUSANT ! **Jamais, non jamais, les ufonautes n'ont été , ne sont, et ne seront surpris par le témoin, QU'ILS ONT EUX-MÊMES CONVOQUE !**

Comme nous l'avons déjà constaté pour Socorro.

Il faut faire sauter une fois pour toutes cet obstacle qui s'oppose à l'avancée. Si l'on veut approcher, ne serait-ce qu'un peu du phénomène OVNI, on doit s'évader de ces conceptions enfantines.

C'est du pur théâtre faërique, dans lequel le témoin joue un rôle inconscient '' *L'expérience peut être très semblable au Rêve* '', écrit J.R.R. Tolkien dans '' Faërie '' page 182 (Christian Bourgeois éditeur). Et le père de *Bilbo le Hobbit* et du *Seigneur des anneaux* en connaissait un bout sur la question.

Les auteurs, metteurs en scène, acteurs de premier plan, savent donc bien à tout moment où se trouve le figurant invité, et à quel instant il va faire son entrée.

Du reste, J.J. Vélasco ajoute '' *Les personnages discutent pendant quelques minutes, semblent se moquer de l'agriculteur* ''. Cette phrase montre bien que l'on est loin de la panique provoquée par la présence inattendue d'un terrien à quelques mètres de distance. Les ufonautes prennent leur temps, il n'y a pas de fuite en catastrophe.

Quant à la paralysie provoquée quand le témoin est à une dizaine de mètres, elle a un but défensif connaissant le caractère vindicatif des humains, et de plus dans ce cas précis, Maurice Masse avait à faire à ses voleurs de lavande. Cependant, il est plus probable qu'il s'agit en réalité d'une protection en sa faveur, l'un n'empêchant pas l'autre. Plus il s'approchait de l'appareil, plus les effets électromagnétiques auraient eu des répercussions, allant sans doute jusqu'à la mort à courte distance.

A noter que ce bouclier ou rayonnement ne gêne en rien les visiteurs.

De fait, Maurice Masse n'a rien ressenti le jour même, à part un violent choc émotionnel, bien compréhensible. Si l'on en croit C. Garreau, ce n'est qu'au quatrième jour qu'il s'effondra. Il aurait dormi 24 heures sur 24 ''*si on ne l'avait pas réveillé pour manger*'' dira sa femme.

J.J. Vélasco termine en écrivant que la vie de Maurice Masse fut complètement bouleversée par cette RR3. '' *dérangé, discrédité, choqué par l'événement* ''. D'ailleurs, il en fut exactement de même pour Lonnie Zamora à Socorro. Et pour de nombreux autres témoins par ailleurs.

Curieusement, mais sans étonnement puisqu'il s'agit du même phénomène, on enregistrera que c'est également **ce qui se passe dans la majorité des cas des apparitions mariales.**

Pour conclure cette première partie, disons qu'une fois son rôle de figurant faërique terminé, les ufonautes se soucient peu de ce que deviendra la vie de leur cobaye.

C'est pourquoi j'ai placé en prologue l'article sur les destins bouleversés par la généralisation de ce phénomène.

*   *   *

Montons d'un degré, et atteignons le stade de l'orthogéométrie. Auparavant, j'ai décrypté en grande partie le cas de Socorro. Avec notamment le triangle rectangle demi- carré long : **Socorro- Clovis - Alamogordo**, dans lequel Socorro- Clovis a une distance double de Socorro- Alamogordo, avec 308,6 kilomètres contre 154.3. Clovis ne faisant pas référence ici à l'industrie clovisienne préhistorique des lames de lance, réputées pour leur facture, mais **bien à notre officieux Louis 1er** fils de Childéric, si honni en France, qu'aucune commune ne porte son nom. Les Responsables des OVI se sont donc rabattus sur les Etats-Unis, et plus précisément au Nouveau-Mexique, en y ajoutant un clin d'œil au site préhistorique.

Cette allusion pas forcément justifiée, m'oblige surtout à rappeler ma définition de l'orthogéométrie, afin que ce qui suivra soit plus facilement compréhensible :

L'orthogéométrie est une branche de l'ufologie qui relie les atterrissages d'OVNI et les apparitions mariales à des lieux mégalithiques, préhistoriques, historiques, spirituels et religieux. Cette relation est basée sur le nombre d'Or, PI et leurs dérivés.

D'autres avant moi : Robert Maestracci et sa '' *Géographie secrète de la Provence*''(Cheminements), le méconnu Xavier Guichard et son '' '

Eleusis Alésia '', ont démontré à l'envie que les agglomérations et les grands édifices, spirituels et religieux entre autres, n'ont pas été bâtis n'importe où au hasard, **mais que leur emplacement fut judicieusement choisi, à travers l'Europe**. C'est ainsi que Stonehenge, le Mont-Saint-Michel, les châteaux de la Loire, Chambord en tête, Rennes-le- Château, ou l'abbaye de Clairvaux, se trouvent justifiés par l'orthogéométrie. Après moi, il y eut '' *Les lignes d'Or* '' de Sylvain Tristan (Alphée). Comme quoi les idées se rejoignent, et se confortent l'une l'autre.

Ces sites étant donc inamovibles, pour dresser des cartes géométriques il suffit de placer des pions à des emplacements bien précis, en utilisant un ou plusieurs ordinateurs hyper quantiques ; ou des appareils analogues sophistiqués. La complexité des cartes orthogéométriques se superposant est telle qu'une équipe de cerveaux humains ne pourrait en venir à bout. Heureusement, le décryptage tracé par tracé est beaucoup plus facile, et à la portée de n'importe qui, ayant une patience certaine.

Je pense que le lecteur aura compris **que les pions sont les OVI et la Sainte Vierge (ou soi-disant telle bien sûr)**.

Une dernière précision sur laquelle j'insiste : si Aimé Michel basait son orthoténie sur les survols et posés journaliers, **l'orthogéométrie comptabilise uniquement et globalement tous les atterrissages connus et répertoriés**. Les survols sont éliminés, car trop peu précis, et ne participant pas aux tracés.

Je vais présenter quelques lignes droites dans lesquelles figure Valensole. En ce qui concerne l'Olival ; si cette dernière est située en dehors de Valensole à deux kilomètres au nord-ouest, on comprendra parfaitement que pour les besoins de l'orthogéométrie, l'OVI ne pouvait décemment pas atterrir en plein milieu de la localité, au risque de créer un bouleversement qui se serait répercuté sur toute la planète.

De plus, c'était Maurice Masse le témoin privilégié.

D'autant que la ligne droite : Valensole – Chabeuil – Stonehenge, part vers le nord-ouest, et donc survole le plateau de l'Olival.

Ensuite ce sont deux posés qui encadre un lieu d'apparition mariale : Valensole – Le Puy en Velay – Crocq. Enfin, une autre apparition mariale est le terminus ; c'est L'Ile Bouchard, qui fait équipe avec Trans-en- Provence et Valensole.

* * *

Mais alors, qu'est-ce que le dernier stade, celui qui est la conséquence ou la base des deux autres ? Autrement dit : pourquoi les Responsables des OVI ont-ils choisi Maurice Masse pour participer à leur mise en scène, à cette valse en sol de lavande ? Hélas, n'étant pas dans les petits papiers des ufonautes, je n'ai aucune certitude à ce sujet. Nous sommes dans le même cas de figure que pour les apparitions mariales.

Tout d'abord, il y a un point important qu'il ne faut pas négliger concernant l'orthogéométrie ; si on veut qu'elle soit révélée, un témoin au minimum est absolument indispensable. Sinon, **comment saurait-on qu'un OVI s'est posé à cet endroit.** ? Inversement, si l'on préfère cette formulation, le fait de choisir un témoin d'un atterrissage, indique clairement que les Suivants de l'Abeille veulent que les humains soient au courant de leur géométrie géographique. Sinon, ils ne se donneraient pas tout ce mal pour attirer l'attention ; ils se poseraient discrètement de nuit, à l'abri des regards, et dans un silence que nos engins effroyablement bruyants sont incapables d'imiter.

Le même raisonnement est de rigueur si l'on s'en tient simplement à une mise en scène, avec besoin d'un figurant invité pour tenir un rôle dont il ignore tout. Ce qui rejoint parfaitement les deux premiers échelons présentés dans cette étude.

Mais pourquoi spécialement le défunt Maurice Masse ?

Eh bien personnellement, je rejoins d'autant plus volontiers la suggestion de Guy Tarade, qu'elle se trouve pleinement réalisée ici.

Il pensait que le nom de famille présentait une certaine importance aux yeux des ufonautes ; idée librement transcrite. Dans le cas de Valensole, tout le monde est passé à côté.

Toujours ce cloisonnement des disciplines qui empêche de faire la synthèse. Les ufologues se désintéressent totalement des apparitions mariales, ne croyant pas pour la plupart qu'elles sont parties prenantes du phénomène OVNI ; ou parce qu'ils restent sur l'aspect purement religieux, ce qui ne facilite pas l'ouverture d'esprit.

De Théopolis, la cité de Dardanus chère à Roger Corréard, à Valensole, en descendant en ligne droite il y a 43 kilomètres. Or, en 1656, la Sainte Vierge y est apparue à un pâtre pour lui demander la reconstruction de la chapelle démolie. Ce pâtre se nommait **Honoré Masse.** Est-il un ancêtre direct de Maurice, ou une branche à part ? impossible à dire, sauf recherches généalogiques fort longues. Ce fait, car c'en est un, est connu des théologiens, qui bien entendu n'ont jamais entendu parler de l'affaire de Valensole. Et c'est ainsi que tout le pays ne l'a pas su !

Pour ceux qui mettraient ce rapprochement sur le compte de l'affabulation, je leur conseille de lire le livre de Jean Sider '' *les extraterrestres avant les soucoupes volantes* ''. (J.M.G.). **Il cite des familles qui ont été suivies à travers le temps,** et dont les membres, par exemple le grand-père et la petite fille, ont été contactés, ou ont subi des implants.

Prenons au hasard les Strauss, qui ont ouvert cet article. Il y a trois familles distinctes. La plus connue est celle de Joseph et des deux Johann père et fils, et les frères de ce dernier, Joseph et Eduard, auteurs de valses immortelles, et autres marches et polkas. Elle est indépendante de Richard, dont '' *2001 l'odyssée de l'espace* '' a utilisé brillamment son ''*Ainsi parlait Zarathushtra* ''. La troisième étant celle de Oscar, moins connu.

S'il est curieux, voire stupéfiant qu'un patronyme identique ait pu donner des musiciens d'une telle valeur, on peut se demander si les Suivants de l'Abeille n'ont pas fourni un petit coup de pouce dans ce sens positif ? Alors pourquoi pas partir d'Honoré Masse choisi par la Sainte Vierge en 1656, pour arriver à Maurice Masse 309 ans plus tard ? Incidemment, si 1 sur $1.618 = 0.618$, soit l'inverse du nombre d'Or, 309 en est la moitié.

Il y a quand même parfois des coïncidences.

En résumé de cette trilogie, il fallait un point de chute pour que Valensole puisse participer à l'orthogéométrie, la localité elle-même étant exclue ; un témoin fiable pour authentifier l'atterrissage, et qui soit également figurant totalement inconscient de son rôle. De par son nom de famille, Maurice Masse était le candidat idéal. Il suffisait de le conditionner en dérobant nuitamment à plusieurs reprises des plants de lavande, afin de le préparer à jouer son '' personnage ''.

Notons bien la différence d'action entre les vols effectués subrepticement (quand on veut on peut), et l'arrivée tonitruante au petit matin du 1er juillet, du style trompette du Seigneur sur le mont Sinaï, afin que le véritable programme mis sur pied se déroule à la perfection. Le rideau s'est levé puis abaissé.

Et tant pis pour l'acteur involontaire, si sa vie en a été complètement changée. Comme d'autres, Maurice Masse fut sacrifié sur un autel dont il n'avait pas gravi les marches, et au nom d'une décision imposée par des entités dont il n'avait jamais soupçonné l'existence. Le tout dans un but qu'il n'aurait peut-être pas réussi à comprendre, même si on le lui avait expliqué, ou qui paraîtrait démentiel à un esprit humain. Pas du tout préparé à un vedettariat qu'il ne demandait aucunement, le pauvre Maurice Masse jusqu'à sa mort en 2004, n'aura pas connu la fin de l'Histoire.

Dois-je terminer en insistant sur le fait que pour préparer une telle opération, au milieu de toutes les autres du même acabit, **il est indispensable d'être un voisin permanent des humains,** et non venir d'une quelconque et lointaine partie de l'univers ?

* * *

LAVOUVALABEILLE
*   *   *

Ne trouvez-vous pas curieux, insolite, et sans aucun doute prémédité que les trois premières lettres de LAVande et VALensole se lisent à l'envers, comme pour mieux affirmer leur indissociable fusion identitaire ?
L'abeille enrobant de miel cette indéfectible unité.

Après 63 ans d'études sur le phénomène OVNI, un nombre conséquent d'articles publiés dans différentes revues, dans mes six livres ou non encore édités, dont mes exemplaires personnels tomberont entre les mains de mes héritiers, avec ce dernier rébus je termine définitivement mon parcours, ou plutôt selon une terminologie préférentielle, ma programmation.
Je suis persuadé d'avoir résolu le problème, je l'ai déjà affirmé ; cependant, il me manquait la touche finale, et pour aussi minime soit-elle, elle paraissait nécessaire. Ce sera chose faite avec ce court opus.
D'autre part, je pense que jusqu'à mon changement de statut, dont la date et le lieu sont encore un mystère que cette fois je ne pourrai dévoiler, les choses resteront à l'état, car rien ne changera plus.
Les ufologues présents et à venir se perdront toujours dans les méandres de leurs petites idées déjà obsolètes quand elles furent émises, victimes de professeurs à élèves de leurs blocages religieux et du manque de courage à sortir des sentiers tracés.
Et bien entendu, les Bitiw / Suivants de l'Abeille ne feront rien pour nous éclairer. Avec juste raison, puisque nous ne méritons pas de recevoir la Lumière, non pas salvatrice, mais dissipatrices des ténèbres dans lesquelles nous sommes plongés, et d'où nous ne cherchons pas à émerger, nous enfonçant chaque jour davantage.
Pour ma part, il me reste à préciser un point qui a très longtemps titillé ma curiosité, sans pouvoir le définir.
Mais à présent que j'ai tous les éléments détaillés, je peux émettre une dernière hypothèse. Par rapport à l'ensemble du phénomène, ce n'est qu'une fantaisie personnelle, mais que je tiens à satisfaire.
Je dois reconnaître, comme dans beaucoup d'autres articles, que c'est un apport extérieur qui m'a permis d'activer le processus de réflexion.
La TNT 27 Franceinfo présente depuis plusieurs jours en ce début août 2017 une série de reportages sur Valensole, les champs de lavande, et ce que cette culture entraîne.
On y apprend que l'on fabrique toutes sortes de parfums, et que l'on peut déguster une multitude de produits dont l'un des ingrédients est précisément cette plante, et son compagnon le lavandin, qui font la

renommée de la localité de Valensole et la prospérité de ses commerçants.

Avant de poursuivre, revenons brièvement sur la genèse de l'histoire.

Le 1er juillet 1965 est une date historique. Ce matin-là très tôt, Maurice Masse '' surprend'' ce qu'il pense être ses voleurs de lavande.

Sans reprendre en détail ce que j'ai décrypté dans mon article précédent, je précise que les guillemets sont absolument indispensables, puisque ce brave producteur avait été conditionné par des vols de plants. De ce fait, il était prêt pour entrer dans la peau de son personnage d'acteur involontaire, **pour jouer le grand rôle de sa vie.**

Mais je ne suis pas certain qu'il l'aurait accepté de plein gré, s'il avait connu les avanies qui firent suite à son aventure, et les bouleversements de son existence achevée en 2004.

D'ailleurs, tous ceux de ses collègues qui ont participé à des parodies probablement semblables - mais nous ne le saurons jamais - se sont bien gardés de le crier *urbi et orbi*, par prudence.

Toujours est-il qu'à partir de ce moment, Valensole et ses champs de lavande furent une découverte pour les ufologues, les enquêteurs et les journalistes.

Cependant, je me demande, sans pouvoir y répondre, si les ufonautes avaient prévu ou aperçu dans leur boule de cristal, la notoriété mondiale qui, depuis plusieurs années et en 2017 attire des milliers de touristes étrangers.

Toutefois, combien sont-ils à avoir entendu parler de Maurice Masse et de ses petits lutins ?

Pourtant, ce n'est pas cette célébrité, méritée à juste titre, et revanche posthume pour Maurice Masse, qui m'intéresse ; c'est le pourquoi de la passion des Bitiw pour cette région ; **car pour eux, c'est quasiment un lieu de pèlerinage.**

Le miel de lavande est un des produits-phares de la région, et il participe énormément à l'essor et à l'attractivité de Valensole.

Et bien sûr, pour produire du miel en quantité, il faut des abeilles.

Oui, je suis bien d'accord avec vos réactions. Il y a d'autres régions mellifères, sans pour autant attirer des manifestations d'OVI à répétition.

Mais c'est justement pourquoi il faut chercher d'autres centres d'intérêt.

La lavande a deux particularités bien à elle : son parfum et sa couleur.

Or, il se trouve que les femmes chinoises viennent sur le plateau de Valensole et se font photographier sous tous les angles au milieu des champs de lavande, et même devant une immense représentation des alignements des plants, dressée verticalement par un producteur. De plus, elles raffolent de ce parfum.

Je trouve ce renseignement très important, car il me rappelle la seconde visite des ufonautes à Quarouble en octobre 1954.

D'après Marius Dewilde les petits êtres engoncés dans leur scaphandre (à cette époque, c'était la grande mode bitiwienne de faire croire que les ufonautes ne respiraient pas l'oxygène), avaient un faciès asiatique aux yeux bridés.

Il est donc possible qu'une des ethnies des Suivants de l'Abeille soit particulièrement attirée par le parfum de la lavande ; auquel la couleur apporterait un attrait complémentaire.

Et à cet ensemble couleur / odeur s'ajoute l'harmonie des alignements de ces longues rangées, impeccablement rectilignes et régulièrement espacées.

Quoi donc d'étonnant à ce que cette géométrie colorée et parfumée, et de surcroît nourricière des charmantes hyménoptères, soit le centre touristique et de recueillement par excellence des Suivants de l'Abeille ?

* * *

BEAUSOLEIL, VICTOR HUGO, ET LE CURACH.

* * *

Déjà en 1951, soit quatre ans après le début de l'Ere Ufologique Moderne, on aurait pu effectuer une avancée considérable dans la réflexion sur le sujet du phénomène OVNI, si l'on avait étudié de près cet épisode tout à fait hors du commun.

Cette courte séquence s'est déroulée cette année-là, non pas par un beau soleil puisqu'il '' *est 21 heures, un jour d'été* '' selon le début écrit par H. Julien et M. Figuet dans leur livre '' *OVNI en Provence* '' (Edition de Haute- Provence, pages 221-222).

C'est la localité des Alpes-Maritimes portant ce nom plein de lumière, évoquant le Dieu Apollon, d'autant que l'Art dramatique y est à l'honneur. En effet, une troupe ambulante déclame les répliques de la pièce de Victor Hugo '' *Lucrèce Borgia* '', sur une place publique.

La pièce étant déjà commencée, ce sont trois spectateurs attardés, dont un policier, qui vont avoir la surprise de leur existence. '' *Les voilà devant le N° 21 de la rue des martyrs* ''. C'est précisément de cet endroit qu'ils aperçoivent '' *à environ 60 mètres, un objet ovoïde transparent, légèrement incliné dans leur direction, et immobile à 7 mètres au-dessus du sol* ''. Comme les témoins avancent vers l'objet '' *ils peuvent observer de profil* '' un pilote '' *vêtu d'une combinaison claire, à l'aspect maigre et âgé, portant une barbe probablement blanche* ''. Il est tête nue. Un deuxième individu est également assis, mais du côté opposé aux témoins, donc peu visible, malgré la quinzaine de mètres de distance.

Les trois retardataires veulent attirer l'attention des spectateurs qui tournent le dos à l'appareil. Cette malencontreuse initiative a pour résultat la fuite immédiate de l'OVI accompagnée d'un léger sifflement. En prime, les malheureux se font insulter par les spectateurs dérangés.

Ils étaient trois. Si au lieu de vouloir faire partager leur vision, ils avaient joué cavaliers seuls, ils auraient pu s'approcher davantage, pour avoir une vue détaillée du deuxième ufonaute, et emmagasiner un nombre impressionnant et instructif d'éléments. Ce qu'ils auraient peut-être eu l'idée de faire, si cette scène s'était déroulée 5 ou 6 ans plus tard, bien après la vague de 1954.

En 1951, le phénomène OVNI avait peu envahi la France, et restait marginal. C'est cette année que je l'ai d'ailleurs découvert, par la lecture d'un article de journal relatant la mort du capitaine Mantell à bord de son F 51, en janvier 1948. Le journal n'avait donc que trois ans de retard !

D'après ce que rapportent Julien et Figuet, les ufonautes, du moins le vieillard, étaient visiblement accaparés par le jeu des acteurs, au point de négliger la surveillance de l'environnement. Surtout qu'à sept mètres de haut, soit l'équivalent du deuxième étage d'un immeuble, ils pouvaient être aperçus à tout moment.

Pour des entités ne recherchant pas le contact, et évitant de se faire remarquer, sauf quand elles le jugent nécessaire à leurs desseins, comme à Valensole ou à Socorro, la prudence n'était guère de mise.

Depuis quand l'objet était-il là à son poste ? Sans doute a-t-il attendu que tous les spectateurs soient en place, et que la pièce commence. Curieusement, il semblerait que les ufonautes n'aient pas songé un seul instant qu'il pourrait y avoir des retardataires.

Alors qu'ils sont parfaitement au courant de cette étrange coutume, seconde nature de certains individus. Je pencherais plutôt pour un excès de confiance dans leur quasi-invisibilité.

D'où cette concentration insouciante.

Comment l'OVI a-t-il pu échapper aux regards en arrivant et stationnant à si faible hauteur ? D'autant qu'à 21 heures en été, bon nombre de personnes sont encore dans la rue. Et en 1951, ce n'est pas la télévision quasi inexistante à l'époque qui pouvait retenir les gens chez eux.

L'un des témoins estima la longueur de l'engin entre quatre et cinq mètres, soit l'équivalent d'une voiture.

On peut avancer d'ores et déjà une presque certitude ; **le personnage barbu savait de source sûre que le spectacle aurait lieu.** On ne survole pas à faible altitude une localité où se déroule un drame théâtral sur lequel on tombe par hasard. Pièce qu'il fallait connaître pour s'y intéresser aussi intensément.

Selon les témoins, la physionomie du vieillard paraissait normale. Autrement dit, il serait passé inaperçu au milieu d'une foule qui circule. Le spectacle dut être précédé d'annonces sonores et d'affiches, suivant la coutume, si l'on veut avoir des spectateurs. Il n'est donc pas impossible que cet admirateur de Victor Hugo en ait eu connaissance.

Plutôt que de se mêler aux spectateurs, qui auraient pu être intrigués par son étrangeté à un moment quelconque, et pour sauvegarder sa sécurité, il a préféré faire comme les américains de cette époque ; assister à la représentation en plein air **dans son véhicule personnel.**

Insistons bien sur cette notion ; dans un environnement étranger, on ne prend pas un véhicule officiel, ou n'appartenant pas au pilote, pour risquer un accident en allant voir une pièce de théâtre en pleine agglomération.

Rien que cette entrée en matière ouvre des perspectives fantastiques. Laissons définitivement de côté le second passager qui ne fut qu'entr'aperçu sans aucun détail.

A la suite de l'intervention bruyante des trois témoins, l'objet est parti avec un léger sifflement. Ce qui indique un moyen de propulsion et de sustentation absolument silencieux, loin du brassage d'air des pales d'un hélicoptère. Si l'engin était entièrement transparent, où était donc le système moteur ? Peut-être transparent lui aussi, à l'instar des curachs de la Tradition irlandaise, auquel l'objet ovoïde ressemble. **Sans doute même en était-il un.** Ce qui est assez rare, pour ne pas dire exceptionnel, dans les annales ufologiques.

On peut être certain qu'il ne s'agit pas d'un canular. Il faudrait avoir des connaissances très particulières pour inventer, au tout début des années 50, un appareil transparent piloté par un vieillard. A moins d'être parfaitement au courant de la Tradition irlandaise, les curachs sont encore moins connus actuellement que les vimanas indous.

Dans leur '' Remarque '' : Julien et Figuet précisent :'' *Entre 1950 et 1962 ce genre d'ufonautes ont été aperçus, à plusieurs reprises, en d'autres pays. On les a donnés comme des entités sans agressivité et paraissant avoir une excellente connaissance de l'environnement et des techniques terrestres.''*

Il convient de préciser deux choses importantes passées inaperçues des auteurs. Ces entités se rapprochent terriblement des Gentilshommes, du peuple-fée dont J. Vallée s'est fait le chantre, dans son livre '' *Passport to Magonia* '', plus édifiant que la traduction commerciale française. La Magonie ou la Faërie de Tolkien étant leur monde originel.

Ceci si on prend les contes de fées au pied de la lettre. Toutefois, ainsi que je l'ai déjà écrit, ce peuple aurait suffisamment de quoi s'occuper dans son propre univers ; pourquoi envahir notre espace aérien et nos océans ?

D'autre part, ce n'est pas seulement dans la décennie indiquée qu'ils apparurent, **mais bien à toutes les époques**, y compris encore de nos jours en 2018.

Par contre, les Shebtiw / Bitiw / Sokariens, de par l'ancienneté de leur venue sur Terre, ont précédé les hommes, et suivi ceux-ci dans leur évolution. Ce qui explique qu'ils nous connaissent si bien.

Et qu'ils aient, avec le temps, implanté psychiquement dans l'esprit des Terriens cette image de conte de fées, avec des personnages leur ressemblant ; parmi lesquels on retrouve des nains, des géants, des elfes, des lutins, des gnomes, des trolls…

Ceci, afin de mieux leur jouer des tours, ou de les aider suivant les circonstances, en mettant ces interventions sur le compte de personnages imaginaires, issus d'un monde parallèle ; servis en cela par leur science semblable à la magie.

En se servant ainsi de ce paravent, ils passaient totalement inaperçus, et pouvaient agir à leur guise incognito.

Le vénérable vieillard et son compagnon ou compagne étaient peut-être de race elfique. Boutade : puisque nous voguons sur des mers oniriques, nous pouvons imaginer qu'il s'agissait de l'enchanteur Merlin et de sa prison de verre dans lequel Viviane l'aurait enfermé ?

Plus sérieusement, le curach se prête parfaitement à cette suggestion, car dans la majorité des cas, il est invisible.

La logique voudrait qu'il arrivât juste avant le début de la pièce, et après l'installation des derniers spectateurs. Le silence dans lequel il évolue, lui permet une telle prouesse. Cependant, auparavant, le pilote a dû vérifier qu'il pouvait le faire sans danger ; probablement à l'aide d'un appareil que je nommerais contrôleur à distance, ou équivalent.

Je n'avance pas ici une idée de science-fiction. J'ai déjà expliqué pour le cas de Valensole, que les ufonautes ne pouvaient atterrir au hasard, sans s'assurer de la parfaite innocuité des lieux.

Concernant les apparitions mariales, l'exemple type de ce contrôle est Querrien en 1652. La Vierge apparut une quinzaine de fois à la petite Jeanne, partout où elle était ; '*'Il semblait que la Vierge poursuivait Jeanne* '' écrit Y. Chiron dans '*'Enquête sur les apparitions de la Vierge''* (J'ai Lu). De même, à Saint- Bauzille de la Sylve en 1873, la Noble Dame surgit brusquement à deux mètres d'Auguste Arnaud complètement effaré, et à un mètre cinquante du sol. **Ce n'est pas le genre d'acrobatie que l'on pratique à l'aveuglette**.

Cela ferait trop de hasard, si à chaque fois, la personne que la Sainte Vierge veut contacter est seule. Il est nécessaire de s'assurer, par un procédé technique quelconque, que cette opération est possible.

Le silence absolu de l'engin conforte admirablement ma théorie sur l'affaire de Valensole. Pour dérober les plants de lavande, opération destinée à conditionner Maurice Masse, l'OVI est venu discrètement de nuit, sans être repéré. Par contre, le 1er juillet, il est arrivé en fanfare pour que la représentation puisse se dérouler.

L'ensemble justifiant le fait que pour connaître les terriens aussi bien, et savoir à quelle date une troupe ambulante théâtrale va se produire dans une localité, il faut être très proche en permanence.

Et comme le curach est quasiment invisible s'il stationne hors de l'agglomération dans un endroit ombragé et discret, il est facile pour un personnage passant inaperçu au milieu de la population, de connaître le jour et l'heure d'une représentation théâtrale, et de s'y rendre incognito. Et par mesure de sécurité à bord de son appareil. **Néanmoins, il faut être drôlement culotté pour agir de la sorte.**

Ou bien, la passion du théâtre fait-elle perdre le sens des réalités, de la sécurité, de la furtivité et des consignes de prudence, pourtant impératives, on peut s'en douter ?

Ce resquilleur devait bien être conscient qu'il risquait d'attirer l'attention ; mais aussi avoir une confiance absolue dans son appareil ; ce n'était certes pas le moment qu'il tombe en panne.

Ainsi que je l'ai écrit à plusieurs reprises, nous sommes surveillés, mais aussi protégés, même contre nous-mêmes, nous interdisant de nous autodétruire.

Il y a peut-être une bonne, voire excellente raison réconfortante à cette protection attentive, quasi maternelle.

Pour Valensole, j'ai proposé que Maurice Masse pouvait avoir été le témoin privilégié, parce qu'il portait le même patronyme que Honoré Masse, le pâtre contacté par la Vierge en 1656 à Théopolis.

J'ai aussi évoqué les trois familles Strauss, qui par un hasard miraculeux, sont à l'origine de la création de chefs-d'œuvre musicaux plus impérissables que le rap ou la techno.

Dans '' *Les Maîtres du temps* '' (J'ai Lu), J. Bergier se demandait si par épisodes, des êtres ne surgissaient pas pour donner un coup de pouce à l'Humanité. Tel Sir Henri Cavendish, étrange personnalité aux habits démodés, qui ne voulait pas voir une femme, puisqu'il correspondait avec sa gouvernante par billets, et ne sachant même pas combien un mouton avait de pattes. Cependant, avec des moyens rudimentaires, il pesa la Terre, entre autres importantes découvertes, qui restent encore à répertorier. Il était très riche, sans que l'on découvrît d'où il tenait sa fortune.

Je ne sais si ces voyageurs du temps sont une réalité, mais une autre hypothèse justifie peut-être l'existence de l'Humanité terrestre. Attention, j'entends par là la partie la plus haute, **et non la majorité des moutons** qui bêlent sur des sujets bassement terre à terre, sans aucune valeur scientifique ou spirituelle, qui élève l'esprit au-dessus de la moyenne.

La musique classique, la peinture traditionnelle, la littérature, ont eu et ont encore des génies. De Chopin à Victor Hugo, de Rembrandt et L. De Vinci à Ronsard, Ravel, Lamartine, Schumann ou Zola, De Beethoven, Verdi, Puccini, Mozart à Delacroix, Rostand, Poussin, Bizet ou Michel Ange, de Mendelssohn à Balzac, ou dans un autre genre autrement épique, Dumas, Wells, Verne, Tolkien ou J.K. rowling et son Harry Potter. On ne peut les citer tous, sans perdre le fil de cette histoire. Je demande pardon aux oubliés.

Si on les compare aux '' œuvres '' ou gribouillages que l'on appelle justement '' <u>lard</u> moderne '', et qui de ce fait ne plait pas aux islamistes, on s'aperçoit sans être insultant, qu'il y a autant de différences qu'entre une puce et un éléphant. S'extasier devant un tableau peint d'une couleur unie, orange, noire ou autre, est du dernier ridicule. Celui qui achète fort cher ce navet, croûte ou rebut, ferait mieux de le peindre lui-même en y apposant sa signature, il ne lui coûterait rien.

Les premiers sont transcendants et inspirent un respect mérité traversant les siècles. Les seconds ne dépassent pas l'enfantillage à pleurer. D'où la pensée que certains ont été programmés pour le sublime, les autres étant livrés à eux-mêmes ; d'où **pauvreté d'imagination et pauvreté d'appréciation.**

Sans que ce soit péjoratif (à chacun ses goûts), on remarquera que ceux qui admirent les grands Maîtres, n'apprécient pas les productions de bas étages, et inversement.

Certains terriens étant plus doués que d'autres, **il est possible qu'une idée musicale, picturale, ou littéraire leur soit insufflée**, et que leur cerveau supérieur accouche du Grand Œuvre, portant l'Humanité dans son ensemble vers le haut. Il y en a toujours qui traînent les pieds, mais c'est dans la logique de l'évolution. Comme les cancres par rapport au premier de la classe.

Pourquoi une telle hypothèse ? Les autres, ceux qui nous surveillent à cause de notre mélange racial explosif, et nous chouchoutent, ne sont-ils pas capables de créer ? Certains humains seraient-ils les seuls à même d'exploiter cette idée, et d'en tirer la quintessence ?

Il est possible que le cerveau humain soit le seul qui puisse, dans certains cas, arriver à un tel résultat.

Nous serions en quelque sorte des artisans, des Maîtres Compagnons, à qui l'on passerait commande, pour qu'ils produisent l'objet d'Art souhaité. Cette production serait ensuite envoyée dans tous les coins de la galaxie pour le plus grand plaisir des esthètes cosmiques. Notre récompense, outre la protection de la planète, serait de pouvoir bénéficier également du travail accompli.

Dénier cette possibilité d'implanter une idée de base dans un cerveau humain, c'est oublier que les ufonautes maîtrisent parfaitement cette technique.

Dans le livre de Julien et Figuet, de nombreux cas le démontrent. Tel cet ouvrier agricole qui sort la nuit pour se trouver face à un cigare lumineux. Sans savoir pourquoi, il pense brusquement à un accident qui lui était arrivé trente ans auparavant.

Ce sont ces deux étudiants attirés par une boule de lumière blanche, qui fuient paniqués, pour voir l'OVI les attendre à l'endroit où ils voulaient se réfugier. Celui-ci n'insista pas et partit définitivement **en constatant que la peur frisait l'hystérie.**

C'est la Sainte Vierge qui parle en songe au pauvre Benedetto mourant, pour lui dire qu'elle est responsable de sa chute, mais qu'il sera guéri le lendemain, pour qu'il réalise sa demande de chapelle. Ce qui se produisit effectivement, à la grande stupéfaction des médecins.

C'est un rappel succinct de ce que j'ai déjà traité plus en détail dans des articles. Mais il est bon d'enfoncer le clou, pour bien faire comprendre que ce que nous croyons imaginaire, est bel et bien une réalité. Que d'ailleurs, certains organismes plus ou moins gouvernementaux mettent en pratique de manière plus brutale à l'aide de drogues ou de rayons, pour contrôler l'esprit de leurs cobayes ; par exemple le programme MK ultra. Mais là, ce n'est pas l'altruisme qui préside.

Un fait réel s'est produit dans le domaine de la physique. Le prix Nobel de 1922, Le danois Niels Bohr avoua avoir eu la révélation de son modèle planétaire atomique au cours d'un rêve. Dans quelle mesure, cette réalisation ne lui fut pas insufflée par les Responsables des OVI, qui officiellement n'existaient pas encore ?

Donc, à supposer que ma théorie de suggérer une idée dans un esprit humain, pour qu'il la concrétise soit fausse, chacun ayant son libre-arbitre pour créer par lui-même, il n'empêche que les ufonautes et la Sainte-Vierge possèdent les moyens techniques de pénétrer dans le subconscient des hommes. Dès lors, il leur est loisible de profiter de cet avantage pour choisir et guider le personnage qui leur semble le plus apte à réussir ce qu'eux-mêmes ne peuvent accomplir.

Je rappelle qu'à part le cas avéré de Socorro où un symbole fut relevé par Lonnie Zamora sur l'OVI, et un ou deux témoignages douteux, aucun OVI ne présente de dessin, lettres ou marques quelconques. On est loin du graphisme parfois très voyant des avions de chasse, ou des énormes camions routiers. Les OVI sont neutres, et s'ils n'arboraient pas des lumières colorées à la puissance parfois insoutenable, ils seraient tristes. Est-ce une question de discrétion ou un manque d'imagination ?

La discrétion se divise en deux parties ; les Suivants de l'Abeille adorent les lumières vives et colorées, ce n'est un secret pour aucun ufologue. Donc ils ne se cachent que lorsqu' ils le jugent nécessaire.

Par contre, à leur décharge, il faut reconnaître que voulant rester anonymes, ils ne tiennent pas à inscrire sur leurs appareils des mentions diverses qui nous permettraient de les dépister.

En outre, ils trouvent peut-être outrancier ce fétichisme envers des objets simplement utilitaires.

Le manque d'imagination est possible, car en comparaison des grands opéras ou des pièces classiques, voire des opérettes, le théâtre faërique que les ufonautes s'ingénient à faire jouer aux terriens bien souvent à leurs dépens, **est une pitoyable pantomime scénique.** C'est du Grand Guignol à peine accessible à nos sens, car bien en-dessous de ce que nous présentent les pires tréteaux.

Leur seul point de supériorité paraît être d'ordre scientifique.

Mais en matière d'Art dans le sens le plus Noble**, ils seraient tributaires de nos plus grands cerveaux.**

Ce qui pourrait expliquer la venue à Beausoleil de ce vénérable vieillard, admirateur de Victor Hugo.

Et sans doute n'est-il pas le seul que nous pouvons côtoyer au quotidien, sans savoir que c'est un étranger à notre monde.

Malheureusement pour cet esthète, l'agréable soirée ne fut pas celle qu'il escomptait.

* * *

COMMENTAIRE :

Rappelons qu'il est facile, pour des êtres humanoïdes de paraître au grand jour, au milieu de la foule, sans attirer autre chose qu'un regard de curiosité passagère.

Il est logique de considérer qu'un cirque se produisant dans une localité, peut présenter des nains ou des géants, voire même des '' caricatures'' d'humains, sans qu'aucun individu ne soit choqué ; même en les croisant dans la rue.

Et le plus amusant, c'est que personne ne soupçonnera qu'ils sont étrangers à notre monde.

Combien le sont-ils en réalité ?

* * *

CHAPITRE III
* * *

LES OSMI
* * *

GOUTTE D'EAU NUCLEAIRE.
* * *

PREMIERE PARTIE :

Dans mon cinquième livre, j'ai fait en quelque sorte l'apologie de ces mystérieux submersibles des Suivants de l'Abeille, au profil étrangement cylindrique, petits, râblés pourrait-on dire avec leurs trente-cinq à quarante mètres de long pour un diamètre de sept à huit mètres.

Ils ont une apparence lourdaude semblable aux réservoirs de propane trônant peu gracieusement près de certains pavillons, et à l'esthétique contestable selon ce que l'on déduit des explications d'Andrès Alfaya ('' *Le triangle des perturbations* ''), auquel je me suis référé, et qui a visionné les films et les photos de ces engins. Bourrés probablement d'une électronique super quantique dépassant de loin celle des humains, ils sont pourtant capables de prouesses hors de notre portée…

…Même actuellement, en mai 2018 !

Je ne reviendrai pas sur ce que j'ai écrit à leur propos et sur leurs performances. Je me contenterai d'insister sur le désintérêt des ufologues du livre d'Andrès Alfaya, qui détient sans doute une partie de la clé du phénomène OVNI.

Ne serait-ce que par l'étude des '' Moro '' géants.

Par contre, mon but ici est justement de comparer les caractéristiques et les performances de ces '' nabots'' à celles des '' super sous-marins '' de dernière génération de la marine américaine.

Tout d'abord un petit retour en arrière sur l'historique des submersibles.

Avant, pendant, et même après la deuxième guerre mondiale, ils ont été construits suivant la forme des navires de surface. Avec les études techniques de laboratoire, on s'est aperçu que ce profil tranchant, s'il convenait en atmosphère, dans le milieu mi- air / mi- eau, n'était absolument pas adapté au sein des océans. Il y générait des courants d'eau perturbateurs s'opposant à la bonne marche du sous-marin, en freinant son avancée ; le rendement général était donc déplorable.

Jusqu'à ce qu'un amiral américain, après des années d'études et d'essais de maquettes, détermine la forme idéale, qui fut désormais acceptée par toutes les marines mondiales : la forme en goutte d'eau, qui rappelle fortement celle de l'œuf, le gros bout en avant, et les lignes de fuite se rétrécissant vers l'arrière.

En y ajoutant comme propulseur, une pile atomique génératrice de vapeur d'eau produisant à son tour de l'électricité, le '' *Nautilus* '', premier sous-marin atomique du monde moderne, matérialisait celui du capitaine Nemo, et le génie de Jules Verne.

Avec toutefois une petite restriction, que seuls dépassent les fameux OSMI ; le '' *Nautilus* '' de l'écrivain français atteignait même sous l'eau jusqu'à cinquante nœuds soit quatre-vingt-dix kilomètres heure.

Vitesse hors de portée des sous-marins ultra-modernes.

Et nous en arrivons à ceux-ci précisément.

Un documentaire présenté par la chaine TNT 24, ''RMC découverte'' le 19 mai 2016 était consacré à la toute dernière génération de sous-marins atomiques américains, celle de la classe '' *Virginia* '', dont chaque exemplaire est baptisé du nom d'un Etat. Y en aura-t-il cinquante-et-un ? le commentaire ne le dit pas.

Au moment du tournage du film, on construisait le quinzième, et **il y en avait douze opérationnels à travers le monde.**

Succinctement, voici quelques caractéristiques qui serviront de comparaison avec les fameux OSMI :

Longueur : cent-quinze mètres (115 m), poids : sept-mille huit cents tonnes (7.800 t) ; vitesse : vingt-cinq nœuds (45 k / h) ; profondeur atteinte : deux-cent quarante-cinq mètres (245 m). Equipage de cent-trente-cinq hommes.

Accessoirement, chaque bâtiment demande dix millions d'heures de travail optimisé (contre quinze au début du projet), et il revient à deux, sept milliards de dollars de haute technologie (2, 7 milliards).

Son réacteur nucléaire a la capacité de fonctionner pendant trente-trois ans, durée prévue du sous-marin, sans avoir besoin de ravitaillement. Et le submersible peut rester en immersion pendant des mois, tout en étant totalement discret, et s'approcher silencieusement au plus près d'une côte.

Le renouvellement de l'air se fait par électrolyse permanente (plus de cinq mètres cubes à l'heure), ce qui évite de remonter à la surface, comme par le passé.

Toutes ces caractéristiques en font un monde totalement indépendant.

Ajoutons un équipement des plus précieux ; des combinaisons / scaphandres entièrement autonomes, en matière souple et résistante, permettant l'évacuation de chaque homme, en cas d'accident en profondeur, **à la vitesse de cent-quatre-vingt-dix mètres par minute** (à condition de ne pas bloquer sa respiration pour éviter l'embolie gazeuse). Innovation à saluer particulièrement.

On se rend compte que si le côté humain s'est nettement amélioré, car vivre en vase clos dans un milieu inadapté et hostile à l'homme est une dure épreuve, interdite aux claustrophobes, sur le plan technologique, le bilan est plus mitigé ; même si les concepteurs se gargarisent en partie avec raison ; mais en partie seulement.

Il s'agit d'améliorations certes, grâce aux progrès de l'électronique et de la technique nucléaire, **mais pas de révolution fantastique.**

On est étonné de voir que le programme de base reste le même, et suit un schéma immuable. Personnellement, je m'attendais à entendre parler de propulsion magnétohydrodynamique, permettant les hautes vitesses, telles celles atteintes par les torpilles russes Kvall.

Mais sans doute ce principe n'est-il applicable à l'heure actuelle qu'à des engins de petite taille, et ne comportant pas d'équipage.

Avant de faire le détail comparatif, disons simplement que si un OSMI serait à même de paralyser électroniquement ou détruire entièrement un super sous-marin de la classe '' Virginia'', celui-ci ne pourrait en faire autant. **Il resterait impuissant face à ce freluquet volumétrique.**

La vitesse de ce dernier est au moins quatre fois la sienne, et c'est un minimum. Les quatre-vingt nœuds (près de 150 k / h) enregistrés lors d'une poursuite, vaine cela va sans dire, ne représentant qu'une petite vitesse de croisière, puisqu'il fallait faire durer le plaisir. La profondeur qu'il peut atteindre est également incomparable. Andrès Alfaya cite un engin poursuivi et bombardé filant à 850 mètres sous l'eau ; les 245 mètres possibles du '' Virginia'' font piètre figure. Là aussi, compte tenu de la résistance des métaux et matériaux modernes, on pouvait s'attendre à des plongées plus spectaculaires.

A moins évidemment que tous ces chiffres officiels ne soient qu'un paravent dissimulant de plus hautes performances. Mais même dans ce cas de figure, je doute que celles-ci puissent rivaliser avec celles de nos voisins farceurs.

Une fois encore, dans un éventuel combat : David contre Goliath, c'est toujours le petit qui viendrait à bout du colosse.

Les hommes ont sans doute le tort de miser sur l'énormité. Mais par ailleurs, l'utilisation forcenée des missiles à longue portée, lourds et encombrants, les oblige à employer des porteurs à la mesure de ces monstres de guerre.

Ce dont se moquent les OSMI ; leur compacité indique bien qu'ils ne transportent pas de tels armes. Cependant, celles dont ils disposent sont invinciblement plus efficaces.

Je serai tenté, et je le suis effectivement, **d'affirmer qu'elles sont du type uniquement défensif,** et donc beaucoup moins encombrantes.

Sans doute parce que les Suivants de l'Abeille sont plus respectueux de la vie d'autrui que les hommes. Pourquoi vouloir tuer à tout prix, ce qui demande souvent des moyens considérables? Alors que…

Amusement n'étant pas synonyme d'anéantissement de l'adversaire, il est plus profitable de corser le jeu en l'empêchant simplement de continuer le combat.

Quitte à le reprendre plus tard, avec éventuellement son accord, une fois l'humiliation première digérée et acceptée.

C'est le principe même du thème de la nouvelle de C. Simak : '' *Honorable adversaire* '' publiée dans : '' *La croisade de l'idiot* '', et dans laquelle les Fivers se servent de leur super technologie pour jouer à la guerre avec d'autres peuples de la galaxie.

Les Terriens, absolument pas au courant, croient qu'ils sont réellement attaqués, et réagissent en conséquence. Sans aucun succès, et dominés, finissent par demander un armistice qui leur dévoile la vérité.

Cependant, dans notre réalité, **nous n'avons pas encore appris les règles du jeu.**

Ni que notre partenaire est notre voisin de palier, ou peu s'en faut.

DEUXIEME PARTIE : Contribution du 13 juillet 2016.

Un volet de l'émission '' *Alien theory* '' diffusé ce jour par la TNT 23 abonde dans ce sens et donc dans le mien, sans le vouloir ni s'en douter. Notons que les chaînes 23 et 24 se repassent le bébé, ce qui pour une fois est plutôt une bonne coopération, même s'il s'agit de rediffusions.

Un événement et une observation, tous les deux maritimes mais à deux endroits et époques différentes, apportent un supplément à ce que j'ai déjà présenté.

En 1945, les officiers d'un navire américain croisant près de l'île Adak faisant partie des Aléoutiennes au large de l'Alaska, virent surgir de l'océan un OVI assez imposant, mais dont les dimensions restent inconnues. Il fit deux ou trois fois le tour du bâtiment, avant de disparaître dans le ciel à grande vitesse.

L'événement se passe en 1963 aux abords de Porto-Rico. Une escadre américaine détecte au sonar un objet immergé inconnu qui file à la vitesse fantastique de 150 nœuds ! (270 kilomètres / heure !). **C'est-à-dire six fois plus vite qu'un sous-marin de la classe '' *Virginia* '' !**

Evidemment, la poursuite s'engage, mais vainement, aucun navire ne pouvant lutter contre un tel sprinter. Et celui-ci finit par s'enfoncer jusqu'à 8.000 mètres de profondeur. Cet exploit '' banal'' surprend toujours les intervenants de l'émission. Ils devraient pourtant y être habitués.

'' *Alien theory* '' fait également état de ces plongées et sorties maritimes fréquentes aux alentours de l'île de Guadalcanal, dans les Salomon, tristement célèbre par les combats entre Américains et Japonais, lors de la deuxième guerre mondiale.

D'autre part, cette île est également le théâtre de légendes persistantes concernant des géants, tandis que dans l'île de Man, entre l'Irlande et l'Angleterre, on retrouve plutôt des nains.

L'ensemble des témoignages et des relations folkloriques donnent du poids à l'hypothèse de la variété ethnique des Suivants de l'Abeille installés à demeure dans le Duat et les abysses océaniques, et décrits par les témoins des atterrissages d'OVI.

Malheureusement, si l'émission '' *Alien theory* '' apporte des éléments importants dans l'étude du phénomène OVNI en général, les intervenants, pourtant loin d'être des idiots, se cantonnent toujours dans l'hypothèse d'extraterrestres se servant de la Terre et de ses fosses océaniques comme base de ravitaillement et de casernement ,pour alimenter un conflit spatial contre d'autres races E.T.

Ce qui rappelle le passionnant roman de science-fiction : '' *Les survivants de l'infini*'' de Raymond F. Jones, mais fort peu crédible dans la réalité de notre quotidien actuel (l'action se déroule au début des années cinquante).

Pourquoi la Terre servirait-elle de base arrière à deux races en conflit ? Conflit qui durerait depuis des dizaines de millénaires et ne semblerait pas avoir de fin ?

Si c'était la vérité, pourquoi l'adversaire n'aurait-il pas cherché à détruire les bases ennemies, ce qui se serait répercuté sur les peuples terrestres, avec les destructions marquant profondément la mémoire des survivants ?

Et ici je ne fais aucunement référence à la destruction biblique de Sodome et Gomorrhe, qui ne serait qu'une simple amusette à côté des combats terrifiants qui auraient découlé de cette volonté d'éliminer les bases adverses.

Quant à ceux décrits par le '' *Mahabharata* '', ou Histoire de l'Inde, ils pourraient s'en rapprocher. Mais ils sont terminés depuis si longtemps, qu'ils sont restés sous forme de récits légendaires.

Néanmoins récemment, les archéologues ont découvert des ruines d'où émane une forte radioactivité donnant un crédit certain au livre / épopée de Vyasa.

N'y aurait-il donc pas d'autres planètes habitables dans la Galaxie pour faire l'affaire, sans mettre la vie des autochtones en danger ?

* * *

LES TROIS SORTES D'OSMI.
* * *

Oui, ce sont bien trois sortes d'engins qui ont été ou sont utilisés ; je ne peux pas être plus précis, le lecteur comprendra bien, suite à mes explications, que je n'en sais pas plus que lui sur le fait qu'une des catégories ne semble plus être en service.

Ou plus précisément, j'ai une idée que je soumettrai.

Tout d'abord, déclinons le matériel :

Il y eut les roues lumineuses de diamètre parfois important.

Il y a toujours les OVI eux-mêmes, c'est-à-dire les aériens.

Et bien sûr, il y a les fameux sous-marins tubulaires.

Dans les derniers comptes-rendus que j'ai pu lire, il semblerait que les ufologues, s'ils parlent des OVI entrant ou sortant de la mer, restent hypnotisés par les roues lumineuses.

Leur livre de référence est évidemment '' *Le livre des damnés* '' de Charles Fort (éditions des Deux Rives 1955).

Donc, commençons par ce génial précurseur, incontestablement saint patron des ufologues. Bien que purement aérienne, la première observation met en évidence les roues lumineuses, **maitresses du ciel et de la mer au dix-neuvième siècle.**

En mai 1880, un passager du steamer '' *Patna* '' voyageant dans le golfe persique, rapporte que vers 23 heures 30 : '' *...apparurent soudain dans le ciel de part et d'autre du navire, deux énormes roues lumineuses pivotant sur elles-mêmes, et dont les rayons semblaient frôler le navire au passage. Ces rayons mesuraient de 200 à 300 mètres de long et ressemblaient aux verges des maîtresses d'école. Et bien que chaque roue dû avoir 500 ou 600 mètres de diamètre, on apercevait toujours distinctement les seize rayons qu'elles comportaient.../... Les roues ont escorté le navire vingt minutes durant...''.* Le capitaine du '' *Patna* '' et un autre officier ont été également témoins.

N'importe quel ufologue paierait volontiers son passage sur ce navire pour avoir l'occasion d'assister à un pareil spectacle, et prendre quelques photos souvenirs.

Le diamètre des roues laisse rêver. Et je continue à penser que si les ufonautes n'avaient pas été absolument sûrs de leur technologie, ils n'auraient pas risqué une catastrophe maritime possible, si l'une des deux roues s'était soudainement abîmée en mer ; un véritable tsunami aurait fait sombrer le '' *Patna* ''.

Belle démonstration de puissance à une époque où seuls les pauvres dirigeables, mot d'ailleurs impropre, étaient ballotés par les courants aériens. Pour aller dans ce sens, un lecteur a calculé la vitesse des roues, et l'a estimée à 160 kilomètres / heure, ce qu'il considère comme étant incroyable, et met donc en doute le témoignage.

Au sujet de ce cas, C. Fort, en fonction des connaissances de son époque, émet une hypothèse insoutenable à présent. : '' *Toute superconstruction adaptée, dans l'espace interplanétaire, à un milieu dense et forcée de pénétrer l'atmosphère terrestre est menacée de désintégration et plonge dans l'océan pour y trouver le soulagement d'un milieu de plus forte densité.''*

Si son raisonnement est faux, ne serait-ce déjà que par le fait que les roues sont restées visibles vingt minutes, je me demande s'il n'a pas donné l'idée à John Wyndham d'écrire son roman de science-fiction : '' *Le péril vient de la mer* ''.

Dans '' *OVNI en Provence* '' de Julien et Figuet (éditions de Haute Provence), j'ai déniché une observation d'une roue lumineuse également céleste.

Le soir du lundi 7 avril 1975, une femme d'une quarantaine d'années a vu une roue lumineuse plus grosse que la pleine lune, au-dessus des toits de Draguignan dans le Var. : '' *...J'ai remarqué cinq rayons larges et allumés de couleur rouge-orange. Entre deux rayons, il y avait comme une barre blanche de séparation. Autour de la roue, on distinguait d'autres bandes illuminées de la même couleur que les rayons, mais avec peu de distance entre elles.''*

La similitude des engins à 95 ans d'écart est remarquable. Toutefois, et sans pouvoir être affirmatif, la taille n'est pas comparable. Mais si l'engin évoluait au-dessus des toits, son altitude ne devait pas être considérable.

Cependant, si j'ai extrait ce témoignage, c'est bien le seul moderne que j'ai trouvé.

Revenons à C. Fort. A propos des corps lumineux qui sortent ou plongent dans l'océan, il ressort son argument de la densité, mais cette fois son flair légendaire laisse la place à une touchante naïveté : '' *Parfois elles pénètrent par erreur de calcul dans l'atmosphère terrestre, et sous menace d'explosion, doivent plonger au fond des eaux, y demeurer un temps, puis émergent à proximité des navires.''*

Que d'erreurs de la part de ces intelligences venues tout spécialement d'ailleurs ! D'abord mauvais calcul en pénétrant dans l'atmosphère, car si ces entités ne venaient pas sur Terre, pourquoi s'en approcher autant ? Vu le nombre de ces visiteurs imprudents, l'erreur de calcul est répétitive.

Et deuxième faute également multipliée : sortir de l'océan à proximité des navires, alors que les surfaces vides de trafic sont immenses.

Et en fonction de cette évidence allant à l'encontre de cette affirmation très osée de C. Fort, je dirais que ce ne sont pas les objets qui plongent près des navires, mais le contraire. Ce sont les navires qui se trouvent dans le Golfe Persique et le Détroit de Malacca, près de l'endroit où se rendent les objets.

Bon, laissons ce côté amusant des déductions du grand chercheur, et continuons notre quête des roues lumineuses.

Un monsieur Douglas Carnegie écrivit que dans le Golfe d'Oman : '' *il aperçut une nappe phosphorescente apparemment calme. Mais à vingt mètres de l'endroit décrit, des rayons de lumière aveuglante vinrent frapper l'avant du navire à une vitesse prodigieuse qu'on peut estimer de 100 à 200 kilomètres / heure. Les ondes avaient 3 mètres d'écartement.* ''

Si les rayons lumineux viennent '' frapper '' le navire à cette énorme vitesse irréalisable à cette époque, **c'est qu'ils représentent la célérité du submersible qui les émet.**

Ce sont d'ailleurs les fourchettes de ce qui a été enregistré à Cuba.

Le 14 mars 1907, le second du vapeur '' *Delta* '' vit pendant une demi-heure : '' *des rayons qui semblaient pivoter sur un centre, comme les rayons d'une roue ; ils semblaient mesurer 300 mètres de long.* ''

Le 15 mai 1879, le commandant du navire '' *Vulture* '' remarqua des ondes lumineuses ou des pulsations aquatiques se déplaçant à grande vitesse : '' *On aurait dit une roue pivotant sur son axe.* ''.

Une curiosité : '' *E.L. Moss dit qu'en avril 1875, il a vu sur le* '' *Bulldog* '' *à quelques kilomètres au nord de Vera Cruz, une série semblable de lignes lumineuses. S'il parle de Vera Cruz au Mexique, c'est là notre seul cas situé dans les eaux de la côte orientale.* ''

Effectivement, toutes les informations sont concentrées sur le Golfe Persique ou la région du détroit de Malacca, alors que dans le livre d'Alfaya, c'est l'île de Cuba qui est le centre principal.

Je fournirai une explication possible et plausible, pouvant apporter du crédit à mes théories.

Justement, je vais terminer cette première partie par une relation touchant le détroit de Malacca. Le 10 juin 1909, c'est le capitaine du vapeur danois '' *Bintang* '', qui vit une roue lumineuse pivoter au ras de l'océan.

Donc, à part l'observation de Draguignan en 1975, les roues lumineuses se sont faites très discrètes, pour ne pas dire inexistantes.

Peut-être étaient-elles nécessaires à ce moment, puis ayant joué leur rôle, furent-elles remplacées par des engins nouvelle génération ?

Il est vrai que des roues de 500 ou 600 mètres de diamètre ne passent pas forcément inaperçues. Il fallait sans doute plus de discrétion face à l'augmentation du trafic maritime, les routes devenant très encombrées.

D'où la mise en avant des nouveaux OSMI, ces miniatures cylindriques de 45 mètres au maximum, aux étonnantes capacités. Bien que nous ignorons celles de leurs devancières.

Avant de présenter deux exemples concrets, voici ce que dit Alfaya :

''Ces surfaces éclairées sont, d'après tous les témoins, rectangulaires, comme je l'ai dit : 40 mètres de long et environ 12 de large ; très éclairées, elles sont souvent comparées à la lumière de puissants projecteurs. Certaines se déplacent, et l'on a rapporté des cas où elles suivaient la trajectoire des bateaux de pêche ou de bâtiments de la marine marchande pendant un certain temps, alors que d'autres fois elles restaient immobiles. ''

Le 5 septembre 1965, à 1 h 10 du matin, le timonier du bateau de 120.000 tonnes '' *Bataille de Jigüe* '' signale une étrange lumière qui accompagnait le navire depuis plus de cinq minutes, à plus de 50 milles au nord de Cuba.

'' Andres Aleman, le second, s'aperçut alors que le radar de bord semblait présenter quelques problèmes car on pouvait y voir de faux échos qui parsemaient l'écran.

A 1h 17, le groupe électrogène du bâtiment cessa de fonctionner et l'éclairage de secours, bien qu'alimenté par des piles pour son allumage automatique, ne marchait pas non plus.''

Plus loin, l'auteur précise (j'abrège) : '' *Les quatorze vedettes rapides... avaient à plusieurs reprises détecté la présence d'un sous-marin.../...Cependant, tous les hommes s'accordaient pour dire que sa vitesse de croisière surpassait ce qu'ils connaissaient. Ils avaient bien vu sa lumière au fond de l'eau, mais il leur était impossible de le rattraper à cause de la rapidité avec laquelle il s'éloignait (une vedette de ce type Komosomol peut atteindre 40 nœuds à l'heure).''*

Plus précis encore, voici ce que virent et subirent les marins du navire marchand de 130.000 tonnes '*Victoria de Giron* '', le 1er novembre 1966, qui se dirigeait vers le canal de Panama : '' *des marins aperçurent une ombre de forme tubulaire de 40 à 45 mètres de long et de 7 à 8 mètres de circonférence munie à l'avant de puissants projecteurs à une profondeur d'une dizaine de mètres.../...A ce moment précis, toutes les lumières du bâtiment se sont éteintes et les équipements radio ont cessé de fonctionner.''*

Il ne s'agit pourtant pas d'attaque délibérée, comme on peut le supposer, puisque les systèmes électriques et les machines du bateau se sont remis en marche. Mais là encore, comme dans d'autres cas, les équipements électroniques étaient grillés, et le navire dut retourner à La Havane.

On pourrait croire que les OSMI ne se rendent pas compte des dégâts qu'ils occasionnent aux bateaux, en passant trop près. Mais je suis enclin à penser que pour leurs occupants, c'est un jeu, un peu stupide et cruel de notre point de vue. Cependant, sans conséquences graves, puisqu'il ne s'agit que de matériel facilement réparable, aucune vie humaine n'étant en danger.

A noter la puissance de leur éclairage s'étalant sur une nappe de 40 mètres sur 12, et pouvant donc éclairer les grands fonds sans problème. Le lecteur attentif aura noté qu'Alfaya indique une circonférence de 7 à 8 mètres ; ce qui est manifestement une erreur de confusion avec le diamètre.

En effet, au début de son livre, il écrit : '' *Dans les rapports confidentiels de la marine américaine, ces sous-marins étaient décrits sous forme d'objets cylindriques, symétriques, de construction métallique, de 35 mètres de long environ et d'un diamètre approximatif de 7 mètres.''*

Alfaya dit par ailleurs : ''*J'ai moi-même vu les films qui ont été pris entre 1961 et 1962 dans lesquels on peut très bien voir les colonnes d'eau (elles ont environ 6 à 8 mètres de diamètre et s'élèvent jusqu'à 40 mètres au-dessus de la mer) et les photographies de ces énormes tubes de forme cylindrique.''*

Ces colonnes d'eau expulsées sont sans doute un jeu pour faire croire à une imitation de baleine.

Plus loin, il relate un incident s'étant déroulé le 25 mai 1960 : '' *Les Américains affirmèrent avoir détecté un objet à une profondeur de 850 mètres toujours dans le détroit de Floride ; un nouveau branle-bas de combat eut lieu pour l'obliger à faire surface avec utilisation des bombes de profondeur, suivi par une poursuite jusqu'aux côtes cubaines.''*

Dans ce texte, on notera que la profondeur de 850 mètres était hors de portée des sous-marins atomiques de l'époque, et même en 2017, je ne suis pas certain qu'elle soit accessible. D'autre part, les bombes sont restées sans effet, l'OSMI ayant été suivi jusque sur les côtes cubaines ; ce qui suppose une protection électromagnétique de premier ordre. Elle explique également les vitesses atteintes ; il n'y a plus de résistance du mur d'eau, quelle que soit la rapidité du déplacement (jusqu'à 140 kilomètres / heure enregistrés).

Et surtout, retenez bien ceci, qui est le plus important :

Lors de toutes les attaques, Les OSMI se sont évanouis, **sans jamais riposter.** C'est très révélateur, car ils auraient pu paralyser leurs adversaires au minimum, et les détruire totalement au maximum.

Un conseil très amical : n'allez pas imaginer que les ufonautes marins tremblaient dans leurs braies en entendant les explosions des mines sous-marines.

Je l'ai écrit, mais je le répète : **ils sont invulnérables, et font ce qu'ils veulent.**

Comme nous le reverrons par la suite, ils s'amusent, tout simplement.

Pour la première fois, bien qu'ayant souligné à de nombreuses reprises le mot amusement, j'irai même jusqu'à dire **qu'ils font jeu de n'importe quoi.**

Nous aurons l'occasion de revoir Andres Alfaya, mais pour le moment, voyons la troisième sorte d'OSMI : les OVI que j'appelle traditionnels, les aériens.

En particulier : '' *Le 18 juin 1845, à bord du brigantin '' Victoria '', à 1300 kilomètres d'Adalie, en Asie Mineure.../...on vit trois corps lumineux sortir de l'océan à 40 mètres du navire et rester visibles dix minutes durant.* '' ('' *Livre des Damnés* '').

Outre ceux décrits par C. Fort, les annales modernes en regorgent.

Néanmoins, avant d'en fournir deux ou trois exemples, je vais revenir sur le cas qui a donné l'occasion à notre célèbre '' chevaucheur de comètes ''de sortir la fameuse phrase : '' *Je crois qu'on nous pêche. Peut-être sommes-nous hautement estimés par les super-gourmets des sphères supérieures.* ''

L'objet à l'origine de cette constatation culinaire, et fort heureusement dépassée à présent, fut aperçu aux Bermudes (on se rapproche de Cuba), le 27 août 1885 par mesdames Bassett et Lowell.

Il était : '' *...de forme triangulaire, semblable à une voile de canot, et d'où pendaient des chaînes...* ''

C'est une excellente description d'une '' soucoupe méduse'' avant l'heure, et adaptée aux connaissances d'alors. Et si l'engin ne plongea pas dans l'océan, il remonta et disparut dans les nuages.

Voyons à présents les OVI qui apprécient autant les profondeurs liquides que les espaces aériens.

Nous sommes fin août 2017 ; quittons la terre trop chaude pour aller prendre un bain de mer rafraîchissant.

Remontons le temps avec Julien et Figuet ('' *OVNI en Provence* '').

A Marseille le 15 novembre 1975, au phare de la Couronne, une bonne quinzaine de techniciens font la pause-café après avoir installé une antenne émettrice de radio- phare de 100 watts.

'' *Brusquement, à 200 ou 300 mètres de la pointe rocheuse, la surface de la mer se met à bouillonner..../...De la surface, jaillit un disque argenté qui grimpe dans le ciel en larges spirales jusqu'à une hauteur de 20 m.../...Brusquement, il prend la direction plein sud à une vitesse immédiate, supérieure à celle d'un avion à réaction, sans accélération discernable. Il n'a émis aucune flamme. Aucun son n'a été entendu.* ''

Diamètre estimé : dix mètres.

Puisque les techniciens faisaient la pause-café, on peut dire que c'est un peu fort. D'autant plus que les habitants du Duat sous-marin n'hésitent pas à sortir à proximité des côtes sans se soucier des témoins éventuels.

Ici, j'anticipe un peu sur la suite de cet ouvrage.

Voici un dernier cas extrait du même livre, toujours en 1975, mais le 12 août à 21 h 30. *'' Sur une plage de Sanary (83), un témoin aperçoit un objet ovoïde qui émerge de la mer. Il distingue une porte ovale. Puis '' l'engin '' devient éblouissant avec des clartés rouge-orange. Mr M. est quasi aveuglé. Quelques instants plus tard, il entend des ''chuintements '' sur la plage. Il écarquille les yeux et finit par distinguer deux êtres de 70 cm de taille, grêles et laids. Ils paraissent engoncés dans une sorte d'armure et se déplacent par bonds. Epouvanté, le témoin s'enfuit.*

Les archives des enquêteurs renferment d'autres observations de ce type.''

Cette dernière phrase est très significative ; **les apparitions maritimes sont légion !**

A une époque légèrement plus récente, nous avons la sortie inopinée du vaisseau de deux cents mètres d'envergure le 17 avril 1981, à proximité d'un cargo japonais, déclenchant une énorme vague qui faillit envoyer le navire par le fond.

Suite probablement à un manque de vigilance pour s'assurer que la mer était déserte, l'engin tourna pendant un quart d'heure autour du cargo, avant de replonger, mission sans doute annulée (rapporté par Berlitz *'' Le triangle du Dragon ''*), *peut-être pour que le pilote se fasse remonter les bretelles suite à son imprudence ? (p.154 de '' De l'art rupestre à l'âme des robots '').*

Ma conclusion était dictée par la manœuvre du mastodonte, dont le pilote s'inquiétait du sort du cargo. Et s'il était sorti c'était non pas pour un simple aller-retour, mais pour un raison plus impérieuse.

Mais indéniablement, ses plans furent modifiés après cette bourde monumentale.

Ce cas se rapproche de celui du 18 juin 1845, sauf que si les trois objets surgirent à 40 mètres du '' *Victoria* '', celui-ci ne fut pas incommodé par la vague. Ou la sortie s'est faite plus lentement, et / ou les OVI étaient moins volumineux.

C'est une preuve de plus, comme la non riposte aux attaques contre les OSMI en plongée, que les Responsables du phénomène ne veulent en aucun cas attenter à la vie des humains de la surface.

Ce qui, toutefois, ne les empêche pas de se moquer d'eux dans les grandes largeurs ! Logique, ils ne veulent pas casser leurs jouets.

Revenons sur la catégorie d' OSMI qui semble avoir disparu de la circulation que j'évoquais au début ; les gigantesques roues lumineuses.

Ainsi que je l'écrivais, elles ont probablement été utiles au dix-neuvième siècle, où le trafic maritime n'était pas aussi intense qu'à présent. Cependant leur gigantisme se révéla sans doute être un handicap, ainsi que l'étendue de leurs rayons lumineux, pour assurer une discrétion devenue impérative pour la suite du programme.

Leurs régions de prédilection étant le Golfe d'Oman, le Golfe Persique, dans la mer d'Arabie ; et de l'autre côté de l'Inde, le détroit de Malacca. D'ailleurs, C. Fort attire l'attention sur ces localisations (page 218).

Quand tout fut terminé, la dernière apparition connue se situant en 1910 (le 12 août au sud de la Mer de Chine), ces monstres marins de technologie avancée (surtout pour l'époque !) furent remisés au magasin des accessoires (il doit être immense), pour ressortir peut-être un jour ?

Et il ne reste plus que deux catégories d'OSMI, car ils furent remplacés par leurs successeurs tubulaires, plus discrets tout en étant encore plus performants, car bourrés de gadgets scientifiques hors du commun les rendant intouchables.

Et leur région de prédilection a aussi changé, l'île de Cuba offrant des attraits sur lesquels nous reviendrons.

Une question peut toutefois venir à l'esprit : pourquoi deux catégories d'engins ?

En effet, on suppose que les OVI sont propulsés par un système similaire à la M H D, c'est-à-dire protégés par un champ magnétique.

Celui-ci les isole du milieu ambiant, en évitant le frottement des molécules d'air dans l'atmosphère, ce qui autorise des vitesses interdites à nos avions se heurtant au mur de la chaleur.

Comme ces appareils vont aussi dans l'espace, ils ont donc toutes les caractéristiques valables pour plonger à grand profondeur sans aucun danger.

Dans ces conditions, pourquoi créer ces OSMI tubulaires n'ayant aucun profil aérodynamique ?

Evidemment, ma réponse sera entachée d'énorme ignorance, puisque je n'ai pas de contact avec les concepteurs. Cependant, je puis suggérer qu'il s'agit d'engins spécifiquement marins, n'ayant aucune vocation aérienne, et encore moins spatiale.

A la lecture des témoignages du passé, il me paraît logique qu'ils soient plus maniables et discrets, sans être aussi polyvalents, que les gigantesques roues lumineuses.

Quant au manque de profil aérodynamique, contrairement à nos gracieux sous-marins porteurs de mort atomique, point n'est besoin. Comme pour les vaisseaux spatiaux, la protection du champ magnétique le compense largement : ce qui évite bien des calculs de conception. Une lessiveuse ferait aussi bien l'affaire.

Je ne parlerai pas d'économie qui ne me semble pas de mise dans ce contexte, contrairement aux nations terrestres, pour lesquelles chaque centime compte. Et encore, tout dépend du domaine pour lequel le budget est alloué.

Je pense plutôt que ce choix a été imposé par l'augmentation intense du trafic maritime, à la fois des passagers, des marchandises, sans parler de la multiplicité des voiliers de compétition participant aux courses organisées à travers les océans du globe.

Et donc difficilement évitables, sauf cas de volonté délibérée.

* * *

EN ROUTE VERS LE PASSE.
* * *

Cependant, les 19 et 20è siècles ne sont pas les seuls à se targuer d'avoir leurs chroniques des OVI et des OSMI.

En ce qui concerne les OVI, on sait depuis des décennies qu'ils remontent à la lointaine préhistoire, puisqu'ils sont matérialisés dans les grottes préhistoriques ('' *De l'art rupestre à l'âme des robots* '').

Mais en ce qui concerne les OSMI, les découvertes sont plus récentes, bien que sans surprise, cela ne pouvait aller l'un sans l'autre.

Cependant, seuls les temps modernes ont permis d'enregistrer les observations ; car, une fois encore, le trafic maritime du proche passé n'était pas aussi intense. Et encore moins dans l'antiquité, où les marins qui avaient vécu de telles visions, évitaient d'en parler, les prenant pour des manifestations divines.

Il semblerait d'ailleurs que la plus ancienne répertoriée, soit celle faite par Christophe Colomb le 11 octobre 1492 qui, debout la nuit sur le pont de son navire, aperçut une lumière brillante qui montait et descendait. Elle semble venir de la surface de l'océan (les caravelles sont proches des Bahamas) sans la comprendre, le contraire serait étonnant. Pour être certain que sa vision n'était pas imaginaire, il fit appel à un gentilhomme pour confirmation. Ce dernier vit la lumière monter vers le ciel. Il semble donc que les deux hommes aient assisté au départ d'un OVI surgi des eaux.

Autre constatation : étant donné que Colomb eut le temps de faire venir un témoin, on peut admettre que l'OVI a fait un peu de cinéma pour épater ses admirateurs avant de poursuivre sa mission.

Puis, nous sautons au 22 février 1803 à Harayadori au Japon, près de Tokyo. Vers midi un objet est remarqué sur le rivage.

Je ne garde que la partie descriptive rapportée par Jean Sider dans son ouvrage '' *les extraterrestres avant les soucoupes volantes* ''.JMG.

'' *Sa forme est comme celle d'un encensoir, c'est-à-dire ronde, et son diamètre de trois Ken (plus de cinq mètres). Sa partie supérieure à des portes en verre bien ajustées enduite de résine. La partie la plus basse est constituée de plaques de fer en bandes, lesquelles doivent protéger l'objet contre les rochers en mer.*''

A l'intérieur, il y a une femme dont l'apparence est étrange.

'' *Alors que ses sourcils et ses cheveux sont rouges, son visage est rose, mais elle porte dans le dos une fausse chevelure blanche et longue qui dépasse son fessier.*'' Les habitants ne comprennent pas la langue que cette femme parle (première version de 1825).

Sider s'appuie également sur une autre version qui date de 1844. Seulement aucune comparaison n'est possible ; déjà la date de l'échouage de l'objet devient le 24 mars. Et si sa description est plus détaillée, elle est intraduisible en mesures françaises, puisqu'il est question de pieds japonais sans autre précision métrique, même pour la taille de la femme. (cinq pieds).

'' Elle à un joli teint comme celui de la neige et elle porte une très belle chevelure noire qui pend dans son dos. Sa beauté est au-delà de toute description. Elle a des vêtements de fabrication étrangère, dont les noms nous sont inconnus. Elle ne comprend pas notre langue.''

L'une des rares concordances entre les deux versions, c'est la boîte que tient la femme, et dont elle ne veut pas se séparer.

Ma préférence irait à cette dernière description d'ensemble, qui semble plus proche de l'étrangeté du phénomène que celle de 1825, un peu trop '' sauce japonaise ''.

A signaler que certaines statues ou dessins de la déesse Ishtar la montre avec un objet inconnu entre les mains. Et l'apparition de Fatima décrite par la voyante Lucia, rapportée par Sider dans son livre, tient un objet lumineux, qui est loin d'être un rosaire. Nous en reparlerons.

Malheureusement, l'histoire est incomplète, car on ne sait ce qu'il est advenu de la femme, du vaisseau et de son contenu. Tout cela est-il gardé secret quelque part ?

Toujours est-il qu'il semble bien qu'il s'agisse d'un OVI arrivé soit par la voie des airs, comme le suggère un dessin, soit un OSMI. Mais aucun des deux récits ne parle d'un système de propulsion.

A moins que la boîte, qui n'est pas détaillée, soit un boîtier de commande, ou contienne le moteur lui-même ; ce qui expliquerait la volonté de la passagère à ne pas s'en séparer.

En suivant '' *Les Celtes et les extraterrestres* '' de E. Coarer-Kalondan et Gwezenn-Dana, (Marabout), remontons plus loin dans le temps, dans la Tradition celtique, '' *En Irlande, à cette époque mal définie* '', selon les auteurs, mais qui pourrait remonter a trois ou quatre mille ans au bas mot, selon moi.

'' Brann trouve que c'est une belle merveille de traverser la mer claire en barque, tandis que pour moi, autour de mon char, c'est une plaine fleurie, sur laquelle il chevauche ''.('' *Epopée irlandaise* '' de Dottin)

Comme le font remarquer justement les auteurs, l'un des deux véhicules n'est pas à sa place, et ils suggèrent que le char fonctionne sur coussin d'air.

Pourtant, j'ai une autre version à proposer, dans laquelle la barque et le char sont chacun à leur place sur la mer.

Si on examine un char vu de profil, son carénage arrondi fait penser à un Kiosque de sous-marin. Et pour un esprit peu préparé à cette rencontre à cette époque, c'est l'image du char qui s'impose à l'esprit à la vue de la tourelle émergeant de l'eau ; et les roues du char prennent tout naturellement leur place, même si elles sont invisibles.

Dans ce texte, nous aurions donc la rencontre classique du bateau près duquel surgit un OSMI. Et que le poète magnifie à sa façon.

On retrouve un autre type de barque lorsque : '' *Conn, roi d'Irlande, en larmes, vit son fils s'élancer dans la barque de verre qui servait au voyage de la terrible enchanteresse...Le père la suivit quelque temps des yeux, puis il ne vit plus rien.*''

Vu la rapidité avec laquelle le roi perdit de vue la barque, les auteurs suggèrent qu'il s'agit d'un OVI. Rien d'étonnant, puisque cette barque en verre n'est autre qu'un curach, semblable à celui des admirateurs de Victor Hugo à Beausoleil, en 1951.

Ailleurs, et comme pour confirmer mon interprétation Coarer-Kalondan et Dana écrivent dans un autre passage parlant du char d'une déesse qui disparait brusquement au moment où le héros Cuchulain voulut sauter dedans : ''*... ou le char de la déesse s'était envolé à la vitesse prodigieuse qui est celle des actuelles soucoupes volantes.*

C'est la seconde solution qui est la bonne, car le texte poursuit en précisant que la femme était changée en un gros oiseau noir (Lorsque les bardes irlandais parlent de ces engins volants, qu'ils n'avaient jamais vus et auxquels ils ne comprenaient rien, ils les appelaient oiseaux.).

Dans son livre '' *L'épopée celtique d'Irlande* '', Jean Markale fait aussi état de ces '' femmes-oiseaux. ''

Cette remontée temporelle montre bien que les OVI et les OSMI ne couvrent pas LE phénomène exceptionnel de notre temps, mais sont OVNIprésents à travers les âges.

* * *

BITIW / MAKEMAKE.

* * *

Pendant longtemps, les archéologues travaillant sur les mystères de l'Île de Pâques - ou Rapa-Nui selon son patronyme polynésien - ont élaboré et répandu la théorie du génocide collectif, devenu quasiment un dogme.

A force d'utiliser des rondins de bois pour transporter les statues en tuf (les Moaïs) le long de la périphérie de l'île, ligne de défense protectrice spirituelle et magique, les Pascuans avaient totalement déboisé leur territoire, amenant la destruction du sol et empêchant désormais toute culture.

D'où famine, guerre intestine, renversement des statues des clans adverses pour accélérer leur défaite, cannibalisme et abandon définitif de la construction d'autres Moaïs.

Or, depuis 1995, un archéologue belge et son équipe ont repris point par point ce scénario qui semblait figé.

L'étude des crânes retrouvés dans les tombes démontre que les individus n'ont pas été victimes de violences provoquées par une guerre ; leurs dents ne présentent aucune carence due au manque de nourriture.

Pour compenser l'appauvrissement du sol par le déboisement, les Pascuans auraient imaginé un moyen astucieux de cultiver : ignames, patates douces et bananiers, plantes très nutritives et énergétiques. (ou le leur avait-on inculqué ? on en reparlera).

Les champs étaient (et sont toujours) remplis de pierres qui absorbaient la chaleur du soleil, et l'humidité de la nuit. Alternativement, elles restituaient aux plantes l'une et l'autre. Ce qui assurait des récoltes suffisantes.

Ceci pour le plan humain.

De plus, l'examen attentif des statues soi-disant jetées brutalement à bas afin de détruire le '' Mana '', c'est-à-dire l'énergie vitale animant les Moaïs, a révélé qu'au contraire, ces statues avaient été placées face contre terre avec délicatesse, pour éviter qu'elles se brisent, le tuf étant très fragile et friable.

On est donc loin de la destruction sauvage du principe protecteur représenté par le visage humain.

Quant aux statues dont la construction en cours fut abandonnée dans la précipitation, là encore virage à 180 degrés.

Précision qui a son importance : le seul endroit où l'on trouve le tuf nécessaire à la fabrication des Moaïs **sont les parois externes du volcan Rano Raraku.**

Les archéologues ont pu déduire que l'élaboration des derniers Moaïs laissés sur place avait été intentionnelle. Par leur taille démesurée et par leur position en travers de la paroi, il était impossible de les achever et de les extraire.

Autrement dit, en les laissant en place, on ne pouvait plus accéder à la roche pour commencer d'autres tailles.

Toutefois, ce qui permit d'arriver à l'ultime conclusion, fut le dégagement de quelques statues dont la partie supérieure émergeait du sol autour du volcan.

L'évidence apparut vite, révélée par la différence de coloration entre la partie émergeante et celle enfouie ; toutes ces statues avaient été également délibérément enterrées pour servir de barrière à l'accès du chantier et du volcan.

Et ce, aussi bien à l'extérieur qu'à l'intérieur du Rano Raraku.

La déduction s'avérait alors facile ; nul conflit, aucune famine n'étaient responsables de cette interruption des travaux.

Les Pascuans ont tout simplement transformé en lieu sacré, c'est-à-dire TABOU, le seul endroit où l'on pouvait extraire les statues, aussi bien extérieurement qu'intérieurement

Il s'agit donc bien d'une volonté délibérée et réfléchie d'un peuple uni maître de son destin. Les archéologues parlent de trois cents ans, mais il semblerait que cette décision remontât beaucoup plus loin.

Dans quel but ? On ne remplace pas du jour au lendemain, sur un simple coup de tête – qui devrait faire l'unanimité – un culte pour un autre.

Car parallèlement, les archéologues ont pu déterminer que pour compenser en quelque sorte cet abandon du culte des statues – gardiennes, les indigènes se sont mis à adorer un visage humain ou humanoïde gravé dans la roche friable, et appelé : MAKEMAKE, ou **l'homme-oiseau.**

Cependant, le visionnage et l'audition du documentaire passé sur ARTE le 03 mars 2017, laisse rêveur.

En effet, d'un côté le remplacement du culte des statues et de leur mana par celui d'un visage humain gravé paraît logique ; d'autant que le lieu d'extraction des statues était devenu sacré, inapprochable.

Pourtant, et curieusement, les archéologues se sont arrêtés en route et ne se sont pas penchés sur le pourquoi :

Qu'est-ce qui a pu amener les Pascuans à abandonner subitement le culte des Moaïs en tant que divinités, et rendre totalement interdit le seul lieu de fabrication ?

Seul un événement d'une écrasante ampleur ou étrangeté a pu avoir le pouvoir de réussir cette métamorphose.

Et décider les indigènes à abandonner le seul lieu d'extraction des Moaïs.

Néanmoins, à cet événement il convient d'ajouter un plus d'une importance si considérable, qu'il a définitivement permis cette modification de culte.

Ce qui pour moi est une première certitude.

Et je pense que ce plus fut un cadeau inestimable apporté par MAKEMAKE : **la nouvelle manière de cultiver les fruits et légumes à l'aide des pierres pour compenser l'appauvrissement du sol déboisé.**

Evitant ainsi une famine irrémédiable et ses conséquences meurtrières, que l'archéologie érigea en dogme.

Il est deux autres certitudes irréfutables, indubitables et incontestables :

Déjà, une évidence s'impose : celle de l'endroit d'où est partie la manifestation initiale du nouveau Dieu ; le volcan Rano Raraku.

Cependant, il est non moins certain qu'avant de le transformer en lieu tabou, il fallut créer les derniers Moaïs qui furent enterrés afin de protéger le nouveau temple qu'était devenu le volcan.

Ensuite, il convient de considérer que Rapa-Nui n'est qu'un minuscule morceau de territoire isolé, flottant sur l'immensité de la plaine liquide à des milliers de kilomètres de toute terre.

Donc, les seules sources pouvant apporter un changement radical dans les habitudes ou la croyance des Pascuans, sont le ciel et la mer ; rien ne pouvait venir des autochtones eux-mêmes. D'autant que les premiers marins qui abordèrent l'île trouvèrent des hommes n'utilisant que des outils en pierre.

C'est-à-dire un niveau de vie rudimentaire dont ils se contentaient.

Il est de fait que les rongo-rongo, ces tablettes de bois couvertes de symboles indéchiffrés, et en nombre malheureusement très réduit, sont les vestiges d'une culture beaucoup plus élaborée et disparue dans un lointain passé.

Aussi, comme le point de départ fut le volcan Rano Raraku, j'en conclus que l'explication est à rechercher en son centre, c'est-à-dire : **le lac !**

A partir de ces déductions, j'ai élaboré deux hypothèses que je suggère et soumets au lecteur.

La première comporte sa propre contradiction, tandis que la deuxième est plus défendable. C'est celle qui est la plus probable pour moi.

Tout d'abord, rappelons que nous parlons d'une époque où les Pascuans isolés ne connaissaient ni bateaux, ni sous-marins, ni engins aériens.

1) Les ouvriers travaillant au chantier du volcan auraient vu à plusieurs reprises des engins surgir du lac et survoler l'île, et peut-être même se poser. Des humanoïdes prenant contact avec eux.

Cette phrase nous ramène à notre actualité, sans que ceux qui en furent témoins changent de religion pour autant.

Même si le contexte n'était pas identique, ce ne sont pas ces simples contacts qui modifièrent quoi que ce soit. De plus, la contradiction apparaît : pourquoi ne pas avoir gravé ou sculpté des engins volants, comme on en trouve un peu partout dans le monde ? Y aurait-il interdiction '' divine'' ? Cela paraît peu probable.

2) Du lac aurait surgi un homme volant évoluant dans le ciel sous les regards aussi stupéfaits que ceux de nos concitoyens qui ont suivi ces incroyables prestations (notamment à la Celle sous-Gouzon en 1906).

Les vols planés de ceux qui utilisent des ailes en carbone, ne sont qu'un succédané, bien que spectaculaire, de cette maîtrise totale.

Il est facile d'imaginer que tel un missile nucléaire lancé d'un sous-marin en plongée, cet homme volant est parti d'un submersible resté sous les eaux du lac, et donc invisible, afin de mieux impressionner les Pascuans.

Il y eut sans doute un certain nombre de vols avant que le Bitiw prenne contact avec les Pascuans, et leur révèle la manière de pouvoir se nourrir en toute sécurité.

Peut-être même, en attendant la première récolte, leur apporta-t-il des vivres en quantité.

Il n'en fallait pas plus, ajouté à ses mystérieuses apparitions marines et célestes, pour en faire un être divin, l'adorer, et transformer le Rano Raraku en sanctuaire tabou.

Les vaisseaux des Suivants de l'Abeille possédant la faculté de traverser les roches (voir '' *Techovnique* '' ou le cas de Villa Santina), c'est un jeu d'enfant pour les Bitiw / Sokariens d'amener un OSMI sous les eaux du lac du Rano Raraku, et d'en faire surgir un homme volant.

Toujours ce côté spectaculaire et facétieux qui est leur marque de fabrique, même pour venir en aide aux Pascuans.

Mais pourquoi ceux-ci gravèrent-ils uniquement un visage ?

Eh bien, je pense que c'est du à la croyance polynésienne du mana, de l'esprit vivant matérialisé par ce visage ; d'où le respect des statues que l'on évite de briser, et mis en avant dans le documentaire.

Pas besoin de graver un corps servant de support, d'autant qu'il n'était plus possible de créer des statues, le seul chantier existant étant devenu intouchable.

Cette deuxième hypothèse a le mérite de s'accorder littéralement avec le culte de l'homme-oiseau ; souvent les explications les plus évidentes sont les meilleures.

GROSSE ET INQUIETANTE SURPRISE :

Cet article fut écrit au lendemain de la diffusion du documentaire ; début mars donc.

Or le N° 847 de septembre 2017 de la revue '' *Sciences et Avenir* '' reprend brièvement l'information : '' *Pas d'autodestruction de l'île de Pâques.* ''

Mais là, les travaux et découvertes de l'équipe belge ont bizarrement disparu au profit de chercheurs anglais de Bristol et de deux universités américaines (Hawaii et New-York).

Je trouve que cette revue, intéressante par ses informations scientifiques générales, mais pro-gouvernementale - notamment concernant la vaccination obligatoire des bébés dans ce même numéro- et faisant passer les opposants pour des demeurés mentaux, pousse le bouchon un peu trop loin en accordant aux Anglais et surtout aux Américains **ce qui revient incontestablement depuis vingt ans à des Belges.**

J'en conclus tout naturellement, que les journalistes de cette revue ont l'esprit faussé par la désinformation d'Internet, **et ne regardent jamais les documentaires diffusés par ARTE.**

Puisqu'il leur a fallu six mois pour sortir une information déjà connue de ceux qui se passionnent pour l'actualité scientifique.

En la trafiquant de manière éhontée.

Ce qui est le comble de la mauvaise foi et de l'asservissement au despotisme étasunien.

Ceci étant, c'est mon idée, et bien entendu, je la partage intégralement.

* * *

CHAPITRE IV
* * *

TECHNOLOGIE
* * *

TECHNOLOGIE DE L'INCONSCIENT POUR CREATIONS DE FANTASMES.

*   *   *

Emprise mentale et mise en scène faérique sont les '' jeux marelle'' du phénomène OVNI. (R.T.)

*   *   *

NOTA : Avec la technologie de l'inconscient, déjà évoquée, commence la série d'articles concernant tout ce que j'ai pu déduire des possibilités scientifiques des Bitiw / Suivants de l'Abeille. Le lecteur se rendra compte ainsi qu'elles sont prodigieuses.

A elle seule, et au niveau atteint, que nous ne pouvons concevoir, la technologie de l'inconscient peut être considérée comme une arme fabuleuse, imparable et insurpassable.

*   *   *

'' *Or le théâtre faérique – ces pièces que, selon d'abondantes annales, les elfes ont souvent présentées aux hommes – peut produire la fantaisie avec un réalisme et une immédiateté qui dépassent la portée de tout mécanisme humain...Si l'on assiste à une pièce faérique, l'on est, où l'on pense être, soi-même physiquement dans le Monde Secondaire de cette pièce.* '' (J.R.R. Tolkien : *Fäerie* Christian Bourgeois 10 / 18, p. 182).

*   *   *

I) LES QUATRE NIVEAUX DES APPARITIONS MARIALES :

Lors des apparitions mariales unitaires (c'est à dire avec un seul voyant) ou de groupe (deux ou plus), les participants sont sous l'emprise d'une force mentale qui déconnecte complètement leur esprit à la fois de leur corps physique et de leur environnement terrestre ; c'est ce qu'on appelle l'Extase.

Mais c'est sans commune mesure avec celle, beaucoup plus faible et humaine, que nous ressentons pourtant avec ravissement en contemplant un paysage magnifique, un merveilleux coucher de soleil, ou le coup de foudre avec l'Etre du sexe opposé.

Pour preuve, ce test choisi de manière exemplaire parmi d'autres, effectué sur Bernadette Soubirous, à Lourdes. La flamme d'une bougie exposée sur sa paume pendant son Extase, la laissa totalement indifférente, alors que la même tentative reprise après son retour à la vie consciente, amena cette réaction normale et indignée '' mais vous me brûlez ! ''.

On peut en dire tout autant des témoins des apparitions d'OVI, avec toutefois des nuances, des graduations que nous allons décortiquer.

On sait que la Sainte Vierge apparaît pour trois raisons, dont la principale reste la plus discrète en apparence. Noyées au milieu du prosélytisme religieux (en N° 1), moins spectaculaires que les guérisons des mourants au dernier degré (N° 2), les exigences impératives, dramatiques parfois, d'érection de chapelles dédiées à son culte personnel (N° 3), passent inaperçues.

Au point que les théologiens ne se sont jamais rendus compte de l'extraordinaire concentration du tiers mondial des chapelles mariales dans le sud de la France. Et encore moins bien sûr de la fabuleuse géométrie qu'elles génèrent.

La Noble Dame n'hésite pas à laisser perdurer une épidémie de peste pendant deux ans, pour obtenir le sanctuaire qu'elle réclame. Il faut qu'elle y tienne vraiment pour agir de cette manière. Par ailleurs, je me suis déjà expliqué sur cette étonnante période de trente mois (Vicenza, Italie, de mars 1426 à août 1428) durant laquelle la Sainte Vierge '' laissa courir ''.

Il faut toutefois tempérer en précisant qu'à Vicenza comme à d'autres endroits, les grands fautifs sont les représentants de l'Eglise. A savoir ici l'évêque Emiliani qui resta inflexible tout ce temps. Il est certainement le champion borné dans l'obstination du manque de sagesse, de bonté et de compassion.

On peut ajouter une quatrième raison, encore moins évidente que les chapelles, car révélée seulement par l'orthogéométrie ; l'association avec les posés d'OVI, **afin de créer des figures incompréhensibles actuellement dans leur finalité.**

Une chose est absolument certaine ; dans les deux cas OVI – Apparitions Mariales, les personnes choisies ou '' victimes '', ne sont absolument pas préparées à ce genre de rencontre, déjà par leur méconnaissance du phénomène.

De plus, leur niveau d'instruction générale assez bas, pour ne pas dire inexistant chez les enfants, ne leur permet pas de réfléchir sereinement, et d'analyser en profondeur ce qui leur arrive. Un ufologue averti pourrait poser les questions indiscrètes ou qui fâchent. Surtout s'il avait à faire à la Sainte Vierge. Enfin un jour viendra peut-être…

II) BRUIT ET SILENCE :

En ce qui concerne les apparitions mariales, les esprits pieux sont les plus malléables, leur jugement étant encadré par les enseignements et préceptes religieux. Quant aux atterrissages d'OVI, voir l'approche d'un ou plusieurs ufonautes, c'est bien souvent la peur de l'inconnu qui domine, et fait que les témoins perdent tous leurs moyens, s'enfuient, ou à tout le moins, ne sont plus maîtres de leurs pensées.

Il y a un point important qui est souligné en permanence dans les rapports des enquêteurs, et sur lequel pourtant on ne met pas assez l'accent ; **le silence des OVI.**

C'est ce silence qui est responsable à au moins cinquante pour cent du rejet et de la peur des témoins, même de jour, et c'est encore plus vrai la nuit.

C'est un fait avéré, car vérifié par des expériences, que les jeunes gens ne peuvent rester plus de dix minutes dans le silence absolu. Il leur faut un bruit de fond en permanence.

On le constate facilement sur les plages, où les personnes allongées sur le sable, lisent un roman – qui évite de fatiguer les neurones – tout en ayant le poste de radio diffusant son blabla parlé ou musical, alors que le bruit naturel du ressac est plus agréable, et moins gênant pour les voisins. Curieuse habitude antinomique.

Le bruit est inscrit dans les gènes de l'Humanité, et n'est pas né avec l'ère du machinisme, bien que celui-ci l'ait amplifié. Tous les appareils que nous construisons, thermiques ou électriques, sont de nature bruyante ; motos (surtout !), voitures, trains, avions. Les engins des travaux publics le sont également, malgré les efforts pour réduire les décibels, afin de ne pas trop déranger les riverains.

A la campagne, les tondeuses à gazon, les débroussailleuses modernes, et les tracteurs ne favorisent plus la méditation à laquelle on accédait du temps de la moisson avec la faucheuse tractée par des chevaux.

Le fracas des anciens chars de guerre a été remplacé par celui des tanks, les déflagrations des canons, l'apocalypse de la bombe atomique. Même l'astronautique soi-disant pacifique (mais aux mains des militaires), n'a fait que multiplier le hennissement des millions de chevaux des fusées lunaires.

Oui, le bruit est né avec la vie sur Terre ; l'homme n'a fait que l'accentuer.

Je ne sais s'il est du domaine des possibilités de créer des moteurs silencieux. Mais si c'est le cas, ils ne sortiront qu'une fois la dernière goutte de pétrole consommée. Ne nous le cachons pas, le bruit mécanique est notre punition de l'utilisation de ce liquide maudit et onéreux, en plus d'être polluant.

A ce propos, plusieurs témoignages véridiques ou canulars, surtout au cours des années 50-60, font état d'entités avertissant l'humanité du danger de l'énergie atomique. Comme si on ne le savait pas.

Mais jamais, pas une seule fois, il n'y a eu le même message concernant le pétrole. Et quand on connaît les dégâts commis par lui sur toute la planète depuis plus de soixante-dix ans, on peut s'étonner d'aucune mise en garde.

A croire que les ufonautes ont signé un pacte avec les compagnies pétrolières pour taire cette infernale menace. De cette manière, on continue d'utiliser ses rejetons bruyants, essence et gas-oil, alors que l'on pourrait rouler silencieusement avec des véhicules électriques, solaires, ou fonctionnant à l'énergie inépuisable de l'éther.

Par voie de conséquence, les gens se sont progressivement habitués à ce tintamarre sur tous les registres, au fur et à mesure de l'augmentation du trafic routier, aérien et ferroviaire.

S'y est ajouté la montée en puissance de la '' musique moderne ''. Dans les boîtes de nuit, les sonorités sauvages auditives s'allient aux effets visuels dévastateurs des lasers pulsés, pour que les adolescents tassés les uns contre les autres se sentent en sécurité comme dans un cocon. Soumis à l'instinct grégaire du troupeau.

Aussi, cette peur atavique du silence provoque-t-elle de curieuses réactions de la part des témoins des atterrissages d'OVI, et de certains voyants lors des apparitions mariales. Quand la visiteuse est silencieuse, le doute s'insinue sur l'innocuité de la vision.

Bien souvent les premières paroles de la Dame sont : '' **ne crains pas, je suis la Sainte Vierge** ''. A la première apparition de Medjugorje en Bosnie, le 24 juin 1981, les fillettes s'enfuirent. Bernadette Soubirous ressentit la même crainte.

C'est encore plus prononcé avec les OVI ; tel ce cultivateur voyant arriver vers lui un engin lumineux et silencieux, qui se jette à bas de son tracteur, pris de panique, pour s'allonger sur le sol.

Les ufonautes l'ont bien compris, et le silence des OVI est leur arme maîtresse pacifique. Leur deuxième arme est aussi défensive, mais je soupçonne qu'elle peut devenir offensive en cas de besoin. Et pour les humains, pas de parade possible ; **c'est l'illusion de la réalité.**
C'est justement là qu'intervient la technologie de l'inconscient.

III) HYPNOSE :

Contrairement au programme MK ultra et aux rayonnements psychotroniques employés par le groupe occulte qui dirige la planète, et transforment certains hommes en machines à tuer, cette illusion de la réalité agit de manière pondérée sur le cortex.

Elle remplace les événements réels par de faux souvenirs qui ne peuvent être révélés que par l'hypnose ; sans cela il n'y a aucune réminiscence. Paradoxalement, cette technique renforce les pseudossouvenirs en les enjolivant au fur et à mesure, allant ainsi dans le sens de l'illusion.

Ainsi, il est fort probable que les apparences physiques des ufonautes et de leurs véhicules soient surévaluées. Quand on fait le point sur la forme des engins, on se trouve confronté à un véritable kaléidoscope surréaliste. La plupart de ceux qui paraissent les plus extravagants, ne sont décrits que dans une seule observation.

Les plus fréquents sont : le cigare plus ou moins allongé, aux extrémités tronquées. Lorsqu'elles sont pointues, il ressemble à un ballon de rugby. La soucoupe classique, d'un diamètre allant de cinq à trente mètres environ, surmontée d'un dôme hémisphérique ou surélevé. Enfin la sphère qui, comme le cigare, peut varier dans des proportions respectables. Certaines peuvent être entourées d'un anneau. Ajoutons-y pour faire bonne mesure, des vaisseaux lenticulaires, dont la taille naine atteint les soixante mètres, et qui fréquemment peuvent dépasser la grandeur d'un terrain de football.

C'est déjà une armada imposante, surtout quand les dimensions atteignent des records, de l'ordre du kilomètre, voire plus encore. Le reste du catalogue est probablement une distorsion de l'esprit humain par implantation psychique, dans le but de fourvoyer les enquêteurs, en les noyant sous une masse d'informations erronées.

Il faut toujours garder en tête, que dans le cas de visiteurs extra-terrestres, ces vaisseaux de diverses tailles et configurations, proviennent d'un ou plusieurs mondes lointains.

On peut donc légitimement s'étonner qu'une telle variété soit requise pour observer depuis des millénaires une malheureuse planète, et enlever parfois un autochtone (ou un couple pour faire bonne mesure), et lui inoculer des souvenirs dont il ne se souviendra que s'il se soumet à une séance d'hypnotisme. Sinon, sa mémoire ne lui rappellera rien d'autre ; **ce qui revient au même puisque ces réminiscences sont illusoires.** Plutôt curieux et aberrant, non ?

On retrouve également cet illogisme d'une traversée cosmique de longue distance, pour, en fin de compte, inviter un indigène à monter dans l'appareil, puis le faire descendre au bout de quelques instants sans échanger la moindre parole.

Ou encore, lui faire accomplir un baptême de l'air, et le ramener à son point de départ. Ce qui bien sûr n'apporte strictement rien (Juillet 1957, Pr Joào de Freitas Guimaraes, au Brésil, et avril 1957 un motocycliste près de Pajas Blancas, Cordoba, Argentine, cas 19 et 17 '' *En quête des humanoïdes* '' Charles Bowen, J'ai Lu).

De même, les cyclopes, les entités à trois yeux ou plus, vaporeuses, ou semblant sortir d'un cauchemar psychédélique, sont sans doute du même tonneau.

Néanmoins, dans la majorité des témoignages, c'est la forme humanoïde qui domine, avec des variantes dans la grandeur. Pour le reste, soulignons que la bonne foi du témoin n'est pas mise en cause. Cependant, s'il décrit l'engin et les personnages qu'il voit, **ce n'est pas forcément la réalité**.

Dans tous les exemples dans lesquels ils figurent, les seuls vrais témoins auxquels on pourrait se fier, s'ils parlaient, sont les chiens. Plus sensibles que les humains, possédant un cerveau nettement moins développé, l'illusion mentale adressée à leurs maîtres, qu'ils ont dû capter, ne les a pas touchés de la même façon. Néanmoins, elle les a suffisamment perturbés, pour qu'ils soient déboussolés, malades (la petite chienne de madame Leboeuf à Chabeuil), et mourir au bout de quelques mois (le chien de Marius Dewilde à Quarouble).

Comme pour les couleurs et la lumière, l'homme est limité dans ses perceptions sonores. Les animaux et insectes lui sont bien supérieurs dans ces domaines.

Le silence des OVI ne veut pas dire forcément absence de sons, mais seulement qu'ils se situent dans une gamme si élevée, que seules les bêtes peuvent les entendre. Dans le cas de Kiki, le chien du témoin nordiste, il était assez près de l'OVI. Cette proximité est-elle responsable de sa mort ? Ou bien le contrôle mental se situe-t-il sur une fréquence qui a provoqué **la dégénérescence progressive de son cerveau insuffisamment développé pour le supporter ?**

On pense généralement que ce n'est pas uniquement dans les Rencontres Rapprochées du quatrième type (RR4), c'est à dire enlèvement (ou soi-disant tels), que les victimes sont manipulées psychiquement.

Il y a tout lieu de croire que les ufonautes utilisent leur technologie de l'inconscient à distance, moyenne (RR2), ou courte (RR3, genre Quarouble, Valensole).

Et même RR 1, puisque les deux objets qui attirèrent l'attention du docteur X la nuit du 2 novembre 1968, fusionnèrent en un unique appareil, qui s'arrêta à 200 mètres du témoin. Ce qui ne l'empêcha pas de se renverser pour braquer son rayon lumineux sur le docteur, **afin de le marquer**.

Eh oui, comme les cow-boys marquent le bétail pour identifier l'appartenance. Avec toutefois cette récompense ou ce cadeau pour sa participation involontaire ; la guérison de sa blessure datant de quelques jours. Sa jambe douloureuse était normale, plaie cicatrisée. Ainsi d'ailleurs qu'une vieille blessure de la guerre d'Algérie en prime.

Ce cas de haute volée est un classique de l'ufologie, une partition majeure. On connaît la fameuse phrase prononcée par le docteur dans son sommeil agité : '' *Le contact sera rétabli en tombant dans l'escalier le 2 novembre ''.* Chute qui se produisit effectivement en rendant la mémoire au témoin / cobaye, qui ne se souvenait plus de l'aventure nocturne !

Cet exemple est un premier degré de manipulation psychique.

IV) CONTRÔLE MENTAL :

Dans leur livre : '' *OVNI en Provence* '' H. Julien et M. Figuet citent quelques cas indubitables de ce type de contrôle, et dont je me suis déjà fait l'écho, tant ils sont flagrants et parlants. Notamment cet ouvrier agricole sortant la nuit pour se trouver face à un cigare lumineux d'une dizaine de mètres, et qui est resté stationnaire 15 à 20 minutes. Cet ouvrier a soudain pensé à un grave accident qu'il avait eu trente ans auparavant. Devant un phénomène insolite, ce n'est certainement pas un souvenir dont on se remémore, **sauf s'il est provoqué !**

Pour preuve : '' *Lorsque l'engin disparut, M. L. eut l'impression de chuter dans un trou noir, et que sa tête était vidée.''*

En voici un deuxième qui se rapproche de ce qui se passe lors de certaines apparitions mariales. Le 3 juillet 1973 à Grimaud-Beauvallon, deux cousins, Marie-José et Yannick aperçoivent une boule blanche au-dessus d'une colline. Elle s'est déplacée vers les deux enfants, et s'est immobilisée au-dessus d'eux. Les témoins furent paralysés, et la fillette ressentit une impression de fraîcheur. Cela s'étant passé vers 19 heures, le lendemain elle en parla à son cousin qui ne se souvenait de rien ! bel exemple d'amnésie sélective.

Dans ces deux témoignages, il n'y pas introduction de consignes particulières. Alors que pour le docteur X, il révèle dans son sommeil ce qui va arriver pour rétablir le souvenir des événements nocturnes. Ce qui ne s'est pas produit pour le cousin Yannick.

On constate donc qu'il y a bien enregistrement des pensées, et des événements marquants (grave accident trente ans en arrière). Ensuite, éventuellement, implantation de consignes précises ; soit par connaissance du futur (chute dans l'escalier), qui ramènera le souvenir à la surface, soit parce que la chute est programmée. **Sans elle, pas de retour.** C'est une manière de montrer que l'on peut maintenir les gens dans l'ignorance de ce qu'ils ont vécu, ou au contraire de leur rafraîchir la mémoire par un moyen quelconque.

Personnellement, si je devais choisir, je préfèrerais gagner le gros lot au loto, pour me souvenir que j'avais joué la veille. Mais est-on habilité à décider par soi-même ? il ne semble pas ; **le rat doit suivre le labyrinthe sans demander son chemin.**

Bien avant que les OVI fassent les choux gras des livres, magazines, journaux, les apparitions mariales nous avaient appris que la Sainte Vierge pouvait s'immiscer dans le sommeil des voyants, et leur parler en rêve. C'est le cas archi-classique de Benedetto Da Pareto en 1490 à Gênes, que j'ai abondamment cité tant il est extraordinaire.

Mourant au dernier stade, après être tombé d'un figuier, abandonné par les médecins, la Sainte Vierge lui apprend en rêve qu'elle est responsable de son accident, et qu'au matin il sera guéri- ce qui advint- pour qu'il accomplisse la mission dont elle l'a chargé. **On ne plaisante pas avec les décisions mariales.** Chute programmée donc, comme pour le docteur X, mais bien plus grave, et en rapport avec l'exigence de la Mère du Ciel.

Aussi phénoménale est la guérison des personnes atteintes du '' mal des ardents '' à Arras en 1105. Pour exaucer la prière de l'évêque, la Sainte Vierge employa un double procédé qui laisse pantois.

Dans la nuit du 24 au 25 mai 1105, et la suivante, elle apparut en rêve à deux ménestrels qu'une dette mortelle opposait, et qui habitaient des lieux bien distants. Pour que la guérison survienne, il fallait la réconciliation des ménestrels, et qu'en compagnie de l'évêque Lambert, ils administrent aux 144 malades réunis dans la cathédrale de l'eau additionnée de la cire coulant d'un cierge remis par la Sainte Vierge. Il fallait la boire et s'en frotter les plaies. Mais seuls ceux qui croiraient en l'efficacité de ce remède singulier seraient guéris. Cent quarante- trois s'en sortirent, **un seul qui ne crut pas mourut.**

Il est probable que cette bougie contenait des éléments particuliers puissamment curatifs (du miel ?) pour réussir cet exploit singulier.

Et que l'incroyant fut volontairement sacrifié pour renforcer et cautionner la prédiction ; le contrôle mental permettant de constater l'absence de foi.

Emprise mentale absolue, sans possibilité d'y échapper et mise en scène faérique…**il y a plus de neuf cents ans.**

Les Responsables des OVI et des apparitions mariales maîtrisent donc à la perfection cette technologie de l'inconscient. De tout temps, elle leur a servi à manipuler, à modeler à leur guise les esprits humains, dans un but qui nous paraîtrait complètement absurde et délirant si nous en étions conscients ; **C'EST UN PROTOCOLE LUDIQUE DE MOQUERIE ET DE FANTAISIE A NOTRE ENCONTRE.**

Cette technique s'applique aussi aux animaux, ainsi que nous l'avons vu avec les chiens de Quarouble et Chabeuil. Cependant, déjà au 11è siècle, près du village de Montaigut, à l'ouest de Toulouse (N D d'Alet) : '' *La vierge apparut à un paysan, Raymond, dans le champ même qu'il labourait, et lui ordonna d'y bâtir une chapelle, à l'endroit précis où, dépité de ne pouvoir faire avancer les bœufs de sa charrue, subitement arrêtés par une force inconnue, il venait de jeter son inutile aiguillon.''* (Yves Chiron, éd. J'ai Lu *''Enquête sur les apparitions de la Vierge. ''*).

En passant, on notera que pour édifier la chapelle, l'endroit précis est marqué par l'arrêt des bœufs en plein champ. C'est le propre des chapelles mariales d'être bâties sur des lieux insolites (voir mon premier livre). A chaque fois que je travaille sur le sujet, je suis toujours aussi surpris qu'aucun théologien, exégète, ou spécialiste religieux, n'ait jamais soulevé ce lièvre d'une taille hors du commun.

A Arantzazu (Espagne) en 1469, c'est un troupeau de chèvres, naturellement et habituellement indisciplinées, qui suivait docilement le pâtre qui redescendait vers le village après une apparition mariale.

Dans d'autres articles, j'ai déjà parlé de ce contrôle du cerveau humain et des réactions émotionnelles et physiologiques du témoin. C'est le suivi de la montée en puissance de la surprise, de la peur, puis parfois de la panique qui gagne. **C'est à ce moment que l'OVI décroche et disparaît pour éviter un drame.**

Il y a graduation dans ce théâtre faérique ; cela va du simple jeu de scène accompli inconsciemment par le témoin (Quarouble, Valensole…), à des situations beaucoup plus complexes dans les cas '' d'enlèvements ''.

Ici, ouvrons une parenthèse pour revenir sur les écrits de S. Greer, dans ses deux tomes de '' *Révélations* ''. Il affirme que les auteurs des enlèvements d'humains et des mutilations de bétail, sont l'œuvre, non pas des ufonautes, mais du groupe occulte dirigeant la planète en sous-main.

Son but serait de discréditer les OVI, et d'inciter les gouvernements à leur faire la guerre. J'y ai souscrit, mais s'il n'y a aucun doute pour les animaux, je me demande si une grande partie, pour ne pas dire la quasi-totalité, des enlèvements d'humains, ne serait pas le fait des ufonautes dans le cadre du théâtre faérique.

La technologie de l'inconscient est tellement approfondie chez les Responsables des OVI, qu'il paraîtrait étonnant que des terriens aient pu en arriver au même stade.

S'il en était ainsi, ce groupe de mafieux n'aurait pas hésité à sacrifier des hommes et des femmes pour mieux inspirer la crainte et l'horreur de ces mystérieux engins qui parcourent le ciel à leur convenance ; et qui doivent sûrement les gêner aux entournures.

Afin de justifier cette position, je vais me rapprocher d'un cas minutieusement décortiqué par le couple Josiane et Jan d'Aigure, dans la '' *Revue des Soucoupes Volantes* '' N° 5 (1978). C'est magistral et bien dans la ligne de la technologie de l'inconscient, même s'il y a quelques faiblesses dans certains arguments. Cependant, il n'y a rien à reprocher, car il y a 39 ans (et même encore maintenant, hélas), l'esprit ludique du théâtre faérique, et la conjonction avec les apparitions mariales, n'avaient pas encore fait leur chemin. La priorité était toujours aux méchants E.T. venus de la lointaine constellation du Réticule (**ou ridicule ?).**

Les auteurs de l'article prêtent notamment à Maurice Masse des fantasmes dus à la vision des trous laissés dans le sol par l'engin : '' *Son inconscient ne pouvait que créer un phantasme (I.O.M.) à partir de cette donnée ! d'où la forme de l'engin qu'il décrit.* '' et plus loin '' *...un récit bâti à partir du constat de la présence de traces inexplicables* ''.

Autant pour le reste de l'étude, les auteurs sont relativement pondérés, avancent des déductions fiables et logiques, autant pour le pauvre bougre cultivateur de lavande, ils n'y vont pas avec le dos de la cuillère. C'est méconnaître la genèse de l'aventure que j'ai traitée et décortiquée dans '' *Valse en sol à Valensole* '', et insulter le défunt témoin (mort en 2004).

Celui-ci ne pensait qu'à sa famille et à son travail, et n'était certainement pas le genre d'homme à inventer des histoires pour se faire mousser ; ni à imaginer un appareil étranger à partir de la vision de quelques trous. Qui pourrait le faire, et pour gagner quoi ? des ennuis répétitifs.

D'ailleurs, d'autres scènes du même genre ont eu lieu par la suite à Valensole ; on le sait par ouï-dire. Mais forts de l'expérience malheureuse de leur collègue, les témoins gardent bouche close.

A cause d'un manque d'égard, de compréhension, voire de sympathie (n'est-il pas un affabulateur ?) de la part de personnes qui s'érigent en juges sévères (au nom de quelle supériorité ?), nous avons perdu une somme considérable de précieuses informations. Nous ne saurons jamais le pourquoi de cet intérêt surprenant pour ce plateau de cultures de lavande. Le parfum en est-il la base, tel le roman de Simak ' *Une certaine odeur* ' ? Ainsi que je l'ai suggéré dans '' *Lavoùvalabeille* ''

Indépendamment de cette dérive, le mot fantasme (phantasme à l'époque) est lâché et c'est très bien. Dans un sens, cet article est en avance sur son temps, car c'est précisément sur les désirs inconsciemment refoulés (désir de maternité non satisfait chez Betty Hill, d'où le test de grossesse douloureux), les pensées plus ou moins avouables, ou les images d'événements passés, que travaillent les ufonautes.

V) LES TROIS NIVEAUX DE LA TECHNIQUE :

L'article parle d'une femme âgée de 67 ans en 1976, nommée Antonia. Roulant en voiture, le 10 décembre pour rentrer chez elle de nuit, elle fit la rencontre d'un OVI lumineux posé au sol, occupant toute la largeur de la route. Elle essaya de le contourner tout en évitant de verser dans le fossé. Elle pénétra dans la lumière, et perdit conscience. Elle se réveilla au volant de sa voiture, et regagna son domicile.

Scène tout à fait classique dans l'ensemble. Avec, comme toujours en pareille occurrence, l'inévitable décalage de temps, qui déclenche le processus d'alerte par son incongruité ; sans lui, le témoin ne saurait pas qu'il lui est arrivé quelque chose, **car il n'a aucun souvenir conscient de son aventure.**

Petit détail qui diffère des autres cas, mais qui rejoint ce que j'ai écrit à propos des chiens de Marius Dewilde et madame Leboeuf ; à son arrivée, ses chiens s'éloignèrent d'elle, au lieu de lui faire fête.

J'ai simplifié au maximum une histoire qui, enquête fouillée, déductions, constatations, digressions, explications incluses, s'étale sur 45 pages !

Les scènes décrites par le témoin ressemblent beaucoup à celles de Barney et Betty Hill, et que les auteurs ne manquent pas d'exploiter. Ainsi d'ailleurs que ce qui est arrivé à une jeune femme le 11 juin 1976 ; Hélène Guliana, dans la Drôme, entre Romans et Ecancières. Ce village a disparu depuis, victime sans doute de la création de l'autoroute.

En les passant en revue, ils constatent que l'hypnose employée pour découvrir la '' vérité '', ne fait qu'aggraver les choses. En effet, ils démontrent que loin de prouver quoi que ce soit, cette technique permet seulement d'agrémenter les récits d'une séance à l'autre. **D'autant que certaines questions suggèrent quasiment les réponses.** Totalement regrettable.

En ce qui concerne Hélène Guliana, les séances d'hypnoses furent conduites par un incapable, un charlatan qui les sabotèrent.

Ce soir du 11 juin, le témoin sortait d'un cinéma où l'on projetait '' *Vol au-dessus d'un nid de coucou* ''. Ce film contient une scène médicale, qui se retrouve dans les moindres détails dans le récit de la jeune fille, comme par hasard.

Et c'est là qu'il est bon de dire que l'hypnose n'apportera jamais rien, pour la simple raison que l'aventure vécue par les Hill, Antonia, Antônio Villas Boas, Hélène guliana et bien d'autres, se situe **sur trois niveaux contrôlés par les ufonautes** :

1) **Ce qui s'est réellement passé**, et que nous ne connaîtrons peut-être jamais, où lors de la levée par les Responsables des OVI du '' confidentiel défense '' dans trois mille ans (environ).

2) **L'implantation des fausses images** décrites sous hypnose, et que le cobaye modifie sans cesse en fonction du troisième niveau, à savoir :

3) **Les suggestions post-hypnotiques transmises à l'inconscient**, et par lesquelles le témoin réagit au fur et à mesure de l'avancée de son existence, et du développement de son témoignage.

Exemple : Betty Hill, qui finit par se croire missionnée, et capable de faire venir des OVI, ce qu'elle ne réussit pas (rapporté par Jacques Vallée dans '' *Science interdite*''). Et combien qui virent ainsi leur destin basculer ?

Toutefois en contrepartie, en récompense sans doute d'une participation non consentie, certains témoins éprouvèrent une passion pour des sujets auxquels ils ne portaient aucune attention auparavant.

Notre pauvre petite connaissance de base de l'hypnose nous interdit d'atteindre ces suggestions. Aussi les médecins, enquêteurs et ufologues doivent-ils se contenter du récit du témoin, de cogiter, de supputer à perte de vue sur le récit, un peu comme des personnes qui pérorent sur un sujet dont ils ne connaissent rien ; c'est un paradoxe logique.

Une question se pose alors : est-il souhaitable d'être le cobaye d'une telle expérience, sachant que ce qui en découle sera plutôt désagréable, **tout en occultant définitivement le véritable vécu de l'aventure ?**

Pour un ufologue qui en serait le patient impuissant, c'est le comble du sadisme.

Seulement voilà ; on ne nous demande pas notre avis. La Sainte Vierge et les ufonautes choisissent leurs mandataires selon des critères qui nous échappent totalement. A part le fait, pour les OVI, qu'aucun ufologue jusqu'à présent, ne fut à même de témoigner d'une telle expérience.

Quant aux apparitions mariales, nul ne peut dire qu'il ne sera pas dans le collimateur, les voyants étant aussi bien sélectionnés chez les catholiques fervents, que chez les non croyants, voire les mécréants.

Comme ce qui arriva à Pierre Port-Combet au hameau des Plantées près de Vinay dans le Dauphiné, le 25 mars 1649.

Ce protestant alla couper de l'osier un jour chômé, la fête de l'Annonciation. Ses mains devinrent toutes sanglantes, mais il ne prit pas l'avertissement au sérieux. N-D de l'Osier finit par être un sanctuaire renommé ; pourtant Port-Combet ne se convertit pas.

Huit ans plus tard en mars 1657, en labourant son champ, il reçut la visite de la Sainte Vierge qui lui dit qu'elle savait qu'il était le huguenot. Elle l'avertit que sa fin approchait.

Effectivement, en août il tomba malade ; il se convertit au catholicisme le 15, avant de mourir le 21.

Là encore, nous avons un délai de grâce de huit ans, avant la condamnation et la mort (peut-être volontairement provoquée). **C'est un jugement sans appel.**

Cet épisode montre bien que nul n'est à l'abri d'une apparition mariale, même si elles se font plus discrètes et moins médiatisées de nos jours.

Dans ' *Enquête sur les apparitions de la Vierge* '', Yves Chiron dresse une liste de 362 manifestations uniquement dans l'Eglise catholique, allant de 1900 à 1993 (p. 454). Celle de Zeitoun (copte) et d'autres, n'y figurent donc pas.

Il souligne que la déclaration de décision négative, ou de non décision pour nombre d'entre elles, ne signifie pas forcément que ces manifestations ne sont pas surnaturelles (la preuve manque encore).

Je précise mon point de vue personnel au sujet de ces apparitions mariales passées et actuelles : très peu ont connu la consécration de la ferveur populaire, qui parfois déborde les directives de l'Eglise, plus prudente que ses ouailles. Citons : L'Île Bouchard, en France, Kibeho au Rwanda, San Nicolas (Argentine), Cefala Diana et San Vittorino Romano (Italie).

Ce que je trouve le plus amusant, c'est la décision négative pour Garabandal (Espagne), et pour Medjugorje (Bosnie). Concernant cette dernière notamment, je ne peux que regretter un manque de concertation entre la Sainte Vierge et l'Eglise catholique.

D'autre part, il semblerait que les apparitions mariales n'arrivent plus à s'imposer comme par le passé. Page 450, Y. Chiron écrit : '' *Cet échec de l'évangélisation au Rwanda et les massacres qui ont suivi sont-ils une contre- preuve pour les apparitions de Kibeho ou les massacres ont-ils eu lieu parce que la Vierge n'a pas été suivie dans ses conseils et ses appels ?* ''.

On peut effectivement s'inquiéter à juste titre, de cette montée de la violence aveugle un peu partout dans monde. Violence que les représentants des différentes religions n'arrivent pas à maîtriser.

La première tranche, les chapelles mariales en l'occurrence, semble arrivée à son terme. **Mais peut-on l'affirmer ?**

D'où la relève apparemment prise par les OVI. Mais qui peut dire qu'il ne s'agit pas de tout autre chose ? Sur l'échiquier ufologique, nous ne sommes que des pions, et il nous est impossible de prévoir le coup suivant, et encore moins la stratégie d'ensemble.

VI) IMPLANTATION MENTALE ANTICIPEE :

Au cours de leur enquête, Josiane et Jan d'Aigure constatèrent, en allant sur place, que le récit d'Antonia, et celui d'Hélène Guliana, comportaient deux impossibilités.

Si l'OVI occupait la largeur de la route, la voiture ne pouvait pas le contourner. D'autre part, sur la RN 531 (trajet d'Hélène Guliana), un observateur se posta un an après l'aventure, à l'heure indiquée par le témoin. Il comptabilisa ainsi en moyenne un passage de véhicule toutes les onze secondes. La route empruntée par Antonia était moins fréquentée, mais loin d'être désertée. Dans les deux cas, si un OVI s'était posé là, il aurait vite créé un bouchon.

Ce qui aboutit à une conclusion qui peut s'appliquer à tous les cas répertoriés, et qui entre parfaitement dans le scénario de la technologie de l'inconscient ; les faux souvenirs ne commencent pas à la perte de conscience du témoin, **mais bien avant !**

La découverte de l'OVI, posé au sol ou suivant la voiture à une certaine distance, le ralentissement du véhicule, le calage du moteur, et la suite décrite, **font partie intégrante du scénario**, et des souvenirs implantés.

Autrement dit, en réalité, on ne sait pas quand l'aventure commence ! Où se situe vraiment l'OVI ? A quel moment intervient-il ? Impossible de répondre à la question.

Pour Antônio Villas Boas, il est sur son tracteur quand l'engin arrive ; c'est à peu près la seule certitude (et encore !) ; le reste…

Le couple Hill, et leur petite chienne qui s'agite beaucoup de manière inhabituelle, sont sur la route, pour rentrer chez eux ; le reste…

Antonia, après avoir raccompagné sa sœur, a quatorze kilomètres à parcourir pour retrouver son logis ; le reste…

Hélène Guliana sort de sa séance de cinéma ; le reste…

Quand un OVI est posé sur une route, et qu'un véhicule s'approche, il décolle aussitôt, comme si un radar de proximité avait déclenché l'envol, évitant la collision.

Pour aller dans le sens de cette incertitude de la réalité, monsieur J.P. Tennevin, l'auteur de '' *François Michel* '' dont j'ai décrit l'aventure dans '' *L'opération Louis XIV* '', m'a transmis avec son obligeance coutumière un extrait de livre traitant de l'affaire de Bayside. Et plus précisément sur ce que dit la Sainte Vierge sur les OVI et la vie E.T.

'' *Ne vous laissez pas gagner à cette fausse théorie qui dit qu'au-delà de la voûte du ciel, il y a une autre vie…Sachez que c'est Satan qui envoie ces véhicules devant vos yeux…Ces objets qui volent dans l'espace de votre Terre viennent de l'enfer* ''(*Les apparitions de Bayside*, Nouvelles Editions Latines 1975).

Y. Chiron de son côté, qui cite le livre et détaille ce cas, précise que la première apparition eut lieu le 7 avril 1970, la voyante étant Veronica Lueken âgée de 47 ans, dans la banlieue de New-York.

Tous ces contacts **qui se déroulent sur plus d'un quart de siècle**, sont curieusement ritualisés ; jour, heure, longueur des dialogues, tout est absolument identique. Ces derniers sont de nature apocalyptique et répétitive '' *le monde court à sa perte...à cause de l'avortement...et de la télévision...un complot contre Paul VI* ''.

Evidemment, devant un tel déchaînement, surtout à son encontre, l'Eglise ne pouvait que rendre un constat négatif de fausses apparitions.

Si la Sainte Verge est réellement apparue, elle souffle le chaud et le froid en jetant le discrédit sur les OVI et l'absence de vie E.T. Ce qui avait déjà été souligné par de nombreux auteurs.

Personnellement, je crois que ces fantasmagories sont issues du seul cerveau de la voyante, tellement baignée dans la religion, qu'elle en est submergée. Elle a imaginé un scénario eschatologique, à l'instar de tous les esprits faibles qui se prennent pour des missionnés.

Ce qui est très malheureux pour eux. Personne n'a jamais fait la remarque, que pas une seule fois il est question de chœurs angéliques, de chants merveilleux, de paysages idylliques, d'avenir radieux, d'enfants joyeux.

Tout est toujours sinistre, ce qui démontre que le cerveau a basculé dans la folie démoniaque et non pas enchanteresse.

Ce qui n'arriverait pas à quelqu'un ayant une instruction plus poussée, et surtout moins directionnelle.

Comme le souligne mon correspondant, on est loin de l'inspiration divine.

Si je me suis étendu sur ce cas, c'est pour montrer combien le choix est difficile entre accepter la véracité des apparitions et des témoignages des posés d'OVI, ou l'affabulation, les fantasmes d'un cerveau surchargé, débridé.

En fait, il existerait une troisième solution ; injecter dans l'esprit du patient tout ce qu'il doit dire, **y compris l'apparition de l'OVI ou la vision de la Sainte Vierge.** Et dans le cas de Bayside, de manière répétitive, tout en sachant pertinemment que les Autorités religieuses rejetteront ces témoignages. Surtout devant des invectives aussi virulentes.

Même si ce qui est rapporté est vrai !

Jeu subtil de l'intoxication, comme dans l'espionnage, en introduisant des paramètres contraires à ce que l'on attend de la part de la Sainte Vierge, pour instiller le doute chez les enquêteurs tout en les testant.

Au demeurant, on ignore à quel moment commence la pièce de théâtre, et quand le rideau se baisse.

Se pourrait-il que la pièce ne s'achève qu'avec la mort du cobaye-acteur involontaire ?

Serait-ce cela le scénario ; suivre toute sa vie durant le sujet choisi à partir de l'instant où il est pris en charge ?

On comprendrait mieux alors les deux ans d'attente à Vicenza, et les huit ans pour Pierre Port-Combet, de la part de la Sainte Vierge, et les vingt-cinq ans ou plus pour Veronica Lueken.

Ce qui expliquerait aussi le changement de personnalité que peu à peu le témoin endosse. Modification qui ne se serait jamais produite autrement, s'il n'y avait pas eu cette aventure.

Toute cette interrogation rappelle étrangement le film '' *The Truman show* '' dans lequel l'acteur principal croit vivre réellement et normalement comme tous les Américains, alors qu'en fait, depuis sa naissance présentée en direct, il est la vedette d'une série télévisée, dans laquelle il est suivi minute par minute, sans interruption. Tous les autres personnages qui évoluent autour de lui, à commencer par sa mère et son épouse (comédiennes) savent parfaitement qu'ils jouent un rôle de composition. Ils font en sorte, épisode après épisode, de maintenir le héros inconscient dans cette fausse réalité. Mais à l'aube de ses trente ans, il finit par découvrir le pot aux roses. Bien entendu, ce merveilleux petit bijou est un film purement terrestre, sinon la fin serait différente, et ressemblerait à ce que vivent les cobayes des OVI.

VII) HERITAGE FAMILIAL OU UFOLOGIQUE ? :

J'ajouterais qu'un témoin marqué peut transmettre, à son corps défendant naturellement, ce curieux héritage à ses descendants, ou une branche collatérale de sa famille.

J'ai déjà fait le rapprochement entre le pâtre Honoré Masse qui vit la Vierge à Théopolis en 1656, et Maurice Masse à Valensole en 1965, tout en ignorant s'ils sont sur le même arbre généalogique. Cependant, la distance entre les deux sites, moins de 50 kilomètres en ligne droite, est un élément positif.

Et si la parenté directe était vérifiée, ce serait un argument de plus en faveur de l'association OVI-apparitions mariales.

De plus, elle donnerait quitus à une hypothèse que Jean Sider a laissé entendre dans son livre dont je parlerai après :

A sa naissance, Maurice Masse aurait porté en lui le sceau des Responsables des OVI !

Objection contre ; 309 ans séparent les deux contactés. Il aurait dû y avoir d'autres membres du clan Masse victimes des ufonautes, à travers les siècles. Excellente réflexion, à laquelle j'oppose :

1) Il est possible qu'il y en ait eu, mais qui n'a pas donné lieu à chroniques. Nous ignorons 90 pour cent des témoignages depuis 1947, les gens n'osant pas parler de leur aventure par peur des railleries des ''bien-pensants '' imbus de leur ignorance.

J'ai connu de telles personnes qui m'ont fait part de ce qu'elles avaient vu des années auparavant, et qu'elles avaient gardé pour elles. Et tous les ufologues font la même constatation.

On le voit également avec les apparitions mariales, où dans la majorité des cas, les voyants sont en butte à l'incrédulité (ce qui est le moindre mal), aux brimades, vexations, méchancetés de toutes sortes, principalement de la part des hommes et femmes d'église ! et c'est bien là qu'on se rend compte que l'habit ne fait pas le moine.

2) Le marquage n'est peut-être pas systématique, et saute éventuellement des générations.

3) Puisque de nos jours, on n'ose pas dévoiler une aventure dont on ne connaît rien, dans les siècles passés, la peur du qu'en dira-t-on et du scandale était encore plus vivace. Elle imposait la chape de plomb sur ces événements qui passaient pour des diableries. Sans compter que les informations ne circulaient pas avec la même facilité que maintenant.

Sur combien de ces secrets de famille, le couvercle de l'oubli volontaire s'est-il refermé ?

'' On nous pêche '' écrivait Charles Fort. C'est tout à fait le pêcheur qui attrape un poisson, et le rejette à l'eau bien vivant. La famille dudit poisson doit s'étonner de le revoir, alors qu'il a disparu depuis un laps de temps appréciable. Et lui ne peut expliquer ce qui lui est arrivé hors de son monde aquatique.

'' *C'est feu Karla Turner, enseignante et elle-même abductée qui cite ce cas ayant concerné la grand-mère de son mari Casey. En effet la famille de Karla et celle de son époux semblent toutes deux avoir enregistré des abductions sur plusieurs générations* '' (J. Sider page 168 de '' *Les extraterrestres avant les soucoupes volantes* '' JMG éd. .

Jean Sider cite trois autres cas concernant une même famille, les Dedham de Hagerstown dans le Maryland. C'est Carol, elle-même sous l'œil des ufonautes, ainsi que son fils Bryan, qui raconte les odyssées de son père, son oncle et son grand-père.

Deux des trois cas, en 1930 et 1932, concernent le double enlèvement des deux frères ; ce qui sort vraiment de l'ordinaire. En 1932, le décalage de temps atteignit 5 heures 30 ! Pour le grand-père en 1939, ce fut plus dramatique.

Un soir, **en plein milieu du repas familial**, il se leva et annonça qu'il allait acheter un paquet de cigarettes, alors qu'il ne fumait pas. Il partit et disparut à jamais. Comme s'il avait reçu un appel intérieur.

On peut alors se demander si ce qui a fait l'objet de plus d'un gag, n'est pas une réalité indépendante de la volonté de ceux qui ont disparu. On retrouve actuellement une telle incohérence dans les actes d'individus, dont on s'interroge sur ce qui a pu leur passer par la tête (

rouler à contre sens sur l'autoroute, abandonner son enfant pour aller danser, poignarder brusquement des gens dans la rue…).

Il y a donc des familles choisies, et celle des Masse est sans doute l'une d'elles. L'inconvénient, c'est qu'il est impossible de prévoir quel membre sera contacté, et quand. **A supposer évidemment que nous connaissions celles inscrites sur les registres des ufonautes.**

A cet égard, le fils du docteur X, qui fut marqué à l'abdomen par un mystérieux triangle, pourrait être, soit contacté un jour plus ou moins prochain (49 ans actuellement, Maurice Masse en avait 42). Soit être le patriarche d'un futur cobaye des ufonautes.

Posons donc la grande question dont la réponse apporterait une avancée prodigieusement significative :

Quels sont les critères de sélection des voyants d'apparitions mariales et des témoins d'approche et des posés d'OVI , de RR1 à RR4 ?

Question qui sera développée dans '' *L'énigme du choix des témoins / voyants ?* '' au cours de la deuxième partie.

Si des familles sont suivies depuis des générations, il a bien fallu commencer par le premier membre. Sur quelles bases a-t-il été choisi ?

Autre interrogation concernant le fameux décalage de temps (ou temps manquant en anglais) : Le fait qu'il ne soit jamais le même (1 heure pour Antonia, 2 heures pour les Hill, plus de 2 heures pour Hélène Guliana, 5 heures 30 pour les frères Dedham), signifie-t-il que ce qui s'est réellement passé (option N° 1) a duré plus ou moins longtemps selon les cas ? Est-il fonction de la personnalité des cobayes ? Est-il tout simplement volontairement aléatoire pour mieux dérouter les enquêteurs ? Des entités qui jouent avec le temps et l'inconscient, ont toute latitude pour créer le décalage à leur guise. Le principal est qu'il existe pour attirer l'attention.

En effet, **il est indispensable, impératif même, que le témoin accède à la méthode hypnotique (option N° 2)**, pour qu'il puisse ouvrir la voie à l'option N° 3 : les suggestions post-hypnotiques. **Celles-ci étant activées par l'émergence des faux souvenirs.**

Il y a une exception à cette méthode : Antônio Villas Boas.

Celui-ci se souvient consciemment de toute son aventure. Ou plutôt, il a retenu d'un bloc tous les faux souvenirs qui lui ont été implantés (13 pages de documents dactylographiés). Son histoire est complète, sans variations ni rajouts. Au fur et à mesure des séances d'hypnose, le témoin fait évoluer son récit, l'enjolive, et le modèle en fonction des questions posées.

Pourquoi cette différence dans le procédé ? peut-être pour montrer que l'on peut manipuler le cobaye à sa guise dans les deux sens.

Notons sans plus, pour un éventuel futur, que dans les trois autres cas, les victimes roulaient en voiture, les frères Dedham gravissaient une colline à pied, alors qu'AVB labourait son champ sur son tracteur. Y a-t-il quelque chose à glaner de ce côté ?

VIII) L'AFFAIRE A.V.B. :

Ceci étant, nous retrouvons les incohérences identiques partout ; aucune preuve rapportée, des visions de pièces nues ou peu s'en faut, avec un mobilier réduit au minimum, et peu apte à un voyage spatial (tabourets pivotants sans dossier) ; et bien sûr ni nourriture ni boisson. Rien qui évoque un vaisseau cosmique accueillant et impressionnant.

Comble du délire pour AVB ; seul luxe, un canapé avec une bosse au milieu, peu confortable pour des ébats amoureux, auxquels il dit s'être livré pourtant avec la belle et mystérieuse étrangère, en étant mal à l'aise dans une atmosphère qui l'avait fait vomir.

Auparavant, pour l'introduire dans l'appareil aux formes étranges, et unique en son genre, on l'obligea en le tirant et le portant, à gravir une échelle souple d'accès malaisé.

L'échelle rigide verticale des soucoupes de la série '' *Les Envahisseurs* '', pourtant peu pratique par rapport à une plate-forme que l'on peut franchir rapidement, est bien plus fiable.

Le couple d'Aigure a bien raison d'écrire '' *...évoque irrésistiblement certains épisodes oniriques, comme chacun de nous a pu en vivre au cours d'un rêve.* ''

Si les autres victimes ont fait appel à l'hypnotisme pour '' dévoiler '' leur histoire, AVB a écrit à un journaliste pour raconter la sienne. Curieux, car il se dit préoccupé par les travaux de sa ferme, mais n'hésite pas à accepter l'argent pour payer son voyage jusqu'à Rio de Janeiro. **Comme s'il n'avait pu se dispenser de répandre son récit.** Pourtant, Il ne lui a jamais rien rapporté, sinon une notoriété envahissante.

Il affirme lors de son interrogatoire '' *qu'il avait été maître de ses actes et de ses pensées tout au long de l'aventure* ''. Très présomptueux ou candide de la part d'un homme intelligent mais à l'instruction primaire. Néanmoins, **même un super diplômé ne pourrait se rendre compte qu'il est manipulé.**

Une dernière anomalie ; une fois son rôle d'étalon terminé, ses ravisseurs le font attendre un très long moment avant de le libérer. Selon ses dires, il est resté plus de quatre heures dans l'appareil. On retrouve ici ce que l'on peut considérer comme le temps manquant.

Avec toujours la lancinante question ; que s'est-il passé réellement ce 15 octobre 1957 ? **Qui connaitra la réponse ?**

IX) CONCLUSION :

J'ai fait allusion à la série " *Les Envahisseurs* ". Eh bien dans l'épisode N° 10, intitulé " *L'innocent* ", ils ne parviennent pas à maintenir David Vincent dans l'illusion que la vallée Sainte Marguerite en Californie est transformée en paradis dont il rêvait.

A l'inverse, les ufonautes réussissent à imposer leurs faux souvenirs dans l'esprit du cobaye jusqu'à la fin de ses jours. **C'est dire le haut degré atteint par leur technologie de l'inconscient.**

Avec l'humanité, ils disposent d'un vaste terrain d'expériences. Pas un seul adulte parmi les sept milliards de terriens, ne peut se prévaloir de ne pas posséder son domaine secret où sont entassés : des rêves de grandeur, d'héroïsme, de réussite sociale et familiale, d'amour de jeunesse que l'on aimerait revoir, de bonheur qu'on croit avoir gâché il y a quelques décennies, d'erreurs que l'on voudrait pouvoir redresser, d'orientations que l'on prendrait si l'on pouvait revenir en arrière.

Mais aussi, pour certains individus, des aspects plus sordides, des histoires de drogues ou pire, de l'oncle à héritage disparu dans la nature après avoir signé son testament. Et d'autres encore, si profondément enfouis, que l'on pourrait jurer sous serment ne jamais les avoir vécus.

Tout cela, et bien d'autres souvenirs oubliés encore, sont transparents pour les yeux inquisiteurs des techniciens des OVI. Il est patent que la Sainte Vierge connaît tout des voyants qu'elle contacte ; à La Salette par exemple, où les enfants ne se souvenaient pas avoir vu du blé gâté l'année auparavant, elle le leur rappelle.

Cependant, les deux facettes du phénomène OVNI présentent une ambiguïté similaire, qui soulève bien des questions.

La Sainte Vierge intervient parfois pour guérir de manière stupéfiante. Les OVI en font autant à distance et dans le plus parfait silence. Et ils ne réclament rien en échange.

La Mère du Ciel n'hésite pas à dire " publie ma Gloire ". Si elle réclame l'édification d'une chapelle à l'endroit qu'elle désigne et non ailleurs, il est inutile de résister. La contrepartie du refus, même justifié, peut être la cécité, la paralysie, l'extension d'une épidémie. A l'inverse, l'obéissance quasi immédiate comme à Cotignac en 1519, où le creusement des fondations de la chapelle au droit de l'apparition, assura une protection prophylactique de toute la région.

Par Ailleurs, les ufonautes se réservent le droit d'utiliser le cobaye de leur choix pour une opération mystérieuse, se traduisant par de faux souvenirs une fois le " patient " libéré.

Il y a donc à la fois bienfait et interdiction de désobéir, ou obligation de subir à son corps défendant. C'est d'autant plus frustrant, que les

OVI se promènent sur toute la planète, survolant sans vergogne et en toute impunité les sites interdits. Ils traversent les territoires aériens sans déposer de plan de vol, et se posent comme bon leur semble.

Dans de nombreux cas la Sainte Vierge intervient au secours des assiégés, et fait fuir des armées par sa seule présence guerrière (intervention à la guerre 14-18, en faveur des Français). Autrement dit, **elle fait pencher la balance selon Sa Volonté.**

Jusqu'à présent, les OVI n'ont pas jugé bon de se mêler des affaires des hommes. Néanmoins, vu l'extension des conflits qui se répand sur toute la planète, ajoutée à la crise financière mondiale, et le chaos qui se prépare, resteront-t-ils longtemps de simples spectateurs. ?

En réflexion finale :

Nous sommes confrontés à un mode de pensées différent de ce que nous connaissons de notre environnement et de notre quotidien. Ce mode de raisonnement est lié à une science générale qui déborde largement notre niveau atteint ; et surtout bafoue les bases mêmes de notre physique, des lois de la matière, de l'inertie, de l'espace et du temps.

Nous sommes moins que des béotiens face à des super-épicuriens ; des rats d'égouts impuissants devant des chats divins ; des tortues à l'esprit épais essayant vainement de défier des lièvres à l'intelligence surdimensionnée.

C'est volontairement, mais à peine exagéré dans la comparaison. Cependant, il est indéniable que ce constat peu flatteur pour les humains contient une grande part de vérité. Que ne nous apprendraient pas ces étranges visiteurs, en astronomie par exemple dont pourtant les fantastiques progrès des deux dernières décennies font à juste titre notre fierté ?

Au contact de ces êtres, nous devrions abandonner notre physique, et repartir d'une plate-forme au niveau zéro, pour nous élancer dans une autre direction, où la vitesse de la lumière n'est qu'un escargot en mal de reptation ; où la relativité est une étroite lucarne ne laissant le passage qu'à une pâle clarté lunaire, et non à l'aveuglante lumière des étoiles ; où le temps peut être séparé de l'espace, et donc permettre le voyage dans les deux sens, passé et futur (les prédictions de celle qui joue le rôle de la Sainte Vierge en sont la preuve).

Où l'on peut construire des vaisseaux en diamant synthétique, dont la dureté défie les marteaux de Thor et de Vulcain ; où l'énergie des soleils est disponible gratuitement, au point de la gaspiller à volonté.

Où l'incertitude des '' savants '' sur la pluralité des mondes habités est considérée comme désignant **une débilité cervicale irrécupérable** ; où les contacts entre ces mondes sont si courants que leur origine se perd dans la nuit des temps.

On pourrait continuer ainsi à l'infini à démontrer la petitesse d'esprit des hommes de la planète Terre, qui doit être enseignée aux enfants des civilisations universelles comme justement l'exemple à ne pas suivre.

C'est le symbole de la bassesse orgueilleuse, de l'hypocrisie élevée au rang d'une institution, de la méchanceté à peine camouflée sous un verni de pseudo altruisme ; la corruption, la rapacité, la soif de l'or et du pouvoir, l'esclavage, le travail des jeunes enfants, l'avilissement des femmes. **Tout ce qui fait la fierté de l'humanité à travers les âges.**

Voilà pourquoi nous ne pouvons apercevoir la plus petite lueur de ce phénomène OVNI – A.M., et encore moins espérer le comprendre. Il faudrait pour cela que les terriens s'améliorent dans un tel pourcentage, qu'il est inchiffrable.

Autrement dit, nous sommes condamnés à rester ce que nous sommes jusqu'à notre destruction finale ; des animaux ravalés au rang des bêtes par nos propres fautes. Et notre zoo est planétaire.

* * *

TECHOVNIQUE
OU
COMPLEMENT TECHNOLOGIQUE DES OVI
* * *

Dans mon cinquième livre, et grâce à l'apport inestimable, mais pourtant négligé par les ufologues du cas de Villa Santina en 1947, j'ai répertorié les différentes et fantastiques possibilités techniques des OVI :

1) Séparation en plusieurs tronçons et réassemblage.

2) Transformation ; cas de Sauvigny dans l'Yonne en 1967, où le fuseau de 20 m de long sur 6 / 7 m de haut, devint une boule de 1, 20 m de diamètre.

C'est sans doute un complément, une conséquence technique, une autre facette du dédoublement ou séparation de l'engin (voir le cas du docteur X).

3) Dématérialisation.

4) Réduction volumétrique, avec possibilité de traverser sans dommage la croûte terrestre, qu'elle soit tendre ou rocheuse. L'appareil de Villa Santina était en partie encastré dans la montagne. Et à son départ, il s'extirpa complètement en faisant jaillir et retomber les blocs de pierre.

Il convient d'ajouter dans l'équipement interne des différents appareils ;

5) Les capteurs de pensées, l'OVI poursuivant attendant son patient devant son lieu de destination par exemple.

6) Les détecteurs de réactions physiologiques du ou des témoins, afin de '' décrocher '', si la panique atteint un degré dangereux.

Ces deux instruments travaillant en phase, ce qui pour moi ne fait aucun doute.

7) Suivi automatique serré des mouvements ; ce que j'appelle : effet puzzle.

Dans l'affaire du 747 du commandant Terauchi en 1986, ce dernier indiqua que le gigantesque OVI suivait toutes ses manœuvres comme s'il était collé à son avion.

C'est un peu comme si c'était l'avion qui entraînait l'OVI, en gardant toujours immuablement la même distance, le même écart, et strictement la même position. A l'image de deux pièces de puzzle accolées.

8) Evidemment, il y a l'incontournable '' champ de force'', terme on ne peut plus vague, mais que l'on retrouve dans les livres et films de science-fiction ; de '' *La guerre des mondes*'' (1951) à '' *Independence day* '' et sa suite vingt ans après ; ou le roman '' *Les sphères de Rapa- Nui*'' de J. Guieu, dans lequel trois vaisseaux

émettent ce rideau protecteur empêchant le gigantesque tsunami de ravager l'île de Pâques.

9) Pour essayer d'être complet dans ce récapitulatif, il est indispensable de souligner une maîtrise que je n'hésite pas à qualifier d'absolue, tant elle paraît sans failles ; **celle du rayonnement à distance.**

Dans ce domaine dont je détaillerai les possibilités sous différentes couleurs, dans l'article suivant, c'est principalement dans le domaine de la guérison, où les manifestations et les résultats sont les plus spectaculaires.

Cependant, il convient de revenir sur d'autres utilisations moins répandues – il y a peu de témoignages pour chacune - mais qui montrent l'étendue de cette technique, qui dépasse de loin notre matérialisme forcené.

Ce que je vais rappeler est extrait du '' *dossier des soucoupes volantes* '' de Jacques Lob et Robert Gigi, sous forme de bandes dessinées des éditions Dargaud, en trois volets (1972, 73, 75).

C'est '' *OVNI, dimension autre* '' qui nous servira de guide.

A de nombreuses reprises, j'ai eu l'occasion d'exprimer mon admiration pour la qualité du travail de ces deux auteur/ dessinateur, qui représente la meilleure et la plus objective approche du phénomène OVNI.

Tout nouvel ufologue se doit impérativement de posséder ces trois volets pour bien débuter sur des bases solides.

Je peux d'autant mieux en faire l'éloge, que j'avais déjà vingt ans d'études du phénomène derrière moi, à la sortie des albums.

Donc nos deux compères font état de manipulations de rayons et de la lumière, qui nous laissent pantois.

A ces occasions, je crois pouvoir dire que ce furent de pures démonstrations en douceur d'une science hyper sophistiquée, mais qui ne furent pas prises comme telles à l'époque.

Démonstrations auxquelles s'ajoute l'indispensable côté ludique pour les Sokariens, mais que les ufologues n'arrivent pas à admettre.

Par la force des choses, cela viendra.

Commençons par le rayon tracteur bien connu des fans de la série télévisée des années soixante '' *Star Trek* ''.

'' *Le 18 octobre 1973, un hélicoptère '' Bell Huey '' jet de l'US army avec quatre hommes à son bord effectue un vol quelque part entre Colombus et Cleveland. L'appareil est à 750 m d'altitude....* ''

Soudain, une lumière rouge qui se rapproche est signalée par un des membres. Elle se rapproche rapidement, et le pilote tente de joindre sa base pour demander que ce qu'il croit être un avion, s'éloigne ; mais sa radio s'arrête brusquement. Le pilote ne peut alors que tenter une descente précipitée qui l'amène à 450 m du sol.

C'est alors que les hommes aperçoivent un engin en forme de cigare de 18 m de long, qui domine l'hélicoptère de 150 m. Une lumière verte illumine tout l'hélicoptère pendant **quelques secondes,** puis l'engin s'éloigne.

A sa grande stupeur, le pilote constate que l'hélicoptère, toujours en position de descente, **s'est élevé de 700 m durant ce court laps de temps**, sans que les hommes ressentent quoi que ce soit !

A signaler que dans le film '' *Les survivants de l'infini* '' un OVNI utilise également une lumière verte pour sauver l'avion de Cal Meacham… après avoir paralysé les commandes.

A croire que les Suivants de l'Abeille se sont inspirés de ce film de 1955 pour effectuer cette démonstration.

Autre application, mais cette fois avec un rayon de lumière bleue.

Encore en 1973, mais le 22 mai au Brésil. Un policier alerté découvre un homme évanoui sous la pluie prés de sa voiture, sur la route d'Itajobi à Catanduva.

Une fois ranimé, cet homme raconte qu'en roulant, il y eut des perturbations dans le moteur et la radio (rien de nouveau ici). Puis une tache circulaire de lumière bleue de 20 cm s'est promenée dans la voiture.

'' *Et fait plus étrange encore,* **le témoin eut l'impression de voir distinctement à travers cette tache bleue le moteur de sa voiture, comme si le tableau de bord devenait transparent sous l'impact de cette lumière !** ''

L'automobiliste put suivre du regard un rayon qui partait de cette tache et se dirigeait vers un objet stationnaire dans le ciel.

J'ai réduit cette relation au fait le plus marquant.

Auscultation aux rayons X à distance, pratique pour déceler un problème mécanique ; sauf que dans un garage, la note à payer serait plus élevée.

Enfin, pour terminer rapidement cette revue de miracles technologiques / magiques, faisons le tour des différents procédés d'utilisation de la lumière.

La plus répandue et même photographiée, est celle des soucoupes-méduses, où des faisceaux de lumière tronqués pendent sous l'appareil.

Ou comme à Trancas en Argentine, ces tubes de lumière rigide **qui s'avancent ou se rétractent progressivement, et qui peuvent même traverser les murs !**

Il y a aussi la possibilité de courber et de détourner à angles droits les rayons lumineux. De les découper en tirets qui se succèdent, qui progressent en se séparant en forme de V.

En Autriche en 1973 (toujours !), dans la nuit du 28 au 29 octobre, des jeunes gens purent suivre un étrange feu d'artifice fait de rayons courbes se transformant en brume verte ; disparition de celle-ci, retour des rayons…etc.

Phénomène qui dura de 23 h 30 à 5h 30 ! **avec jusqu'à 6 engins participatifs.**

A cette occasion, les Sokariens devaient fêter un événement particulièrement marquant pour eux.

Cette revue d'ensemble donne une petite idée de l'étendue des pouvoirs de cette science, dont nous ne pouvons qu'admirer les manifestations, tels des aborigènes incultes.

A présent, je vais d'abord apporter quelques précisions au sujet de la dématérialisation, puis je proposerai des explications concernant d'autres possibilités techniques, qui sont restées lettres mortes jusqu'à maintenant, et que nous ne possédons pas encore, bien que nous commençons à nous en approcher.

De très loin, il ne faut pas hésiter à le dire.

En ce qui concerne la dématérialisation, **cette application ne peut être que statique.**

Dans le cas évoqué dans mon livre, c'est à dire la voiture roulant à plus de cent kilomètres/ heure, l'obstacle rencontré était posé sur la route, donc stationnaire. Et le fait qu'il soit immatériel, permit de le traverser sans encombre, et sans aucun dommage pour les passagers du véhicule ; excepté sans nul doute une intense frayeur à l'approche d'une mort certaine.

D'où amusement des Sokariens, peu charitables en l'occurrence. **Mais rappelons-nous que leur psychisme n'est pas le nôtre.**

Assurément, cette application est impossible en plein vol, la propulsion ne pouvant plus s'effectuer normalement.

Cette dématérialisation ne peut s'accomplir qu'au détriment de tout autre fonction, et notamment celle des moteurs.

Malgré toute leur science, les Suivants de l'Abeille sont obligés de garder la matérialité de leurs appareils pour la propulsion et la sustentation.

A tout hasard, précisons qu'il ne faut pas confondre invisibilité, qui garde toute sa matérialité, avec un manque total de tangibilité.

Dans le cas cité, les passagers de la voiture virent parfaitement l'objet, qui semblait indubitablement matériel.

Pour prendre un exemple très parlant, on comprendra parfaitement que dans une voiture dématérialisée, le carburant devenu immatériel lui aussi, ne peut s'écouler dans des canalisations tout aussi peu consistantes.

Ce concept est évidemment très difficile à appréhender pour des personnes habituées à sentir sous leurs doigts quelque chose de bien concret. Surtout pour des Français, le peuple le plus cartésien de la planète.

Pourtant, les témoignages sont là pour bien montrer que d'autres ont réussi, depuis des millénaires sans doute, à maîtriser cette notion.

Qui se heurte au fait que les occupants subissent aussi cette immatérialité ; sinon, ils feraient comme la voiture, ils passeraient à travers. Alors :

GLOBALITE : ou maîtrise totale.

Le dédoublement de l'OVNI en vol auquel a assisté le docteur X, suggère que les Bitiw auraient le contrôle parfait et total de cette dématérialisation ; ce qui correspondrait mieux à leur niveau scientifique.

Mais irait à l'encontre de la partie statique.

Sauf s'il ne s'agit pas de dématérialisation pure et simple !

Mais d'un changement de plan vibratoire autorisant les séparations, modifications, réassemblages.

Je vais essayer d'exprimer cette notion encore plus ardue que la simple dématérialisation.

Dans le cas du véhicule fonçant vers l'OVNI, les deux engins sont en quelque sorte dans deux continuums différents, néanmoins visibles l'un de l'autre, mais pouvant s'interpénétrer sans aucun risque, car leurs atomes vibrent sur des fréquences non communes.

De ce fait, rien n'empêche l'OVNI d'agir comme bon lui semble ou du moins selon la volonté de son équipage ; **il est au-delà de la fonction purement statique de la dématérialisation.**

C'est l'équivalent de l'hyper-propulsion de la série '' *Stargate* '', de la vitesse '' plasma'' dans '' *Buck Rogers au 25è siècle''*, ou du sub-espace de la science-fiction.

Le vaisseau traverse des systèmes solaires dans un autre continuum, le rendant immatériel, intangible. Mais à l'opposé, on peut dire aussi que cette hyper-propulsion et ce sub-espace laissent sa matérialité au vaisseau, et ce sont les corps célestes traversés qui deviennent immatériels.

A ce sujet, je vais revenir sur un cas des plus connus et spectaculaires des apparitions mariales ; celui de Saint-Bauzille de la Sylve près de Montpellier, au cours de l'année 1873. La première visite faite au vigneron Auguste Arnaud eut lieu le dimanche 8 juin au matin, alors qu'il travaillait dans son petit carré de vignes.

Curieusement, la demande de la Dame est simple : une procession quinze jours après sa visite, et le remplacement de la vieille croix qui se dressait au fond de la vigne.

Cette deuxième demande s'adresse donc directement au propriétaire du terrain. Avec promesse de venir le remercier (dixit) un mois plus tard. **Comme si elle était certaine d'être obéie !**

Et c'est ce qui se produisit effectivement !

Le mardi 8 juillet, devant plusieurs centaines de témoins − qui ne virent pas la Sainte Vierge, comme bien souvent - Auguste Arnaud s'agite, visage pâle, les yeux fixés sur un point qu'il est seul à contempler. Voici ce qu'il dira :

'' *Tout à coup, à, deux mètres devant moi, j'aperçus de nouveau la même personne de la première apparition. A peine l'eue-je vue que, rapide comme l'éclair, elle fut sur la croix, moi me trouvant toujours devant elle à la même distance de deux mètres.*'' ('' *Enquête sur les apparitions de la Vierge* '' Y. Chiron, J'AI LU).

Il ne sait pas comment il est arrivé là. Mais un témoin fera cette déposition : '' *Il est emporté avec une rapidité effrayante vers la croix…directement en ligne droite, à travers les souches et les ceps qui étaient alors dans toute leur vigueur, enlacés les uns dans les autres.*'' (ibid.).

Normalement parlant, Auguste Arnaud aurait dû souffrir de ce transport, et recevoir des blessures importantes et très graves ; les ceps n'ayant pas la réputation d'être tendres. Et inversement, il aurait laissé une tranchée de dévastation ensanglantée marquant son passage.

C'est ici que la dématérialisation intervient, montrant une fois encore l'appartenance des manifestations mariales au phénomène OVNI.

La visiteuse et Auguste Arnaud furent un instant soustraits à notre continuum, afin de pouvoir traverser le carré de vignes sans aucun dommage ; la manifestation générale et le voyant restant les seuls parfaitement visibles des témoins.

A noter le fait que le vigneron resta constamment à deux mètres de la Dame, **distance minimale de sécurité que nous reverrons plus loin.**

Ce transport rappelle celui de l'escorteur DE 173 '' *Eldridge* '' de l'expérience de Philadelphie. Il s'agit probablement de la même technique de changement momentané de continuum. Même si lors de l'expérience   très hasardeuse de 1943, il n'était pas prévu au programme. (voir '' *DE 173 ou le jugement de 43 Philadelphia* '' dans '' *De l'écorce terrestre au dieu inconscient* '').

Maintenant, penchons-nous sur deux autres techniques, qui tout en étant étrangères à notre culture scientifique, peuvent parfaitement se comprendre ; les caméras de recul installées sur les voitures modernes en donnent un petit aperçu.

Justement, la première de ces techniques est le rayon unidirectionnel ou champ circulaire, selon les besoins du moment, accordé au système de propulsion.

Il peut avoir deux fonctions :

1) Si un véhicule quelconque s'approche d'un OVI posé sur une voie circulée (chemin de fer, deux roues, voitures), le contact de proximité actionné par ledit véhicule déclenche la mise en marche instantanée du système propulsif, et c'est le décollage foudroyant.

Ce simple cas relevé dans : '' *Les soucoupes volantes : le grand refus* (G.A.B.R.I.E.L., Michel Moutet éditeur), suffira à faire comprendre ce principe.

Sur la route de Biot (Al-Ma), le 14 octobre 1954 : '' *M. José Caselle qui roulait à bicyclette se trouva soudain face à une masse arrondie de 5 à 6 mètres de diamètre et de 1 m à 1, 50 m de haut qui barrait la route. L'engin de couleur aluminium décolla sans bruit. (Jimmy Guieu).*'' Et les auteurs d'ajouter : '' *Cette observation, choisie au hasard, en est une parmi des centaines d'autres faisant mention d'un atterrissage sur route.* ''

Il est évident que les occupants des OVI, connaissant parfaitement les réseaux routiers et ferrés, ne risqueraient pas un accident en se posant sur ces voies.

Un système de prévention est donc indispensable, afin de dégager au plus vite, sans pour autant avoir le nez aux hublots en permanence, puisque ce n'est pas le but de la manœuvre. L'ordinateur et son champ protecteur jouent ce rôle à la perfection, et dans les deux sens de la circulation routière.

Tiré du même livre, voici un autre cas très connu des ufologues. On peut dire qu'il est le symbole même du côté ludique pratiqué par ceux que j'appelle Sokariens :

'' Le 31/05/1955 Puy-Saint-Gulmier (Puy de Dôme) *: M. Collange est dans son pré avec ses vaches. Soudain en se retournant, il découvrit derrière lui, à 2 ou 3 m, un objet circulaire de 1 m à 1, 20 m de diamètre qui se tenait immobile verticalement au-dessus du sol..../...Le témoin s'éloigna de quelques pas et chaque fois qu'il se retournait c'était pour constater que l'objet le suivait tout en restant à 2 ou 3 m. Au bout de 20 m, le témoin s'arrêta et marcha résolument vers la chose en levant son bâton. La chose recula, conservant toujours la même distance. Il voulut alors la contourner pour voir derrière...La chose se mit à pivoter afin de présenter toujours la même face au témoin. Au bout de 50 m, le témoin s'arrêta mais la chose continua de*

'' reculer'' et s'en alla doucement vers l'est où elle disparut ...(J. Guieu)."

Dans cette relation, je n'ai gardé que ce qui montrait le contrôle de la distance de sécurité, y compris dans la tentative de contournement par le témoin. Avec ou sans occupant ; cependant, vu le diamètre de l'objet, une créature genre nain ou gnome pourrait s'y tenir. Mais ici, cet aspect est secondaire.

Le troisième exemple en la matière est celui de la poursuite de Rapid-City rapportée en détail par le capitaine Ruppelt dans son livre : '' *Face aux soucoupes volantes* '' (France-Empire).

Le chasseur ne put jamais s'approcher à moins de 5.000 mètres de l'OVI, ce qui semblait être la distance de sécurité couplée à la propulsion. Au point que le pilote, un vétéran pourtant, abandonna, écœuré, et au bord de la panique.

De cette manière, il n'y a pas lieu de se préoccuper de consulter les cadrans (s'il y en a) ou le radar. C'est ce rayon ou champ qui s'en charge, et garde cette limite sécuritaire sans intervention de l'équipage, **qui peut rire à son aise des efforts du poursuivant.** Sans doute est-ce un ordinateur quantique ou plus performant encore qui s'en occupe.

2) Ce rayon ou champ de contact peut également se doubler d'une commande de blocage de certains organes d'un avion. **Dans le ciel, ce champ devient globulaire, afin de protéger entièrement l'OVI.**

Dans le fabuleux et classique cas de Téhéran en 1976, que j'ai abondamment détaillé par ailleurs, les commandes de tir et de radio ne répondaient plus à la distance de 25 nautiques environ de l'objectif (45 / 46 kilomètres).

Ce qui paraît et est véritablement considérable.

Tant qu'il n'approchait pas cette frontière, le pilote (ainsi que celui du deuxième avion qui prit la relève) conservait la maîtrise de son appareil. Mais s'il la franchissait, le blocage entrait en action.

Autrement dit, si le pilote avait reçu l'ordre ou pris l'initiative de lancer un missile à 50 kilomètres de l'OVI, **je pense que les commandes auraient répondu, l'avion étant en-deçà de cette limite.**

Reste à savoir comment l'OVI aurait réagi. Il avait trois possibilités pour échapper au missile :

1) destruction de celui-ci 2) parade d'échappement par manœuvres ultra-rapides supérieures aux capacités du poursuivant. 3) fuite à haute vitesse.

Quarante-cinq kilomètres sont une confortable marge de sécurité pour voir venir et prendre une décision.

Cette protection est donc tout à la fois multidirectionnelle, et réglable à volonté de quelques mètres (deux ou trois, on l'a vu), à plusieurs dizaines de kilomètres en configuration de vol.

C'est donc un merveilleux outil de protection automatique, servi par une puissance phénoménale.

* * *

ASPECTS POSITIFS ET BENEFIQUES
DES OVI
*   *   *

Bon, si pour changer un peu des enlèvements de personnes, d'examens brutaux annoncés comme '' médicaux '', de soi-disant copulations à bord d'astronefs, de mutilation de bétail, et de chupacabras, on regardait le phénomène OVNI d'un œil plus serein et positif ?

Certains ufologues ont tendance à se complaire dans un domaine, où l'horreur sanguinolente le dispute au macabre des tortures inquisitionnelles. Ils sont suivis en cela par le bon peuple qui se prélasse dans le négatif à tout crin. Il se délecte par cette mode actuelle poussée à l'extrême, de ce qu'un peu de bon sens et de réflexion, rejette avec dégoût.

Il suffit d'ouvrir un magazine de télévision, pour y trouver : serial-killer, hauts faits d'armes d'ennemis publics, tous plus N° 1 les uns que les autres, documentaires sur le désœuvrement de la jet-set, ou commentaires élogieux, sinon dithyrambiques des films d'horreur, où le bas astral a la vedette. Ne parlons pas de ce navet sans consistance, qui a fait l'admiration d'une frange de la population (sans doute guidée par la pensée unique), dans lequel l'héroïne pénètre chez un voisin à son insu, en utilisant une fausse clé, dérobe les lettres d'amour d'une concierge, pour en faire ses délices, et entraîne à toute vitesse au long d'une rue un pauvre aveugle, qu'elle abandonne au bord du trottoir, complètement désemparé. Faire l'apologie du vol, et du malheur des handicapés, semble être devenu le summum de la délectation !

En ce qui nous concerne, la prime ufologique en la matière, étant les rares émissions (heureusement encore !), de C. Dechavanne ou de ses adeptes, transformant un programme annoncé sérieux sur les OVI, en pantalonnade. De manière sans doute, à calmer les craintes du public sur une éventuelle attaque massive des extra-terrestres, par un rire frôlant la jaunisse.

Pourtant, le temps d'un article, voyons les choses différemment en recadrant l'ufologie. Il s'agit de cibler le bon côté des OVI ; aspect non pas méconnu, puisque relevé par des enquêteurs sérieux, mais totalement négligé par des ufologues plongés dans un morbide délirant. Ce qui amènera en fin de compte, à une hypothèse comme quoi le bon grain et l'ivraie cohabitent.

Si le titre parle de positifs et bénéfiques, ces aspects peuvent se traduire plus véritablement en logique constructive, et en interventions curatives.

Commençons par ces dernières ; je n'en citerai que quatre, toutes connues, mais qui tiennent du miracle, et font penser indubitablement aux interventions mariales ; ce qui pour moi est tout à fait normal.

Le docteur X tout d'abord, base de toute connaissance de la double puissance en matière de guérison et de maîtrise de l'esprit humain. Voilà un homme, qui s'étant blessé à la jambe gauche trois jours auparavant, se trouve guéri, après sa vision mémorable des deux OVI, **pour lesquels il était le témoin privilégié.** Qui plus est, une vieille blessure reçue à la guerre d'Algérie, n'est également plus qu'un mauvais souvenir. Voilà pour les guérisons à distance.

Quant à l'emprise sur l'esprit humain, il est révélé par la phrase prononcée dans son sommeil : '' *le contact sera rétabli le 2 novembre, à la suite d'une chute dans l'escalier* ''. Ce qui se produisit, puisqu'ayant tout oublié le lendemain, cette amnésie disparut effectivement le 2 novembre, après la chute annoncée.

Le 3 septembre 1965, c'est un policier américain, Bob Goode, mordu le matin même à la main par un animal, qui est guéri, malgré la plaie encore à vif, par un énorme OVI de 60 mètres d'envergure, bardé de lumières multicolores.

Le 30 juillet 1954, encore aux Etats-Unis, le témoin, Buck Nelson, survolé par un OVI, lui transmit des signaux avec sa lampe. En réponse, l'engin lui envoya un rayon plus chaud et lumineux que le soleil, avec une telle force, que le témoin se retrouva à terre. A la suite de quoi, et de manière antinomique, il fut totalement guéri des maux de reins dont il souffrait (lumbago et néphrite).

Il faut reconnaître que c'est avec joie que la majorité d'entre nous accepterait de recevoir une violente bourrade, si elle amenait la disparition définitive de nos douleurs.

Le 9 décembre 1968 au Pérou, c'est un douanier, regardant évoluer un **OVI à trois kilomètres de distance**, qui reçut soudainement en pleine figure un rayon rouge-violet. Par la suite, le témoin constata qu'il n'était plus myope, et que ses rhumatismes avaient disparu.

La détection à grande distance des différents maux dont souffre un être humain, suivie instantanément d'une guérison que les autorités ecclésiastiques qualifieraient de miraculeuse, sont totalement en contradiction avec la barbarie médiévale des soi-disant examens pratiqués à l'intérieur des spationefs. Et comme ces guérisons sont physiques et réelles, on peut en inférer que les tortures, elles, sont purement psychiques, **car implantées dans l'esprit du cobaye.**

De plus, cette technologie ultra sophistiquée, semblable à la magie, est beaucoup plus en rapport avec les prouesses extraordinaires dont font preuve dans le ciel, ces mystérieux appareils.

Et si on rapproche cette technologie de celle employée par la Sainte Vierge, on constate une similitude parfaite ; telle cette petite fille muette de naissance, et qui s'exprime clairement, sans aucune difficulté de langage. Ou cet homme, Benedetto Da Pareto, tombé d'un figuier en 1490, grièvement blessé, considéré comme mourant, et totalement guéri le lendemain matin. Dans son sommeil agité, la Sainte Vierge lui affirma qu'il serait guéri pour des raisons bien précises, qu'il serait trop long de détailler dans cet article.

Je ne citerai pas d'autres cas, nombreux et très révélateurs, mais constatons que cette technologie médicale et chirurgicale, était déjà en application, il y a au moins cinq siècles.

Abordons à présent le contrôle et la maîtrise de l'esprit humain, que nous avons effleuré avec le docteur X.

Le premier cas est extrait du livre de C. Garreau et R. Lavier '' *face aux extra-terrestres* ''. Il date du 10 octobre 1954. Deux cyclomotoristes se trouvent face à un objet lumineux posé sur la route, à quelques kilomètres d'Avallon dans l'Yonne. Ils s'arrêtent à distance pour le regarder, '' *vaguement inquiets* ''. Puis ils ont l'impression que l'objet vient doucement vers eux. Effrayés, ils s'enfuient, sans regarder en arrière. '' *A aucun moment, l'objet ne nous a dépassés* ''.

Bel exemple du contrôle des réactions physiologiques et psychiques des témoins. En avançant vers eux, les ufonautes ont enregistré la montée de la panique. Ils n'ont donc pas insisté.

Mais cela n'est rien. Le cas suivant est plus complexe, car les témoins ont gardé leur sang-froid, assez longtemps pour justifier la poursuite. Il est tiré, comme les trois qui lui succèderont, de l'ouvrage '' *OVNI en Provence* '' de Julien et Figuet, et qui mérite d'être lu et médité.

Pendant une heure, le 20 novembre1979, une deux chevaux et ses trois passagers furent suivis par deux boules lumineuses reliées entre elles.

Les passagers se livrèrent à un jeu de cache-cache avec les OVI, descendent de voiture pour les observer. Quand ils marchent vers eux, ils reculent, et s'arrêtent quand les témoins s'arrêtent. Lors de la traversée des agglomérations, les boules disparaissent pour réapparaître à la sortie. Bref des scènes dignes de '' *Rencontres du 3 è type* ''.

Lorsque la conductrice, fatiguée, et commençant à paniquer, veut s'engager sur la route qui mène chez elle, les deux boules l'ont déjà précédée, et attendent près du bâtiment.

En 1974, par une belle nuit, un couple est allongé sur la plage des Salins, près de Saint-Tropez. La jeune femme aperçoit un objet lumineux sur la mer. Cet objet semblant s'intéresser au couple, la jeune femme prend peur.

Dans un premier temps, l'objet prend rapidement la fuite quand le conducteur allume les phares de son véhicule. Mais il revient bientôt pour accompagner la voiture sur quatre kilomètres ; il l'abandonne à l'entrée de Saint-Tropez.

Une fois sa passagère déposée, le jeune homme, professeur de son état, repart, poussé par la curiosité, vers la plage. Après être descendu de sa voiture, il part à pied sur une petite distance. L'OVI est là, qui semble l'attendre, et se plaça à quelques dizaines de mètres au-dessus du témoin. Celui-ci excité appelle, fait de grands gestes, sans obtenir de réaction. Puis, la réflexion venant, il se rend compte de sa solitude face à cet objet inconnu. La tension monte, et au moment où la panique le pousse à s'enfuir, brusquement l'OVI plonge vers lui, presque à le toucher, et remonte en chandelle, avant de disparaître instantanément.

1963, 23 avril ; un ouvrier agricole du Vaucluse, âgé de 36 ans, sort la nuit du bâtiment où il logeait. Un cigare lumineux d'une dizaine de mètres de long, stationne à dix mètres du témoin, et à quarante mètres de hauteur. L'ouvrier se trouve paralysé, et revit dans sa tête un accident très grave, vécu à l'âge de cinq ans. L'OVI est resté un bon quart d'heure avec l'ouvrier toujours paralysé, puis est parti comme une flèche.

Quatre étudiants se souviendront de leurs vacances dans le Var, près de Saint-Julien, en 1975.

Un soir, une '' étoile '' très brillante attire leur attention par ses déplacements erratiques. Deux des jeunes gens décident d'aller voir sur place.

Arrivés au sommet d'une crête sans avoir rien vu, ils sont surpris par une boule blanche éblouissante, qui s'élève. Terrorisés, les témoins s'enfuient sur leur moto qui refuse de démarrer, mais heureusement, en descendant une pente. Pendant ce temps, l'objet se dirige vers le hameau où habitent les étudiants, et s'arrête à l'entrée.

Le moteur de la moto est reparti, mais les deux jeunes gens, épouvantés, ne veulent pas s'approcher. C'est alors que l'OVI disparaît brusquement.

Que peut-on déduire de ces témoignages ?

Dans tous, les ufonautes ont lu les pensées du ou des témoins, afin d'anticiper leurs réactions.

L'ouvrier agricole s'est remémoré un grave accident survenu 31 ans auparavant, sans aucune raison. Autrement dit, l'OVI l'a obligé à faire remonter ce souvenir, après l'avoir attiré dehors.

Le professeur de Saint-Tropez et les étudiants ont été contrôlés sur le plan médical. Pour le premier, la panique ne l'emportant pas sur l'excitation, l'OVI en a rajouté une couche moqueuse, en descendant jusque sous son nez, avant de disparaître.

Quant aux étudiants, qui avaient été volontairement incités à se rendre sur place, par le comportement aberrant du globe lumineux, la peur atteignait des sommets critiques. L'OVI jugea prudent de partir, pour ne pas aggraver la situation qui pouvait devenir dangereuse pour les deux jeunes gens. Par la suite, les témoins durent prendre des calmants, et refusèrent de sortir le soir.

Nous retrouvons ce souci de sécurité pour les humains, dans l'affaire de Téhéran en 1976, lorsque l'OVI bloqua les commandes de tir de l'avion, afin d'éviter que les missiles ne retombent sur la ville, car il les aurait facilement distancés.

Terminons par une scène étrange, mais merveilleuse, toujours extraite du même livre, montrant bien que les ufonautes ne sont pas uniquement les envahisseurs assoiffés de sang, que l'on veut nous faire croire.

En 1951, sur une place publique de Beausoleil (06), une troupe théâtrale joue le drame de Victor Hugo '' *Lucrèce Borgia* '', en plein air donc.

Trois personnes, dont un policier, arrivant en retard au spectacle, voient avec effarement un objet ovoïde transparent immobile à sept mètres de hauteur derrière les derniers rangs des spectateurs. Il contient deux personnages, dont un vieillard avec une longue barbe, qui regardent intensément le déroulement de la pièce.

En voulant attirer l'attention des spectateurs sur cet OVI culturel, les arrivants le font fuir. Accessoirement, ils se sont fait traiter de fous furieux. Dommage qu'ils n'aient pas eu d'appareil photo, l'article accompagnant les clichés aurait mérité le prix Pulitzer !

N'est-ce pas extraordinaire que des entités venues d'ailleurs, puissent apprécier nos œuvres classiques issues des plus grands génies de l'Humanité, au même titre que n'importe quel citoyen de notre planète ? (article publié dans '' *les classiques décortiqués.*'').

Est-ce utile d'ajouter que ces étranges spectateurs ne venaient pas du fin fond de la galaxie ? Qu'ils n'étaient pas là par hasard, mais savaient pertinemment que le spectacle devait avoir lieu ? Et que s'ils étaient aussi attentionnés, au point de négliger l'environnement qui pouvait leur être hostile, **c'est qu'ils comprenaient parfaitement les dialogues ?**

Tous ces aspects positifs et bénéfiques des OVI, mais aussi les autres expériences psychiques et matérielles, d'apparences moins reluisantes, démontrent l'évidence que certains refusent de voir. A savoir que la Terre est habitée depuis longtemps par différents groupes d'entités, en principe vivant en harmonie, mais peut-être divisés sur des points secondaires, amenant des actions parfois opposées.

Mais comme il est si bien écrit dans la *Cosmogonie d'Urantia*, n'oublions pas que notre planète est Une sur Dix, un laboratoire à l'échelle cosmique ; une Université Universelle.

Notre globe est un diamant bleu sur lequel grouillent sept milliards de personnes que tout divise ; couleurs, races, religions, coutumes, langues et dialectes, écritures. Chacune prônant l'amour du prochain, qu'elle veut imposer par la violence. Et à aucun moment, ces personnes ne se rendent compte de la richesse qu'elles possèdent en commun, et qu'elles sont prêtes à désintégrer par la force nucléaire. En contrepartie, il y a des écrivains de génie, des cantatrices à la voix d'Or, des pièces du théâtre classique impérissables, des œuvres d'art d'une finesse et d'une beauté incomparables, des tableaux de Maîtres auxquels la photographie ne peut se mesurer. Sans parler d'une flore et d'une faune tellement variées, que nous sommes loin d'en avoir exploré toutes les espèces, et que nous décimons allègrement.

Nous ne connaissons évidemment pas le nombre de planètes existantes dans la Galaxie, bien que nous en commencions la recherche. Mais on peut croire que celles du type Terre ne sont pas légion. Quant à celles où la vie est semblable à la nôtre, la proportion doit être infime. Alors, Une sur Dix ne doit certainement pas courir les rues de l'espace.

Cette réflexion amène à une possibilité tout à fait nouvelle, entrant dans le cadre de l'amusement des Suivants de l'Abeille.

En contact avec d'autres ethnies de la Galaxie depuis des millénaires, il se peut qu'ils aient eu l'idée de concevoir une sorte d'université où s'inscriraient des étudiants / explorateurs désireux de mieux connaître les peuples de la Terre.

Il ne serait donc pas étonnant que cette Université très particulière, fabuleux terrain au potentiel illimité, attirât des chercheurs et des étudiants venus de tous les univers, avec comme règle de base commune, de ne pas perturber le terrain d'études, c'est à dire les cobayes que nous sommes. D'où le refus du contact généralisé, tout en pratiquant les expérimentations nécessaires à l'évolution de ces étudiants. Notamment à travers les apparitions mariales, et les modifications apportées au cours de l'Histoire, pour en tirer les enseignements indispensables.

Et si ce concept d'Université Cosmique se révèle exact, alors nous resterons tenus à l'écart jusqu'à ce que nous parvenions, par nos propres moyens, et si nous y arrivons, à nous asseoir sur les bancs de cette prestigieuse l'école, pour rejoindre ceux qui nous scrutent et nous surveillent depuis des temps immémoriaux, afin de les étudier à notre tour.

*   *   *

LUMINOSITE INTENSE : VISION D'EXCEPTION
OU
GENERATEUR D'ENERGIE ?
* * *

Lorsque nous regardons une personne ou une scène placée à contre-jour du soleil hivernal bas sur l'horizon, nous sommes obligés de lever une main occultant l'astre lumineux, pour que la vue retrouve son acuité normale.

Il en est de même la nuit, quand nous faisons face aux phares d'une voiture arrêtée, le conducteur n'ayant pas coupé l'éclairage. Nos yeux habitués à l'obscurité, sont soudain éblouis par cette clarté intempestive, et ne peuvent supporter la brutale intrusion trop aveuglante.

Apparemment, je dirais même bêtement, c'est une simple affaire d'adaptation de la pupille, qui rétrécit à la lumière, et se dilate dans l'obscurité.

Afin de bien comprendre la suite, il est nécessaire d'introduire quelques définitions de base ne demandant aucun effort de compréhension, mais toutefois indispensables pour qu'auteur et lecteurs soient en parfait accord.

Le cristallin ou lentille s'adapte à la distance focale, terme cher aux photographes, et qui permet d'obtenir une image nette sur la rétine, foyer sur lequel se forme l'image projetée par le cristallin.

Cependant, pour obtenir cette image, il faut des exécutants de premier ordre.

Ce sont les cônes, organes de la perception visuelle diurne, et de la perception des couleurs ; très serrés, ils sont environ 2000 dans la fossette centrale.

Les bâtonnets, sensibles aux faibles éclairages, sont l'organe de la vision nocturne. (Larousse médical).

L'œil ne comporte pas que ces quatre participants, ce serait trop simple, surtout pour les soins médicaux. Mais ils suffiront pour notre étude.

Par comparaison avec l'œil humain, il est aisé de comprendre que les grands yeux des hiboux et des chouettes, s'ils sont parfaitement adaptés à la vision nocturne, sont handicapés à la lumière du jour, et ne peuvent lutter contre la puissante luminosité solaire.

Ce prologue étant achevé, où veux-je en venir ?

Excusez-moi, j'ai oublié de préciser qu'il va être question de soucoupes et cigares volants, sans omettre les autres aéronefs de formes diverses, et vulgairement dénommés : Objets Volants Non Identifiés par l'Homo Sapiens Sapiens dans sa généralité.

Dans une partie des témoignages répertoriés, il est question d'ouvertures rondes ou rectangulaires réparties régulièrement sur le pourtour des engins, **extrêmement lumineuses**, et que par analogie avec nos avions, nous pensons être des hublots ; ce qui paraît logique.

'' Il n'avait pas de feux de position mais nous avons vu distinctement d'autres lumières, qu'on eût dit provenir de huit ou dix fenêtres ou hublots éclairés dans la partie inférieure de l'appareil.

Les lumières étaient d'un genre fluorescent, douces, floconneuses et ne ressemblaient à rien que nous eussions jamais vu.'' (Rapporté par J. Guieu *'' Les soucoupes volantes viennent d'un autre monde ''* p. 26 (Fleuve Noir)

Ce qui revient à dire que si hublots il y a, **ils reflètent automatiquement l'éclairage intérieur** qui se révèlerait peut-être insolite pour notre vision humaine.

Auquel cas, les ufonautes possèderaient des organes oculaires capables de supporter un tel éclairage bien au-delà de nos capacités.

Pourtant, dans les rencontres nocturnes avec de tels êtres, il semblerait qu'ils aient une remarquable adaptabilité visuelle ; ce qui serait en rapport direct avec leurs grands yeux obliques, que la mode des lunettes de soleil a si bien adoptés.

Normalement, en fonction de nos propres critères, ce devrait être le contraire pour les rencontres se déroulant en plein jour (Valensole par exemple). Or les ufonautes sont parfaitement à l'aise dans les conditions d'éclairage diurne.

Qu'est-ce que cela veut dire ? Ou bien ces entités ont des yeux à facettes qui supportent une gamme étendue du spectre lumineux supérieure à nos propres possibilités, d'où une prédilection pour la très haute lumière ; ou leurs organes de vision sont totalement différents des nôtres, en ne contenant pas les éléments décrits plus haut, et donc peuvent réagir rapidement aux variations de luminosité, peu importe qu'il fasse jour ou nuit.

A la page 144 de *'' Premières enquêtes sur les humanoïdes extraterrestres ''* (R. Laffont), Henry Durrant écrit à ce propos, concernant la catégorie I à grosse tête, la plus courante : *'' Les yeux sont habituellement grands et écarquillés, ce qui permet une vision globale **et indique une sensibilité anormale à la lumière.**''* (renforcé par moi).

Lors de la rencontre très rapprochée que firent les pilotes Chiles et Whitted le 24 juillet 1948 au-dessus de la Géorgie (E.U.), ils purent noter sur le cigare qu'ils croisèrent, outre deux rangées de hublots :*'' L'avant ressemblait à une cabine de pilotage, sauf par son brillant étrange, **aussi vif qu'un éclat de magnésium**''* (J. Guieu). Et à l'échappement, il y avait une flamme rouge-orangé qui atteignait quinze mètres de long.

Oui, c'est très bien ; néanmoins une autre hypothèse existe, qui nous lance sur une nouvelle piste...mais qui se heurte aussi à d'étranges contradictions qui méritent réflexion.

Le 21 juillet 1975, Jean-Pierre Petit, chargé de recherche au C.N.R.S. présentait une théorie sous le titre '' *Convertisseurs magnétohydrodynamiques d'un genre nouveau* '', publiée par les Comptes rendus de l'Académie des Sciences de Paris en octobre 1975 (dossier fourni par Claude Burkel).

Article de '' *Science et Vie* '' de mars 1976, avec le titre '' *Comment faire voler un OVNI (sur le papier)* ''.

Ce physicien bien connu développe son exposé séduisant et bien pensé de manière très attractive, et surtout réaliste.

Je ne m'étendrai pas sur son contenu, car l'effet Hall et les forces de Lorentz me passent par-dessus la tête, bien rentrée dans les épaules pour éviter d'être touchée.

Je vais seulement citer *in-extenso* sa première hypothèse, qui nous intéresse au premier chef :

'' *Supposons que les Ovnis créent autour d'eux une décharge électrique, qui ionise l'air ambiant. Supposons aussi que les fameux* '' *hublots* '' *des soucoupes, sont en réalité des électrodes, et, puisqu'elles sont en général plus lumineuses, que les électrodes supérieures sont des cathodes émettrices d'électrons. La paroi de l'Ovni, en dehors de ces électrodes émettrices ou collectrices d'électrons, devra donc être constituée d'un matériau isolant, non conducteur de l'électricité* ''.

Bon, ceci est simple à comprendre ; notons toutefois que le matériau isolant doit être également résistant, même si le frottement contre les couches de l'atmosphère est inexistant suivant le principe de la magnétohydrodynamique ; il n'y a pas à lutter contre le mur de la chaleur.

En juillet 1950, à Guyancourt, monsieur Claude Blondeau vit deux soucoupes posées sur le terrain d'aviation, et leurs pilotes, semblables à des hommes (enquête de J. Guieu) :

'' *...De l'intérieur jaillit un éclairage formidable...Ce qui m'a le plus frappé, c'est l'éclairage le plus parfait que j'aie jamais vu. Il ne projetait aucune ombre et l'on ne pouvait en distinguer la source...* ''.

Puis plus loin *: '' Les hublots devinrent alors luminescents et, en une seconde, les engins se cabrèrent sans bruit – c'est-à-dire que de leur position horizontale ils passèrent instantanément à la verticale – et disparurent verticalement comme deux étoiles filantes.* ''

Sans revenir sur le fait que C. Blondeau a joué le rôle du témoin volontairement choisi par les ufonautes, ce rapport semble donner raison à J.P Petit, ainsi qu'un autre témoignage, celui du douanier Gachignard à Marignane le 27 octobre 1952, faisant état de quatre hublots avec une lumière pâle qui s'allumait et s'éteignait.

Tout y est, y compris l'éclairage formidable qui rejoint celui observé par Chiles et Whitted.

Au début des années cinquante, le lieutenant Plantier avait déjà publié une autre théorie sur '' *La propulsion des soucoupes volantes* '', basée sur l'antigravitation. Avec toujours cette protection isolante créant un vide d'air autour des parois, évitant ainsi le frottement des molécules.

Bien que les deux principes aient en commun la descente en feuille morte, les virages serrés interdits aux avions de chasse, les accélérations foudroyantes, là non plus, je ne m'amuserai pas à juger s'il y a ou non concordance entre les deux hypothèses de travail. Je note simplement que s'il s'agissait d'un principe absolument identique, je doute que J.P. Petit, au courant des travaux de Plantier, aurait piétiné joyeusement les plates-bandes de ce dernier, en bravant le risque du plagiat.

Donc dans ce paragraphe, ce qui importe vraiment pour nous, c'est le fait que les hublots n'en sont plus, **et donc annule mes explications précédentes.**

Permettez cher monsieur ; ce n'est pas dans tous les rapports que ces hublots sont mentionnés, il s'en faut de beaucoup. Par exemple, les cigares n'en sont pas toujours munis ; **que deviennent alors ces supposées électrodes ?**

Faire une généralité dans un sens ou dans l'autre serait totalement débile ; car si les témoignages Blondeau et Gachignard vont indiscutablement dans le sens des électrodes, par contre, dans '' *Black-out sur les soucoupes volantes* '' (Fleuve Noir) de J. Guieu, la planche N° 15 montre un cigare volant à proximité de l'aérodrome de Nîmes- Courbessac, émettant un nuage à l'arrière, et doté de véritables fenêtres pourrait-on dire derrière lesquelles se tenaient des entités casquées.

Ce n'est qu'un exemple parmi de nombreux autres, qui permet d'affirmer qu'il existe de faux hublots et de véritables fenêtres ou baies transparentes.

D'autre part, j'ai relevé de curieuses affirmations de témoins ayant noté des bruits ou des visions concernant les OVI, en totale contradiction les unes et les autres.

Ce qui signifie que le mode de propulsion n'est pas unique mais multiple !

Et justifie l'absence ou la présence des hublots – électrodes.

Jean-Pierre Petit a probablement raison pour ce mode particulier ; **mais il reste à expliquer les autres.**

Dans les livres de Jimmy Guieu '' *Les soucoupes volantes viennent d'un autre monde* '' (Fleuve Noir), et ' ' *Mystérieux objets célestes* '' d'Aimé Michel (R. Laffont), on peut lire ce que j'avais laissé de côté jusqu'à présent, alors que c'est d'une aveuglante clarté (comme les '' hublots '').

Par comparaison, notons tout d'abord que tous les avions à réaction ou à hélices ont dans chaque catégorie des caractéristiques de sons ou de trainées d'altitude similaires. Il en est de même pour les voitures, avec leurs dégagements de fumée toxique.

Or, pour les OVI, nous avons dans la catégorie **fumée dégagée**, en vrac :

Aucune traînée de fumée pour l'engin aux huit ou dix hublots éclairés rapporté plus haut ; une lentille vivement lumineuse **laissant une courte traînée fulgurante** ; à New-Delhi le 15 mars 1951, un cigare métallique de 100 pieds de long, avec un anneau de flammes à sa queue, laissait échapper **une épaisse traînée blanche** ; 14 jours plus tard, le même aéronef revint et laissa une traînée qui demeura **visible pendant une heure et demie.**

En mars 1952, en France, une sorte de boule laissait une **traînée livide qui se dissolvait en deux ou trois secondes.**

La différence de durée de vie de la fumée provient peut-être du vent plus ou moins existant, hypothèse sans certitude.

Le 4 janvier 1952 c'est une boule allongée (sans doute un cigare) , **qui émet des flammes et des lueurs à chacune de ses extrémités.**

Plus tard en Espagne, ce sont trois engins étincelants qui laissaient derrière eux **une épaisse fumée jaune.**

Au-dessus de Londres, c'est une sorte de vaisseau avec **une longue queue flamboyante.**

Terminons cette revue fumeuse, en revenant sur la rencontre Chiles et Whitted avec le cigare inconnu et imprudent : '' *Au moment où l'appareil dépassait le DC 3, il fit un bond vers le ciel, comme si son pilote venait d'apercevoir l'avion et voulait l'éviter. Il y eut une formidable explosion à l'arrière qui secoua violemment l'avion de ligne, et la '' chose '' disparut dans les nuages.*'' Ibid. Guieu.

Pourquoi une telle explosion qui pouvait endommager, voire détruire l'avion civil ? A quoi correspondait-elle pour le pilote de l'OVI, lequel apparemment ne s'en porta pas plus mal.

Côté du bruit, nous avons également un échantillonnage très folklorique, qui va du silence absolu au grondement, en passant par le bourdonnement d'abeille (le plus fréquent), le sifflement léger, un bruit de fusée mouillée avec des étincelles, et un vrombissement.

Aimé Michel rapporte même le cas d'une masse sombre **projetant une lueur verdâtre** avant de s'envoler à une vitesse foudroyante.

'' *Toute sa surface irradiait une lumière fixe de couleur orangée ; par contre, sa périphérie laissait perpétuellement échapper des flammèches vacillantes bleuâtres.*'' (J. Guieu, p. 40, rapport sur un disque tournant sur lui-même, par un équipage volant au-dessus de la Corée du nord en janvier 1952).

Comme pour les ufonautes, nous sommes confrontés à un kaléidoscope d'engins totalement différents, à la fois dans leurs formes et leurs dimensions, dont je reparlerai dans l'article '' *Amusements dans la disproportion* '', **mais aussi dans leurs modes de propulsion.**

Il est évident qu'un cigare de 50 mètres crachant une flamme de quinze mètres, n'emploie pas la méthode magnétohydrodynamique de J.P. Petit. Celle-ci étant probablement utilisée par le disque énorme de la Corée du nord, par le petit engin de trois mètres de long de l'ufonaute câlin d'Antoine Mazaud, et peut-être même par le géant de deux kilomètres d'envergure qui survola l'Arizona en mars 1997.

Quant aux appareils qui éjectent de la fumée, celle-ci ne présente pas à chaque fois une consistance ou une couleur identique.

Ce qui ne correspond à rien de ce que nous connaissons avec nos véhicules traditionnels qui polluent d'un commun accord, quel que soit le type de moteur, le périphérique parisien aux jours de chaleur persistante.

On a souvent constaté que les OVI présentent des formes bizarres et extravagantes, du genre derricks ou tour Eiffel, imitent les avions, jouent sur la luminosité, la trajectoire et la vitesse pour faire croire à un météore.

Se pourrait-il que les Responsables de ce phénomène **poussassent la malignité jusqu'à nous tromper sur leurs modes de propulsion**, afin de nous dérouter davantage ?

Le vaisseau de Londres avec sa longue queue flamboyante, et celui croisé par l'équipage du DC 3, ne peuvent pas être assimilés à nos fusées asthmatiques. Etant donné la nécessité d'emporter des centaines de tonnes de propergol consommées à une cadence infernale, ces OVI d'un genre spécial n'auraient ni les moyens de tenir l'air longtemps, ni de pouvoir effectuer la manœuvre d'évitement observée.

Alors que les cigares transporteurs de disques n'éjectent aucune flamme, ce qui correspond plus à la note futuriste.

On peut donc être certains que ces facétieux étrangers de l'ailleurs, tout en étant '' bien de chez nous'', nous jettent en permanence de la poudre aux yeux. **Si bien que nous ne pouvons que douter de tout ce que l'on croit connaître à leur sujet.**

Y compris sans doute dans l'aspect physique des ufonautes : à l'instar de celles, protéiformes, **qui se présentent sous les multiples**

apparences de la Sainte Vierge, il n'est pas impossible que nous devrions revoir toute la panoplie des ufonautes répertoriés.

Mais comment démêler le vrai du faux ?

Et si en fait, il n'y avait qu'une seule race de visiteurs pilotant les disques, cigares, boules et triangles **utilisant qu'un seul mode de propulsion que j'appellerais Plantier / Petit ?**

A ce propos, je ne peux m'empêcher de penser au vieillard de Beausoleil dans son curach transparent, admirateur de Victor Hugo ; **Représentait-il la véritable réalité du phénomène OVNI-A.M. ?**

Nous avons une confirmation de ce que Tolkien nomme '' théâtre faërique ''ou rêve éveillé du témoin, par le troisième livre de Shi Bo '' *OVNI nouveaux dossiers chinois* '' (Aldane 1999).

La bonne foi des témoins étant indéniable, c'est cependant un mélange de déjà vu dans les pays occidentaux, et de contes des mille et une nuits.

Pour ceux-ci, nous retrouvons **le transport du témoin par les airs à dos d'homme,** sur un circuit de plusieurs villes espacées de centaines ou milliers de kilomètres, à très grande vitesse. Exactement comme pour Sabu avec le génie dans '' *Le voleur de Bagdad* '' (1940).

C'est d'une absurdité fantastique, irréelle ; aussi abracadabrante que ce remake de Quarouble. En décembre 1989 un cylindre atterrit sur une voie ferrée près du passage à niveau N° 16 de la ligne Pékin-Xian.

Quelques variantes comme il se doit avec son homologue français ; le paysage est couvert de neige, et il fait moins quinze degrés.

Mais il y a deux petits nains qui semblent chercher quelque chose, et quand le cheminot veut saisir le bras de l'un d'eux, il reçoit une secousse violente.

Elle pourrait être en rapport avec le fait qu'il y a des traces de pas, dont il n'est pas précisé les caractéristiques (enquête pas assez poussée, notamment sur les visages que le garde-barrière a pu voir avec sa lampe-torche).

L'homme affirme que les nains glissaient alors que les traces sont nettes. Il y a un précédent mexicain, où les ouraniens marchaient dans la boue en la repoussant, protégés par un champ de force. **Ici, c'est la même chose, qui donne donc l'impression de glisser, tout en protégeant des agressions extérieures (choc électrique).**

Enfin, il y a l'épisode final d'un instrument projetant une lumière rouge, solide et '' collante '' qui paralyse le témoin, le faisant s'évanouir.

Cette tromperie visuelle dans tous les domaines étant peut-être une sorte d'auto-défense, comme certains animaux terrestres et marins qui se camouflent ou adoptent un trompe-l'œil pour échapper à leurs prédateurs.

Ceux-ci étant représentés par les hommes.
Si ces entités sont les anciens dieux ou leurs descendants, ces changements d'apparence à la fois pour eux-mêmes et pour leurs engins, sont en quelque sorte une seconde nature.
Devenue une nécessité primordiale face à l'humanité moderne.
Comme quoi cette banale histoire de vision a permis d'ouvrir les yeux sur des particularités toujours aussi déconcertantes du phénomène OVNI.

* * *

O.V.I. : OGIVES APLATIES PAR LE VIDE.
* * *

Dans l'historique de l'ufologie, nous relevons deux aventures non similaires, situées temporellement en 1968 et 1974, dans lesquelles les armes à feu jouent un rôle non négligeable ; elles en sont même les vedettes, en démontrant l'utilisation d'un champ de force invisible, mais impénétrable.

Du genre de ceux que l'on voit dans les films '*la guerre des mondes*'' de 1951, et '' *Les soucoupes volantes attaquent* '', où les obus s'écrasent sur la protection fluctuante enveloppant l'engin étranger.

La première affaire se passe à Cuba le 14 juin 1968, et est rapportée par Andrès Alfaya dans ''*Le triangle des perturbations*'' (Laffont).

Je l'ai évoquée dans mon second livre, sous l'article ''*O.S.M.N.I., Haarp et Sura* '', mais je vais y revenir ici, en comparaison avec celle qui se déroule aux Etats-Unis.

Donc ce soir du 14 juin, un paysan nommé Isidro Fuentès effectuait son tour de garde dans sa région, en accord avec l'armée qui utilisait les services des volontaires pour surveiller et avertir d'un éventuel débarquement américain.

Chaque participant était équipé d'une mitrailleuse A.K.M. selon les termes d'Alfaya, prêtée par les militaires, et qu'il rendait à la fin de son créneau horaire.

Dans la nuit des rafales se firent entendre, ce qui déclencha les recherches. On retrouva Isidro évanoui, et toutes les douilles des cartouches tirées (48 au total).

En élargissant le périmètre, quatorze des projectiles furent découverts au pied d'une dépression d'un mètre de diamètre avec trois petites marques.

Les radars avaient détecté un objet volant, confirmant ainsi la présence d'un corps solide dans les parages. Confirmation qui trouva un écho dans la déclaration d'Isidro quand il se réveilla deux semaines plus tard.

Il était presque à la fin de son service, quand il aperçut une lueur intense dans les arbres à quelque distance. Intrigué, il s'approcha jusqu'à une cinquantaine de mètres et vit un objet lumineux posé au sol. Il l'observa un certain temps, puis, effrayé par le silence de l'engin, il tira deux rafales. Aussitôt après, il entendit un sifflement très fort et s'évanouit.

Quant aux quatorze ogives retrouvées sur les quarante-huit tirées, elles furent ramassées au même endroit où l'impact semblait les avoir arrêtées ; or il n'y avait aucun obstacle, l'espace était vide. Pourtant indubitablement leur écrasement confirmait que les projectiles avaient heurté une surface dure ; ce qui était impensable, car ils auraient ricoché, et se seraient éparpillés dans la nature.

En fait tout indiquait qu'une surface solide avait progressivement absorbé leur énergie cinétique, afin qu'ils retombassent de manière inoffensive au pied de l'obstacle.

Et ce qui augmenta la perplexité des scientifiques, c'est que les ogives ne contenaient aucune particule quelconque, comme cela se produit toujours par transfert lors d'une rencontre brutale entre deux structures (peinture pour les voitures).

Seul un champ de force à la fois solide et immatériel convient pour justifier cette absence de transfert de poussières, et faire en sorte que les ogives aient été privées de leur énergie cinétique en s'écrasant pour retomber de manière inoffensive au pied de cette muraille.

Le reste des projectiles avait probablement poursuivi sa trajectoire jusqu'à sa chute finale, sans avoir rencontré d'opposition.

Remarquons que le tireur ne fut puni de son geste agressif que par une mise en inconscience de treize jours.

Notons également que nous avons affaire à un atterrissage classique, sans pouvoir en déterminer la raison ; il semblerait en effet que la présence d'Isidro n'était pas l'objectif, bien qu'ayant dû être repérée.

Il n'y a pas de temps manquant, ni apparemment d'autres détails insolites que l'on retrouve habituellement dans les récits de RR 4. Ici, il s'agit de tout au plus d'une rencontre rapprochée de type 2.

Le second épisode fait plus partie des histoires de manipulation de l'inconscient, style RR 4 justement, avec toutefois une touche technologique particulière, qu'il est nécessaire de bien détailler ; car elle ne l'a pas été par les enquêteurs.

J'ai sorti ce cas, page 34 à 36, du livre de Bertrand Méheust '' *Soucoupes volantes et folklore* '' (Mercure de France).

Auparavant, bien que le travail de cet auteur soit à saluer car apportant du positif à l'ufologie, je tiens à affirmer ma totale opposition à la dernière partie de sa proposition d'étude psychologique de tout témoin (en général) : '' *Il (l'enquêteur) suivra le témoin pendant des mois, voire même des années, car seul le temps permet d'évaluer une personnalité* '' (p. 20).

Inutile d'insister sur la démence d'un tel programme, ou le témoin sérieux ou affabulateur serait considéré comme un criminel qu'il faudrait faire craquer.

Et vu le nombre de témoignages, il en faudrait du personnel pour suivre tout ce monde ; de quoi résoudre la crise du chômage en France.

Quant à évaluer une personnalité à travers le temps, certaines affaires criminelles récentes ont montré que les membres d'une famille ne se connaissent pas forcément après de nombreuses années de vie commune.

Et toutes ces interrogations (dont certaines sont justifiées et logiques) et suivi psychologique, pour une banale RR 3 ou 4 ? l'ufologie doit rester démocratique.

Sautons cette page démoniaque, et arrivons-en à la 34, pour rejoindre un brave chasseur de gros gibier parti le 25 octobre 1974 dans le parc national de Medecine Bow (Wyoming).

Carl Higdon se dirigea vers un secteur peu fréquenté à cause de sa difficulté d'accès (de son propre chef ou fut-il incité ?).

Il aperçoit un élan qu'il met en joue : '' *La détonation est comme étouffée, la balle file devant lui au ralenti et tombe sur le sol à quelques mètres, complètement écrasée.* '' Le chasseur ramasse l'ogive, la mettant dans sa poche.

A partit de là, c'est la technologie de l'inconscient qui prend le relai, avec rencontre d'une entité humanoïde, et structure cubique lumineuse.

A l'instar du docteur X, Higdon sera amnésique 24 heures, puis se souviendra des événements (ou du moins de ceux que l'on a implanté dans son cerveau), à la manière d'A.V.B., sans recours à l'hypnose.

Après un voyage sidéral, il est expulsé hors de l'engin, et parvient à demander de l'aide par la C.B. de son véhicule, tout en étant amnésique, et il est sauvé.

A ce moment, point important : '' *Enfin la balle du magnum est retrouvée dans sa poche, écrasée et retournée comme un gant* '' p. 36.

Ici, on peut supposer que ses ravisseurs **lui ont volontairement laissé cet objet qui permet d'émettre des déductions assez spectaculaires.**
B. Méheust a raison de parler de magnum, car en 1974, ce type cartouches puissantes était déjà bien développé aux Etats-Unis. Et contrairement à la France et à l'Europe, le prix des munitions n'est pas prohibitif. Donc le chasseur aura tendance à acheter les cartouches de commerce, très fiables.

Le gibier pouvant devenir dangereux en cas de défaillance de l'arme, on peut affirmer que les incidents causés par une cartouche défectueuse sont extrêmement rares.

Sauf si le chasseur a utilisé une cartouche de fabrication personnelle, dont un des deux composants (amorce ou poudre) est peu adapté.

Toutefois, si la pression est juste suffisante par suite d'une faiblesse de l'amorce, le projectile est expulsé à quelques mètres, mais **sans subir aucune déformation** ! Ce type de projectile spécial pour la chasse, est calculé pour augmenter son diamètre, s'évaser, champignonner **uniquement lors de sa rencontre à grande vitesse avec son objectif.**

Toutes ces explications techniques véritables et vérifiables sont pour faire comprendre au lecteur non initié l'importance de ce morceau de métal torturé sorti de la carabine du chasseur.

Si l'on accepte ce que décrit Méheust au moment où Higdon appuie sur la détente, **il est absolument impossible qu'il en soit ainsi !**

Si la balle est réellement '' *écrasée et retournée comme un gant* '', c'est à dire champignonnée, **c'est bien parce qu'elle est partie à 850 ou 900 mètres / seconde, selon son calibre et son poids ; et qu'elle a rencontré un obstacle qui l'a stoppée et écrasée quelques mètres après la sortie du canon.**

Que la cartouche soit manufacturée ou artisanale ne change absolument rien à cette certitude.

On retrouve ici un résultat identique aux quatorze ogives tirées par Isidro à Cuba.

Par contre, et contrairement à l'épisode cubain, le récit de Méheust s'arrête à cette découverte dans la poche de Higdon ; on ne sait pas si le projectile fut examiné à fond, s'il y eut transfert ou non.

De même que l'auteur ne s'étonne pas de l'incompatibilité entre le manque **apparent de vélocité** et l'écrasement de la balle ; par méconnaissance des lois de la cinétique de la balistique ?

Ce qui bien sûr n'est pas un reproche ; on ne peut pas tout connaître. Mais c'est une preuve de plus que l'ufologie demande des compétences, même inusitées, dans de nombreux domaines. **C'est donc indubitablement un travail d'équipe.**

D'où les questions : alors pourquoi ce ralenti, et sur quoi le projectile s'est-il écrasé ?

Commençons par le plus facile : la deuxième question. La réponse est exactement identique à celle définie pour l'aventure d'Isidro ; il n'y a pas lieu de s'en étonner.

Cependant le lecteur curieux, s'il admet que l'engin de Cuba se protégeait par un champ de force (magnétique ou autre), ne comprend pas comment un tel mur pouvait se dresser entre le chasseur et sa victime.

Pour évoluer vers une réponse qui me paraît logique, on reprend la scène au moment où Higdon ramasse la balle ; c'est alors qu'il remarque une créature d'apparence humaine, et plus loin une masse cubique lumineuse, auxquelles il tournait le dos quand il épaula sa carabine.

Je suppose donc que cet engin a émis son champ protecteur, qui englobait notre chasseur, **l'équipage sachant fort bien qu'au moment de tirer, la balle serait stoppée,** pour son grand amusement en riant du désarroi de son cobaye.

Pour corser le jeu, il a fait croire à l'humain que la cartouche était défectueuse en créant pour lui, **et uniquement pour lui un ralentissement temporel**, le coup partant normalement.

C'est un peu le principe d'une caméra filmant à haute vitesse un projectile traversant une pomme au ralenti ; Higdon (supposé être la caméra) a vu le temps se contracter, provoquant un assourdissement de la détonation par la distorsion temporelle, rendant visible la sortie de la balle du canon, et son écrasement quelques mètres plus loin.

Après quoi, c'est le surréalisme qui entre en jeu ; car quand Higdon pénètre dans l'appareil, qu'y-a-t-il en plus de cinq personnages ? **le cadavre d'un élan !**

Du moins, c'est ce qu'il rapporta de son aventure, dont le contenu, que l'on sait totalement faux, n'offre aucun intérêt pour cette étude.

*   *   *

L'AERODYNAMIQUE, CONCEPT TERRESTRE
* * *

Selon l'encyclopédie : *L'aérodynamique, qui ne date que du début du 19 è siècle, est la science des phénomènes physiques liés au déplacement des solides dans l'atmosphère / Se dit des engins carénés de façon à opposer à l'air une résistance minimale.*

Dans cette définition, les deux termes les plus significatifs sont : dans l'atmosphère, et : opposer à l'air. Cette composition oxygène / azote, plus quelques traces de gaz rares, est la base de toute notre vie. Sans son épaisseur conséquente au niveau de la mer, nous sommes soumis à des rigueurs contraignantes. Plus on monte, plus la respiration devient difficile, oppressante, la vitesse des mouvements se ralentit, le froid augmente. A la longue, l'accoutumance oblige le corps à s'adapter.

C'est ainsi que les habitants des hauts plateaux boliviens, pour ne citer qu'eux, ont un nombre de globules rouges porteurs d'oxygène nettement supérieur au nôtre, et une capacité pulmonaire accrue, pour compenser la faiblesse de la pression atmosphérique.

Cependant, nous devons payer un tribut à cette sécurité vitale. Initialement, il était d'ordre naturel : le vent. Celui-ci, montant en puissance, peut ralentir, voire freiner complètement la marche d'un homme. A un degré plus élevé, il devient tempête tropicale, ouragan, cyclone, typhon, avec les dégâts correspondants. C'est une force destructrice presque tangible dans sa densité.

Le tribut naturel a fini par avoir un compagnon : la création humaine d'engins de transport. Roulant ou volant de plus en plus vite, ils se sont heurtés à l'atmosphère, transformant celle-ci en un mur plus solide que du béton.

Pour prendre un exemple concret, il est évident qu'un véhicule terrestre ou aérien, en forme de cube de cinq mètres de côté, propulsé par un moteur de poussée illimitée, atteindra vite ses limites de vitesse.

L'air comprimé par la surface avant de 25 mètres carrés, deviendra de plus en plus dense, et le frottement des molécules échauffera rapidement le métal, jusqu'à le faire fondre. Et la puissance du moteur ne pourra être utilisée jusqu'à son maximum.

Dans le vide spatial, il en est tout autrement ; plus d'air, plus d'opposition, et le cube géant foncera avec toute la vélocité que son moteur lui procurera.

Au-delà de l'atmosphère, l'aérodynamique est un mot inconnu. Le symbole du sagittaire, ce centaure bandant son arc, y naviguerait aisément, alors que sur Terre, sa forme ne serait pas appropriée.

C'est pourquoi il a fallu contourner le problème, en essayant de produire des appareils les plus profilés possible, de manière à reculer le moment où la résistance à l'air, ou le mur de la chaleur, deviendrait trop critique. C'est le cas des avions ; nous n'avons pas encore trouvé le matériau miracle qui se moquerait de cette chaleur quelle que soit la vitesse, en ne la transmettant pas à l'intérieur de la carlingue. Le bouclier thermique des navettes spatiales n'est qu'un palliatif pour la rentrée dans l'atmosphère ; encore faut-il calculer au plus juste l'angle de pénétration.

Il y a donc une limite que nous n'arrivons pas à franchir.

Pour les voitures, le problème se pose différemment. Le roulement des pneus sur la route, absorbe 80 % de l'énergie. Il est donc nécessaire de profiler au mieux la carrosserie, pour une meilleure pénétration dans l'air, et économiser du carburant.

Le carénage des voitures a tendance à aller vers une uniformisation dans chaque catégorie, avec étude en soufflerie, les variantes aérodynamiques étant peu nombreuses. Cependant, les constructeurs tiennent à se démarquer les uns des autres pour des raisons commerciales ; les clients ne veulent pas avoir la même voiture que le voisin.

Certains appareils militaires de nouvelle génération utilisent la MHD (magnétohydrodynamique), qui permet une meilleure pénétration dans l'air ou dans l'eau (cas des torpilles russes KVALL, qui filent à 500 kilomètres / heure), avec des vitesses dépassant de loin le mur de la chaleur, ou de la résistance, puisque le milieu ambiant est dévié au niveau moléculaire par ionisation, sans toucher les parois, et participe même à la propulsion.

Mais malgré cette avancée qui n'est pas appliquée partout, nous cherchons toujours le meilleur coefficient aérodynamique.

C'est là toute la différence avec les OVI.

Certains ont une forme aérodynamique, mais de nombreux autres en sont loin. Ce qui ne les empêche pas d 'évoluer dans des conditions inconnues de nos engins les plus sophistiqués.

Si l'on considère les avions civils ou militaires terrestres, la forme générale est un cylindre muni de deux ailes opposées à l'avant, en forme de croix ou de pointe de flèche plus ou moins accentuée ; plus en empennage stabilisateur à l'arrière.

Par contre, en ce qui concerne la vaisselle céleste, difficile de s'y retrouver pour établir un catalogue cohérent.

Même l'OVI de base, pour prendre un exemple type, c'est à dire le disque plus ou moins bombé, se décline lui-même en une variété incompréhensible à nos yeux (comme le reste d'ailleurs).

Il est parfois surmonté d'une petite coupole transparente ou non, quelquefois doublée, d'un dôme hémisphérique, cylindrique style ' ' canotier ' ', ou conique. Parfois ce dôme est surmonté d 'une antenne.

A d'autres occasions, il disparaît complètement, pour laisser subsister un disque presque plat.

Ces différences sont déjà étonnantes, mais quand on abandonne cet engin dit classique, nous tombons dans un kaléidoscope, où toutes les formes semblent issues d'un cerveau débridé sous l'emprise d'une drogue hallucinogène.

Il y a les triangles, les carrés (Bolazec), les sphères entourées ou non d'un anneau, munies de hublots (ou supposés tels) ou absolument lisses, le ballon de rugby, le cigare plus ou moins géant, en forme d'obus ou les deux extrémités tronquées.

Il y a le champignon à un pied, parfois deux pieds opposés, sans doute pour se poser au plafond, l'OVI en forme de sous-marin. C'est peut-être lui qui se propulse au fond des mers à une vitesse stupéfiante. L'engin ressemblant à une cloche fut observé et même photographié, mais ni sur la route de Rome, ni au moment de Pâques.

Il y a le dôme géant seul avec des ouvertures lumineuses à la base (Trancas, en Argentine), l'OVI-haltère, sans doute piloté par des ufonautes sportifs et musclés. Enfin l'OVI conique, en forme de toupie, pour ufonautes enfants.

Je n'ai pas tout cité, car dans ce cas, il faudrait inclure l'OVI raton-laveur, comme dans le catalogue de J. Prévert.

Et pourtant, tous ces engins d'aspects baroques naviguent parfaitement dans l'atmosphère, démontrant ainsi que le carénage importe peu, si l'on possède la technologie adéquate.

Alors, la question qui jaillit aussi bien des lèvres du jeune néophyte découvrant le phénomène OVNI, que de celles du vieux briscard ufologue est :

Pourquoi une telle variété dans cette nomenclature bric –à- brac ? D'autant qu'il faut ajouter que les dimensions des objets sont aussi variables dans des proportions considérables, que les appareils eux-mêmes.

En effet, sans parler des foo-fighters de 20 centimètres de diamètre de la dernière guerre mondiale, les tailles ont été décrites allant de 1, 50 mètre de long à deux kilomètres d'envergure (Arizona 1997), en passant par les objets gros comme une voiture (Valensole, Socorro), les disques de 3 à 20 mètres, les obus de 30 mètres, et des engins ovoïdes de 500 à 800 mètres.

Là aussi, les extrêmes ne se rencontrent pas sur Terre, même s'il existe des ULM et des avions cargos.

Toutes ces dimensions semblent en concordance avec la taille des ufonautes, qui varie de quelques décimètres à plus de trois mètres.

La première réponse, plus humoristique que proche de la vérité, est qu'il y a autant de sortes d'appareils, qu'il y a de races qui viennent visiter notre belle planète. Ce qui serait flatteur pour nous.

Toutefois, il y en a une autre qui mérite que l'on s'y arrête, afin de l'étudier.

Et si tous les appareils, du moins les plus petits, étaient comme nos automobiles, propriétés de leur pilote ? c'est à dire qu'ils l'auraient acheté ou fait caréner suivant leur desiderata Car quand je parle d'acheter, c'est pour employer une expression compréhensible en rapport avec notre mentalité, et notre forme de civilisation.

Ce qui expliquerait cette variété, dont l'aérodynamique laisse à désirer, suivant nos critères.

Il y a au moins un enseignement que l'on a pu tirer de 70 ans d'ufologie moderne : les OVI maîtrisent et utilisent les champs magnétiques.

A la page 88 de '' *Soucoupes volantes et civilisations d'outre espace* '' (J'ai lu A 214), Guy Tarade évoque le blocage du moteur des voitures par les OVI. '' *Seulement un fait fantastique se révéla alors. Il fallait que les soucoupes volantes dirigent sur les voitures un champ magnétique de deux millions de gauss, pour couper l'allumage de la bobine !* ''.

Ce chiffre extraordinaire, extravagant même, car quatre millions de fois supérieur au champ magnétique terrestre moyen (0, 5 gauss), et au minimum 400 fois celui des taches solaires, est pourtant corroboré par les calculs qui ont suivi ce qui s'est passé le 3 juillet 1965.

Ce jour-là, deux bases météorologiques, l'une chilienne, l'autre argentine, des Orcades méridionales, dans l'antarctique, ont suivi les évolutions à 10 ou 15 kilomètres de distance d'un gigantesque OVI. Mais le plus intéressant et significatif, fut que deux variomètres de la base argentine, '' *ont enregistré de soudaines et fortes perturbations du champ magnétique* '' (*Les soucoupes volantes, affaire sérieuse*, F. Edwards, R. Laffont). Ce texte émanant d'un communiqué officiel daté du 9 juillet.

Des scientifiques, dont le réputé docteur James Mc Donald, ont chiffré **la puissance du champ magnétique de l'OVI à 5 millions de gauss**, intensité nécessaire pour agir à 10 ou 15 kilomètres sur les variomètres. Autrement dit, les ufonautes de service ont voulu montrer qu'ils étaient capables de produire artificiellement un champ magnétique près de 9 millions de fois plus élevé que celui naturel terrestre, et dépassant d'un millier de fois l'énergie des taches solaires.

Cet exemple concret produit d'une expérience dont les occupants de la base argentine furent les cobayes, apporte une consistance aux propos de Pierre Marx, dans son chapitre 7 du livre collectif du GEIPAN : '' *Phénomènes aérospatiaux non identifiés* ''.(Le Cherche midi).

'' *Si donc on disposait d'une machine capable, à l'endroit où elle se trouve, de modifier la courbure de l'espace-temps, elle se déplacerait naturellement, c'est à dire sans aucun moyen de propulsion.*

...Elle pourrait aussi se tenir immobile en lévitation au-dessus du sol en ''aplatissant '' l'espace-temps à son endroit.

...Par conséquent, notre machine pourrait se déplacer en variant instantanément sa vitesse, soit en grandeur, soit en orientation (par exemple arrêt instantané ou virage à angle droit) sans que les matériaux qui la constituent (ou ceux qui voyagent à son bord) n'en ressentent le moindre effet. (p. 209).

...Malheureusement, nous ne savons pas agir directement sur le champ gravitationnel et donc réaliser ce vaisseau étrange et fabuleux. '' (p. 210).

Plus bas, Pierre Marx précise : '' *La relativité générale prévoit aussi qu'un champ électromagnétique engendre un champ de gravitation. Mais il est bien particulier et l'intensité nécessaire si élevée qu'on voit mal comment en dériver une application pratique* ''.

Eh bien, il semblerait que **les Responsables des OVI ont su adapter cette application pratique, et ce depuis des siècles, voire des millénaires !**

Pour aller dans ce même sens, Guy Tarade, à la page 85 de son livre, écrit en rapportant une remarque d'Aimé Michel : '' *Ceci pourrait laisser supposer une manipulation de l'espace-temps par les équipages des OVNI. ...Les OVNI pourraient être des stratagèmes techniques pour la production de courbures locales de l'espace, lesquelles s'étendraient dans l'espace qui doit être contacté.* '' Et page 87 : '' *A la limite de sa formation, la masse serait irréelle, SURGISSANT D'UN ESPACE INCONNU.* ''

Tout ceci, en plus des prouesses citées par Pierre Marx, explique parfaitement les apparitions et disparitions sur place, les transformations des engins, leur sectionnement en deux ou trois parties et leur rassemblement. Chose évidemment impossible pour nos appareils dans le cadre de notre conception actuelle de la physique. Ce serait plutôt de la géométrie variable dans un espace dépassant largement nos quatre dimensions.

Dans ce contexte, la vitesse de la lumière n'a plus sa place, car le voyage est instantané, la distance n'existant pas.

Au passage, on remarquera que cette modification de la courbure de l'espace-temps combinée au champ de gravitation, est différente de la propulsion des OVI proposée par le lieutenant Plantier, qui parle d'un champ de force '' *qui devra être créé à partir d'une énergie cosmique omniprésente, artificielle ou naturelle* '' (*Les dossiers des OVNI*, H. Durrant, R. Laffont p. 72).

Alors si ce moteur à l'énergie gratuite et aux performances illimitées, est à la portée de tout un chacun de nos aimables visiteurs, au point d'en être banal et simple d'utilisation, et que le carénage dépende uniquement du bon vouloir de son possesseur, Il n'est donc pas étonnant que nous nous trouvions en face d'une telle variété de formes. Il y a une chose que nous ne devons pas oublier : c'est que leur mode de vie et de pensées est sans doute fondamentalement différent du nôtre. Le système monétaire leur est probablement complètement étranger. S'ils désirent un nouvel appareil avec une forme différente de celui qu'ils ont déjà, un peu comme la deuxième voiture familiale, ils n'ont qu'à en faire la demande à qui de droit. C'est une hypothèse de travail, pas une affirmation. Mais une chose est sûre : les ufonautes s'amusent aux dépens (assez relatifs) des terriens. Ils vivent certainement en harmonie avec la nature, sans les contraintes que notre civilisation a créées, et qui nous sont imposées. Notamment routes et pistes bétonnées.

Joie de vivre et amusement peuvent très bien aller de pair avec la maîtrise de l'espace-temps, et de l'énergie gratuite antigravitationnelle. Encore faut-il avoir la sagesse de s'en rendre compte, et de vouloir l'appliquer.

Il serait temps qu'un concessionnaire vienne s'installer sur Terre, pour nous offrir ces fabuleux engins. Il est à parier que le marché de l'automobile et de l'aviation s'effondrerait très vite.

*   *   *

MASTODONTES ET GROS PORTEURS.
* * *

Ainsi que chaque vulgum pecus le sait, il n'y a absolument rien de commun entre nos avions et les OVI.

C'est une évidente vérité, valable aussi bien pour les dimensions générales que pour les performances, en passant par l'énergie propulsive, et par l'autonomie.

Si nos appareils sont, à très peu de choses près, semblables, les grandeurs s'étagent du petit avion de tourisme à l'avion-cargo Galaxie, au Boeing 747, et à l'Airbus A 380 de dernière génération.

Ce qui parait impressionnant, mais devient ridicule face au déploiement de la variété offerte par nos voisins.

Sans pinailler, partons de l'équivalent de la petite voiture (Valensole ou Socorro par exemple), en passant par la classique soucoupe de 5 et 10 mètres de large, des boules de 20 à 30 mètres de diamètre, les appareils de 60 ou 100 mètres d'envergure, voire deux cents, comme ceux qui sortent parfois de l'océan (C. Berlitz '' *Le triangle du Dragon* '').

Ces objets dépassent déjà et de loin ceux qui font la fierté des constructeurs terriens ; que dire alors des triangles grands '' comme deux terrains de football '' ou mieux encore, l'espèce de marmite qui taquina le 747 du commandant Terauchi, estimé volumineux '' comme deux porte-avions '' ?

Si on s'arrêtait là, ce ne serait pas trop humiliant, mais en y ajoutant des monstres de 800 mètres d'envergure, des cigares de 1.000 mètres de long sur deux cents mètres de diamètre (celui qui pénétra dans le volcan mexicain Popocatépetl), et du visiteur de l'Arizona en mars 1997, estimé d'après les études faites à partir des prises de vues avec des caméscopes **à près de deux kilomètres** ; c'est le coup de grâce.

Soyons logiquement et humblement réalistes : nous serions incapables de construire et faire voler dans l'atmosphère un tel géant de l'air et de l'espace.

Avant de proposer quelques pistes de réflexion au sujet de ces '' Hors-Série, '' je voudrais quand même signaler un terrain d'entente commun aux deux peuples.

Les grandes nations maritimes et les Sokariens **construisent des vaisseaux transporteurs.** Toutefois, la comparaison s'arrête là.

Les porte-avions et porte-hélicoptères ne servent que parce leurs passagers manquent d'autonomie et de vitesse pour intervenir rapidement à grande distance. Ils ont donc besoin d'être quasiment près du théâtre des opérations, pour ne pas être à court de carburant, et de pouvoir revenir au bercail dans de brefs délais ; d'où cette indispensable maison flottante, leur assurant le gîte et le couvert, c'est-à-dire le ravitaillement en carburant et munitions.

Mais qu'en est-il pour les Sokariens ?

Ils ne sont en conflit avec personne, du moins en apparence, et tous les OVI, pris dans le sens général, bénéficient d'une autonomie quasi illimitée en restant prudent dans cette estimation ; ils peuvent donc se déplacer à grande vitesse dans l'atmosphère, en étant probablement capables de faire le tour du globe en moins de deux heures si nécessaire, et sans craindre la panne sèche.

Un vaisseau-mère ne parait pas indispensable. Du point de vue humain, s'entend. S'ils existent, c'est donc qu'ils ont leur raison d'être.

Je vais me servir des exemples fournis par Aimé Michel dans son livre '' *Mystérieux objets célestes* '' (R. Laffont), et qui m'ont servi pour mon article '' *Il était sept, non huit fois un cigare* ''. J'en ai tiré des figures géométriques et mathématiques, qu'Aimé Michel ne pouvait pas appréhender à l'époque faute de recul.

A Vernon dans l'Eure, le grand cigare des nuées lâche ses patrouilleurs qui s'égayent dans toutes les directions. Double utilité : le porteur sert à marquer un des sommets du losange, en plus de ces largages.

A Saint-Prouant en Vendée, c'est totalement différent. Le cigare est là uniquement pour amener le petit vaisseau. Celui-ci, en faisant la navette entre Saint-Prouant et Sigournais, attire l'attention sur le fait qu'il faut prendre le milieu de cette droite, qui selon le maréchal de La Palisse, est le point central.

Si ce patrouilleur était arrivé seul, le cigare paraissant surnuméraire, il n'aurait peut-être pas été remarqué, ou son manège passé complètement inaperçu.

A Montlevicq, on retrouve les conditions de Vernon, donc double utilité

A lemps, au nord-ouest de Valence, c'est un carrousel quasi identique à celui d'Oloron en octobre 1952 ; c'est-à-dire un cigare escorté de multiples sphères ou vaisseaux.

Toutefois, si Lemps faisait partie de la géométrie, à Oloron, on pourrait formuler l'hypothèse d'une sorte de fastueuse parade aérienne, pour le plaisir des Sokariens, doublé de l'épatement de la population ; **ou d'entraînement.**

Aucun ufologue n'a jamais envisagé ce qui est courant dans toutes les flottes du mondes ; pourtant, il est quand même indispensable de répéter, outre l'apprentissage du vol et de la maîtrise de l'appareil, la sortie et principalement la rentrée, l'appontage en quelque sorte, très particulier en ce sens **qu'il est accéléré pour rentrer dans le porteur à des vitesses atteignant 8.000 kilomètres / heure dument enregistrés !** Qu'on ne me dise pas que c'est le genre d'acrobatie innée que l'on peut accomplir sans répétitions, même si les ordinateurs font le travail, en tout ou partie.

Cette accélération est encore un point contraire à ce que pratiquent les pilotes de chasse.

A part établir des figures géométriques, les cigares porteurs ne semblent pas avoir leur utilité dans l'environnement terrestre, puisque les patrouilleurs peuvent se débrouiller par eux-mêmes.

Alors ?

Alors, je propose deux raisons ; une principale, l'autre secondaire, ou du moins complémentaire de la principale.

Nous avons vu qu'un cigare peut se positionner au-dessus d'une région, en station verticale (rappelons qu'il vole obligatoirement en position inclinée aux environs de 45 degrés), pour lâcher les patrouilleurs. Ceux-ci pourraient aussi bien venir seuls, et accomplir leur mission. Mais il est plus simple de les amener en bloc, et de les récupérer en un seul endroit ; ce qui évite de multiplier les plans de vol. C'est la raison secondaire.

Evidemment, bien sûr, je raisonne en bon terrien pour qui il vaut mieux faire simple. Et donc je suppose qu'il en est de même dans toutes les escadres de la Galaxie.

La raison principale de l'existence de ces mastodontes **serait tout simplement les voyages spatiaux !**

Toujours par le raisonnement identique, qu'on ne construit pas de pareils monstres uniquement pour transbahuter quelques soucoupes-filles autour de la Terre, alors qu'elles sont capables de le faire par elles-mêmes.

Par contre, elles ne sont peut-être pas adaptées aux longues randonnées sidérales, soit par manque de confort, d'espace pour emmagasiner les vivres, et n'offrant pas toutes les conditions de sécurité.

D'où la nécessité du cigare porteur permettant aux équipages de se reposer durant le trajet, même si celui-ci ne dure que quelques heures.

Contrairement au voyage vers Mars prévu pour 2035-40, qui est prévu pour durer au moins sept mois. Ce qui démontre sans le dire, que d'ici vingt ans, on n'envisage pas d'utiliser un autre vecteur que les bonnes vieilles fusées ; toujours aucun autre mode de propulsion, tel l'antigravitation.

Et c'est aussi sans compter que l'embargo vers les destinations lointaines avec passagers civils ou militaires, ne sera probablement pas levé ? Pourquoi le serait-il, puisque nous ne nous améliorons pas ? Le voyage vers Mars restera donc une utopie.

Si, comme je le crois, les Sokariens sont maîtres de la Lune, de Mars, Venus (pour ceux qui aiment la chaleur), Mercure, et les mondes extérieurs, les satellites galiléens de Jupiter, ils ont probablement des colonies, notamment à Cydonia Mensae.

Se pourrait-il que le sanctuaire-visage montagne de cette région martienne soit toujours en activité ?

Pour écrire tout ceci, je me base sur une logique simple, qui pour une fois, doit rejoindre celle des Sokariens.

Pourquoi se contenter du Duat et des abysses océaniques, alors que l'on possède la technologie ouvrant l'accès aux mondes du cosmos ? Et ce, à des vitesses les rendant joignables dans des temps très brefs.

Par ailleurs, si les astronautes des missions Apollo ont vu et filmé des OVI sur la Lune, c'est que nos colocataires y sont installés.

Par voie de conséquence, les cigares géants sont indispensables pour effectuer les navettes en transportant engins, matériel, et personnel.

Un autre aspect m'est venu à l'esprit ; certains Sokariens, habitués au monde souterrain, craignent peut-être les immenses espaces vides.

Ces agoraphobes, pour vivre dans les mêmes conditions sur des mondes à l'environnement hostile, devraient être transportés par des grands vaisseaux leur cachant la vue du noir sidéral.

J'en viens au géant qui survola l'Arizona, et particulièrement la ville de Phoenix en Mars 1997. J'ai déjà écrit et je le maintiens, qu'un tel monstre de technologie ne peut pas avoir été construit pour des survols à basse altitude.

Bien qu'ils n'hésitent pas à employer les grands moyens pour leurs amusements, je ne crois pas que les Sokariens iraient jusque-là.

Je vais faire une suggestion qui choquera bien des esprits, mais comme c'est mon habitude, et au point où j'en suis…

Je dirai donc que ce géant appartient à l'espace, et non à l'atmosphère terrestre. Jusque-là, c'est logique.

Ce qui signifie que pour moi, en, mars 1997, il partait se mettre en orbite autour de la Terre. Mais avant d'accomplir sa mission, le commandant de bord a tenu à faire une petite démonstration de technicité et de maniabilité de son bébé baleine. Geste d'au revoir avant de gagner sa position dans le ciel.

Je suppose que son orbite, située à 36.000 kilomètres de la Terre, peut donc être synchrone et rester en géostationnaire au-dessus d'un pays, à la demande.

Non, non, ne me sortez pas l'objection de la détection par les radars terrestres, de la vision d'une telle masse par les astronautes de la station internationale, et des repérages infra-rouge par les satellites.

Les Sokariens l'ont prouvé en permanence ; les OVI peuvent être invisibles aux yeux et aux radars. Quant à la chaleur, ils peuvent entourer cette station d'une zone froide, ce qui la rend totalement indétectable.

De plus, et contrairement à nos satellites qui suivent une route définie, elle est manœuvrable à volonté, performante, et se joue de toutes les conditions qui paralysent nos propres appareils

Il est possible que cette station soit construite à plusieurs exemplaires, qui ont pris leur place dans le ciel d'autres planètes, à la fois pour des études scientifiques, et éventuellement venir en aide aux colons.

N'oublions pas que les Sokariens maîtrisent le vortex lithique, la dématérialisation, et la réduction volumétrique.

Toutes techniques qui expliquent que l'on peut construire des énormes appareils dans les immenses grottes, et ensuite les faire '' sortir au jour'' - comme le titre du livre des morts égyptien- sans difficultés.

Evidemment, ce sont toutes sortes de pratiques difficilement admissibles à notre pauvre entendement.

Cependant, si le lecteur veut bien m'accorder un instant de sa pensée sur ce sujet, j'aimerais connaître son opinion ; à savoir comment expliquer autrement ces vaisseaux gigantesques et transporteurs d'engins ?

* * *

VOLUME, ET INTENSITE MAGNETIQUE.
* * *

PREMIERE PARTIE :

Le lecteur découvrant le phénomène OVNI à travers le présent livre, et même l'ufologue averti, bondiraient en m'objectant que même si j'ai raison au sujet de mon hypothèse des Suivants de l'Abeille, ils ne comprennent pas comment ces Sokariens pourraient construire de titanesques vaisseaux au fin fond des cavernes du Duat.

Nous assemblons dans des halls gigantesques des fusées lunaires considérées comme des monstres de l'espace, et des paquebots de plus de trois cents mètres de long, géants des mers, dans des installations portuaires spécialement aménagées.

Sans parler du fleuron national qu'est le A 380.

Toutes ces réalisations se déroulent à la surface terrestre. A ce titre, il peut paraître incompréhensible que l'on puisse faire plus grand, excessivement plus volumineux dans les entrailles de la Terre.

Et ensuite, sortir ces réalisations sans déclencher un cataclysme.

Au passage, cette image m'évoque les forges de Vulcain / Héphaïstos installées sous le volcan Etna.

Cet argument ne manque pas de poids, et mérite qu'on le soupèse et qu'on le discute.

Heureusement pour moi, j'ai plusieurs éléments de réponse en réserve.

En premier, rien ne dit que la mise en chantier de ces fantastiques vaisseaux soit obligatoirement sous terre.

N'oublions pas que la Lune, LEUR Asonia, avec sa gravité six fois moindre se prête parfaitement à ce genre de travail. Durant le voyage interminable que j'ai décrit, avant qu'ils puissent mettre en place leur monde salvateur en orbite autour de la Terre, les Shebtiw / Bitiw / Sokariens durent construire quelques vaisseaux en prévision d'une éventuelle évacuation.

Puis au fur et à mesure de leurs avancées scientifiques, ils progressèrent dans la mise au point de leurs appareils.

C'était il y a plusieurs dizaines de milliers de nos années.

Et si les travaux de consolidation se poursuivent à l'heure actuelle, il n'est pas impossible que la construction, l'entretien, les réparations des engins surdimensionnés y soient à l'œuvre parallèlement.

D'autre part, les satellites galiléens de Jupiter : Ganymède et Callisto, de par leur nature rocheuse, peuvent être également des candidats idéaux. Et peut-être d'autres satellites des grosses planètes, de plus faible diamètre.

La maîtrise de l'espace procure tous les pouvoirs et l'embarras du choix.

Voilà pour le premier point. Pourtant, deux inventions inscrites dans l'article '' *Techovnique*'', et non des moindres, autorisent parfaitement la construction des engins, même les plus volumineux dans les entrailles terrestres ; **voire même dans les cités abyssales.**

Ce sont la réduction / augmentation volumétrique et la possibilité de traverser la croûte terrestre.

En ce qui concerne ce dernier point, une très petite taille de l'engin n'est pas forcément nécessaire, mais facilite le passage, en créant le moins possible de perturbations ; grâce sans doute à un rayon foreur.

Je crois avoir suffisamment démontré que cette communauté manipule avec une facilité déconcertante les différentes facettes de l'énergie et de la lumière dans de nombreux domaines, notamment médical.

Les cas que j'ai cités sont des preuves qui me semblent imparables que quelquefois les OVI surgissent du sol.

Je rappelle l'engin ressemblant à une carotte dont l'extrémité restait dans le sol ; et en Chine, les gros blocs rocheux éparpillés, comme bousculés par une force inconnue. J'y ajoute le cas de Villa Santina en 1947, encore plus flagrant, puisque le témoin put constater que l'engin n'était sorti qu'aux trois-quarts, le reste incrusté dans les rochers. Ces derniers retombant en pluie lorsque l'appareil s'en est extrait.

Dans ces exemples, il semblerait que l'augmentation volumique se soit déroulée avant même la sortie totale, provoquant pour le cas chinois un éclatement et une projection alentours des énormes blocs ; l'appareil fut estimé d'une longueur de cent-cinquante mètres.

Pourquoi cette modification prématurée ? Peut-être par insouciance du pilote, l'engin étant protégé par son champ magnétique, cet encastrement ne le gêne pas.

Un autre témoignage vient en appui à mes explications : celui du prisonnier français en Pologne, travailleur forcé qui vit la femme tentant de dégager maladroitement le sable qui emprisonnait son engin. Mais là, il s'agirait d'une action volontaire en vue de mystifier le pauvre homme. Si des roches ne sont pas gênantes, le sable l'est encore moins. Du moins pour ce type d'engin dont les moteurs ne risquent pas d'être encrassés.

Dans de nombreux témoignages de visions d'OVI en vol stationnaire, il est fait état d'une disparition soudaine : '' comme une bougie qui s'éteint '', selon la remarque la plus fréquente.

On a mis cette disparition sur le compte d'un changement de plan, de continuum, ou d'une invisibilité soudaine.

Néanmoins, je crois que c'est la preuve d'une réduction volumétrique soudaine, en vue de rejoindre le Duat.

Imaginez : vous avez sous les yeux à une certaine distance, un engin lenticulaire d'une dizaine de mètres de diamètre. D'un seul coup plus rien. Si le pilote a enclenché la réduction, disons à une boule de dix centimètres, l'OVI disparaît subitement à vos regards.

Abordons à présent deux points cruciaux de cette réduction / augmentation volumique.

1) Il est impératif de s'affranchir de la contrainte de l'émetteur extérieur du rayonnement réducteur, ainsi qu'on le voit dans les films : '' *L'aventure intérieure*'' et '' *L'aventure fantastique*''. Dans le deuxième, l'expérience est limitée à une heure, faute de quoi l'engin et ses passagers reprendront automatiquement leur volume initial.

Il est donc évident que les OVI contiennent leur propre appareillage, à la fois émetteur de réduction, et du rayon foreur de la croûte terrestre.

2) Et plus important encore, dans le cas de dépassement du volume initial, par augmentation de l'engin dans des proportions atteignant le gigantisme : il est indispensable et primordial que les passagers ne subissent pas le processus. **Sinon, ils deviendraient des géants eux aussi.**

Précisons bien cette notion, qui peut échapper sans une réflexion attentive.

Tant qu'il s'agit de réduire ou de revenir à une taille normale initiale, l'engin et ses passagers sont soumis à un processus identique, afin de garder les mêmes proportions : sans que les participants se rendent compte de cette modification en moins ou en plus.

Par contre, si on veut dépasser la taille et le volume de l'OVI, par exemple pour transformer un cigare de trente mètres en un monstre de trois cents, il convient de protéger les passagers afin qu'ils ne grandissent pas eux aussi de dix fois ; ce qui est valable pour le matériel, **ne peut l'être pour l'humain..**

Je suppose donc que les Suivants de l'Abeille ont mis au point un procédé de protection des passagers, qui les empêche de dépasser leur taille initiale.

C'est peut-être cette protection qui autorise les modifications de structure, transformant ainsi un cigare de vingt mètres en une boule de 1, 20 mètre de diamètre, comme cela fut constaté. Les passagers pouvant être aussi réduits.

En conclusion, si cette condition de protection des passagers est réalisée, plus rien ne s'oppose à un événement extraordinaire, rêve de tout constructeur d'engins de transport :

La mise en chantier d'un modèle de base qui ne demandera pas un travail conséquent. Et une fois construit, augmenter sa taille et son volume en fonction des besoins.

Pour des nains, il n'est pas aussi utile d'avoir des cigares d'un kilomètre qui conviennent mieux pour des géants de trois ou quatre mètres.

DEUXIEME PARTIE :

Dans '' *L'aérodynamique, concept terrestre* '', on a vu que pour couper le moteur des voitures, une intensité du champ magnétique nécessaire se montait à deux millions de gauss.

Et le calcul effectué par les scientifiques à propos de l'enregistrement à dix ou quinze kilomètres de distance par les variomètres des bases météorologiques de l'antarctique, du champ magnétique émis par un gigantesque OVI, montre que sa puissance émettrice était de cinq millions de gauss.

Dans les deux cas, ces chiffres sont supérieurs de quatre cents et mille fois la puissance des taches solaires (cinq mille gauss) ; ce qui est considérable, très loin de nos modestes possibilités, et interpellent sérieusement.

Cette technologie est donc capable de concurrencer efficacement le potentiel de notre astre central. C'est dire à quel point elle est élevée.

En fait, les OVI sont bourrés d'une science tellement fantastique, que même tous les films et séries de science-fiction passés, présents et à venir, ne peuvent et ne pourront en donner la plus petite idée.

A tel point que je me demande, si à l'instar des Misliks de Francis Carsac dans son roman :'' *Ceux de nulle part* '', **les Suivants de l'Abeille ne seraient pas capables d'éteindre le soleil ?**

Bien que n'ayant aucun intérêt de tenter l'expérience.

Cependant, que se passerait-il s'ils émettaient un contre-champ magnétique en direction des taches ?

A condition qu'ils puissent se maintenir à une distance raisonnable de sécurité, et en dirigeant un faisceau d'une intensité de cinq mille gauss de polarité contraire, quel serait le résultat ? L'annulation du champ des taches changerait-elle quoi que ce soit ?

Et si l'émission de l'OVI était nettement supérieur à ce que produit le soleil ; disons mille fois plus, soit cinq millions de gauss, le cycle solaire, les tempêtes magnétiques, les éjections de masses coronales, et les taches elles—mêmes ; tout ce petit monde verrait-il sa quiétude totalement bouleversée ?

* * *

SOUVENIRS DE CLERY.
* * *

Jusqu'à mon dernier prana, je resterai fasciné par le gigantisme des vaisseaux des Suivants de l'Abeille ; tels les cigares de mille mètres de long sur deux cents de diamètre, les engins lenticulaires de cinq-cents mètres et plus, ou l'astronef de près de deux kilomètres d'envergure ayant survolé tranquillement l'Arizona en mars 1997.

Peu d'auteurs de science-fiction ont osé approcher ces dimensions, se contentant de chiffres respectables tout en étant inférieurs ; ils avaient du mal à envisager une tout autre réalité, dépassant ce qu'ils croyaient déjà être un optimisme exagéré.

Gigantisme que l'on ne retrouve pourtant pas chez les OSMI, les submersibles proprement dits, puisqu'ils sont loin d'égaler leurs homologues des nations terrestres ; qu'ils soient de la classe Typhon chez les Russes, ou Virginia chez les Américains.

Nous avons déjà vu par ailleurs que le fait de ne pas avoir à transporter des lourds et encombrants missiles, tout en ayant, avec une quasi-certitude, un armement défensif techniquement plus sophistiqué, justifiait une telle diminution de masse.

Toutefois, si l'on peut supposer – sans garantie du gouvernement – que les tailles des engins sont en rapport direct avec celles de leurs occupants, les équipages des OSMI doivent donc être composés uniquement de nains mesurant de 0, 90 à 1, 20 mètre, tandis que les cigares géants seraient majoritairement occupés par des êtres de trois à quatre mètres de haut.

Par contre, l'assemblage de poutrelles supportant le miroir bleuté qui lança un rayon cohérent, et que j'ai pu voir en détail début janvier 1990 à la sortie de Cléry Saint-André, me laissera toujours rêveur.

Cette petite bourgade traversée par la départementale 951 au sud d'Orléans, marque quasiment la limite entre le Loiret et le Loir et Cher. Le Larousse de 1984 lui assigne 2264 habitants contre 1860 pour l'édition 1971.

Il rappelle en outre que la basilique fut restaurée par Louis XI, et qu'il y est enterré.

Cependant, à mon avis, ce n'est pas pour commémorer ce point d'Histoire régionale française que cette visite eut lieu.

Je précise que Cléry est en dehors des tracés, et que dans ce cas précis il s'agit d'un survol statique qui n'entre pas dans le cadre de l'orthogéométrie.

Et s'il m'arrive de m'en souvenir dans une éventuelle prochaine incarnation, je serai toujours aussi stupéfait par cette extraordinaire opposition technologique du titanesque côtoyant un vulgaire réseau de poutrelles placé à l'extérieur d'un appareil, qui lui est resté caché dans les nuages.

Imaginez une telle structure accrochée en dessous d'un Boeing 747 ou d'un Airbus A 380.

Même si le matériau employé était extraordinaire avec ses deux couleurs harmonieusement et progressivement alternées, il n'en reste pas moins vrai que l'ensemble ressemblait à un mécano géant typiquement terrestre monté par un bricoleur du dimanche.

Plus j'y pense, plus cet échafaudage me fait penser à un décor de cinéma installé uniquement et expressément pour les besoins d'un seul film.

Le fait que l'engin porteur n'apparaisse pas est aussi un critère d'une fantasmagorie ludique.

D'autant que je ne crois pas que cette fois, il s'agisse d'amusement.

Et pour quels spectateurs ? En dehors de moi, combien ont-ils été à y assister ?

Des habitants de Cléry Saint-André peut-être ; à condition qu'ils aient levé les yeux dans cette direction pendant ce court espace de temps.

Quant aux trois véhicules qui nous précédaient très en avant, je pense qu'ils se trouvaient sous où à l'opposé de la manifestation. Leurs occupants n'ont probablement rien pu saisir.

Seule notre voiture était idéalement placée, ce qui fait de moi un témoin doublement privilégié. D'abord par l'angle de la vision qui m'a permis d'assister à toute la séquence d'un bout à l'autre ; de la sortie des nuages jusqu'à la rentrée.

Et c'est juste à ce moment de l'apparition que mon épouse choisit (involontairement) de se frotter les yeux. Ce qui fit qu'elle ne vit que du bleu, ainsi qu'elle me le dit. Et ce bleu intense était celui du miroir.

Ensuite, et même si à l'époque j'étais encore à plusieurs années de découvrir l'orthogéométrie, mes connaissances en ufologie me permettaient d'observer tout le spectacle de manière sereine ; émerveillé mais lucide, et enregistrant chaque détail comme n'importe quel spécialiste le ferait dans sa branche : astronome, chasseur de tornades, volcanologue…, malgré la courte durée de l'observation.

De par les dimensions générales de l'ensemble des poutrelles et du miroir, calculées en fonction de la distance estimée du phénomène, probablement d'ailleurs sous-évaluée, j'ai pu en déduire que l'engin porteur était de dimensions respectables. Une telle structure, aussi légère soit-elle, ne pouvait être placée sur un appareil de petite taille.

Sans pouvoir avancer aucun argument probant, je pencherais pour un cigare d'au moins cinquante mètres de long, ou un véhicule lenticulaire d'une soixantaine de mètres de diamètre.

Outre le mystère de cette mission, dont la finalité fut l'envoi vers le sol de ce rayon cohérent jaunâtre, pour quelle raison l'engin porteur est-il resté dissimulé dans les nuages qui couvraient la totalité du ciel en un plafond bas ?

La seule réponse qui vient à l'esprit est qu'il fallait agir vite et de la manière la plus furtive possible ; ce qui amplifie l'énigme, tout en ne la résolvant pas.

Ce qui est contraire à l'éthique de l'amusement des Suivants de l'Abeille.

Ne pas vouloir attirer l'attention à proximité d'une bourgade, même de faible population, **signifie qu'elle et ses environs immédiats étaient l'unique et impératif objectif !**

Et en fonction de ce critère de discrétion, alors que l'ensemble luminescent et le miroir bleuté étaient clairement visibles, on peut émettre deux hypothèses :

1) La couche nuageuse épaisse descendait à un niveau qui ne laissait pas suffisamment de place pour que le miroir soit à une hauteur calculée précisément pour que le rayon joue efficacement son rôle, dont on ne saura jamais ce qu'il était.

2) Toujours à cause de la marge étroite avec le sol, si l'engin porteur était apparu, c'eut été la panique assurée avec risques d'accidents pour les passagers des véhicules routiers. Surtout si l'appareil était bien plus volumineux que ce que j'ai déduit ; cigare ou autre de 200, 500 mètres voire plus.

Quant au rayon cohérent, c'est-à-dire restant absolument identique en diamètre d'un bout à l'autre sans aucune dispersion, il aurait été intéressant de savoir où il avait touché le sol très nettement à gauche de la route en venant d'Orléans, dans la campagne.

Une étude immédiate du terrain, et poursuivie ultérieurement, aurait pu apporter de précieuses indications sur la végétation où la composition du sol ; si tel était bien sûr le but de la manœuvre.

Cette curieuse opération s'est-elle répétée ailleurs, avec ou sans témoins ? Nul ne s'est jamais manifesté pour le révéler.

En tout cas, cette manifestation, pour aussi courte qu'elle fut, est vraiment extraordinaire ; tout à la fois par le mystère de l'engin porteur, l'étincelant miroir bleuté lanceur du rayon cohérent, et surtout cet assemblage singulier mais harmonieux de ces barres luminescentes aux deux couleurs pâles bleu / jaune imprécises, faisant irrésistiblement penser à l'imitation des objets sacrés égyptiens alternant les bagues d'or et de lapis-lazuli.

Des éléments nobles évidemment, pour commémorer une vision jugée divine, mais dont les couleurs sont loin de correspondre à la réalité.

Preuve indubitable à mes yeux que ce mystérieux matériau avait déjà frappé d'admiration et de respect les peuples du Nil dans une fabuleuse antiquité.

Au point de les marquer à jamais de générations en générations, d'une manière inaltérable.

Sans pouvoir déterminer la réelle nature de ce qui n'existe pas chez les humains.

*　*　*

CHAPITRE V
* * *

FARCES ET ATTRAPES
* * *

FARCES ET AMUSEMENTS.
OU
LE JEU DES MATHEMATIQUES.
* * *

Bien qu'ayant déjà publié : '' *Amusements dans la disproportion* ''', je reviens sur cet aspect ludique des OVI / OSMI, que je juge primordial, tout en regrettant une fois encore que les ufologues ne le prennent pas au sérieux. Sans vouloir faire un mauvais jeu de mots.

Absolument pas, car j'ai la conviction, que je proclame depuis très longtemps, **que là est la clef du phénomène**. Mais je dois le reconnaître, sans que sa possession puisse nous ouvrir les portes de la merveilleuse caverne d'Ali Baba.

Nous sommes trop faibles, mentalement et psychiquement parlant, pour avoir la force de la tourner dans la serrure.

Aussi, devons-nous nous contenter de décrypter les manifestations parfois trop poussées pour notre goût de terriens matérialistes, y compris pour les prétendus sages mystiques de l'Extrême-Orient, de la très haute, de l'hyper technologie au service unique de la fantaisie.

Ce qui ne peut que révulser les militaires de toutes confessions, qui en l'occurrence sont unanimement en harmonie pour s'indigner d'une telle utilisation, qui va à l'encontre de tous leurs principes guerriers.

Sans forcément être d'accord avec ce point de vue, Andres Alfaya que nous retrouvons, s'en étonne. Dans son livre '' *Le triangle des perturbations*'', au milieu de ses interrogations concernant les mystérieux OSMI, page 17, il écrit : '' *Pour quelle raison n'ont-ils jamais attaqué les navires de lutte anti-sous-marine qui les poursuivaient ?* ''

Encore faut-il considérer '' poursuivaient '' comme un euphémisme, puisque c'est '' bombardaient '' qui est le terme le plus exact.

Eh oui, mon bon monsieur, si vous êtes attaqué, vous devez obligatoirement riposter, selon notre bonne vieille mentalité. **Et ce n'est justement pas celle des Responsables des OVI / OSMI !**

Et je n'hésite pas à affirmer que c'est sans rapport avec le prosélytisme des apparitions mariales ; il n'est pas question de tendre la joue gauche après avoir été giflé sur la droite. Les deux principes sont nettement séparés ; puisque l'on ne risque rien, il n'y a pas lieu de faire le jeu de l'adversaire, mais de pratiquer uniquement le nôtre.

C'est pourquoi, les cas que je vais présenter, sont plus dans la manière d'agir de ces Responsables. Je préviens le lecteur, que lui-même risque d'être choqué par ce que j'écrirais ; mais qu'il y réfléchisse à deux fois, en fonction de ce qui précède.

Je vais commencer en douceur en présentant la '' fantaisie'' de Kelly-Hopkinsville, très connue certes, mais qui fera la jonction avec l'aventure suivante, beaucoup plus discrète chez les ufologues.

Donc vers 19 h le 21 août 1955, Billy, le jeune fils de la famille Sutton, rentre à la ferme en disant à ses parents qu'il a vu un '' truc '' lumineux qui descendait derrière l'étable. Aucun membre de la famille ne s'inquiète, jusqu'au moment où les chiens aboyèrent avec insistance, comme s'ils en avaient après un intrus.

Le père et le fils aîné, équipés d'armes de calibre .22 long rifle, sortent pour se rendre compte. Ils voient une curieuse silhouette vêtue d'une combinaison luminescente qui s'avance vers eux : '' *d'une démarche curieusement flottante...Ses deux bras sont tendus en avant, des bras démesurément longs terminés par des mains ou des pattes pourvues de griffes...Sa tête au regard fixe et à la morphologie monstrueuse, est également disproportionnée par rapport au corps dont la taille ne dépasse guère plus d'un mètre...*'' (Lob et Gigi '' *Dossier des soucoupes volantes : ceux venus d'ailleurs* '' 1973).

Les deux hommes, pas très rassurés par cette vision, et on le comprend parfaitement, ouvrent le feu. L'entité touchée bascule en arrière d'une manière anormale, se redresse, et s'enfuit.

Les hommes retournent à l'intérieur, croyant en avoir fini, mais une silhouette se montre à une fenêtre, accueillie par un déluge de plombs.

Un peu plus tard, comme le silence semblait être revenu, les deux hommes toujours armés ressortent, mais il n'y a aucune victime.

C'est alors qu'une autre entité apparaît au bord du toit, aussitôt atteinte par les projectiles ; elle tombe sur le sol, roule comme une balle et s'enfuit. Un autre lutin qui était dans un arbre est aussi la cible, et tombe en flottant curieusement.

La famille repliée dans la ferme, attend jusqu'à 23 h, et se décide à s'entasser à onze dans deux voitures, pour aller au poste de poste de police.

L'enquête n'aboutit à rien, car le sol était tellement sec qu'il n'y avait aucune trace. Seules témoignages de cette chaude nuit ; une cinquantaine de douilles éparpillées.

J'ai choisi la relation en bandes dessinées de Lob et Gigi, car elle est très bien rapportée tout en étant condensée.

Par contre les commentaires de Donald B. Hanlon : '' *Questions sur les occupants* '' intervenant dans le livre de Charles Bowen '' *En quête des humanoïdes* '' (J'AI LU), sont totalement faux sur le déroulement des événements, et le comportement des entités.

Le plus étonnant, c'est qu'il sort la seule phrase qui aurait dû le mettre sur la voie : '' *La réaction des Sutton aurait pu être prévue par quiconque eut possédé la connaissance la plus élémentaire de la psychologie humaine ''.*

Alors que Hanlon tenait la réponse, il se fourvoie. Notamment avec cette phrase : '' *Le harcèlement de la famille Sutton durant plusieurs heures semblerait indiquer une marque spécialement persistante d'hostilité.* ''

Et voilà, c'est reparti. Pourtant, qui, prévoyant la réaction des Sutton, irait se faire tirer dessus ? Personne, **sauf si tout est prévu en conséquence.** Le fait que les créatures touchées basculaient avant de s'enfuir indemnes, ou flottaient, indique de façon formelle qu'elles étaient protégées par un champ de force.

Ce qui rappelle d'ailleurs un épisode qui s'est déroulé au Mexique, Vallées de la Ciudad, à la mi-août 1953. (Gordon Creighton '' *Les humanoïdes en Amérique latine* '' dans le livre cité.

Un chauffeur de taxi, Salvador Villanueva réparait son véhicule sur la route principale quand deux hommes mesurant 1 m 35 apparurent près de lui. Villanueva alla avec eux jusqu'à leur appareil, et chemin faisant, '' *Quand leurs pieds touchaient les flaques de boue, leurs ceintures brillaient, et la boue s'écartait comme si elle était repoussée par quelque force invisible* ''.

Edifiant, n'est-ce pas ? On peut ainsi supposer sans grand risque une origine commune de ces petits hommes avec les lutins des Sutton.

Ainsi que la suite de ce livre le confirmera.

Donc, nos lutins farceurs arrivent chez les fermiers, l'un d'eux avance dans sa tenue luminescente impressionnante, dans une attitude théâtrale propre à donner la chair de poule. Le champ de force touché par les balles le fait basculer en arrière sans dommage. Celui du toit roule au sol dans son champ protecteur ; et celui de l'arbre descend en flottant.

Le tout sans agressivité de leur part, puisqu'ils sont là pour s'amuser aux dépens des fermiers.

Je crois qu'il était bon de mettre les choses au point, surtout pour les lecteurs qui découvrent cette histoire.

Je ne peux terminer cette affaire Sutton sans faire une relation avec un personnage très connu, mais qui était, comme l'a écrit Joseph Millard : '' *L'homme du mystère* '' ; c'est-à-dire le voyant / guérisseur Edgar Cayce.

Il est né en 1877 à Christian County qui est proche de Hopkinsville précisément ; mais pas où se situe la ferme des Sutton.

Toutefois, il est doublement curieux qu'aucun ufologue n'ait fait le rapprochement, car aux Etats-Unis, des fermiers semblables à cette famille doivent être nombreux. Alors pourquoi eux ?

Eh bien, je suis persuadé qu'Edgar Cayce y est pour quelque chose. Indirectement bien entendu. Tout bébé, il réussit à sortir de la maison à l'insu de ses parents, et tomba dans une mare profonde. Pourtant, il parvint à s'en sortir seul ; version officielle, car c'était impossible. Etant donné ses futurs talents, il a dû être secouru par les Sokariens, qui l'ont toujours suivi. Et peut-être accordé ou renforcé ses pouvoirs.

Et bien des années plus tard, ce sont les Sutton qui furent dans leur collimateur. En effet, pourquoi chercher ailleurs ce qu'on a sous la main ?

.

La deuxième affaire que je soumets montre une autre forme de mascarade. Néanmoins, nos personnages de Kelly-Hopkinsville n'y sont peut-être pas étrangers.

Elle est extraite de : '' *OVNI en Provence* '' de Henri Julien et Michel Figuet (Editions de Haute Provence).

En août 1976, Mr. X. se repose dans son cabanon isolé entre Ampus et Châteaudouble dans le Haut-Var. C'est un fonctionnaire de police, passionné de chasse, mais en août, celle-ci n'est pas ouverte, ce qui a son importance.

Le soir du 7, il entend deux cris successifs stridents et terrifiants qui lui semblent être ceux d'un animal blessé. Mr. X. prend un gros bâton (il n'a pas de fusil), et sort. La nuit éclairée par la lune lui permet d'apercevoir trois silhouettes qui se dirigent vers un bois.

Mr. X. va les suivre.

'' *Les silhouettes ont entre 1 mètre et 1, 10 mètre de hauteur. Elles se dandinent curieusement en marchant. Ces '' petits hommes '' ont des bras très longs, à la façon des singes. Leurs têtes sont volumineuses avec de grandes oreilles pointues. Impossible dans l'obscurité, de savoir s'ils sont vêtus de combinaisons ajustées ou s'ils ont un pelage.*
Celui du milieu est soutenu par les deux autres. Visiblement, il se déplace avec peine. Le témoin supposa que, contusionné par quelque chute, il avait poussé ces appels affreux. ../...Leur marche était lente à cause du '' blessé '', il put les observer sur un parcours d'environ 3 kms.... /...Finalement, le trio atteignit une clairière devant une ferme abandonnée... Un engin de couleur noire s'y trouvait. Il était suspendu à 50 cm au-dessus du sol.../... Les trois petits êtres disparurent. Soudain, la clairière fut illuminée par une clarté éblouissante, légèrement verdâtre. Le témoin fut secoué par une sorte de forte décharge électrique. Il chuta au sol où il resta un moment comme assommé, incapable de reprendre ses esprits. Quand il se releva, tout avait disparu.''

Tête douloureuse et corps brisé de fatigue, il regagne péniblement sa cabane quatre heures après le début de la mascarade, dont il ne saura jamais qu'il a été la vedette involontaire.

Car c'est bien une bouffonnerie grandguignolesque jouée à l'encontre du brave policier. D'abord un cri, puis un deuxième, pour l'inciter à sortir, poussé par son instinct de chasseur. Ensuite la comédie du '' blessé '' justifiant les cris, et la poursuite difficile dans la nuit à travers les taillis, jusqu'à l'appareil en attente.

Enfin, pour clore le tout, décharge électrique pour lui montrer qu'il était un jobard, avant que l'engin parte définitivement.

Ainsi que le font remarquer judicieusement Julien et Figuet, avec quelques erreurs dues à la méconnaissance du dossier, les lutins ressemblaient étonnamment à ceux de Kelly-Hopkinsville, et qui ont également effrayé par jeu la famille Sutton. Toutefois, ici ils ne portaient pas de combinaison phosphorescente ; peut-être pour ne pas faciliter la traque de l'acteur principal.

Et la phrase de B. Hanlon concernant la prévisibilité des réactions de la '' victime '' peut s'appliquer au policier adepte de la chasse acharné à la poursuite de ses lutins.

Un seul point restera non élucidé. La victime de cette grosse farce fut-elle choisie parce qu'elle se trouvait là, alors que les lutins cherchaient un acteur de premier plan ? Ou bien, le policier fut-il incité à se rendre dans son cabanon, afin qu'il puisse jouer convenablement son rôle ? Autrement dit, et c'est ce que je crois, le scénario fut préparé bien avant sa mise en œuvre.

Déduction également valable pour la pauvre famille Sutton.

Concluons qu'après coup, on peut se demander pourquoi traîner un '' blessé'' peut-être gravement touché à travers trois kilomètres de bois, alors que l'engin pouvait venir le chercher ? Mais dans ce cas, la poursuite n'aurait pas eu lieu, et donc pas de rigolade.

Empruntons encore à Julien et Figuet cet autre morceau d'anthologie, car la farce est d'une subtilité très profonde. Comme le lecteur pourra en juger, elle s'est prolongée au-delà de l'histoire immédiate, compte tenu de la personnalité de l'acteur principal.

1964 ; monsieur L. retraité à Menton : *Au cours de l'hiver 1963-64, il décida d'étudier la salinité de l'air de son lieu de résidence. Pour ce faire, il plaça des témoins chimiques sur un itinéraire précis, en contrebas du tracé de la future autoroute Nice-Gênes dans les collines de Garavan.*

Un jour du début janvier, M. L. à son heure habituelle, procède à un relevé. Dans un chemin de terre, il entend des voix inintelligibles. ''

Il s'avance et voit un croissant métallique bleuté avec une plate-forme circulaire. M. L. s'aperçoit que c'est une sphère coupée par un disque horizontalement, et il comprend que c'est une mécanique qu'il n'a jamais vue. Il en fait le tour, et l'étudie en détail. Le texte, assez long, laisse entendre que M.L. aurait eu largement le temps de prendre un bon nombre de photos s'il avait eu un appareil.

Puis, après des préparatifs qui sont détaillés, la sphère décolle sans bruit.

Le plus important à noter, c'est que si M.L. a entendu des voix, il n'a vu personne, et n'a perçu aucun bruit durant tout son examen.

Si j'insiste là-dessus, **c'est parce que c'est la clef de l'aventure.**

Il prend des notes, réfléchit, fait des dessins de cet engin inconnu.

'' *Jugeant de son devoir de citoyen d'en faire part aux autorités qui assurent la sécurité de son pays, il partit pour Paris. Pendant trois jours, il alla de ministère en ministère. Econduit plus ou moins poliment...*'' Inutile de poursuivre, vous devinez aisément. Furieux, M.L. exigea de faire une déclaration officielle, qui fut enregistrée....et qui fut retrouvée quelques années plus tard par des ufologues. M.L. était décédé.

Joli cas de maîtrise de la technologie de l'inconscient. Elle fut utilisée pour attirer M.L. par un bruit de conversation, le laisser examiner à loisir l'engin, sachant qu'il en ferait un rapport complet et qu'il monterait à Paris pour alerter vainement les autorités.

L'amusement, l'hilarité même des ufonautes / Sokariens, se poursuivit donc jusqu'au moment où M.L. exigea de faire une déclaration officielle, qui mit un point final à cette galéjade.

Le quatrième cas d'amusement nous est fourni par Andres Alfaya, qui ne se doutait pas en publiant son livre, qu'il m'apportait le miel à tartiner sur le beurre. Je rappelle que nous sommes à Cuba.

Incidemment, il commence son récit par une remarque prémonitoire.

'' *Le 12 mars 1967, se produisit un événement assez étrange qui relevait beaucoup plus de la tragi-comédie à cause du récit qu'en ont fait les protagonistes que du sérieux qu'on aurait pu en attendre.*''

A 11 heures du soir, un camion partit pour amener des vivres à quelques unités de radar. Vers 1 heure, le moteur s'arrêta sans raison apparente, alors que le camion était entre les points 14 et 17, dans un lieu désert, sur un chemin forestier, et à au moins dix kilomètres du poste le plus proche.

Le conducteur du camion était un grand balaise taciturne et irascible mesurant 1m 90. Illettré, c'était un excellent chauffeur. Il était surnommé '' La Panthère ''.

Son compagnon était le lieutenant Moracén, qui mesurait 1 m 55 pour un poids de 80 kilos, loin du sportif entraîné.

Les deux hommes travaillaient ensemble depuis trois ans, mais se disputaient fréquemment, et la colère montait vite. **C'était de notoriété publique.**

'' La Panthère '', en bon mécanicien, commença par démonter le carburateur, le nettoya, et le remonta, sans résultat. Puis il démonta et vérifia tout ce qui était électrique. Rien ne fonctionnait et la batterie faiblissait.

En désespoir de cause, il demanda à son chef d'aller prévenir le poste de radar, mais l'autre refusa, car il ne voulait pas traîner sa graisse sur un long parcours.

Bien entendu, une dispute féroce éclata, dont on ne connait pas les détails, faciles à imaginer. C'est alors qu'à 60 mètres de distance, '' *au milieu des broussailles, un objet en forme de disque qui se mit à briller de plus en plus fort et s'éleva ensuite sans faire de bruit avant de disparaître à leur vue.* ''

Tandis que le chauffeur insultait les '' Martiens '', le lieutenant s'évanouissait de peur. Son compagnon dut donc faire la route à pied.

Et quand l'équipe de remorquage arriva sur place, que se passa-t-il ? Le moteur du camion démarra du premier coup, à la grande stupéfaction du chauffeur.

Tous les ingrédients de la farce monumentale sont réunis ; une route déserte de nuit, le plus proche secours à 10 kilomètres, deux hommes réputés pour se disputer au moindre prétexte.

Il n'en faut pas plus aux ufonautes pour préparer une embuscade, paralyser le camion en faisant croire qu'il est en panne, et attendre la suite…qui ne tarde pas à venir.

Quand la discussion est au paroxysme, on baisse le rideau, et on s'en va en laissant un camion en parfait état de marche, mais que personne ne songe à vérifier, surtout que le lieutenant est évanoui, ce que son compagnon lui reproche en le traitant de lâche. Ce qui mit fin à leur association.

Un autre exemple d'amusement, toujours rapporté par Alfaya, est fourni cette fois par un OSMI.

Le 6 juin 1968, un objet inconnu fut repéré à 220 mètres de profondeur, complètement immobile. Croyant que c'était un sous-marin soviétique en difficulté, et qui était recherché, on lança une opération de récupération des hommes. C'est alors que l'objet partit à une vitesse de 139 kilomètres / heure, bien trop rapide pour un submersible classique.

Il fut donc poursuivit et bombardé pour l'obliger à faire surface, les Soviétiques espérant le capturer, mais l'opération échoua : '' *Elle se termina par une perte de contact électronique avec l'étrange objet dans la baie de Aguas Malas après avoir joué au chat et à la souris avec lui pendant plus de huit heures.* '' (ibid.).

En fait Alfaya inverse les rôles ; c'est l'OSMI qui a joué avec la flotte soviétique. Pendant huit heures, ses occupants se sont bien payé la tête des militaires, **sachant sans doute par leurs détecteurs, qu'ils voulaient s'emparer du bâtiment pour en acquérir la technologie.**

Voici à présent un cas très particulier, toujours en rapport avec Cuba.

Il s'agit d'un navire solitaire détecté au radar le 8 mai 1975, sans pavillon, et qui effectuait le circuit aller-retour entre la péninsule de Guanacavines et le port de Mariel, en passant au large grâce aux courants.

Ce manège dura jusqu'au mois de juillet. Des vedettes de surveillance s'approchèrent pour l'observer. '' *L'oxydation atteignait un degré tel que l'on ne voyait plus aucune trace de peinture ni sur la coque ni sur les superstructures, les descriptions en faisaient une masse de rouille flottante...* ''

En fin de compte, pris en charge et amené dans le port de Mariel, il s'avéra qu'il s'agissait d'un '' '' Liberty '' de 30.000 tonnes américain chargé de denrées alimentaires, **toujours dans les cales**, mais entièrement desséchées, destinées pendant la seconde guerre mondiale, à l'URSS. Mais aucune trace de l'équipage.

''*...les hélices, toute la coque et le gouvernail étaient recouverts d'un amas de coquillages et d'algues inextricable sur une épaisseur d'au moins 90 centimètres.*''

Et Alfaya de conclure : '' *il a bien fallu se rendre à l'évidence : cet amas de rouille flottant a poursuivi sa navigation errante depuis les années 1943-1944. A-t-il été pris dans la mer des Sargasses à cause d'une panne de moteur et abandonné par son équipage ? A-t-il été attaqué par les Allemands dans l'Atlantique ? Fait-il partie d'un des nombreux mystères du '' triangle des Bermudes ? On ne le saura jamais.*''

Sans aucun doute. Cependant, je peux répondre aux deux premières questions.

Comment l'équipage aurait-il pu abandonner le navire cloué dans la mer des Sargasses, sans être lui-même pris au piège ? D'autre part, avant la solution de l'abandon, il restait la possibilité d'alerter les Américains par radio.

De toute manière, en imaginant plausible cette panne de moteur, il faudrait supposer que le navire serait resté prisonnier des Sargasses pendant près de trente ans, envahi par plusieurs décimètres d'algues et de coquillages. Puis, délivré par quel miracle ? ?? aurait dérivé, balloté par les courants, pour arriver au nord de Cuba, sans se drosser sur une côte quelconque, ou s'empaler sur des récifs.

Impossible, étant donné le nombre de diverses îles (Bahamas entre autres). Et il serait passé inaperçu en traversant le Détroit de Floride ?

Quant à l'attaque de l'ennemi, inutile d'y songer. Les U-Boote allemands qui sévissaient dans l'Atlantique, jusqu'à ce qu'ils soient eux-mêmes poursuivis, traqués et coulés, avaient pour unique mission de torpiller un maximum de bâtiments, afin de désorganiser l'approvisionnement en armes, matériel et vivres. Si un de ces U-Boote avait croisé la route de ce '' Liberty '', il l'aurait envoyé par le fond, directement et sans avertissement.

Comment se fait-il que ce '' Liberty '' ne fut détecté par les radars que le 8 mai, alors qu'il aurait dû être aperçu bien auparavant s'il venait de l'océan Atlantique ?

Je crois que la réponse réside dans l'équipage disparu sans laisser de traces, comme les occupants des voiliers de plaisance.

Les Responsables des OSMI et des OVI l'auraient enlevé, comme ces hommes et ces femmes, pour des raisons que je soumettrai le moment venu, auraient laissé rouiller le cargo dans un endroit secret quelconque pendant des décennies, ou au milieu des Sargasses, avant de le récupérer et positionner au large de Cuba le 8 mai 1975.

La raison d'une telle absurdité ? LA FARCE, l'AMUSEMENT, bien évidemment ; et rien d'autre.

C'est impensable, et je comprends votre indignation devant une telle proposition.

Pour ceux qui ont visionné le film '' *Rencontres du troisième type*'', rappelez-vous la scène où les trois voitures de l'ONU et les deux hélicoptères arrivent dans le désert de Gobi en Mongolie, avec leurs cargaisons de photographes et de caméramans, et découvrent un bâtiment de la marine baptisé '' *Cotopaxi* '' couché sur le côté, déposé délicatement sur le sable. Il aurait été porté disparu dans le triangle des Bermudes.

C'est du cinéma, direz-vous, ce n'est pas la réalité ! Je vous l'accorde, mais songez que Spielberg a fait un film sérieux, même s'il comporte des scènes cocasses. En fait, il est le seul non ufologue à avoir parfaitement saisi la finalité du phénomène OVNI : **la bouffonnerie, la pantalonnade**. Mais justement parce qu'il n'était pas ufologue, ceux-ci ont méprisé ses conclusions, se rapprochant ainsi de l'inquisition scientifique.

Et n'oubliez pas que les ufonautes jouent la comédie aux humains, en poussant parfois le bouchon un peu loin, car…

C'est dans leur nature. Et ils en ont les moyens grâce à leur technologie. On peut l'assimiler aux trucages cinématographiques poussés à l'aide de l'informatique et de la virtualité.

Au début de cet article, j'avais prévenu que vous pourriez être choqués.

Cependant, réfléchissez aux conditions plus qu'étranges de survie du ''Liberty''. Nous avons vu que l'emprisonnement dans les Sargasses était sujet à caution. Et les U-Boote l'auraient impitoyablement coulé comme tous les autres ravitailleurs rencontrés.

D'autre part, croyez-vous qu'il aurait pu naviguer pendant trente ans sans son équipage, hélices inutiles, gouvernail bloqué, en étant à la merci des formidables tempêtes, et qu'aucune voie d'eau ne se serait ouverte dans sa coque qui n'était plus que rouille ?

De plus comme par hasard, avec une chance incroyable, il est parvenu au seul endroit où les courants s'arrangeaient pour lui faire effectuer un sempiternel aller-retour : '' *Lorsqu'il se trouva de nouveau à la hauteur du cap de Guanacavines, il fit un autre demi-tour et recommença le même circuit.*

Cet étrange ballet dura jusqu'au mois de juillet.''

Ballet démarré le 15 mai ! Ce qui représente un bon nombre de rotations, sans que rien ne vienne les entraver. Bizarre, bizarre.

Pour aller au bout de ma démonstration, je suggérerai que les Responsables des OVI ont installé un dispositif réglant la marche du navire, jusqu'à ce que les autorités se décident à intercepter l'épave. Dispositif passé inaperçu dans les 85 mètres du '' Liberty ''.

J'ai peut-être l'esprit un peu fertile, mais si on pense aux cinq précédant le cas du '' Liberty'', on constate que les ufonautes ne reculent devant rien pour pouvoir se dilater la rate, ou l'organe qui en tient lieu.

Voyez les dauphins ; ils utilisent leur intelligence de manière ludique, donnant ainsi une sévère leçon aux hommes…ceux-ci n'en tenant pas compte évidemment !

A côté de tout ceci, les poursuites des voitures durant des kilomètres, avant de se positionner devant le domicile du conducteur en le précédant ; ou faire de l'ombre à un petit avion de tourisme, jusqu'à ce que le pilote commence à paniquer, ne sont qu'amusettes banales et tout à fait secondaires, uniquement par désœuvrement, à la recherche de quelque distraction plus consistante.

C'est pourquoi je n'en ferai pas état.

La seule affirmation qui à mon sens ne peut être combattue avec quelque chance de succès est le fait que les Responsables des OVI-- A.M. **pratiquent l'amusement et la farce à l'égal d'un sacerdoce.**

Que ce soit sur le plan géométrique et mathématique mettant en exergue le nombre d'or ; que ce soit pour organiser les apparitions mariales allant jusqu'à la guérison des mourantes, tout en étant brutalement directe, sans pitié ni délicatesse pour la douleur d'une mère ; que ce soit pour utiliser contre son gré un humain en se faisant suivre de nuit ; que ce soit pour faire deux fois le tour de deux avions de chasse '' Mirage '' volant à deux mille kilomètres / heure ; que ce soit pour paralyser une base militaire, et ouvrir les silos des missiles atomiques ; que ce soit pour déclencher la séquence de tir des vecteurs, et l'arrêter à sa guise ; que ce soit pour se faire volontairement poursuivre et bombarder au fond des mers par une escadre, et disparaître au bout de plusieurs heures ; que ce soit pour titiller l'équipage d'un 747 en utilisant une gigantesque toupie pour que l'effet soit plus théâtral ; que ce soit pour faire semblant de tomber en panne devant un témoin éberlué, et réparer à la hâte ; ou que ce soit pour se poser sur une voie ferrée pour mieux surprendre ou inquiéter le ou les témoins choisis (Quarouble, Trancas ou en Chine) ; tout est bon pour que le rire tonitruant et le plaisir du moment soient garantis.

* * *

LE COUP DE LA PANNE
* * *

Le grand public ne le sait pas, mais les préhistoriens s'accordent pour reconnaître que ce fut probablement la première invention du genre humain.

Bien avant le soi-disant plus vieux métier du monde, qui en réalité, en est peut-être la conséquence.

Bien avant l'utilisation de la pierre cassée, rognée, rayée, taillée, polie ; bien avant la naissance de l'étincelle artificielle provoquée manuellement, et grandissant jusqu'à devenir le feu.

L'ancêtre très lointain de l'homme de Neandertal imagina la fausse foulure au cours d'une longue marche, attirant la compassion de l'une des femmes de la tribu, lui massant doucement la cheville, tandis qu'il la remerciait par des mots tendres pour ses bons soins.

Inutile de s'étendre sur la suite, elle n'a pas varié depuis des centaines de millénaires.

Avec l'utilisation du char tracté par les animaux, ce fut la botte de foin que les bœufs n'avaient pas mangée, pour justifier leur manque de force, et leur arrêt obligatoire par la perte d'énergie.

A l'époque des beaux carrosses dorés, les gentilshommes soudoyaient leur cocher pour que les chevaux s'arrêtassent inopinément sous le prétexte de leur maigre ration d'avoine. Et pendant que le serviteur allait en quérir à la plus proche ferme, à deux lieues de l'arrêt, le jeune seigneur faisait patienter sa jolie et noble passagère, qui ne tenait pas à attendre seule, à la merci d'éventuels brigands.

C'est ainsi que l'ingénieur français Joseph Cugnot (1725-1804) connut sa future épouse, en l'invitant à monter à bord de son invention ; la première voiture à vapeur. Puis en '' tombant en panne '' dans un endroit discrètement désert, par manque d'eau dans la chaudière.

Dans nos temps modernes, l'essence volatile a remplacé les produits de la nature. La panne de carburant est due à une jauge défaillante indiquant une quantité inexistante ; excuse que la passagère doit accepter pour expliquer cet arrêt absolument hors de la volonté du conducteur.

Et si des pilotes d'avions de tourisme osent parfois effectuer un atterrissage forcé dans un champ, en employant cette excuse de la jauge récalcitrante et complice, les commandants de bord des avions de lignes ne se risquent pas à ce jeu ; il y a trop de passagers, et le coup de la panne serait mal perçu.

Et nous en arrivons aux OVI.

Je ne puis savoir si les ancêtres des Shebtiw / Sokariens, Shemsu-Hor suivants d'Horus, et autres Hav-Musuvs, utilisaient ce stratagème pour faire connaissance avec leurs compagnes de voyage, mais toujours est-il qu'il est très en honneur chez les ufonautes.

Il est fréquent, dans les témoignages du monde entier, que les entités de différentes tailles et apparences paraissent s'affairer à des réparations mystérieuses sur leur appareil posé rapidement au sol, ou après qu'il ait donné des signes de défaillance.

Curieusement, c'est toujours près d'un témoin présent à cet endroit ; et non moins curieusement, la réparation est effectuée en un temps record, avant que l'engin reparte à une vitesse foudroyante.

Pour récapituler brièvement quelques cas parmi les plus répertoriés, je rappellerai l'aventure du travailleur forcé français en 1943 en Pologne, qui dégagea le sable autour et sous la soucoupe dont le pilote était une belle femme à peau blanche et aux yeux légèrement bridés. J'ai utilisé ce cas dans le troisième volet de mes articles sur les nains et les géants.

En juillet 1950, en France, sur l'aérodrome de Guyancourt, c'est monsieur Claude Blondeau qui fut choisi comme témoin privilégié pour assister à l'atterrissage de deux OVI, et **la remise en place à main nue** de lamelles situées en bordure d'un des engins.

A cette occasion, un des pilotes parfaitement humains, répondit en français aux questions de Claude Blondeau. A la suite de cette '' réparation '' éclair, les engins partirent avec une grande accélération.

A signaler que l'attention du témoin fut attirée par un coup de vent, qui est un des signes précurseurs d'une apparition mariale. Comme quoi les mêmes causes produisent les mêmes effets.

Le cas de l'île Maury, près de Tacoma (Etat de Washington), trois jours avant le début officiel de l'Ere Ufologique Moderne, soit le 21 juin 1947, est moins connu du public, bien que spectaculaire et troublant.

Des gardes -côtes, en patrouillant, ont vu au-dessus d'eux six grands objets circulaires avec une ouverture centrale également ronde. Ce type de vaisseau sera encore aperçu par la suite.

L'un des appareils paraissait être en difficulté, les cinq autres tournoyant autour de lui dans une aide dérisoire et pathétique. Soudain, il lâcha une pluie de débris métalliques, dont certains atteignirent le bateau, causant quelques dégâts et un blessé léger. Après ce largage, comme soulagé par ce rejet, l'OVI et ses compagnons s'éloignèrent en remontant vers le ciel.

Il s'avéra que les débris étaient du simple mâchefer ; le coup de la panne aérienne était bien ficelé. Après coup, il est loisible de supposer que l'OVI avait embarqué un chargement de vulgaires scories, afin de les éjecter en direction des témoins, pour faire croire à une réparation salvatrice. Ce qui est du plus haut comique quand on connaît l'hyper technologie de ces engins.

Cependant, selon le rapport de Lob et Gigi, bien documenté dans leur bande dessinée '' *Le dossier des soucoupes volantes* '', les photos qui furent prises ont mystérieusement disparu, après avoir été voilées par d'étranges rayons X, et les témoins s'embrouillèrent dans leurs récits.

Les débris de mâchefer transportés par avion B 25 n'arrivèrent pas à destination ; l'avion s'écrasa et prit feu, faisant deux victimes.

Les gardes- côtes furent ridiculisés (refrain connu), soupçonnés de fraudes entraînant la mort de deux officiers, mais l'armée de l'air n'intenta aucune action contre eux.

Bizarre histoire, où le coup de la panne semble bien réel, car monter une telle salade avec des débris de scories paraît invraisemblable.

Revenons en France en 1954 ; le 4 janvier, au terrain d'aviation de Marignane un pompier était de garde près d'un hangar abritant un prototype d'avion de transport.

Après 21 heures, un engin rond et lumineux descendit lentement vers la piste, et rebondit légèrement à plusieurs reprises. Atterrissage peu conforme à la technique des ufonautes.

Le pompier téléphona à la tour de contrôle. L'officier de service sillonna la piste en voiture, sans rien déceler, l'objet ayant décollé entre temps.

Le lendemain, il retourna sur place, et trouva…une centaine de débris métalliques, dont des tiges courbes emboulées à une extrémité.

Jimmy Guieu, qui relate l'affaire en détail dans son livre '' *Les soucoupes volantes viennent d'un autre monde* '' (Fleuve Noir), se heurta à un mur du silence lors de sa longue enquête. Pour finir, et afin de lui mettre quelque chose sous la dent, mais de manière idiote et ridicule, on lui remit, sous le sceau du secret, un exemplaire de ces tiges particulières, qui se révéla bidon.

Ce cas de panne, de débris et de fausse preuve ressemble fort à celui de l'île Maury.

Terminons cette revue succincte du coup de la panne, par le plus extraordinaire ; celui de l'atterrissage de Socorro au Nouveau Mexique, le 24 avril 1964, et que j'ai complètement décrypté et présenté dans ce livre.

L'engin qui a attiré le policier Lonnie Zamora à fait croire qu'il avait des ennuis de propulsion, ce qui ne l'a pas empêché de repartir sans aucune difficulté ; se payant même le luxe de passer juste au-dessus d'un dépôt de dynamite, en le léchant avec une longue flamme bleue… qui devait être une énergie froide, à la grande frayeur du policier.

Dans ce domaine de l'amusement joint au coup de la panne, nous avons un exemple hors du commun, que d'aucuns jugeront sans doute stupide, aberrant ou irresponsable. A chacun sa réaction et conviction intime, mais ce cas est pour moi une preuve de plus à mettre dans ma besace.

C'est un incident qui s'est déroulé en Ukraine au début des années quatre-vingts.

Un OVI a stationné au-dessus d'une base de missiles atomiques soviétiques. A première vue, rien de spécial dans ce comportement pour les ufologues, dont les dossiers contiennent de nombreux cas semblables aux Etats-Unis, en Italie, et en France au plateau d'Albion. Dans la plupart des cas, les ufonautes se sont contentés de paralyser la base, de prendre le temps d'ouvrir les silos des missiles, de contrôler l'ensemble, en neutralisant parfois quelques vecteurs.

Cependant, en ce qui concerne cette base soviétique, ils ont été plus loin, **en déclenchant la séquence de mise à feu de tous les missiles.** Affolement des techniciens russes, qui n'arrivaient pas à arrêter le compte à rebours, tous les voyants allumés en rouge.

Si celui-ci allait jusqu'à son terme, c'était l'envol des oiseaux de mort atomique vers les Etats-Unis avec en retour, les représailles américaines. N'importe qui peut imaginer la suite…et la fin.

C'est bien l'avis des ufologues, qui, même en 2014, date du documentaire passé sur la TNT 23 le 30 juillet 2015 (*Hangar N° 1*), et auquel ils apportaient leurs commentaires, n'ont pas compris que c'était par amusement si les ufonautes avaient provoqué cette panique.

Tout en faisant le coup de la panne, **mais à l'envers cette fois,** car les russes étaient incapables de reprendre la maîtrise du dispositif, bloqué par l'OVI.

Effectivement, après avoir joui du résultat de leur coup de pied dans la fourmilière, ils arrêtèrent les frais et ramenèrent les voyants au vert, annulant la séquence initiale, avant de repartir tranquillement.

Les Sokariens Responsables des OVI ont ainsi prouvé une fois de plus, en allant **au plus près du déclenchement de la guerre totale,** leur supériorité technologique vieille de 40 ou 50.000 ans voire plus, et surtout **le côté ludique de l'utilisation de cette technologie.**

Ce qui échappe complètement aux ufologues englués par des millénaires de mémoire atavique, dans la croyance que science va de pair avec inconscience et son synonyme : la guerre.

Enfin, toujours dans l'approche du coup de la panne à l'envers, et toujours dans l'amusement, on a l'exemple passé à de multiples reprises à la télévision du témoignage de Jack Krine, ancien commandant de la patrouille de France, donc pilote on ne peut plus expérimenté.

Lors d'un entraînement d'interception à bord de son Mirage avec son équipier, il aperçut un objet énorme genre cigare, qui paraissait vouloir assister aux manœuvres. Son ailier l'ayant également vu, ils décidèrent de lui donner la chasse, car officiellement c'était un intrus. Mais celui-ci les distança facilement.... Tout en réapparaissant un peu plus tard, comme pour les inviter à reprendre le jeu.

Ce qu'ils firent en allumant la post- combustion. Malgré cet accroissement de puissance, la dernière fois, l' **OVI fit le tour des deux avions**, et disparut définitivement en une fraction de seconde.

Sans doute pour faire comprendre aux pilotes que, bien qu'ils volassent à 2.000 kilomètres / heure, c'était comme s'ils étaient tombés en panne de carburant. Quelle partie de rigolade !

Il est possible que les Sokariens aient pris exemple sur le Nautilus du capitaine Nemo, se jouant de la frégate '' *Abraham Lincoln* '' lancée à sa poursuite, alors qu'elle marchait à près de vingt milles à l'heure : '' *Et même, pendant notre maximum de vitesse, ne se permit-il pas de narguer la frégate en en faisant le tour !* '' (J. Verne '' *Vingt mille lieues sous les mers* '').

Si le fossé est immense entre la science de Nemo et son époque, je ne le comparerai pas avec celui qui nous sépare des Sokariens ; ce serait une insulte qu'ils n'apprécieraient sûrement pas.

* * *

OVNI OU PACOTILLE ?
* * *

MUFON est une organisation mondiale consacrée à l'étude du phénomène OVNI depuis plusieurs dizaines d'années. Ses 70.000 dossiers sont stockés dans une réserve appelée '' *Hangar N° 1* '', dont quelques-uns sont présentés par périodes sur la chaîne TNT 23, dans une émission au titre éponyme.

J'en ai déjà parlé dans mes articles en m'appuyant sur certains cas.

Au mois d'août toutes les chaînes sont en vacances, et de ce fait rediffusent des sujets parfois vieux de plusieurs années ; je pense notamment à ARTE et France 5, dont les documentaires remontent jusqu'à 2006, avec toutes les dates intermédiaires. Ce qui ne change pas grand-chose du reste de l'année, chaque téléspectateur en conviendra.

'' *Hangar N° 1* '' n'échappe pas à cette règle tacite, qui permet aux chaînes, tout en encaissant une modeste partie de la redevance, en plus des publicités, de faire de substantielles économies. A qui profitent-elles ? Inutile de poser la question, nous n'obtiendrons pas de réponse.

Petit aparté à propos de publicité. Je me suis livré à un rapide, simple mais amusant calcul (pourquoi serait-il sérieux ?), concernant les 24 chaînes recensées non payantes - mais pas gratuites – traditionnelles et de la TNT (de TF 1 à Chérie 25). En accordant chichement cinq minutes d'encart publicitaire chaque demi-heure, car c'est souvent plus proche des vingt minutes, une heure de toutes les chaînes totalise donc : 2 X 5 X 24 = 240 minutes, **soit quatre heures de publicité !**

J'insiste sur la générosité du calcul qui minimise les sommes colossales engrangées par les chaînes qui diffusent les mêmes films, séries et documentaires à longueur de mois.

La télévision réussit l'exploit **de compresser 48 heures de cochonneries dans 12 heures de diffusion quotidienne, auxquelles se mêlent probablement des images subliminales de propagande, surtout en périodes électorales !**

Abandonnons cette digression instructive et époustouflante, pour revenir au MUFON.

Si l'on en croit ses cartes géographiques les répertoriant, depuis huit décennies, à commencer par l'Allemagne en 1936, il y aurait eu tellement d'accidents d'OVNI de par le monde, qu'ils concurrenceraient ceux de l'aviation civile.

Et encore, '' *Hangar N° 1* '' ne tient pas compte du crash supposé intervenu en Italie en 1933, et dont Mussolini n'aurait pas manqué de faire la récupération.

A part quelques malheureux petits pays n'ayant pas été visés par les ufonautes en perdition (Bangladesh, Sri Lanka, Zimbabwe, Bénin, Tunisie et d'autres ?), chaque nation aurait eu à portée de main son OVNI personnel lui permettant de le décortiquer, de le disséquer, d'étudier chaque composant pour arriver à en comprendre le fonctionnement. C'est ce que l'on appelle la rétro-ingénierie, puisqu'il faut travailler à l'envers directement sur l'appareil sans notice de montage.

Ce qui suppose bien évidemment que les débris des épaves soient suffisamment intacts pour être utilisables.

Arrivé à ce stade, je dis stop, n'allons pas plus loin.

Tout d'abord, tous ces accidents d'OVNI sur toute la planète ou peu s'en faut, indiquent que ces appareils ne sont pas des super vaisseaux, **mais de la pacotille à peine digne des coucous terrestres des années trente / quarante.**

Ce qui est impensable pour deux raisons :

1) Ils sont issus d'une hyper technologie en avance d'au moins quarante mille ans. 2) A moins d'être complètement demeurés, les ufonautes n'auraient pas continué à survoler les pays, au risque de perdre d'autres appareils, après les premiers crashes, sans tenter d'améliorer leur fiabilité.

On peut ajouter que pour éviter que leur technologie tombe aux mains des humains, ils auraient prévu un système d'autodestruction.

J'irai encore plus loin, en disant que contrairement aux affirmations des ufologues, la science terrestre n'était pas assez avancée pour comprendre ce qu'un psychisme différent avait pu imaginer. Surtout à l'aide d'instruments en plus ou moins bon état, et sans aucune indication écrite, qui serait de toute manière intraduisible. Et de plus, à une époque où l'on ne connaissait même pas le radar. Curieusement, le film '' *Independence Day* '' abonde dans ce sens. Le professeur déjanté de la base 51 avoue au Président des E-U qu'ils n'ont pratiquement rien appris sur l'engin qu'ils étudient depuis cinquante ans.

C'est un point à l'honneur des Américains qui font profil bas à ce sujet.

Bon, avant de reprendre et de poursuivre dans cette voie d'opposition, faisons comme si '' *Hangar N° 1* '' avait raison.

Partant de cette récupération, l'équipe du MUFON en déduit que si l'Amérique bénéficie d'une grande partie de la technologie E.T. (le premier grand classique issu de ces recherches étant le transistor), d'autres pays ont su également tirer des avancées de ces épaves.

Seuls ceux qui n'ont pas eux ce bonheur, sont à la traîne des plus chanceux.

Parmi les bénéficiaires, '' *Hangar N° 1* '' parle de l'Iran, qui aurait capturé en vol, sans aucune éraflure, un drone américain de dernière génération, soi-disant par un rayon tracteur, du véritable '' *Star Trek.*''

J'avoue me méfier des conclusions plutôt hâtives des ufologues du MUFON.

Par exemple dans l'affaire de Téhéran en 1976. Il est dit que l'OVI a envoyé des flammes ou des décharges style laser vers l'avion.

Or dans tous les rapports de divers auteurs que j'ai pu lire, aucun ne mentionne cette '' attaque ''. Elle paraît d'autant plus incroyable que :

1) Le système de communication avec les contrôleurs au sol devenait **muet à 45 kilomètres de l'objectif (25 milles)** ; de même pour les commandes de tir qui furent bloquées lorsque le pilote reçut l'ordre d'ouvrir le feu.

Rappelons que lors de la poursuite de Rapid City, rapportée par E. Ruppelt dans '' *Face aux soucoupes volantes* '', le chasseur ne put s'approcher à moins de 5.000 mètres, l'OVI mettant un malin plaisir à maintenir cet écart, au point d'écœurer son poursuivant.

2) Il parait donc peu probable qu'à cette grande distance, l'intrus ait envoyé des décharges d'énergie, puisqu'il disposait d'autres moyens de défense, **et du contrôle absolu de l'avion.**

Enfin, si cette '' attaque '' est avérée (et cela reste très douteux), alors l'ordinateur de l'OVI est un manchot, incapable de toucher sa cible.

C'est donc en profitant de ce bizarre ajout, que les ufologues jugent que les ufonautes peuvent être agressifs. Alors, qu'en empêchant le pilote de lancer ses missiles, l'équipage a évité que ceux-ci retombent sur la ville, après avoir manqué leur cible, faisant de nombreuses victimes.

Autre exemple ; en 1977, le pilote d'un avion de ligne aperçoit une boule de lumière qui approche de son avion. Brusquement, celui-ci vire à gauche sans raison, ni intervention humaine. Les contrôleurs demandent au pilote de revenir sur sa ligne de vol, ne comprenant pas ce geste inexplicable.

Il semblerait que ce soit l'OVI qui ait exécuté cette manœuvre en prenant le contrôle de l'appareil. Amusement un peu trop poussé au gré des humains, qui ne pensent qu'à une agression.

En fait, dans tous les cas de ce genre proposés par '' *Hangar N° 1* '', les ufologues mettent l'accent sur l'hostilité des OVI.

Alors, pourquoi n'y a-t-il pas de véritables accidents imputables aux ufonautes ?

Si l'on admet que leur façon d'agir est un jeu dangereux aux yeux des hommes, on ne peut pour autant les accuser d'agressivité.

Si ma méfiance envers cette conclusion est éveillée, elle l'est aussi pour les histoires de crashes d'OVNI et la retro-ingénierie, surtout au cours des années trente / quarante.

Je pense sincèrement, et je l'ai déjà écrit, que les OVI sont le fruit d'une hyper technologie, qui les rend non accidentables. Pensez au monstre qui survola l'Arizona en mars 1997 ; c'eût été prendre un énorme risque en apparence, alors qu'en réalité ces objets sont parfaitement à l'aise et se jouent de la gravitation.

Le fameux film '' *Rencontres du troisième type* '' en fait la magistrale, merveilleuse et amusante démonstration. Notamment avec la séquence où les trois OVI suivent consciencieusement les méandres de la route, en faisant passer les feux du rouge au vert.

Pourtant, malgré ces réserves, admettons que nombre de pays ont reçu sur leur sol un engin tout prêt à les aider involontairement à progresser. En premier lieu, les Allemands en 1936 ; là, je suis d'accord pour dire que leurs savants étaient plus avancés qu'ailleurs dans le monde.

Ce qui ne les a pas empêchés de perdre la guerre en 1945. Les seules avancées spectaculaires étant les V 1 et V 2 (mais les fusées existaient déjà bien avant le conflit), et le ME 262, premier avion à réaction mis en service peu avant la fin des hostilités.

Les Américains auraient reçu le cadeau céleste en 1941, et se seraient jetés dessus comme des loups affamés.

Pourtant, après avoir été devancés par les Russes dans l'envoi du premier satellite, et la honte qui suivit leurs échecs de lancements, ce ne fut qu'au milieu de 1969 qu'ils se posèrent péniblement sur la lune, à la limite de la catastrophe, ordinateur saturé, et uniquement à l'aide d'une super amélioration de la V 2 nazie.

D'autre part, n'oublions pas que toute cette nouvelle technologie n'aboutit toujours qu'à des avions plus puissants, plus rapides et plus furtifs, mais ce ne sont toujours que des avions avec leur limitation d'autonomie, et de maniabilité.

D'ailleurs, une anecdote jette un doute sur cette soucoupe accidentée de 1941. Cet épisode ne fut connu que par la relation d'un pasteur, à qui l'armée demanda d'administrer les derniers sacrements à une créature étrangère. Le commentaire dit : '' A cette époque, cela se faisait ''.

Eh bien, je doute fort que l'armée désirant garder le secret sur une pareille affaire, aille quérir un homme d'église pour assister aux derniers instants d'un E.T. qui doit parfaitement se moquer de cette coutume purement terrienne. D'ailleurs, il suffisait de faire appel à un aumônier militaire assermenté.

Pour contourner le problème de l'impossibilité à s'immiscer avec succès dans une technologie supérieure étrangère, certains ufologues avancent que ce sont les E.T. eux-mêmes qui ont fourni les éléments pour faire progresser notre science. C'est l'histoire de la base souterraine où plusieurs races d'E.T. séjourneraient (Mazette, nous sommes bien courtisés !).

Là aussi, je doute très fort.

Quel serait leur intérêt de nous faire progresser ?

Si c'est par altruisme, pourquoi ne pas commencer par la médecine, avec la guérison du cancer, et autres maladies graves, et supprimer les maux inhérents à la vieillesse (je parle pour moi, je le reconnais) ?

Si c'est le militarisme qui domine, alors ce ne peut être que pour nous entretuer, selon notre mentalité pourrie.

Et si ces entités voulaient nous envahir, ce n'est pas en nous donnant des moyens sérieux de nous défendre, qu'ils parviendraient à leurs fins.

Non, ça ne colle pas ; des E.T. voulant nous faire profiter de leur science de manière amicale, devraient le faire **ouvertement dans le cadre planétaire**, et non au profit d'une seule nation.

Enfin, s'il existe, entre autres aux Etats-Unis, une technologie de haute volée, pourquoi ne pas l'utiliser, plutôt que d'envoyer des fusées obsolètes, dangereuses, gourmandes en carburant et sur le plan financier ?

Ce qui aurait évité les accidents des navettes spatiales, et la mort de femmes et d'hommes.

Et si selon la théorie du MUFON, cette technologie était aux mains de nombreuses nations ; outre la même question que ci-dessus, pourquoi ne pas en profiter pour essayer de dominer le monde ? Ou du moins, pour les ennemis acharnés des Américains, ne pas leur porter atteinte d'une manière ou d'une autre. **Des OVNI jetant la confusion chez ce grand pays, qui soupçonnerait qu'ils appartiennent à une nation terrienne indéfinie ?**

La réponse tient peut-être dans la peur des représailles des véritables maîtres de ces fabuleux vaisseaux.

Continuons ce petit jeu du faisons comme si…

A la limite, passe encore que les Américains se croient obligés de jouer à ce jeu du secret le plus élevé, en continuant à utiliser une technologie largement dépassée, et en gardant en réserve (pour quelles raisons ?) une force spatiale des plus élaborées.

Mais en ce qui concerne les nations européennes et la fusée Ariane ? Et les nouveaux candidats entrés dans le marché de l'espace récemment : Chine, Inde, Japon, leurs motivations ne devraient pas être identiques.

Par ailleurs, les Russes qui disposent de la fameuse torpille Kvall filant huit fois plus vite que ses homologues traditionnelles qui se traînent à 60 k / h, et probablement propulsée par la magnétohydrodynamique, restent fidèles à la vieille astronautique.

Un sou est un sou dans tous les pays du monde ; alors pourquoi dépenser et risquer plus pour des résultats semblables ?

Or ces trois pays, et l'Europe avec eux, emploient encore des fusées, de modèles différents certes, et personnalisées, mais ce sont toujours de vieilles fusées bonnes uniquement pour la casse.

A quand l'usage de l'antigravitation, avec sa sécurité, son confort et son carburant inépuisable et bon marché ?

Etonnamment, **même pour les sondes automatiques on ne l'évoque jamais** ; extrêmement curieux.

Quant au futur et encore lointain voyage vers Mars, il est toujours question d'une durée de sept mois à l'aller et autant au retour. Ce qui signifie que même dans trente ans, le véhicule de transport sera toujours identique. C'est d'autant plus bizarre, que ces prévisions ne tiennent pas compte d'une avancée majeure en astronautique : **comme si tout restait figé !**

Au vu de cette analyse, je constate que même MUFON penche du côté des détracteurs des OVI ; pas d'une manière formelle en niant un phénomène indiscutable, mais en insistant sur les possibilités qu'il soit hostile.

Sans soulever une seule fois le côté ludique que je défends depuis plusieurs décennies.

Le MUFON serait-il noyauté par la CIA, comme l'a été le fameux NICAP ?

Ce tour d'horizon me permet d'aboutir à deux conclusions :

1) Les crashes d'OVNI sont trop nombreux pour être réels, et relèvent d'une propagande de désinformation et de diminution de leur formidable puissance auprès des moutruches, prêts à croire les bonnes paroles gouvernementales.

Par voie de conséquence, la technologie supposée être récupérée n'existe pas.

Les découvertes scientifiques avançant de manière exponentielle, **ce sont uniquement les Terriens qui ont progressé par leurs propres moyens.**

2) Avec peut-être (sous réserve) un petit coup de pouce très discret de la part des descendants des Shebtiw / Sokariens du monde souterrain du Duat, **qui sont les seuls Responsables du phénomène OVNI – A.M.**

NOTA : Dans cet article nous trouvons OVNI et OVI. Les OVNI sont ceux qui se seraient crashée à diverses époques, et d'origines différentes. Les OVI sont évidemment ceux bien connus de nos voisins du Duat.

*   *   *

FARCE SUPRÊME.
* * *

Dans '' *OVNI ou pacotille ?* '' je m'insurge à la fois contre les multitudes de crashes d'OVNI à travers le monde depuis les années 1930, distribuant à qui voulait une technologie hors de portée de la compréhension humaine.

Mais aussi contre la bêtise des généreux ou inconscients éparpilleurs de ces casseroles incapables de tenir l'air.

Il était donc difficile de croire en bloc à ces deux versions antagonistes : des civilisations avancées envoyant à travers l'espace des flottilles d'engins disséminés dans le temps, et qui une fois arrivés sur Terre, tomberaient comme feuilles mortes un peu partout, pour que chaque pays en ait sa part. Afin que les Autorités puissent en prendre possession et les étudier à loisir.

Surtout quand on sait avec certitude que la science des Suivants de l'Abeille est tellement ancienne et proche de la magie ; à un point tel que même en 2017, il est impossible d'en appréhender la plus petite parcelle.

J'ai déjà émis ce postulat auquel je tiens beaucoup, mais je le répète à nouveau pour une meilleure compréhension de ce qui va suivre :

Les OVI ne tombent jamais en panne et sont indestructibles.

Une fois cela écrit, accepté et accompli, un autre scénario se met automatiquement en place.

De par le titre, le lecteur aura compris qu'il est basé sur l'art de vivre des Bitiw : l'amusement.

Tout d'abord, il faut partir du principe absolu que jamais les Suivants de l'Abeille ne fourniraient soit volontairement, soit par accident, des moyens scientifiques qui permettraient à une grande puissance (Amérique, Chine, Russie) ou à leurs satellites (Monaco, Luxembourg, Japon, Malaisie, France, Italie, Portugal, Corée du nord…), de prendre une supériorité considérable, surtout militaire.

Tout simplement **par le fait de la non-ingérence dans les affaires terrestres.**

Une fois encore, rappelons que cette interdiction ne s'adresse qu'au niveau mondial, mais n'empêche pas une certaine liberté d'action ponctuelle, qui peut changer l'Histoire, ou du moins la diriger.

Je citerai les apparitions mariales pouvant avoir un certain impact sur les foules. Et sur un plan historique, et au hasard, j'évoquerai l'Opération Louis XIV. Ce qui n'empêcha pourtant pas l'avènement de la République.

Cet échec pouvant être mis sur le compte de la différence de psychisme préjugeant mal des réactions humaines. L'épisode Jeanne d'Arc peut en être aussi une certaine illustration.

Ceci mis à part, il est hors de question de favoriser un pays plus qu'un autre.

C'est d'ailleurs tout le problème d'un éventuel contact officiel, justement rappelé par le numéro 387 (août-septembre 2017) de la revue '' *Monde inconnu*'' :

'' *L'aide extraterrestre viendrait aujourd'hui, elle serait détournée au profit des oligarchies dominantes et non pas à celui de l'humanité.*''

Et les Bitiw ont fait ce constat depuis très longtemps ; d'où ce soin apporté à ne favoriser aucune nation, ni même à en donner l'impression.

C'est pourquoi les aventures décrites dans la série B.D. des '' *Mission Kimono*'' 13, 14 et 15, ne resteront jamais que de la science-fiction.

Les auteurs : Francis Nicole et Jean-Yves Brouard font intervenir différents OVNI dans le ciel de l'arctique, pour inciter le porte-avions '' *Charles De Gaulle*'' et les pilotes de '' *Rafale*'' à se rendre sur l'île Tsiolkovski, pour y remplir une mystérieuse mission. Mais le délicat problème politique et diplomatique oblige même le président Hollande à prendre position, car il semblerait que la France soit favorisée par les occupants de ces étranges engins.

Outre des interventions directes sur un avion de repérage russe, dans le troisième opus un OVNI intervient auprès de l'avion présidentiel, et tétanise le président Hollande à l'aide d'un rayon. Cette action ayant pour but de l'empêcher de prendre une décision contraire à ce que les étrangers de l'espace ont décidé.

C'est très technique, bien écrit et dessiné, passionnant pour tout dire.

Mais je n'affirmerai pas que les auteurs se rendent bien compte de l'impossibilité que leur roman devienne réalité.

Ils vont d'ailleurs trop loin en supposant que les ufonautes agiraient sur la personne d'un chef d'Etat en particulier.

Il faut avoir étudié le phénomène OVNI sous toutes ses coutures durant six décennies, faire fi des préjugés religieux et autres, pour arriver à comprendre que si les ufonautes nous connaissent parfaitement, avec toutefois cette différence de psychisme, c'est que :

1) ils ne viennent pas par hasard d'un ailleurs spatial indéterminé et lointain.

2) Ils sont présents en permanence sur Terre.

3) Ils sont les Maîtres incontestés, et ils le prouvent par leurs manifestations.

4) Leur supériorité manifeste leur interdit de se mêler des affaires des hommes.

5) Ils peuvent être bienveillants, mais souverainement froids et indifférents.

6) Enfin, et c'est là un point crucial qu'il nous est difficile d'admettre : leur quasi magie ne leur sert que pour mystifier les humains, soit individuellement, soit collectivement.

Leur seul écart, si je puis m'exprimer ainsi, qu'ils se permettent, c'est d'accorder des récompenses à ceux qui sont '' victimes'' de leur théâtre faérique.

C'est ce chercheur d'or brésilien à qui on indique en rêve l'emplacement d'une mine. C'est le mineur endormi au fond du puits, qui reçoit la visite d'un nain qui lui remet un fragment de roche contenant de l'argent, ce qui permet de trouver un filon très riche. C'est madame Rose C, dont l'aventure est bien connue, qui reçut un don de voyance.

Il y a aussi les guérisons à distance sur des individus isolés.

Mais ces actions ne sont que très ponctuelles, bénévoles ou compensatoires. Répétitifs sur une plus grande échelle, et le principe de non-ingérence volerait en éclats, en déclenchant sans doute une polémique mondiale.

En publiant des statistiques peut-être truquées, certains pays se plaindraient d'être défavorisés.

Car telle est l'espèce humaine.

Et pour les Suivants de l'Abeille, la discrétion disparaîtrait en même temps que l'Amusement. Ce qui est le plus important.

On a vu que celui-ci s'étendait, mais sans contrepartie cette fois, aux avions, aux bases militaires, aux sous-marins et flottes de surface.

Et aussi aux scientifiques, puisque dans mon livre '' *Des OVMI de l'Abeille à la mort du pantin* '', il y a l'article sur les crabes géants de Cuba et ce curieux spécimen marin tenant à la fois du dauphin, du requin, de la raie et du poisson-lune. Article qui suivra celui-ci.

Unique exemplaire qui ne devait rien à la nature, mais qui avait été placé pour être capturé et mystifier ainsi les ichtyologistes.

Tous les échelons de la société étant concernés, il ne reste plus que le niveau gouvernemental ; comment l'atteindre en respectant le principe de non-ingérence ?

En faisant don, indirectement bien sûr, d'un ou deux engins, afin que les scientifiques aient de quoi s'occuper un temps incertain, mettant l'eau à la bouche des dirigeants politiques. Chaque pays se croyant en mesure de damer le pion aux autres.

J'affabule ? A vous de juger.

Fabriquer des entités-robots vivantes biologiques, à l'instar du poisson combiné, qui pourraient être sacrifiées. Et si l'une d'elle survit au crash, elle ne pourra rien raconter de valable, sa programmation étant très réduite.

C'est peut-être une idée horrifiante pour un humain sensible, mais il ne faut pas oublier que pour les Bitiw, tout est bon pour l'amusement.

On remarquera que les '' témoins'' de première, seconde, voire troisième main de l'épisode de Roswell par exemple, décrivent des êtres de petite taille et grosse tête. Ce qui correspond à peu près aux visiteurs de Valensole entre autres, et donc crédibles.

Dans tous les récits, qu'ils soient livresques ou filmés, on apprend que les rares Aliens vivants n'ont jamais livré de renseignements importants. On peut l'admettre, malgré le sceau du secret, car s'ils avaient parlé, et si leurs vaisseaux avaient dévoilé une technologie époustouflante, la nation détentrice de cette supériorité n'aurait pas manqué de l'utiliser.

Pour remplacer les trop encombrantes et ridicules fusées, ou pour dominer le monde. Ce n'est pas le cas ; on s'est simplement contenté de supposer que les avions de dernière génération sont issus d'une prétendue source extranéenne.

Pourtant, ce ne sont toujours que des avions ! Bruyants, gourmands en carburant, et à autonomie limitée.

Il est donc loisible et logique de supposer que les engins '' capturés'' étaient également des pièges à C..., c'est-à-dire qu'ils contenaient juste de quoi faire saliver les scientifiques et leurs patrons gouvernementaux, leur accorder quelques miettes mineures, ne permettant toutefois pas d'être les maîtres du monde.

La preuve, pour suivre la foulée de mon article précédent ; l'antigravitation, pourtant pièce maîtresse du voyage spatial, n'a toujours pas vu le jour.

Le suprême échelon de la farce ayant été atteint, le rire devient d'autant plus homérique, qu'il n'est pas près de s'éteindre. Les savants vont s'acharner à travailler sur des éléments qu'ils ne décrypteront jamais ; tout a été minutieusement ficelé pour faire illusion pendant longtemps encore.

Oui mais...Il n'y a plus rien au-dessus des gouvernements ; si pourtant ; les satellites et les sondes spatiales, qui tombent subitement en panne ou ont atteint la limite d'âge.

Or, à la grande stupeur des techniciens de la NASA, et à leur grande joie aussi, il est arrivé récemment que certains de ces malchanceux ou des sondes retraitées, se remettent soudain à reprendre du service ; sans prévenir à l'avance.

Comme dans l'espace, il n'existe pas de garages spécialisés dans ces réparations, je suis fortement tenté de rendre à César ce qui appartient aux Suivants de l'Abeille.

A l'inverse, plusieurs sondes martiennes russes et américaines ont cessé de donner signe de vie, alors que tout se passait bien.

Mais là, on touche un domaine réservé que les hommes ne doivent pas fouler.

Cependant, on peut douter que les hommes comprennent la leçon, puisqu'en ce mois d'avril 2018, '' *Sciences et Avenir N°854* '' fait grand battage sur l'envoi de colons sur la Lune.

Donc, en plus de jouer avec les sondes spatiales, il faudra pour les Bitiw, se contenter de continuer avec le menu fretin.

Cependant, à mon petit niveau, ayant détricoté le maillage des Suivants de l'Abeille, puis-je me permettre humblement une délectable suggestion ?

Larguer 22 crocodiles édentés et endormis sur la pelouse du stade de France au cours d'un prétendu '' important '' match international de football, au milieu des pousseurs de baballe (beaucoup trop grassement payés pour le peu d'efforts fournis, sans commune mesure avec le travail à la chaîne).

De quoi alimenter les gazettes pendant plusieurs jours, et apporter du grain à moudre **sous les moulins à vent des ufologues.**

En plus de mettre en avant – publicité gratuite - le symbolisme facétieux d'une célèbre marque de polos et chemisettes de sport bien française.

* * *

" MORO " GEANTS
* * *

C'est une pièce rare, exceptionnelle, à ajouter au phénomène OVI.

Dans ce puzzle composé d'engins divers, aériens, stratosphériques, sous-marins, d'entités volantes, et d'apparitions mariales, il convient d'y intégrer cet apport supplémentaire.

Je ne le répèterai jamais assez, en espérant que je finirai par toucher des oreilles sensibles ; le livre d'Andrès Alfaya '' *Le triangle des perturbations* '' (R. Laffont) est une véritable mine d'or pour les ufologues.

Malheureusement, outre que ceux-ci l'ont complètement ignoré, il est venu un peu trop tôt pour attirer leur attention ; les décennies soixante / soixante-dix étaient encore trop braquées sur les méchants envahisseurs extraterrestres.

Et d'autre part, l'auteur confiné dans l'île de Cuba à l'époque, n'avait pas les connaissances nécessaires pour répondre aux interrogations qu'il soulève, et aller plus loin dans les déductions.

Lui-même reconnaît qu'il n'était pas préparé pour cette recherche, car certaines opinions étaient bien ancrées dans les esprits :

'' *Les sous-marins fantômes ne pouvaient être que des sous-marins atomiques américains.../....Quant aux OVNI observés dans la Cordillère de Los Organos, on y voyait de nouveaux types d'avions à décollage vertical pourvus de systèmes électroniques très sophistiqués qui perturbaient les réseaux de radars.''*

Dans un autre chapitre, il précise *: '' ...en tant que responsable du groupe d'agents du gouvernement, j'avais du mal à les obliger à faire la '' chasse aux Martiens'', car ils commençaient à faire preuve d'une certaine insubordination.''...*

...'' Il me fallait pourtant continuer, mais ces hommes prenaient leur désignation pour ce travail comme une véritable punition car elle les exposait aux moqueries de leurs camarades.''

Donc, alors qu'à cette période, des organismes officiels et privés enquêtaient depuis près de vingt ans dans de multiples pays, et que de nombreux livres circulaient déjà à travers le monde, les Cubains vivaient dans un isolement relatif, leurs seuls contacts étant avec l'URSS.

Pour mon compte, j'ai déjà extrait pas mal d'enseignements de cet ouvrage, et que j'ai transcrits dans ce livre. Entre autres, la savoureuse panne de camion ravitailleur en pleine nuit, obligeant le conducteur à parcourir dix kilomètres à pied pour ramener du secours...dont les hommes constatèrent le bon fonctionnement du véhicule, après que les ufonautes auteurs de la farce soient repartis.

C'est précisément le genre d'anecdote qui donne raison à ma théorie de l'amusement, mais que l'on ne pouvait considérer comme telle il y a près d'un demi-siècle.

Un autre chapitre assez court relate deux événements, dont le premier, la perle rare dont je parlais trouve sa solution, alors que le second reste une énigme. Je doute fortement que même à présent, les scientifiques aient pu avancer une proposition satisfaisante.

1) Les crabes géants :

'' *Au cours de l'année 1967, l'Institut d'océanographie de l'Académie des sciences de Cuba reçut plusieurs rapports faisant état de la capture de quelques crabes géants sur une partie de la côte de la province de Pinar del Rio pas très éloignée de la baie de Aguas Malas et du Cayo Inès de Soto.*

Cinq autres exemplaires avaient été ramassés morts sur la côte.''

Rappelons que les endroits cités sont le théâtre de manifestations extraordinaires, sur lesquels justement Andrès Alfaya et son groupe enquêtaient à contrecœur, persuadés de perdre leur temps ; survols et atterrissages d'OVI, OSMI stationnant au fond ou batifolant entre deux eaux, à proximité des bateaux de pêche, leurs puissants projecteurs étalant leur lumière intense sur une grande superficie.

'' *Ces crabes faisaient partie de la catégorie que l'on appelle ''Moro '', espèce commercialisée à cause de sa saveur exquise et de sa chair très abonda*nte.''

Ces crabes, à l'instar de nos tourteaux sont gros comme une assiette à dessert et pèsent jusqu'à deux kilos pour les plus gros.

Ceux récupérés '' *avaient une carapace aussi grande que la roue d'un camion lourd sans compter leurs pinces, énormes, qui mesuraient plus de 1, 20 mè*tre.''

Leur poids fut estimé entre cent et cent-cinquante kilos, car ils étaient déjà desséchés par le sel lorsqu'ils furent récupérés.

Etudiés à la loupe par les scientifiques, ces crabes apparurent comme étant bien des '' Moro '' de taille exceptionnelle, mais sans contamination radioactive, déformations moléculaires, ou autres causes pouvant expliquer **cet accroissement de cinquante fois la taille normale.**

En 1973, deux autres spécimens identiques et aussi desséchés que les premiers furent trouvés dans la même région.

Deux exemplaires furent envoyés à l'Académie des Sciences de l'URSS, mais comme on peut s'y attendre, ce fut le silence complet sur cette affaire.

A croire que les scientifiques de toute la planète s'entendent tacitement, ou ont signé un accord secret, pour mettre la chape de plomb sur tout ce qui sort de l'ordinaire, et qui risque de mettre à mal leurs précieuses théories dogmatiques.

C'est d'ailleurs ce qui est également arrivé à notre second sujet, mais là de manière plus logique dirait-on, car effectivement il reste incompréhensible, tant il défie toute explication technique.

2) Le plancton géant :

En avril 1977, des pêcheurs prirent dans leur chalut un poisson totalement inconnu pesant plus de deux tonnes.

A l'Aquarium national de La Havane, on fit tout pour le garder en vie, mais il mourut au bout de trois jours.

Une coupe de sa peau révéla qu'elle se composait de cellules géantes totalement inconnues. Les spécialistes des pays socialistes appelés en renfort conclurent que c'était un plancton géant.

En fait il était un composite de plusieurs espèces. Il tenait du dauphin à cause de sa masse encéphalique ; du requin-tigre par sa double rangée de dents ; et de la raie par sa longue queue vertébrée terminée par une pointe cartilagineuse.

Ses yeux très mobiles étaient placés à l'extrémité de deux cornes comme les requins-marteaux.

Et une vessie natatoire contractile permettait de moduler ses mouvements ascendants et descendants sans aucun effort musculaire. Comme le poisson-lune.

Autrement dit, ce curieux spécimen possédait : l'intelligence, la puissance, la souplesse, la vision, et la facilité d'évolution.

'' *La nature semblait avoir accompli dans le corps de cet animal un ensemble de mutations génétiques.*''

Curieuse déduction d'Andrés Alfaya, qui ne se demande pas combien de temps il aurait fallu pour arriver à ce résultat **naturellement**. Et pour un unique exemplaire ? De plus, bizarrement, il fut pêché dans une zone où les mystères abondent.

Tous les indices étaient donc réunis pour s'aventurer plus loin dans les suppositions et les déductions, que de parler d'une fantaisie de la nature.

Cette étrangeté me fait penser au livre de J.G. Vandel '' *Pirate de la science*'', ou un savant haineux parce que l'on ne reconnait pas son génie, '' fabrique'' des animaux terrestres, aériens et marins hybrides, groupant des caractéristiques d'espèces différentes. Le tout dans le but de se venger, cela va de soi.

Ainsi que le lecteur s'y attend, je vais apporter ma modeste contribution à l'explication des deux mystères d'animaux géants.

Ou plutôt des explications, car chaque animal a la sienne. Bien entendu, ce ne sont que des suggestions, et non des affirmations. Cependant, en ce qui concerne les crabes géants, elles sont très plausibles.

Eliminons tout d'abord l'animal composite.

Selon ma théorie fétiche, je dirais **qu'il s'agit d'un canular de première grandeur de la part des ufonautes sous-marins.**

Résumons : un seul spécimen d'un poisson possédant les attributs majeurs de plusieurs espèces, et que la nature ne peut absolument pas avoir spécialement créé pour l'occasion, est capturé comme par hasard dans une région réputée pour ses manifestations anormales.

Quelles sont les probabilités pour qu'une telle circonstance arrive ?

Je pense que les Suivants de l'Abeille ont fabriqué cet animal présentant des caractéristiques fondamentales de diverses espèces, uniquement dans le but de mystifier les ichtyologistes. Leur science est tellement avancée que cette manipulation génétique n'est qu'un passe-temps anodin.

Les crabes '' Moro'' étant encore plus faciles à transformer en monstres alimentaires.

Notons qu'il s'agit d'une catégorie réputée pour la qualité et la profusion de sa chair. Ce qui à mon sens est très significatif d'un choix délibéré.

De plus, ce furent plusieurs exemplaires qui ont été trouvés. Ce qui semble démontrer non plus une expérience unique, comme pour le monstre composé, mais bien une utilisation à grande échelle.

Je tiens à souligner que l'accroissement de cinquante fois la taille des crabes Moro est l'exemple même de l'application de l'augmentation volumique de mon article : '' *Volume et intensité magnétique.* '' Que le lecteur pourra relire, **afin de bien s'imprégner de l'idée que cette technologie est opérationnelle.**

Mais cette fois, dans un but alimentaire que ne dédaignerait l'immense majorité de la population terrestre. L'énorme grosseur des '' Moro'' avec la quantité de chair qui l'accompagne, résout aisément le problème de la nourriture.

Ces géants pèseraient entre cent et cent-cinquante kilos ; combien de personnes peut-on nourrir avec un seul de ces crustacés ?

Au lieu de la multiplication du nombre de pains bibliques, on augmente le volume du pain, et ainsi il nourrit le même nombre de personnes. Remplacez le pain par le crabe (l'un n'empêchant pas l'autre d'ailleurs), en y ajoutant un saladier géant de mayonnaise, et le tour est joué.

Pour un peuple vivant sous terre et sous les mers, il est plus facile d'avoir en un seul crabe l'équivalent de cinquante petits ou normaux ; la pêche en est facilitée, et l'augmentation volumique évite bien des efforts de capture. Et sans avoir à épuiser les mers, l'équilibre est ainsi maintenu.

Le temps s'est écoulé depuis la parution du livre d'Alfaya. A présent, que se passe-t-il à Cuba et dans ses environs ? y-a-t-il toujours autant de manifestations mystérieuses ? Où en sont les recherches ?

Plus rien ne filtre de cette grande île. Y-a-t-il eu barrage pour empêcher tout autre divulgation ?

Ce serait bien malheureux, car la réponse à tous les mystères de la mer attend peut-être un nouvel Andrès Alfaya pour être publiée.

* * *

ADDENDA mai 2018 :

Le 19 avril dernier, un bandeau de la chaîne TNT 27 annonçait la découverte de dix espèces nouvelles en mer indonésienne. Dont un crabe ermite et une crevette aux yeux brillants.

Dix d'un seul coup dans une mer que les pêcheurs exploitent depuis des millénaires, me fait écarquiller les yeux et mettre en route mes méninges.

C'est une région qui connut beaucoup de manifestations d'objets plongeant et émergeant ; et de nombreuses disparitions d'équipages de navires de plaisance.

Je ne peux m'empêcher de faire le rapprochement avec le présent article.

Les Suivants de l'Abeille auraient-ils décidés de repeupler les mers avec des espèces comestibles, afin de compenser les ravages de la pêche intensive ?

En toute discrétion, bien entendu.

* * *

DEUXIEME FACETTE
* * *

MARIE
* * *

IL Y A CENT ANS

NAISSAIT

LE QUATRIEME SECRET DE FATIMA.

* * *

Ce qui suit est tellement extravagant, tellement surréaliste **en apparence,** malgré le concours précieux des mathématiques, et de l'orthogéométrie, que je n'en voudrais pas au lecteur de ne pas me suivre sur le terrain de la déduction. En effet, le bouleversement est considérable.

Tout d'abord un bref retour sur le titre ; lors de ses visites à Fatima, la Sainte Vierge confia trois secrets aux jeunes voyants. Les deux premiers sont connus. Ils concernent une vision de l'enfer par les enfants, et une demande de consécration de la Russie au Cœur Immaculé de Marie.

Enfin quand je dis qu'ils sont connus, certains exégètes se demandent s'ils n'ont pas été '' un peu arrangés '', selon le contexte politique ; ce qui n'interfère pas, et n'a aucun rapport avec ce qui suit.

Le dernier, révélé par le pape Jean-Paul II, s'est avéré très décevant après une attente de plusieurs décennies ; au point que l'on doute de sa véracité.

Mais comme la suite tentera de le démontrer, ces trois secrets ne sont que du vent léger, la branche qui cache une partie du spectacle, un paravent, chinois ou pas. Peu importe ; les pèlerinages se succèdent, masquant ce que je juge être le quatrième et vrai secret de Fatima, **en rapport direct avec l'Ordre du Temple.**

Fatima est une petite localité du Portugal située entre Coïmbra et Lisbonne, à vingt kilomètres à l'ouest **du grand fief templier de Tomar,** comme par hasard.

Ce Haut Lieu de pèlerinage a eu les honneurs de la télévision lors de l'Euro de football 2004, car nombre de joueurs des équipes participantes s'y sont rendus. Sans doute pour demander la victoire pour leur pays. Mais les dieux sont-ils sportifs ?

LES APPARITIONS :

Maintenant, entrons dans les faits historiques, afin de bien s'imprégner des dates, car elles ont leur importance, à la fois pour elles-mêmes, et sur le plan numérique.

Commençons par les six apparitions mariales ; elles se succédèrent à raison d'une par mois au cours de l'année 1917. La première eut lieu le

13 mai, et la dernière le 13 octobre, devant une foule considérable estimée à 70.000 personnes. Les quatre autres se déroulèrent le 13 juin, le 13 juillet, et le 13 septembre. Si j'ai sauté le mois d'août, c'est que la Sainte-Vierge ne se manifesta que le 19, soit avec six jours de décalage ; **six jours qui ont un impact considérable sur le décompte final.** Ils sont dus en partie, mais en partie seulement, à l'arrestation arbitraire et absurde des enfants-témoins, et qui furent emprisonnés pendant vingt-quatre heures. Stupidité sans nom des autorités, mais prévue par la Sainte-Vierge, **et comprise dans ses calculs, Connaissance du futur oblige !** Mais pour bien marquer l'importance du 13 août, malgré l'absence des enfants, des manifestations extraordinaires se déroulèrent à l'emplacement habituel ; comme si rien n'était changé, sauf que la Sainte-Vierge et les voyants n'y étaient pas.

Il y eut des éclairs et des coups de tonnerre, alors que le ciel restait bleu, et une sorte de nuage blanc vint se poser sur le chêne des apparitions.

A cette occasion, on remarquera que le chêne, **arbre druidique par excellence,** ainsi que le rappelait Bernard de Fontaine, fondateur de l'abbaye de Clairvaux, est souvent utilisé dans les apparitions mariales.

L'ORDRE DU TEMPLE :

Ceci posé, voyons à présent à quelle correspondance historique rattacher tout ou partie de ces dates de 1917, par rapport à l'Ordre du Temple, dont il a été fait mention.

Or justement, dans l'Histoire de l'Ordre, nous relevons le 13 octobre 1307, et le 13 mai 1310. Ce sont les deux seules dates en concordance avec les apparitions de Fatima ; pas de 13 juin, juillet, septembre, ni de 19 août.

A quoi donc correspond la première citée ? Tout simplement à l'événement majeur du début de la répression contre les templiers.

Le vendredi 13 octobre 1307 au matin, les troupes royales de Philippe IV dit le Bel, arrêtèrent une majorité de templiers sur tout le royaume de France. Mystérieusement prévenus, peut-être par des agents infiltrés dans l'entourage royal, beaucoup s'enfuirent à l'étranger, où ils furent bien accueillis ; d'autres eurent le temps de cacher archives et trésors.

Il y eut des procès, trafiqués comme il se doit, afin d'éliminer un maximum de prévenus. En ce temps-là, la justice était plus expéditive et plus sommaire que celle d'aujourd'hui, mais cette dernière en n'est pas plus juste pour autant.

Bref, en 1310, à Paris, des templiers s'étaient rétractés de leurs aveux (arrachés par la torture, ou inscrits faussement sans vergogne par les inquisiteurs qui avaient pleins pouvoirs). Ils furent séparés du reste des suspects, et brûlés comme relaps le 13 mai 1310, ce qui donne la deuxième concordance avec Fatima. Ces martyrs étaient **au nombre de cinquante-quatre.**

NOSTRADAMUS ET LE QUATRAIN N° 81 :

Arrivons-en à ce que je considère comme étant le catalyseur entre les événements ci-dessus de cette lointaine époque, et les apparitions mariales portugaises : **le quatrain N° 81** de la première centurie de Nostradamus, qui s'énonce ainsi :
D'humain troupeau neuf seront mis à part
De jugement et conseil séparé
Leur sort sera divisé en départ
Kappa Thita Lambda *mors bannis esgarez.*

J'ai renforcé les trois lettres grecques, car dans toute l'œuvre de Michel de Nostre- Dame, **c'est la seule et unique fois où elles apparaissent.** On ne les reverra plus, pas plus d'ailleurs que d'autres.
Constatons que ce quatrain parlant de l'Ordre du Temple, porte précisément le numéro 81, rappel du damier noir et blanc appelé baussant à 81 cases sur le plan céleste.
Ce sont les articles de Didier Coilhac, concernant les centuries de Nostradamus, et parus dans les revues *Sentinel News* N° 19 et 20 du défunt groupe ufologique Sentinelle de Reims, qui m'ont rafraîchi la mémoire.
Maître Coilhac, pour ses propres travaux, sut extraire de la correspondance numérique de ces lettres grecques (Kappa= 9, Thita = 20, Lambda = 30), un calcul mathématique en rapport avec le nombre d'Or et ses dérivés, deux et sa racine.
Avec la multiplication des trois nombres, on aboutit aux 54 condamnés, jugés à part et brûlés. Bien sûr il s'agit d'une allusion, car il ne faut pas tenir compte des deux zéros (5400). On sait que le mage de Salon était un spécialiste des calembours, et ne s'embarrassait pas de précision absolue. Il laissait ce soin à ses lointains et futurs exégètes.
Pour aller jusqu'au bout de ce quatrain, l'addition des trois lettres numérisées donne 59.
Donc en résumé nous obtenons : 9 X 20 X 30 = **54** et 9 + 20 + 30 = **59.**
Nombres qui par la suite auront une importance primordiale.

LE 13 MAI 1310 :

En ce qui concerne les neuf mis à part, G. Legman écrit dans son livre : '' *La culpabilité des Templiers*'' (Artefact) à la page 207 : '' *Quelques semaines après, à Senlis, le concile de Reims envoya au bûcher neuf autres templiers.* '' ; justifiant ainsi le troisième vers : *de jugement et conseil séparé.* Conseil étant **l'anagramme de concile**, à la manière nostradamusienne. Ce qui montre bien que l'on tourne autour du 13 mai 1310.

A ce propos, certains historiens parlent du 12 mai, et non du 13 accepté par la majorité. C'est ainsi que Legman, page 206, précise '' *Le 12* (mai *), pendant que les commissaires étaient en train de recueillir des témoignages, on vint leur apprendre* **que 54** *de ceux qui s'étaient offerts à défendre l'Ordre.../...et allaient monter sur le bûcher le jour même* ''(ibid.).

Si je souligne cet écart, c'est parce que le décompte des jours séparant le 13 octobre 1307 du 13 mai 1310, est de 943, en tenant compte de 1308, année bissextile. Si c'est le 12 mai, on descend à 942. Or ce chiffre est le nombre exact de quatrains écrits par Nostradamus dans ses dix centuries initiales, ce qui pourrait être une indication de ce qui l'a guidé pour ce choix. **Choix ayant une autre raison, plus mathématique.** Mais ce n'est pas encore le moment de la dévoiler. Nostradamus a-t-il eu accès à des archives plus précises ? Toutefois, nous ferons confiance à la Sainte-Vierge, et nous nous tiendrons à la date historique du 13 mai.

Ce qui nous ramène à 943 jours ; comment résoudre cette discordance ?

Eh bien, il se trouver que 943 est un nombre premier, donc indivisible. De plus, il ne s'accorderait pas avec les calculs présentés plus loin, et qui sont de la plus haute importance, comme on s'en rendra compte. **Alors que le nombre 942 fait parfaitement l'affaire, et la date du 13 mai aussi.**

D'autant plus que c'est la première apparition de 1917, qui conditionne tous les calculs.

Ce qui me fait supposer que les Suivants de l'Abeille ont opté pour un compromis mathématico / calendaire influençant Nostradamus.

LE NOMBRE-CODE :

Donc, compte tenu de cette dernière précision, nous pouvons nous appuyer sur la base de calcul suivante :

Entre le 13 mai 1310 et le 13 mai 1917, il y a 607 ans en chiffres ronds.

Je précise qu'à l'époque de Philippe IV le calendrier Julien était en vigueur. La différence avec le calendrier Grégorien mis en place en 1582, est de onze jours. Je crois que les Responsables des OVI, au courant bien sûr de cet écart, ont estimé qu'il était négligeable, ne retenant uniquement que les dates indiquées. **De plus, un nombre code se doit d'être entier.**

C'est ce nombre-code qui sert de base au cryptage du quatrième secret. Dans les commentaires, nous verrons **qu'il ne pouvait y en avoir d'autres.**

En résumé, ce quatrain N° 81 nous fournit les deux nombres suivants : 54 et 59. Que pouvons-nous en tirer, à quoi se rattachent-ils éventuellement, **toujours dans l'optique des apparitions mariales de Fatima ?**

Avant de développer la réponse, je voudrais souligner un aspect mathématique non négligeable en rapport avec lesdites apparitions et l'année 1917, non bissextile, est-il besoin de le dire ?

Du 13 mai au matin au 12 octobre au soir, il y a 153 jours, soit 212 jours pour le reste de l'année. La différence entre ces deux nombres **est de ...59.** Si ce chiffre n'est pas forcément un rappel de Kappa, Thita, Lambda, il n'en reste pas moins que 153 n'est pas gratuit. C'est le résultat de 17 X 9, deux chiffres sacrés templiers. Ou si l'on préfère la référence à l'année des apparitions, c'est : 1X 9 X 17.

LE DECOMPTE NUMERIQUE DES MOIS :

J'aborde à présent la partie la plus délicate à négocier. Pas tellement pour moi bien sûr, mais pour le lecteur. Car dès le début, je vais asséner des comparaisons chiffrées, qui seront un tremplin pour la bonne compréhension de la suite.

Nous sommes restés sur 54 et 59 aimablement indiqués par ce cher mage de Salon. Additionnons les chiffres de chaque apparition mariale, en numérotant les mois suivant sa place calendaire.

Pour le 13 mai 1917, nous aurons ainsi : 13 + 5 + 19 + 17 = 54.

Pour le 13 juin : 55.

Pour le 13 juillet : 56.

Pour le 19 août : 63.

J'ai bien parlé des **apparitions de la Vierge**, et celle-ci est venue le 19 août, et non le 13. Mais à cette date anniversaire, il y eut des manifestations. Comptabilisons donc ce jour, et nous obtenons logiquement 57.

Ensuite reprise normale des événements, et du calcul :

Pour le 13 septembre : 58.

Enfin pour le 13 octobre : 13 + 10 + 19 + 17 = 59.

Si j'ai repris le détail comme pour le mois de mai, c'est pour bien souligner la concordance effarante des résultats obtenus avec les chiffres du quatrain ! Les 54 du 13 mai 1917 correspondent aux 54 templiers du 13 mai 1310, et les 59 du 13 octobre de la 6è apparition rappellent on ne peut plus étrangement le total de : Kappa + Thita + Lambda.

Soulignons que ces deux nombres sont en adéquation avec la première et la dernière des apparitions. Ils encadrent ceux des autres mois.

L'addition de 54 + 59 = 113. Maintenant, si nous faisons la somme des trois autres apparitions et des événements, je dis bien événements, du 13 août, nous arrivons à un total de : (55 + 56 + 57 + 58) 226. **C'est le double de l'addition précédente !** C'est d'ailleurs une double référence, puisque nous avons quatre manifestations encadrées par deux apparitions, qui se démarquent ostensiblement par le calcul.

Mais ceci mis à part, bien que très symptomatique de ce qui préside à l'esprit de ces mariologies, nous resterons pour notre démonstration, immuablement **sur les visites de la Sainte-Vierge.** Celle-ci, pour les raisons expliquées plus haut n'apparut en août, que le 19. Il faut donc ajouter six jours au total ci-dessus, et l'on arrive à : 232.

Je pense que vous avez idée que le quatrième secret de Fatima consiste à dissimuler la relation mathématique qui existe entre l'arrestation des templiers et le martyr des 54 membres de cet Ordre, avec les apparitions mariales de Fatima.

Auxquelles il convient d'ajouter d'autres mariologies dont le total numérique amènera à égaliser le code 607.

Incidemment, ce n'est pas une mince affaire que d'aller chercher les éléments qui s'additionneront, afin de contrebalancer le nombre-code 607 parmi les apparitions mariales.

Nous avons déjà 113 et 232 ; **le total des six apparitions mariales de Fatima nous amène à 345.**

A LA RECHERCHE DES AUTRES COMPOSANTES :

PREMIERE OPTION :

De par la date de sa première apparition mariale, Medjugorje se doit de participer. Dans cette bourgade de Bosnie, dépendante de la ville de Mostar, la Sainte-Vierge y est apparue un nombre considérable de fois, le mot considérable étant sujet à caution.

Cependant, la première remonte sans aucun doute possible **au 24 juin 1981.** Or le 24 juin est doublement mémorable :

1) C'est la fête de Saint-Jean Baptiste, patron des Templiers. On ne peut plus intéressante dans ce contexte Et implorant presque qu'on l'utilise.

2) Le 24 juin 1947 est l'entrée en vigueur officielle de l'Ere Ufologique Moderne, avec la vision de Kenneth Arnold.

Le total numérique du 24 juin 1981, est de 130. Chiffre sympathique et ésotérique, mais qui, matériellement, fait passer la somme de 345 à 475. Nous sommes encore loin des 607.

Comme il s'agit de l'Ordre du Temple, et que les événements s'y rapportant, notamment les arrestations du 13 octobre, se déroulèrent à Paris, peut-être pouvons-nous voir de ce côté, puisqu'en 1830, il y eut trois visites de la sainte Vierge ?

La dernière ayant une date indéterminée, ne peut convenir ; la deuxième, au cours de laquelle la Noble Dame montra les deux faces d'une médaille qu'elle désirait voir frappée, et qui est connue sous le nom de médaille miraculeuse, date du 27 novembre 1830 : soit 86 en numérique. Toutefois, avant de s'y arrêter, essayons de voir si la première ne conviendrait pas.

 Celle-ci remontant au 18 juillet 1830 (total : 73), logiquement, comme pour Medjugorje, ce devrait être la bonne. De plus, elle présente un caractère exceptionnel.

Catherine Labouré est novice chez les filles de la Charité, rue du Bac, selon ses vœux. Le soir du 18 juillet 1830, son ange gardien ressemblant à un enfant resplendissant âgé de 4 à 5 ans, vient la chercher dans sa chambre pour la conduire à la chapelle. Là, elle se trouve en face de la Sainte-Vierge, assise dans un fauteuil en haut des marches de l'autel. La Mère du Ciel parla à la voyante pendant plus de deux heures ; elle lui annonça des événements tragiques **qui se déroulèrent point par point quarante ans plus tard.**

C'est dire le caractère unique dans les annales des apparitions mariales, à la fois par la mise en scène digne du plus parfait des théâtres faëriques, par la durée de l'entretien, et la qualité de l'anticipation temporelle des révélations. Et jamais un témoin n'a été introduit auprès de la Sainte-Vierge par son ange gardien personnel.

Petite mise au point : que le lecteur croit ou non en l'existence d'un ange gardien pour chacun de nous, est un problème qui le regarde seul. Dans le cas présent, je ne fais que répercuter les procès-verbaux (''Enquête sur les apparitions de la Vierge'', de Yves Chiron), sans avoir à prendre parti.

La seule chose qui m'intéresse, c'est l'utilisation de la date entrant dans le calcul du code 607. Et là, les 73 sont à ajouter aux 475 ; j'arrive à 548.

Il ne me manque plus que 59 pour atteindre mon but. Cinquante-neuf ! Mais c'est l'addition de Kappa, Thita, Lambda du quatrain de Nostradamus. C'est aussi la différence entre les 212 jours restants de l'année et les 153 du total des apparitions ; nous avons donc deux possibilités.

En les intégrant au total déjà acquis des huit apparitions mariales appartenant aux trois sommets d'un triangle, nous obtenons la parité parfaite avec le nombre-code 607.

Interrogeons-nous ; la multiplication de ces trois lettres grecques totalise 5400, et fait indubitablement référence aux 54 templiers morts sur le bûcher le 13 mai 1310, déduction soutenue par les neuf mis à part, et exécutés à Senlis. Mais Nostradamus aurait pu trouver une autre façon de présenter ce calcul, sans utiliser des lettres chiffrées grecques, qui ne reparaissent plus dans toute l'œuvre !

Pour qu'il en soit arrivé là, c'est que cette méthode était indispensable, non pas pour aboutir à 54, ce qui est un plus en la matière, mais bien et **surtout parce que ce total de 59 s'intégrait parfaitement à la somme des huit apparitions (6 Fatima, 1 Medjugorje, 1 Paris).**

Les constructions templières étant octogonales, ces huit apparitions, seraient aussi un rappel de cette base sacrée.

Autre interrogation ; aucune mariologie ne figure dans les centuries nostradamusiennes. Pourtant le renom de Lourdes ou de Fatima aurait dû traverser les visions du prophète. Alors, était-il au courant pour la localité portugaise, pour Paris et Medjugorje, et a-t-il créé ce quatrain en fonction du code 607 ? Dans ce cas, et en ayant l'air de rien, il réunissait dans un seul quatrain tous les éléments susceptibles d'amener à la découverte du quatrième secret de Fatima.

Et les Responsables des OVI ont-ils utilisé ces quatre vers pour crypter en conséquence ce fabuleux triangle ? **Ce qui indiquerait qu'au 16è siècle, époque de Nostradamus, ces Responsables avaient déjà concocté toute cette géométrie mariale.** Ce qui ne m'étonnerait pas outre mesure. Et certainement même plus avant !

De toute manière, inspiré ou non par les Suivants de l'Abeille, il y a beaucoup à dire sur ce quatrain, et sur les implications annexes suscitées par ce triangle.

Le quatrain porte le N° 81 ; on peut affirmer que c'est une allusion directe à l'Ordre du Temple, sans l'ombre d'un doute. En effet, quand le baussant, la bannière à damiers du Temple, *comporte 64 cases : il devient l'échiquier des forces temporelles ou cosmiques. Il conduit à Dieu, au Temple, à la Jérusalem Céleste, quand il devient un damier de 81 cases, et donne sa pleine expression au Nombre. Le nombre 17 sépare les nombre 64 et 81.* (Revue *Actualité de l'Histoire*, H S N° 15 , décembre 1997).

Ce n'est pas par hasard si Fatima date de 1917, et Medjugorje de 1981. La différence en années pleines **entre les deux est de 64** ; on retrouve donc le damier du plan terrestre et du plan céleste, et le 17 sacré. Tout se recoupe.

Allons jusqu'au bout du décryptage du code 607 ; il existe une seconde possibilité de calcul pour atteindre ce nombre pharamineux.

SECONDE OPTION :

Et cette nouvelle méthode, tout en l'authentifiant définitivement, **relie les apparitions mariales aux atterrissages d'OVI.**
La première formule tient compte des six jours supplémentaires, et de l'apparition initiale de Medjugorje. **La nouvelle version les supprime.**
MAIS elle intègre la seconde apparition mariale de Paris et sa médaille miraculeuse, et remplace le village de Bosnie par son homologue sur le plan templier : **le posé de Trans – en Provence,** dont la date du 08 janvier 1981 interpelle bigrement, puisque 8 janvier se lit : 81.
Ce calcul révolutionnaire nous donne ainsi : 113 + 226 (et non 232)= 339, qui se combine toujours avec la première de Paris (18 / 7 1830, soit 73). On atteint 412, complétés par les 86 de la deuxième, et les 109 de Trans en Provence. On atteint ainsi 607.
L'apparition dans L'église Saint-Gilles de L'Île Bouchard le 8 / 12 / 1947 qui a la même valeur numérique (86), peut suppléer la seconde de Paris. J'ai un faible pour l'Île Bouchard, qui a démontré sa considérable utilité, et ajoute ce nouveau fleuron à son crédit. Et elle correspond aux mois et quantième de la conception de la Vierge. C'est un choix que chacun peut faire selon sa préférence.
Sauf que là encore, nous avons **une double possibilité d'addition**, à égalité avec le premier cas.
Ce qu'il faut surtout retenir de ces deux calculs, c'est que :
1) **Les fameux six jours de décalage interviennent dans l'un, et sont exclus dans l'autre**. Ce qui est un complément parfait, et montre bien qu'ils étaient volontairement prévus par la Sainte Vierge et les Responsables des OVI.
2) La première solution fait appel à huit apparitions mariales. Alors que dans la seconde, qui comporte également huit apparitions, vient s'adjoindre un posé d'OVI, et quel posé !!! rien moins que celui qui est à la base de toute l'orthogéométrie, et à l'origine de trois des angles du rectangle inscrit dans le cercle Chambord / Gisors. Qui plus est : 8 A.M. + 1 atterrissage = 9, mais surtout se lit : 8-1 !
Quelle meilleure preuve du '' suivez mon regard en direction de l'Ordre du Temple '', et de l'imbrication des apparitions mariales dans le phénomène OVNI ?

Oui, Fatima c'est bien autre chose que la fulgurante mais trompeuse danse du soleil le 13 octobre (**main droite du magicien**), sur laquelle des ufologues de haut rang, tel Jacques Vallée se sont penchés, aveuglés, sans voir le quatrième secret **dissimulé par la main gauche.**

Par acquit de conscience et pour aller au bout de la quête, j'ai vérifié les apparitions mariales importantes ; aucune date ne peut correspondre au total de 59.
Soit parce qu'il manque le mois et quantième, soit parce que le total numérique déborde largement ce nombre. Il en est de même pour les atterrissages d'OVI, qui se situent après 1950.

RACINE, ADDITION, MULTIPLICATION, DIVISION :

Allons encore plus loin ; la première apparition de Medjugorje remonte au 24 juin ; en plus d'être la fête du patron des templiers, il y a exactement **jour pour jour** 34 ans d'écart avec la vision de Kenneth Arnold, en 1947, et qui lança l'Ere Ufologique Moderne. Elémentairement, 34 c'est deux fois 17, sans vouloir enfoncer le clou.
Or, et nous verrons que ce n'est pas le hasard qui domine mais bien la volonté des Responsables des OVI, **le carré de 59 est : 3481.**
On y lit tout à la fois la différence entre les deux événements + le quatrain de Nostradamus + le baussant sur le plan Céleste + Medjugorje + Trans en Provence.
Fantasme d'auteur trop plongé dans son étude ? que nenni braves gens. **La racine carrée de 607 est : 24, 63769.** La totalité des décimales a son importance. Si on prend seulement 24, 6, et qu'on le multiplie par 1, 414 la racine carrée de deux, on obtient : 34, 784. En poussant à 24, 637, le résultat devient : 34, 836. On encadre le carré de 59, en faisant, comme Nostradamus, abstraction de la virgule. En additionnant ces deux nombres (34, 784 + 34, 836) et en divisant par deux, c'est le bouquet final : **34, 81 pile** ! le résultat avec les six décimales ne changerait pas (34, 811).
On peut également penser que 24, 6 se traduit par 24 juin ; ce serait bien dans le style du mage de Salon, et des Responsables des OVI. Mais je n'irai pas jusque-là. Quoique, Saint-Jean-Baptiste oblige….

MATHEMATIQUES NOSTRADAMUSIENNES :

Pourquoi utiliser 1, 414 comme catalyseur, et sur quoi est-il basé ? Eh bien le point de départ est l'addition du nombre-code 607 et du total des trois lettres grecques, ce qui fait **666.** Eh oui, ce bon vieux 666 des évangiles, nombre de la bête ou de l'homme, (et que l'on retrouve dans la date du 24 juin 1947, soit 6 / 6 / 66), qui a fait couler d'énormes flots d'encre à toutes les époques, peut diviser **942,** le nombre total de quatrains des dix centuries initiales ; **il en résulte 1, 414.**

Ce qui justifie le choix du compromis mathématico / calendaire dont j'ai parlé plus haut.

Incidemment, ce nombre 942 a encore plus d'impact qu'il n'y paraît. Si l'on prend les 1000 quatrains théoriques que l'œuvre du prophète devrait comprendre, et que l'on divise par 942, on obtient : 1, 062. **Multiplié huit fois par lui-même,** il aboutit au nombre d'Or, 1, 618. Une fois encore, c'est le chiffre huit qui apparaît.

Je voudrais apporter une dernière touche à cette étude, en rapport avec 942 et 607.

Au début, Nostradamus a écrit 942 quatrains, lesquels multipliés par quatre, totalisent 3768 vers. Plus tard, 27 autres quatrains ont été ajoutés, ainsi que 141 présages, et 58 sixains. Ce qui fait : 168 X 4 + 58 X 6. Le nombre de vers ainsi complets atteint 4788.

Le quotient de 4788 / 3768 est de : 1, 2707, **à moins de deux millièmes de la racine de PHI. (1, 272).**

Si on divise 4788 par 942, le quotient est : 5, 0828. Ce nombre, luimême divisé par PHI, donne : 3, 1414. (5.083 / 1.618).

Si on divise 4788 par 607, le résultat devient : 7, 888.

Deux fois PI + PHI (3,1416 + 3,1416 + 1, 618) = 7, 901.

On pourra peut-être trouver que j'arrange les calculs à ma façon, en faisant intervenir des années et des quatrains comme diviseurs. Mais qu'on le veuille ou non, les quotients font **à chaque fois** intervenir PI et PHI !

Puisque les puristes sont déjà offusqués, continuons à nous vautrer dans l'opprobre, en constatant que l'année ordinaire de 365 jours, telle celle de 1917, divisée par 113, le total commun des deux chiffres du quatrain, et des apparitions extrêmes, donne un quotient de 3, 230. Sans tenir compte de la durée réelle de l'année (365,25) qui augmenterait légèrement ce chiffre (3.232), c'est à quelques malheureux millièmes près, **deux fois PHI ! (3.236)** J'en suis désolé pour les adorateurs du couple diabolique hasard-coïncidence.

D'autant que le 13 juillet 1917 tombe un vendredi. Rien d'extraordinaire, sauf **que 13 juillet se lit 13-07,** comme l'année du funeste vendredi. Du temps du calendrier julien, l'année liturgique avait trois mois d'écart ; **le 13 juillet deviendrait donc 13 octobre.** Retour à la case départ.

De même pour le quatrain 72 de la dixième centurie parlant du septième mois de 1999 et du grand roi d'effrayeur (**le pacificateur**), il convient de lire **octobre dans le calendrier actuel.**

Avec l'humour caractérisant les Responsables des OVI, et sous-jacent dans les écrits de Nostradamus, cette déduction serait un subtil et véritable rappel du vendredi 13 octobre 1307, que cela ne m'étonnerait pas.

Tout ceci pour moi est une confirmation de ma thèse, et de la validité du nombre-code 607. Toutefois, si vous y tenez, vous pouvez inscrire ce bel ensemble, y compris les neuf apparitions mariales, le nombre 59, le posé de Trans en Provence, et les trois sommets de ce vaste triangle mariophanique, **dans la colonne des coïncidences**.

<u>TRAVAIL DE GROUPE POUR RETOUR EN ARRIERE :</u>

Tout ce qui précède montre bien, et de manière tangible, car mathématique, que le quatrain N° 81 de Nostradamus n'est ni anodin, innocent, et encore moins banal. Il semble d'ailleurs, être plus le résultat d'un travail d'équipe, comme le reste des prophéties ; **peut-être un groupe de templiers initiés qui aurait pris pour nom le vocable inventé par Bernard de Clairvaux.**

Pris isolément dans le contexte historique du passé, ce quatrain ne présente qu'un mince intérêt secondaire. **En effet, il ne s'agit pas d'une prédiction de l'avenir, mais d'un retour en arrière de deux cent-cinquante ans !** Alors dans ce cas, pourquoi évoquer le martyr des 54 templiers, ainsi que des 9 autres ? Pourquoi ne pas parler de la mort du dernier Grand Maître de l'Ordre ?

A quoi rime cette évocation qui n'a pas sa place dans un livre de visions prophétiques ?

Sauf bien sûr si ces quatre vers, et surtout Kappa, Thita, Lambda, servaient à la résolution d'une énigme future ; les apparitions mariales de 1917, associées à celles de Paris et de Medjugorje, L'Île Bouchard, et l'atterrissage de Trans.

Ce qui suppose la connaissance non seulement d'un futur lointain, mais de tout ce qui se rattache à son contexte. Ce qui n'est pas à la portée d'un seul homme du 16è siècle, ni même d'une équipe. **Il a obligatoirement fallu une intervention extérieure ;** qui a peut-être dicté le texte, sans que le rédacteur (Nostradamus ?) soit informé des conséquences lointaines, qui ne lui étaient d'aucune utilité.

L'orthogéométrie a démontré qu'il fallait un ordinateur probablement hyper quantique pour crypter toutes les figures complexes présentées. Il en est de même ici ; une telle conjonction de dates, d'événements devant se dérouler dans un temps lointain sans anicroches, et de calculs aussi précis, ne peuvent s'établir au pied levé, avec une simple règle et un compas.

Il paraîtrait extraordinaire de trouver pareille concordance de nombres entre le quatrain N° 81 et les apparitions mariales de **Fatima par le plus gigantesque hasard.**

Je pense avoir répondu d'avance à un lecteur éventuellement ébranlé par cette avalanche mathématique, mais cependant toujours aussi sceptique, en s'obstinant à nier les calculs, refusant d'admettre que 54 et 59 puissent avoir un lien quelconque entre le quatrain et les deux apparitions extrêmes. **Ce qui est une des bases primordiales du quatrième secret.** Ce lecteur mettant également sur le compte de la coïncidence l'écart des six jours au mois d'août.

LES SIX JOURS DU MOIS D'AOÛT :

J'ai précisé que seules les apparitions de la Sainte-Vierge entraient dans le premier calcul aboutissant à 607. Par contre on a vu qu'ils étaient supprimés dans le second. Dans les deux cas, Il y a deux raisons valables :

Le 13 mai, lors de sa première visite auprès des petits bergers, la Sainte-Vierge annonça qu'elle viendrait le 13 de chaque mois pendant six mois, **au même endroit. Et à la même heure !** admirez la précision.

Or le 13 août, les autorités civiles, au vu de la ferveur de la foule qui attendait l'événement, enfermèrent stupidement les trois enfants dans une prison, **où ils restèrent un jour et une nuit.**

En disant aux enfants qu'elle les rencontrerait six fois mensuellement au même endroit, la Sainte Vierge anticipait psychologiquement la réaction des autorités. L'emprisonnement de vingt-quatre heures ne justifie pas les six jours d'écart. **Mais les prépare.**

Ce n'est pas dans ses habitudes ; en règle générale, **elle apparaît là où se trouve le témoin,** même en prison, ce qui est déjà arrivé. Par exemple, à Querrien, en Bretagne, en 1652, elle se montra à la voyante partout où celle-ci se trouvait, et à l'improviste.

Les autorités portugaises étant contre ce genre de manifestations, devaient obligatoirement réagir pour éteindre la ferveur populaire, et empêcher ainsi la venue de la visiteuse. Peut-être la technologie de l'inconscient entra-t-elle en jeu ?

L'emprisonnement des enfants aurait pu avoir lieu en juin, juillet, septembre ou octobre, **mais il était inéluctable.**

Le fait qu'il se déroula au mois d'août ne change rien au problème. Contrairement à ce que l'on croit généralement, le dogme de l'Assomption ne fut instauré qu'en 1950, à l'initiative du pape PIE XII ; c'est ce que nous apprend Laurence Gardner dans son livre : '' *Le Graal ou la lignée royale du Christ''.*(Dervy). Donc si le 15 représentait le jour idéal pour l'apparition virginale, en devançant le décret papal, elle ne l'utilisa pas. Elle attendit le 19, laissant passer les jours intermédiaires. Pourquoi cet écart conséquent et injustifié, **s'il n'était pas indispensable ?**

C'est ici qu'intervient une seconde réflexion sur ce quatrain, loin d'être prophétique en apparence, mais qui interpelle à plus d'un titre.

Pourquoi Nostradamus met-il en exergue la mort horrifiante de neuf pauvres templiers anonymes, alors que des centaines d'autres ont subi le même sort ? A commencer par les 54 du 13 mai.

La seule réponse à cette interrogation ne peut être que d'ordre mathématique. Puisqu'il est question de 9 et de 54, le total de l'addition **est 63. C'est aussi la somme du 19 août 1917 !**

Il est probable, sinon certain, car grands manipulateurs du temps, que les Responsables des OVI connaissaient le mois au cours duquel les enfants seraient emprisonnés. En fonction du total numérique des autres mois et des apparitions mariales de Paris et Medjugorje, ou de L'Île Bouchard et du futur posé de Trans en Provence, il était facile de prévoir le décalage nécessaire **pour arriver au code 607.** Il ne faut pas oublier que tout ce canevas a été élaboré bien avant la réalisation de tous ces événements (trois siècles au bas mot et plus probablement huit !).

Le quotient de 54 divisé par 9 est 6 ; ce qui est une évidence même pour un élève de terminale. C'est l'écart du mois d'août, indispensable pour arriver à boucler le code 607. Quoi que l'on fasse, **le quatrain contient tous les éléments pour parvenir à exécuter ce bond de plusieurs siècles,** amenant la Sainte Vierge à la localité portugaise.

Grâce au nombre code 607 et à 59 issu de Kappa, Thita, Lambda, j'ai pu décrypter le quatrième secret de Fatima. Et grâce aussi à ce décryptage, **j'ai démontré que les apparitions mariales ne sont pas aléatoires ;** elles sont combinées d'avance sur une longue période, en accord avec les atterrissages d'OVI (qui intervinrent plus tard). Cette période, dans le cadre de cette étude, va du 18 juillet 1830 au 24 juin 1981, dans le plus lointain des cas, **soit 151 ans moins 24 jours.**

LES DATES IMPOSSIBLES :

Pourquoi 607, pourquoi ne pas prendre l'arrestation des templiers, le 13 octobre 1307, comme référence, en relation avec le 13 octobre 1917 ?

On voit tout de suite que les apparitions de Fatima ne seraient pas dans l'ordre actuel. D'autre part, la différence serait de 610 ans, ce qui ne cadrerait plus avec les dates des neuf apparitions et du posé de Trans.

Et si l'on gardait la relation avec le 13 mai, la réponse serait la même, car il manquerait six mois.

En outre, ces 610 ans n'auraient plus rien de commun avec les calculs effectués plus haut. Plus de 666, mais 669 qui, en divisant 942, ne donnerait qu'un quotient de 1, 408 ; donc impossible de retomber sur 3481, le carré de 59, la racine carrée du code n'étant plus 24, 6.

Comme on le voit, tout converge vers le seul code possible, la différence entre les 13 mai 1310 et 1917.

Selon l'adage des bons vieux feuilletons d'une époque hélas révolue :

La suite au prochain numéro : car le quatrième secret de Fatima est suffisamment complexe pour être séparé en plusieurs épisodes.

*　　*　　*

CODE 607 ET CROIX TEMPLIERE.

* * *

Pour une meilleure compréhension de la finalité du code 607, **et aussi parce que cette finalité doit tout à la croix templière**, c'est cette dernière qui démontrera que les six apparitions mariales de Fatima étaient prévues et orchestrées de longue date.

Dans '' *Mathématiques et code secret de la croix templière''* (revue Atlantis N° 433, 2è trim. 2008), je démontrais que cette croix à huit pointes, dite des huit béatitudes, avait probablement été créée selon le rectangle long ou double carré. Qui plus est, les chiffres 8 et 1 apparaissaient en surimpression, rappelant le baussant de 81 cases sur le plan céleste. Pour finir, je remplaçais les lettres à raison de trois par pointe, servant à la transmission de messages secrets, par les chiffres 1 à 24, en commençant par la pointe en haut à droite. Je rappelle que les templiers confondaient en une seule lettre le I et le J, et plaçaient le N au centre de la croix ; d'où les 24 lettres ou chiffres en périphérie

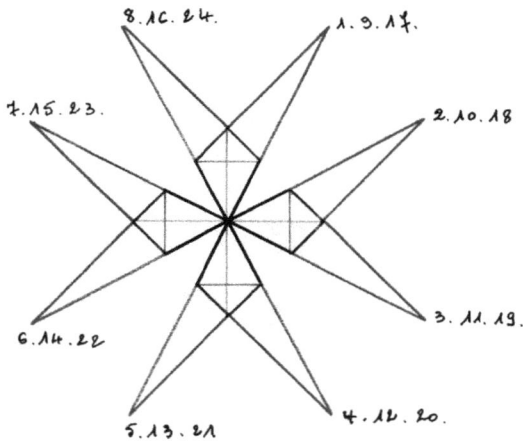

On remarquera que les premiers chiffres des pointes hautes sont 8 et 1, et que la réduction à 24 unités n'y est pas étrangère. D'autre part, j'avais ironisé sur le fait que nous avions 1-9-17 à la pointe de droite, et 5-13 à celle diamétralement opposée ; ce qui pouvait suggérer la date de la première apparition mariale de Fatima. Ce n'était qu'une boutade, mais qui va s'avérer plus sérieuse qu'on ne le pense.

Le total de cette pointe N° 1 est de : 27 ; la somme de toute les pointes se monte à 300. Il paraissait donc justifié de rapprocher ces nombres de l'affaire du trésor mérovingien de Childéric 1er, roi de Tournai, et père de Clovis, dont la tombe découverte en 1653, contenait **300 abeilles d'or**. Et quand Louis XIV récupéra une grande partie du trésor funéraire, après des tractations serrées avec l'empereur d 'Allemagne, ce dernier tint à conserver **27 abeilles d'or**. Retrouver deux nombres identiques, et sans justification précise quant à la décision de Léopold 1er, 350 ans après la mort du dernier Grand Maître templier, ne peut que laisser rêveur. Il est plus que probable que l'empereur germanique était un haut dignitaire de l'Ordre du Temple entré dans la clandestinité. Pour une raison toute personnelle basée sur un calcul que nous découvrirons plus loin, il s'était réservé les 27 abeilles d'or.

Cependant, une autre curiosité vient se greffer sur ce premier épisode. Elle est aussi extraordinaire, et ouvre la deuxième partie de cette épopée.

J'ai dit que si l'on additionnait le total individuel de chaque pointe, on arrivait à 300. Mais si l'on prend les chiffres de chaque pointe comme un nombre entier, c'est à dire : 1917 + 21018 + 31119 + 41220 + 61422 + 71523 + 81624, le total devient : 361164.

C'est là qu'intervient l'aspect nouveau et spectaculaire. Si l'on divise ce total par le code 607, on obtient quasiment un quotient entier : 594, 99835. Pour atteindre 595 juste, le dividende devrait être 361165, soit une petite unité en plus. Peut-être celle-ci est-elle à chercher au centre de la croix ?

La réduction de 595 divisé par 5 nous amène à 119, qui est 17 X7. Rappelons que 17 est un nombre d'autant plus sacré chez les templiers, qu'il se décompose en 8 + 9. Incidemment sans plus, 119 est l'écart en années de l'apparition mariale de Cotignac à la naissance de Louis XIV. Comme quoi on en revient au roi- soleil.

Je sais parfaitement que certains lecteurs penseront que je joue avec les chiffres pour me concilier leur bienveillance. C'est parfaitement leur droit de le croire. Je m'adresse donc directement à ces irréductibles.

Je leur pose la question ultime, celle qui démontre que mon raisonnement tient la route, et que le code 607 est bien lié à l'Ordre du Temple, au quatrième secret de Fatima, et au code secret de la croix templière.

A votre avis, quelles sont les probabilités pour que la date de la première apparition mariale de Fatima, le 13 mai 1917, divisée par 607, donne un quotient entier, sans décimales ?

Je laisse à chacun le soin de réagir à sa façon ; haussement d'épaules, ricanement de supériorité, tapotement de la tempe avec l'index, ou cogitation avec une lueur d'intérêt dans le regard.

La solution est d'ailleurs encore plus fantastique que l'on pourrait le penser, car la réduction du quotient obtenu en son plus petit nombre premier, est symptomatique des apparitions mariales de Fatima.

En effet, le 13 mai 1917 divisé par 607, fournit **un quotient de 3159 tout rond,** que l'on subdivise après (je ne vous inflige pas les calculs), pour s'arrêter en fin de compte à ...13. (tout comme le code lui-même).

Mais pour en arriver là, il est nécessaire de prendre le dividende dans l'ordre indiqué par les chiffres des pointes opposées, et qui avaient l'air d'une boutade. Tout d'abord, en haut à droite : 1-9-17, suivi de 5-13.

Donc pour obtenir 3159, et par voie de conséquence, sa réduction à : 13, il faut diviser 1917513 par 607.

A ce stade, il est inutile de mettre en avant : coïncidence, hasard, coïncidence hasardeuse, **entre la croix des huit béatitudes et le quatrième secret de Fatima** ; cela ferait vraiment trop désordre.

En résumé, pour retomber sur le nombre correspondant à la date de la première apparition mariale de Fatima, c'est à dire 1917-5-13, on doit multiplier le code 607 par 13 et par 3 à la puissance 5, soit 243.

Ou plus parlant, par : **607 X 81 X 13 X 3 !**

De tout ceci, il appert que la croix templière avec ses huit pointes, détient la clé d'un code qui s'applique à travers les siècles, à au moins quatre manifestations différentes de la Sainte Vierge. Fatima n'est comptée que pour une seule, puisqu'il s'agit d'un ensemble. Le lien entre ces événements et la croix des huit béatitudes, est le quatrain N° 81 de Nostradamus, et son final : Kappa, Thita, Lambda.

Donc ce quatrain 81, s'il est un lien privilégié, ne représente qu'une étape, dont le prophète avait la seule Connaissance. Je doute qu'il fut au courant du code secret de la croix templière. On peut légitimement supposer que ceux qui l'ont instruit dans l'édification du quatrain, ne se sont pas souciés de lui fournir les tenants et aboutissants, trop complexes.

Il y a un autre argument en faveur d'une connotation historico-mariale. J'ai écrit qu'il n'était pas dans les habitudes de la Sainte-Vierge d'annoncer par avance ses visites, dans le cadre d'une série. Parfois même, elle ne peut dire combien de fois elle viendra (L'Île Bouchard) ; à Pellevoisin, elle annonce à Estelle Faguette qui est à la dernière extrémité '' *Samedi tu seras morte ou guérie* ''. Peu encourageant d'un côté, et espoir formidable de l'autre. Et ce n'est pourtant pas le genre de phrase à sortir envers une mourante. Toutes ces tergiversations indiquent bien une maîtrise quelquefois hésitante et incertaine du futur.

Cependant à Fatima, il en va tout autrement ; le message délivré d'entrée est ferme. C'est une Sainte Vierge sûre d'elle-même et du programme prévu. Il le faut pour annoncer sans ambages des directives aussi précises sur une période aussi longue.

C'est un fait unique dans toutes les annales virginales !

On peut donc affirmer avec certitude qu'il ne s'agit pas d'un événement isolé, mais faisant bien partie d'un ensemble, d'un contexte mêlant Histoire, religion, géographie, avec une touche de druidisme.

En effet, la notion de rendez-vous tous les 13 de chaque mois **pendant six mois au même endroit à la même heure,** n'a de sens que si des calculs particuliers entrent en jeu ; autrement, et comme pour d'autres manifestations, la Sainte Vierge pourrait venir chaque jour, ou étaler ses visites (Querrien, Lourdes, Pellevoisin) sur plusieurs mois, impromptu, sans annonce préalable, ni calendrier précis.

Oui, tout est calculé et se réalise à la virgule près.

LA FINALITE DE FATIMA / L'ORDRE DU TEMPLE.

Maintenant, si tout ceci est vrai (**Il l'est, la preuve étant complète en ce mois de d'octobre 2017**) si le quatrième secret de Fatima est bien la conjonction des neuf apparitions mariales de Fatima, Paris, Medjugorje, et L'Île Bouchard (9, chiffre typiquement templier avec le 8), et le posé de Trans, avec le nombre 59 du quatrain 81 de Nostradamus, pour obtenir 607, nombre d'années séparant le 13 mai 1310 du 13 mai 1917, quelle en est la raison, ou la finalité ?

Eh bien, il est probable que les Responsables des OVI veulent attirer l'attention des hommes de notre époque sur l'Ordre du Temple ; nous faire comprendre que si nous voulons progresser dans la Connaissance, il nous faut nous intéresser de plus près à ces mystérieux templiers, détenteurs de secrets d'une importance primordiale pour l'avenir de l'Humanité.

D'ailleurs, si l'on considère que malgré d'autres observations antérieures, ce fut la vision de Kenneth Arnold de 9 objets folâtrant autour du mont Rainier, le 24 juin 1947 qui inaugura l'Ere Ufologique Moderne, c'est bien parce que

1) c'est la fête de Saint Jean-Baptiste, patron des templiers.

2) **Neuf comme les premiers chevaliers du Temple partis en Palestine pour y chercher l'Arche d'Alliance.**

Plus haut, j'ai écrit que je reviendrai sur le partage des 300 abeilles d'or entre l'empereur d'Allemagne et Louis XIV :

27 : c'est le total de l'addition des trois chiffres de la première pointe. C'est aussi le nombre d'abeilles d'or gardé par Léopold 1er.

273 : C'est ce qui est revenu à Louis XIV sur les 300 abeilles du trésor mérovingien. Il se décompose en : 13 X 21. Nous retrouvons ces deux chiffres accompagnés du 5 à la pointe diamétralement opposée à la première. Celle-ci étant marquée : 1-9-17. Ce 21 a donc son utilité, qui n'apparaissait pas à première vue. La répartition des abeilles est bien justifiée. Elle démontre incontestablement que l'empereur germanique

était un Initié, probablement un Maître dans l'Ordre du Temple clandestin ; très au fait des arcanes mathématiques de la croix. Il a choisi de rendre cet hommage au roi-soleil, parce que l'origine de l'Ordre était française, par le futur Saint Bernard.

BERNARD DE FONTAINE, DIT DE CLAIRVAUX :

Justement, parlons de Bernard de Fontaine, devenu de Clairvaux.

En 1110, la Sainte Vierge accompagnée d'anges, est apparue au futur Saint Bernard, alors qu'il n'avait que vingt ans.

Ce n'est que cinq ans plus tard, qu'il partira pour le val de l'absinthe, y fonder l'abbaye de Clairvaux. A partir de ce moment, il devient un véritable meneur d'hommes, charismatique, impétueux, et qui est écouté par les grands dirigeants : rois, papes, évêques.

Charpentier rapporte dans son livre : '' *Les mystères templiers* (R. Laffont) : '' *Il semble avoir possédé un savoir universel* '', et citant Daniel Rops '' *Dieu l'avait doté de puissances singulières* '', et plus loin '' *cet enseignement et cette mission, sont toujours demeurés secrets* ''.

C'est un druide pour qui ses maîtres sont les chênes et les hêtres, selon ses propres paroles Et pourtant l'Eglise n'hésite pas à lui confier l'édification de Clairvaux, dans un endroit dangereux, infesté de brigands, qu'il transformera en un havre de paix.

Se pourrait-il qu'à l'occasion de cette apparition de 1110, la Sainte Vierge (ou supposée telle bien sûr), lui ait parlé de son avenir grandiose, du destin qui serait le sien, et de celui de l'Ordre qu'il allait créer ? Ce qui expliquerait son assurance, sa foi en sa mission, et sa vénération pour la Reine des cieux, puisqu'il inventera le vocable : Nostre -Dame. La phrase rapportée par Daniel Rops dans '' *Saint Bernard* '', trouverait ainsi sa pleine justification. **Il ne faut pas oublier que les templiers vouaient un culte particulier à Marie.**

Il est évident que connaître sa destinée à l'avance et en détail, surtout si elle est positive et digne des manuels historiques, ne peut qu'enflammer un homme, et lui procurer toutes les audaces.

La Sainte Vierge aurait pu aller jusqu'à lui indiquer la forme exacte de la croix des huit béatitudes (elle l'a bien fait pour la médaille miraculeuse à Paris) ; renseignement indispensable pour que le code secret joue son rôle huit siècles plus tard. Et aussi, pour qu'en 1141, Bernard de Clairvaux suggérât au pape de l'attribuer à son Ordre.

Les révélations de la Noble Dame allèrent-elles jusqu'à la fin officielle de l'Ordre du Temple, et à la finalité du code 607 ?

Je ne le pense pas, car il eut été superflu de diminuer éventuellement l'enthousiasme du futur Saint. Quant à la finalité, elle débordait largement le cadre de son œuvre et de son existence.

En fait, si Bernard de Fontaine en 1110 était un maillon indispensable dans cette trame historique, **sa position n'en faisait qu'un simple exécutant.** Selon la maxime établie : il ne devait point connaître le dessein des Dieux.

Tout comme Nostradamus (**ou l'équipe qui avait pris ce vocable**), quatre cents ans après, à qui les Responsables des OVI ont '' suggéré '' d'écrire le quatrain 81.

Il faut bien se rendre compte que pour tisser ce canevas, il est nécessaire de connaître l'avenir, ou du moins, avoir entre les mains le fil événementiel. Je vais inventer un terme technique pour me faire comprendre.

Je suppose que les Responsables des OVI et des apparitions mariales utilisent ce que j'appelle un '' **télé- chrono-orienteur temporel** '', capable à la fois de capter les événements historiques normaux, c'est à dire sans intervention extérieure ; et ceux dans lesquels on introduit des variantes, afin de modifier le cours de l'Histoire. Ce qu'en informatique, on nomme '' simulations ''.

Il est à peu près certain que la connaissance du futur entre bien dans le cadre des apparitions mariales ; à Fatima, le 13 juillet, la Sainte Vierge annonça la fin de la guerre 14-18, et le commencement d'une autre guerre sous le pontificat de Pie XI (qui ne sera élu qu'en 1922, et décédera en 1939). Mieux, en 1830, elle prédit à Catherine Labouré des événements qui se dérouleront entièrement quarante ans plus tard.

A partir de ces informations temporelles, il est facile de mettre en place un plan d'action. Ce qui pour moi paraît naturel.

Cependant, le plus effarant à mon sens, c'est de le verrouiller de telle sorte qu'il se déroule point par point, à la virgule et au millimètre près **plus de huit cents ans plus tard (1110 – 1917, et même 1981).**

CONCLUSION : LA PREUVE PAR 13 :

Sautons six siècles, et revenons maintenant à Fatima :

1917 : C'est évidemment l'année des apparitions.

153 : C'est le nombre de jours entre le 13 mai et le 13 octobre. Il est le résultat de la multiplication : 1 X 9 X 17.

5-13 : date de la première apparition, rappelée par la pointe en bas à gauche. Et 21 que nous venons de traiter, met en valeur la base 13, obtenue par la réduction de 3159, quotient de la division de 1917513 par 607.

Justement, à propos de 3159, si nous y ajoutons ces fameux 27, il se transforme **en 3186.** Ce qui nous ramène au quatrain 81 de Nostradamus, à Kappa, Thita, Lambda, et aux deux apparitions extrêmes de Fatima. Pourquoi ? **parce que ; 54 X 59 = 3186.**

Petit plus ; la multiplication du total des deux pointes opposées : 27 X 39= 1053. C'est aussi : **13 X 81.** On retrouve les deux chiffres les plus élevés de la symbolique céleste : celui de la Vierge à Fatima, et de l'Ordre du Temple. Et 1053, c'est le tiers de 3159.

Tout est soigneusement verrouillé. Ou presque…

Le troisième épisode, l'article suivant, mettra le point final à cette fabuleuse mathématique, **qui frôle le divin.**

Je terminerai par une ultime curiosité numérique, pour rester dans le ton de cette étude

En remplaçant les lettres par leur numérotation dans l'alphabet moderne, nous obtenons pour :

ORDRE DU TEMPLE (60 + 25 + 71) = 156 et 13X 12.
TEMPLIERS   117 et 13 X 9

L'addition des deux résultats donne : 273 et 13 X 21.

La preuve par 13 est faite.

L'Ourobouros s'est mordu la queue, et il ne desserrera plus les dents.
Car la suite immédiate est encore plus extraordinaire et impensable à un esprit rationnel.

* * *

CENTURIES, CROIX TEMPLIERE
ET CODE 607.
* * *

Cette fois, c'est fini, du moins à mon niveau. Néanmoins, je ne dois pas être loin de la ligne d'arrivée, si je ne l'ai pas complètement franchie.

Les découvertes que je vais présenter, sont à mon sens difficilement réfutables ou prêtant à discussion oiseuse, **car mathématiques.**

Calez-vous bien sur votre chaise, ou accrochez-vous aux accoudoirs de votre fauteuil. Êtes-vous prêts ? Alors allons-y :

Je vais commencer doucement, par le plus enfantin, le plus simpliste même ; les résultats présentés étant sous-jacents. Ils sont plus à considérer comme des curiosités.

Les six premières centuries sont complètes, et comportent donc cent quatrains chacune.

Les huit, neuf, et dixième aussi.

Ce qui nous donne : 100 X (6 + 3) + 42 pour la septième, qui est donc bien séparée. Incidemment, 42 c'est : 7 X 6 ou inversement.

1) 6 + 3 (63) **c'est le total numérique du 19 août 1917** ; c'est-à-dire le jour de la visite de la Vierge. L'écart avec le 13 août est implicitement confirmé par le 6 de la division des 42 quatrains.

2) Plus subtil encore, la septième centurie, bien démarquée des autres, ou son homologue de la multiplication, ajoutée aux six-cents quatrains, donne un total de : **607 !**

3) De l'autre côté, le 6 ajouté aux trois cents autres, atteint : 306.

C'est le double de 153 ! (1 X 9 X 17).

Les arcanes des centuries sont bien plus ésotériques qu'en apparence.

Ils plongent dans les profondeurs de la dynastie mérovingienne avec les 300 abeilles d'or du trésor de Childéric 1er, et de la croix templière avec ce même total des huit pointes.

Avec en filigrane les Suivants de l'Abeille.

Et en plus, avec trois cents ans d'avance, les 273 abeilles remises à Louis XIV. Pourquoi ? parce que 42 se lit également : 2 X 7 X 3.

Autrement dit : 273.

J'ai bien précisé que dans ce hors-d'œuvre, les chiffres étaient malicieusement sous-jacents.

Mais voici plus consistant, et indéniablement irréfutable.

J'étais persuadé que le nombre 21 devait jouer un rôle plus important que sa multiplication avec 13.

J'ai donc suivi l'exemple de Jean, et bu l'eau de La Fontaine :'' *Creusez, fouillez, ne laissez nulle place où la bêche ne passe et repasse.''*

Et j'ai fini par découvrir le trésor enfoui au sein du quatrième secret.

Aux pointes opposées de la croix templière, nous avons les chiffres : 1, 9, 17 et 5, 13, 21.

AU – DELA DES CURIOSITES MATHEMATIQUES :

Avec la date de la première apparition mariale, nous avons divisé

Eh bien à présent, passons à la multiplication, avec l'année comme multiplicande :

1) $1917 \times 513 = 983421 / 81 = 12141 / 9 = 1349 / 19 = \mathbf{71}$.

J'ai commencé par ce calcul pour mettre en valeur ce nombre premier.

Je vais reprendre la multiplication, mais cette fois en prenant tous les chiffres :

2) $1917 \times 51321 = 98382357 / 81 = 1214597 / 71 = 17107$.

Inversons le calcul : $98382357 / 71 = 1385667 / 81 = 17107$.

Nous arrivons évidemment au même quotient. Toutefois dans la deuxième version, le 1214597 disparaît.

Si nous le comparons à la division N° 1 dont le résultat est 12141, nous retrouvons les deux fois : 607×2, et en plus le chiffre 59 de Kappa, Thita, Lambda, et du 13 octobre 1917.

Le 1 et le 7 évoquant peut-être (sous toutes réserves bien sûr) les centuries 1 pour le quatrain 81, et 7 pour la septième tronquée.

A ce sujet, j'ai tenté une opération follement osée, irréaliste pour tout dire ; j'ai supprimé ce 7.

Il reste : 121459, qui peut être divisé.

Mais uniquement par 13 ! Aucun autre chiffre ne peut convenir.

Le résultat est encore un nombre premier : 9343.

Après la division et les multiplications, j'ai utilisé logiquement l'addition et la soustraction des résultats des deux multiplications : 98382357 et 983421.

Sans aucune surprise, les chiffres 81 et 71 se retrouvent associés.

Je ne vous inflige pas les calculs, ils sont faciles à reprendre.

Je vais terminer cette démonstration par une superbe dernière série, montrant jusqu'où les calculs ont été poussés par les concepteurs. .

Si pour le calcul du code 607, il fallait inverser la date de la première visite, soit 1917513, ici je l'ai reprise à l'anglaise : 5131917.

Divisée par 81, on obtient : 63357. Les subdivisions par 7, encore par 7, puis par 3, amènent à un nombre premier : 431.

Pour la deuxième série, dont la vedette est : 63 (le total de l'apparition du 19 août), c'est la présentation française qui domine :

1) En divisant : 1351917 par 63, puis par 3, le nombre premier final est : 7153.

2) Idem pour le mois d'août : 1981917 (et non le 13 où la Sainte Vierge ne vint pas) divisé par 63, et le résultat direct est un nombre premier : 31459. Du moins je le présume, n'ayant pu trouver aucun autre diviseur. Il ne faut pas tiquer sur le fait que PI et 59 sont présents. On remarquera que 21 est une base incontournable, puisque : 7 X 7 X 3 = 147 (21 X 7) ; et 63 X 3 = 189 (21 X 9).

Cependant, et bien qu'il ne s'agisse uniquement que de curiosités exceptionnelles démontrant une maîtrise effarante des mathématiques, à l'instar de 3159 et de 1214597, les probabilités pour que la coïncidence ou le hasard intervienne dans la division par 13 du nombre surréaliste amputé du 7, et de ces trois calculs supplémentaires ayant pour bases 81 et 63, **sont archi nulles.**

Force est de constater que les concepteurs du quatrième secret de Fatima, ont tout calculé, pour que leurs résultats soient parfaits.

Même en tenant compte de l'irrationnel et de l'impossible.

Ce qui démontre une maîtrise d'un niveau mathématique tellement élevé que nous ne pourrions l'atteindre.

Car le plus extraordinaire est que la date du 13 mai 1917 est utilisable dans tous les sens, tout en restant divisible par 13, 81 ou 63 pour obtenir des nombres entiers.

Ce qui me fait écrire que : **le quatrième secret de Fatima n'a pas encore livré tous les siens !**

CONCLUSION :

Regroupons et résumons les résultats obtenus dans les trois articles, pour mieux les mettre en lumière :

1) Nous avons, **de deux manières différentes**, défini les correspondances totalisant le code 607 : six visites de la Vierge à Fatima, la première apparition de Medjugorje, celles de Paris et de l'Île Bouchard, et le posé de Trans-en-Provence.

Ensuite, nous avons pris, dans leur ordre d'inscription, les chiffres de la première et cinquième pointe de la croix templière, la date de la première apparition : c'est-à-dire : 1917513.

Nous l'avons divisé par 607, obtenant un nombre entier : 3159, **dont la subdivision nous amène finalement à 13.**

2) Dans cette deuxième partie, nous avons définitivement assuré la validité du code 607, en accord avec la croix templière et le quatrain 81 de Nostradamus. En reprenant le même ordre numérique des pointes.

Mais cette fois en les utilisant différemment : **tout en y ajoutant 21**, le dernier chiffre de la deuxième série.

Le fait que la multiplication initiale **amène à pouvoir diviser le résultat par 81, est révélateur.**

Symbole céleste le plus élevé du baussant templier, chiffre qui se retrouve en haut des pointes de la croix, et numéro du quatrain de la première centurie. Tout est dit, écrit et accompli.

Donc en résumé 81 est le dénominateur commun, l'interlocuteur privilégié, le pivot central, le nombre incontournable de la structure du code 607 ; celui-ci étant définitivement validé de belle manière.

Les chiffres 13 et 21 sont également indissociables de cette arithmétique ; et plus accessoirement, 63 et 71.

Ce canevas mathématique suggère irrésistiblement **que plus de huit cents ans auparavant**, les apparitions mariales de Fatima ont été programmées, concoctées minutieusement par les Suivants de l'Abeille.

Probablement en accointance avec les révélations faites par la Sainte-Vierge à Bernard de Fontaine en 1110.

En définitive, je suis persuadé que tous ces calculs ont été définis pour arriver à ces résultats, et à la finalité des mariologies portugaises.

Toutefois, pour ce faire, et que les prévisions mathématiques soient correctes et tombent parfaitement, il a fallu en cette époque de calendrier Julien, les ajuster obligatoirement pour que les manifestations **se déroulent sous le calendrier grégorien**.

La date du 13 mai 1917 étant doublement primordiale. D'abord, pour que tous les calculs partant de cette base, que ce soit à la mode bitiw, française ou anglaise tombent justes, c'est à dire entiers ; ensuite, parce que le total numérique de 54, ne pouvait être obtenu que sous ce calendrier grégorien, pour être en adéquation avec le total numérique de la première apparition.

Casse-tête supplémentaire pour les ordinateurs hyper-quantiques.

Et ensuite, mettre en place, à la date précise, outre les six visites de Fatima, celles de Paris, de L'Île Bouchard, et le posé de Trans-en-Provence en 1981. Et six mois plus tard, terminer le programme avec la première apparition de Medjugorje.

Nous pouvons donc affirmer, sans crainte d'être contredit, que pour établir et réaliser un plan aussi gigantesque et complexe, tant mathématiquement que temporellement :

IL FAUT QU'IL EN VAILLE LA PEINE !

Combinés avec cette septième centurie spécialement tronquée (Sinon pourquoi elle plutôt qu'une autre ?), **ces calculs n'ont de sens que si les mathématiques aboutissant au quatrième secret de Fatima en sont la base indispensable.**

Je vais même pousser mon raisonnement à l'extrême limite ; **il est plus que probable que c'est ce quatrain N° 81, avec ses chiffres de 59 et de 607 (ce dernier sous-entendu mais réel), totalisant 666, qui est à l'origine du nombre de quatrains initiaux des dix centuries, afin d'obtenir 1, 414, racine carrée de deux.**
Et ce, afin qu'elle participe aux calculs.
Car ainsi que je l'ai souligné brièvement, pourquoi Nostradamus ayant partagé ses prophéties en centuries, s'est-il arrêté à quarante- deux dans l'une d'elles, au lieu d'aller jusqu'à cent ?
Parce que le mois d'août, le code lui-même ainsi que le total des nombres de la croix templière, et le nombre d'abeilles données au roi-soleil, **sont implicitement inscrits dans l'édition initiale des centuries.**
Ce qui implique un travail considérable, qui déborde largement le simple cadre des prophéties de Nostradamus, et une série d'apparitions mariales parmi d'autres à travers le monde et le temps.
Et ce cryptage ne peut être que l'œuvre des Suivants de l'Abeille, Grands Mathématiciens devant le Nombre d'Or.
Interrogation toute personnelle : si Lourdes et Fatima n'apparaissent pas dans l'œuvre de Nostradamus, serait-ce voulu pour ne pas attirer l'attention sur le quatrième secret de Fatima, et accessoirement sur les Suivants de l'Abeille ?
Il y a forcément derrière le code 607, les '' visions'' du mage de Salon, et les mariologies de Fatima, un secret encore plus important.
Qui concerne, en fonction des articles précédents, probablement un Ordre du Temple DU FUTUR.

* * *

SURPRENANT TRIPTYQUE DE FATIMA.

* * *

L'Entité bitiw (lire : '' *Les apparences physiques de la Sainte-Vierge* '' et '' *Enigmatiques Sainte-Vierges* '' à venir) qui apparut aux trois petits bergers le 13 mai 1917, **matérialisait le plan mathématique élaboré bien des siècles avant la naissance du calendrier grégorien (1582).**

De plus, en annonçant clairement qu'elle reviendrait au même endroit, à la même heure le 13 de chaque mois jusqu'en octobre, elle préparait et anticipait la réaction des autorités portugaises du 13 août, sans doute avec l'aide de la technologie de l'inconscient, afin de ne rien laisser au hasard. Ce qui ouvrait la porte au 19 pour que le nombre 63 soit sauvegardé suivant les calculs.

Que cette Sainte-Vierge soit ou non au courant de cet écart avec son annonce initiale, n'a aucune importance ; elle suivait simplement les directives des concepteurs du plan, ou de leurs lointains descendants.

A ce propos, je vais émettre une hypothèse audacieuse ; tant pis pour le jugement sur ma santé mentale.

Il est possible que la comédienne / Sainte-Vierge soit venue directement du lointain passé, ayant franchi un bon nombre de siècles. Avec la maîtrise temporelle, pourquoi attendre l'arrivée de la date prévue ? Il suffit de lancer l'opération par anticipation.

L'objection majeure étant qu'entre les deux périodes la trame temporelle connaisse des perturbations qui bloqueraient ou modifieraient en tout ou partie le processus.

Cette suggestion étant un simple effet dialectique, seul compte notre présent.

Le premier volet du triptyque est donc, étalé sur six mois, la mise en place d'un plan futuriste dont encore cent ans plus tard, nous ignorons la finalité.

Qui n'interviendra peut-être que dans un avenir si superbement éloigné, qu'elle défie l'Histoire.

Les second et troisième volets sont les révélations temporelles faites par la Visiteuse. A savoir :

1) L'élection du nouveau pape en 1922, cinq ans plus tard donc, qui se nommera PIE XI.

Mine de rien, cette prédiction est une ingérence dans l'élection papale. Quel cardinal élu à la plus haute fonction, oserait choisir un autre nom que celui annoncé par la '' Mère du ciel '' ?

2) Une seconde guerre mondiale débutera sous son pontificat. Tous les historiens sont d'accord sur ce point. Bien que la mort de PIE XI soit légèrement antérieure à la date officiellement admise.

Ici, ce fut un avertissement lancé pour les gouvernements actuels et futurs afin qu'ils mettent tout en œuvre pour éviter ce nouveau conflit meurtrier. Ce qu'ils ne firent pas.

En outre, c'était une formidable opportunité pour les anticléricaux de mettre en échec la prédiction mariale, en se gargarisant bruyamment d'être les champions de la paix, contrairement aux chefs de la chrétienté.

Cependant, l'Histoire a suivi son cours, et le 13 octobre 2017 arrivera dans une semaine.

Mais je ne crois pas qu'il y aura une seconde danse du soleil.

*   *   *

ORTHOGEOMETRIE MARIALE.

* * *

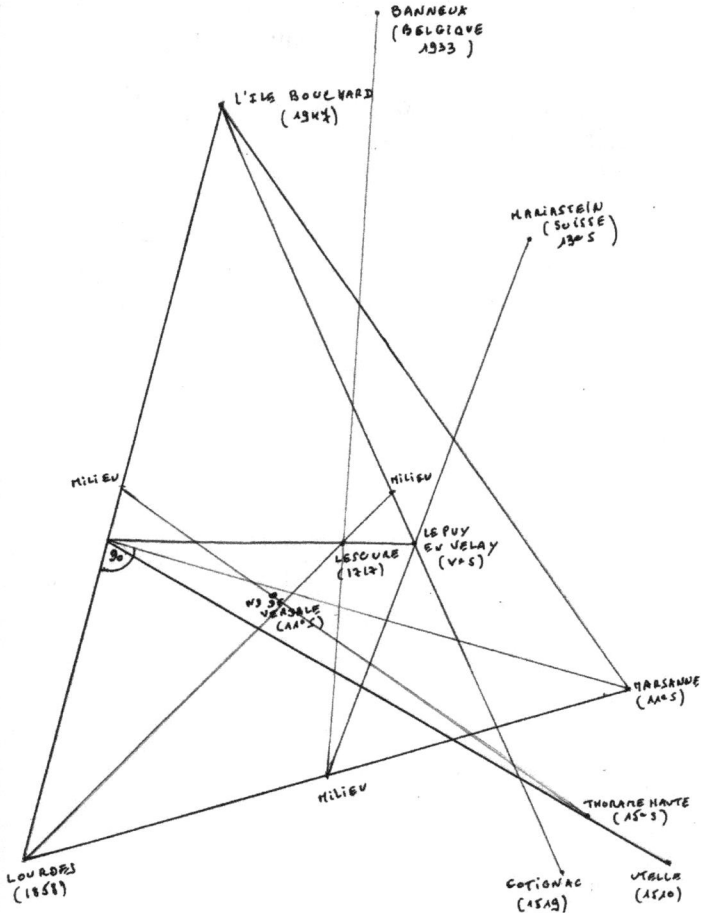

Pour justifier mon théorème, j'ai présenté la figure initiale de l'orthogéométrie avec le rectangle inscrit dans le cercle Chambord / Gisors, avec Trans-en-Provence comme chef d'orchestre.

Ici, je vais faire à l'identique, à savoir ; la présentation d'un croquis unique mais complet, regroupant pas moins de onze chapelles presque toutes demandées par la Sainte-Vierge.

Le '' presque '', c'est L'Île Bouchard. La Noble Visiteuse s'y est rendue le 8 décembre 1947, en compagnie d'un archange agenouillé dans un décor de grotte (théâtre faërique oblige) à l'intérieur même de la très petite église Saint-Gilles (qui signifie : protection).

Donc, celle-ci étant déjà construite à la bonne place, elle n'eut pas besoin d'en faire la demande.

Et tout est parti de cette localité.

Précision qui est d'une grande, considérable importance : **ces onze chapelles ou églises représentent le quart du total mondial.**

Et rien que pour la France avec la Corse (deux apparitions), c'est près de la moitié !

Je vais essayer de détailler le plus simplement possible cette figure apparemment complexe.

C'est également une histoire de milieux, mais du côté positif. Nous en comptabiliserons trois.

Pour ne pas alourdir cet article, je ne m'étendrai pas sur chaque lieu. Il sera toujours facile de les situer grâce aux ouvrages de Joachim Bouflet et Yves Chiton, déjà cités. Et d'autres encore.

1) Nous allons commencer par former le triangle scalène, mais loin d'être quelconque : L'Île Bouchard / Lourdes (1858) / Marsanne (11è siècle).

2) De L'Île Bouchard, une droite passant par Le Puy en Velay (Vè siècle) aboutit à Cotignac (1519).

3) De Lourdes on trace une ligne qui coupe d'abord N-D de Verdale (11è siècle), puis Lescure (1717), et atterrit précisément sur le milieu de L'Île Bouchard / Cotignac. D'où la nécessité de placer cette trajectoire aussitôt après le triangle.

4) Du milieu du côté L'Île Bouchard / Lourdes, la droite passant elle aussi par N-D de Verdale, termine son parcours à Thorame-Haute (15 è siècle).

5) Autre milieu, celui de la base Lourdes / Marsanne ; ce sont deux trajectoires qui s'en échappent.

La première coupe Lescure, et se dirige directement vers Banneux (Belgique 1933).

La seconde transite par Le Puy en Velay pour aller à Mariastein (Suisse 13 è siècle).

6) La hauteur qui monte du côté L'Île Bouchard / Lourdes vers Marsanne, est donc perpendiculaire à ce côté. Géométrie élémentaire qui génère deux tracés forts intéressants, à partir du pied de cette hauteur.

L'un se dirige vers Thorame-Haute et Utelle (1510).

L'autre va vers Le Puy en Velay via Lescure. Au passage à Lescure, il forme un angle droit avec la trajectoire partant du milieu de Lourdes / Marsanne vers Banneux.

Au vu de cette présentation, que le lecteur ne croit pas qu'il y a plusieurs orthogéométries.

Non, mon théorème est explicite. Toutes les apparitions mariales de ce croquis participent à l'orthogéométrie générale, avec les atterrissages d'OVI et des lieux bien définis. Mais comme pour l'article : '' *Il était sept, non huit fois un cigare* '', les Suivants de l'Abeille s'amusent à créer des particularités annexes.

* * *

CINQUIEME ETAT, OU QUATRIEME REGNE ?
* * *

PREMIERE PARTIE : HYPER TECHNOLOGIE.

De qui ? oh pardon ! Ce n'est pas d'un roi ou d'une dynastie dont il est question ?

Non, ce quatrième règne ne succède pas. Il complèterait – je parle au conditionnel – les trois autres, dont nous, les Humains, sommes en principe l'aboutissement.

En principe seulement, car notre comportement planétaire quotidien ne justifie pas cette place en haut de l'échelle.

Parfaitement, vous avez saisi mon propos ; ce sont les règnes : minéral, végétal, et animal. Les seuls que nous connaissons, et qui régissent notre bonne vieille planète.

Qu'en est-il ailleurs ? Malgré les superbes images de Titan, envoyées par l'émissaire européen Huygens au début janvier 2005, nous ne sommes pas en mesure de répondre. Jusqu'à présent, nous n'avons trouvé que le règne minéral sur tous les corps célestes visités. De la Lune aux astéroïdes, en passant par Vénus et Mars.

En ce qui concerne les états de la matière, nous avons gravi un degré, puisqu'aux solides, liquides, et gazeux, nous avons ajouté le plasma. Matériau étrange, que nous utilisons pour les écrans de télévision, en attendant mieux.

Pourquoi ce préambule ? parce qu'en matière de peinture, tous les colorants sont à base de minéraux ou d'animaux (mollusques) ; à une exception près : l'image de la Sainte Vierge de N-D de Guadalupe à Mexico, apposée ou plaquée sur la tilma du voyant Juan Diego, depuis ce matin du 12 décembre 1531.

Sans vouloir détailler à outrance, je vais relater brièvement les faits. Mais si on veut pousser plus avant, le lecteur pourra dévorer avec profit l'excellent et documenté ouvrage du révérend père François Brune '' *La Vierge du Mexique* ''(éditions Le jardin des livres). Ce livre fait le point sur les dernières (en attendant d'autres) découvertes.

Le 9 décembre 1531, un indien nahualt de son nom de baptême Juan Diego, est interpellé par une jeune femme sur la colline de Tepeyac, aujourd'hui englobée dans la capitale. Cette jeune indienne d'apparence, paraissant âgée de quatorze ans, lui dit s'appeler la Vierge Marie, et lui demande d'aller trouver l'évêque. Elle voudrait qu'on lui bâtisse une chapelle à cet endroit.

Juan Diego réussit à voir Monseigneur Zumarraga, qui évidemment doute. Il demande une preuve. Allers et retours du voyant entre la visiteuse et l'évêché. A la cinquième visite, le 12 décembre, la Sainte

Vierge lui arrange des roses dans sa tilma, pour qu'il les emporte à Mexico. A cette époque, il n'y a pas de roses au Mexique, et pas de fleurs en décembre.

Juan Diego parvient à nouveau devant l'évêque, en tenant précautionneusement son bouquet odorant. Mais un faux mouvement fait tomber les roses, et le témoin a la surprise de voir toute l'assistance se mettre à genoux devant lui, et pour cause. C'est que sur la tilma s'étale un tableau merveilleux ; **le portrait en pied de la Sainte Vierge.**

C'est cette image toujours sur la même tilma, que des millions de pèlerins viennent adorer chaque année.

Pour mieux comprendre le début de ce chapitre, il est nécessaire d'apporter quelques précisions. Tout en étant évidemment véridiques, elles sont extraordinaires.

Tout d'abord, la tilma ou ayate est une sorte de tablier dont se servent les indiens pour se protéger du vent. Il est fabriqué avec une fibre végétale, appelée maguey. Il dure en moyenne une vingtaine d'années.

Or la tilma de Juan Diego continue à défier le temps, avec ses 485 ans au bas mot, dont une bonne partie à l'air libre, sans protection, durant de nombreuses décennies. Avant d'être mise sous un châssis de verre blindé.

Quant à l'image Sainte, non seulement les couleurs gardent toute leur fraîcheur, mais elles sont auto-régénératrices, malgré un attentat à la bombe, et au moins un accident par l'acide. Sans parler des fumées des cierges tout au long des siècles. D'après le professeur Callahan, biophysicien et expert en peintures, les flammes des milliers de bougies, dégageant énormément de rayons ultra-violets, auraient dû dégrader les couleurs depuis longtemps.

Mais il y a mieux : le tableau est appliqué sur l'ayate sans aucun apprêt, ce qui est extraordinaire. Au point que les peintres disent que s'il y avait eu apprêt, on aurait considéré l'œuvre comme étant humaine. D'autant qu'une analyse de certaines fibres colorées a démontré qu'aucun pigment d'origine minérale, végétale, ou animale, n'entrait dans la composition des couleurs.

D'où ma restriction évoquée plus haut.

Le père Brune en déduit tout naturellement '' *Autrement dit, ces pigments sont d'origine inconnue. Ils n'appartiennent pas à notre monde.* ''

Je suppose qu'en écrivant ces lignes, l'auteur voulait certainement dire que c'était un miracle divin, et non une intervention extra-terrestre.

Petit plus : examinées au microscope, les couleurs ne présentent aucun coup de pinceau. Conclusion : en combinant ces trois absences : pigments terrestres, coup de pinceau, et apprêt de l'ayate, nous pouvons dire qu'il ne s'agit pas de peinture classique. Mais bien d'un autre élément qui résiste aux infra-rouges et ultra-violets à travers le temps. **Et qui renvoie plus de lumière qu'il n'en reçoit.**

Pour faire bonne mesure, ajoutons que le réseau veineux normal apparaît sur les paupières de la Vierge, et sur la cornée des yeux. Doit-on préciser qu'une toile ordinaire, et une photo prise dans les mêmes conditions, ne montrent pas ces réseaux microscopiques ?

Enfin, le fin du fin, qui a fait multiplier les articles ces dernières années.

Les yeux sont tellement vivants, que l'on y a vu des personnages dans les deux pupilles ! La digitalisation des images est tellement poussée, que tous ces personnages ont été reconnus pour être ceux qui ont assisté à la scène de la chute des fleurs chez l'évêque, et à l'apparition du tableau, **y compris Juan Diego lui-même !** Ce qui paraît être une impossibilité. Et il semble que l'on ne soit pas au bout des surprises. Mais je proposerai plus loin une tentative d'explication.

Maintenant que j'ai éclairci la lanterne de ceux qui ignoraient, et rafraîchi la mémoire des autres, voyons si l'on peut tirer quelque chose de tous ces renseignements.

Nul ne s'étonnera que je fasse intervenir nos chers OVI, puisque leur relation est étroite avec les apparitions mariales. Par contre, la présentation d'un des modes possibles de propulsion de ces engins dans ce contexte, pourra en surprendre plus d'un. Ce n'est pourtant pas fortuit.

Le fascinant livre de I.L. Olivyer et J.F. Boëdec '' *Les soleils de Simon Goulart* ''(Les Runes d'or), fait le point sur la vague OVNI des années 1500 à 1600. Mais il développe aussi, en deuxième partie, une analyse de Mc Campbell, un physicien américain. Ce dernier s'est attaché à rechercher comment les OVNI pouvaient être lumineux, en développant une palette de couleurs pures et variées, suivant leurs évolutions.

D'après ses travaux, il déduit que les gaz rares de l'atmosphère, émettent les différentes teintes observées ; à condition d'être excités par une énergie de quelques dizaines d'électrons-volt seulement.

L'exemple de base est le xénon, qui émet un bleu pur sur trois raies (4500, 4624, et 4671 A), avec une excitation faible de 12, 13 E-V. Pour l'atome neutre s'entend ; ce seuil augmente au fur et à mesure de l'ionisation de l'atome (perte de un, deux, ou plus d'électrons).

Mc Campbell pense que le pourpre pourrait résulter de l'association de la bande bleue du xénon et de celle, rouge, de l'argon à 6965 A.

Sur Terre, les anciens obtenaient le pourpre à l'aide d'un mollusque. La différence est que dans ce cas, la base est animale, la couleur définie par les gaz ne contenant aucun pigment.

Pour le bleu-vert, le bleu turquoise du manteau de la Sainte Vierge, on relève trois possibilités, dont le couple xénon-néon (entre 4500 et 5400 A). Le seuil d'excitation du néon étant de 21, 56 E-V.

La lumière Blanche serait un mélange quasi complet du spectre. Selon le livre d'Olivyer et Boëdec, la totalité du spectre ne donnerait pas du blanc pur, mais une couleur dominante, du fait de la prépondérance des raies brillantes. Pour obtenir cette lumière totalement blanche, il suffirait d'enlever, ou de ne pas utiliser la ou les raies qui empêcheraient son éclosion. Pour les Responsables des OVI qui maîtrisent parfaitement ce sujet, ce n'est qu'un jeu.

A cette lumière, si on ajoute davantage de rouge, c'est le rose de l'intensité voulue, qui apparaîtra (comme la robe de la jeune femme).

Jusqu'à présent, je ne pense pas qu'il y ait opposition. Ces explications sont techniquement valables. Certaines associations décrites, sont mises en application dans l'utilisation des lasers.

Mais pour aborder la partie délicate de mon étude, je vais m'appuyer sur deux observations d'OVI, avec émissions de couleurs particulièrement intéressantes. Il y en a d'autres, mais celles-ci, la première citée surtout, sont significatives à mes yeux. Elles sont répertoriées sous les numéros 789 et 795 du catalogue de Jacques Vallée '' *Passport to Magonia* ''.

Si le second ne présentait (tout est relatif) que trois bandes horizontales bleue, rouge, verte, le N° 789 ''...*produisait des couleurs arc-en-ciel qui semblaient couler de ses bords, semblables à un fantastique déploiement d'eau* ''.

Si je cite in-extenso Jacques Vallée, c'est pour ne pas trahir sa prose pour justifier ma théorie, en interprétant le texte à ma façon.

Bien avant celle-ci, il y avait eu une observation semblable en Espagne, au cours des années cinquante. Certains témoins qui avaient regardé trop longtemps, étaient devenus aveugles. Dans le cas de J. Vallée, les deux personnes concernées ont souffert des yeux pendant plusieurs jours. Il n'est donc pas conseillé de fixer ces lumières dont l'intensité est préjudiciable.

Si je me fie à cette description, il semblerait que les Responsables des OVI aient trouvé le moyen de liquéfier ces gaz excités à la pression atmosphérique normale, et à température ambiante.

Je pars donc de cette supposition, pour émettre une théorie que plus d'un lecteur trouvera démentielle. Ce n'est pourtant, j'insiste en le précisant, qu'une simple hypothèse de travail.

Après tout, il y a tellement de '' vérités'' prônées par des savants de renom, et qui sont tombées dans les oubliettes. Dois-je citer '' *il n'y a pas de pierres dans le ciel* '' (Lavoisier), ou '' *le plus lourd que l'air ne volera jamais* '' ? (Newcomb). Sans compter celles qui sont encore et toujours en vigueur malgré les évidences criantes. Vous connaissez cette phrase mille fois rabâchée, et que les astronomes n'osent pas contredire '' Nous sommes seuls dans l'Univers ''. Tiens donc, avec cent ou deux cents milliards de galaxies connues ou estimées ! Sans oublier les mondes dimensionnels. Ah oui, ceux-là relèvent du conte de fées. Avec un tel poncif, l'homme reste replié sur lui-même. Sans doute est-ce voulu ?

C'est pourquoi je m'en voudrais de ne pas suggérer ce qui suit, sans pour autant le présenter comme un dogme. Avant de le rejeter d'un air méprisant, que messieurs les physiciens l'étudient sans parti pris.

Prenons l'exemple d'un artiste peintre de la grotte de Lascaux. Il sait broyer et mélanger certains éléments minéraux, pour obtenir la pâte qui lui servira à dessiner les animaux sur les parois.

Qu'on lui présente une image sur un écran de télévision, tout en lui expliquant que les couleurs ne contiennent aucun des pigments qu'il utilise habituellement, et il sera totalement déboussolé. Pour lui ce serait un miracle. Et bien entendu, une impossibilité.

Il ne connaît pas les gaz rares traversés par les rayons ultraviolets, ni le trio de pixels composés par le rouge, le bleu, et le vert (comme dans le cas N° 795), et dont l'ensemble forme les écrans à plasma.

Il ignore tout des luminophores allumés par les électrons expédiés par les trois canons vers l'une des trois couleurs de base, du téléviseur classique à tube cathodique.

Eh bien, nous sommes cet ancêtre de Lascaux face à l'image de la Sainte Vierge sur l'écran de la tilma.

Ce que nous réussissons avec les écrans plats, les Responsables des OVI l'ont probablement perfectionné. A l'instar de nos tubes au néon, ils ont pu emprisonner les gaz rares dans un matériau tellement transparent, que l'on ne peut le remarquer.

Ou encore les matérialiser en une couche de quelques microns, indécelable.

De plus, il suffirait que le tableau soit exposé en permanence à la lumière du jour, où à la lueur des bougies, pour que les couleurs soient énergisées, et se maintiennent *ad vitam aeternam*, ou peu s'en faut.

Les photographies au flash feraient que les épreuves seraient surexposées, comme ce fut effectivement le cas.

On peut supposer que l'ensemble de l'image fut appliqué, en quelque sorte, par pression. Ce qui justifierait la réflexion d'un écrivain, Carlos Salinas. Celui-ci, en tant que dessinateur, remarque que la plupart des plis de la tunique ou du manteau semblent aplatis, écrasés '' *comme si l'image avait été obtenue ou déposée par pression.*'' Constatation qui laisse dubitatif et perplexe le révérend père Brune.

Quant à savoir comment les Responsables s'y sont pris pour plaquer le tableau sur l'ayate, je ne peux le deviner, car tout ceci relève de l'Hyper Haute Technologie. La seule approche que je puis proposer, **est une sorte de flocage d'image de télévision !** Et encore est-elle sans aucun doute loin du compte.

Ici l'écran support, c'est la tilma. Allons plus loin. Il se peut que la tilma originale de Juan Diego ait été copiée dans ses moindres détails, avec sa couture et ses défauts ; dans un matériau qui imite le maguey, mais avec des qualités autres. D'abord la faire résister au temps, ensuite pour permettre la mise en place du tableau sans apprêt. Enfin pour servir de réservoir d'énergie aux couleurs. J'expliquerai à quel moment cela a pu se faire.

Je le répète, tout ceci est pure hypothèse, mais elle est peut-être vérifiable. A ma connaissance, il n'a pas été fait d'études électromagnétique, de rayonnement X, ou nucléaire. Encore moins de tests radiesthésiques. Ceux-ci apporteraient sans doute quelques surprises.

Claude Burkel, qui a obtenu des résultats extraordinaires sur le tracé du posé de 1989 à Marcilly, en Seine et Marne, ne dira pas le contraire. C'est la toute première fois qu'un ufologue tente et réussit ce genre d'expérience.

Mais comme il est vrai que cette science (oui j'ai écrit le mot science ; pourquoi, c'est gênant ? pour qui ?), n'est pas en odeur de sainteté, il est peu probable que Claude soit contacté pour aller tester le tableau de la Vierge. En tout cas, en ce mois d'octobre 2017, il ne l'a toujours pas été.

Soyons optimistes, ça viendra. Un jour, les savants deviendront sages, et surtout humbles. C'est vrai, je suis très, Très Optimiste.

Par évidence je ne connais rien de l'Hyper Haute Technologie. En revanche je peux proposer un scénario expliquant le Miracle, c'est à dire l'apparition soudaine du tableau sur l'ayate du voyant.

Je pars de deux postulats, dont le premier est que ce sont les Suivants de l'Abeille qui en sont responsables. Les exemples abondent : La Salette en 1846, Saint- Bauzille -de- la-Sylve en 1873, l'Ile Bouchard en 1947. Je ne cite que ces trois cas, où la Sainte Vierge est apparue brusquement, ou dans une sorte de fondu enchaîné. Mais il y a aussi les OVI qui s'évanouissent sur place '' comme une bougie qu'on éteint '', selon l'expression classique des témoins. Nous avons vu ce qu'il en était, avec la réduction volumique.

Deuxième postulat qui en fait, n'en est plus un, puisque déjà démontré. Ces mêmes Shebtiw / Sokariens maîtrisent la dimension Temps. Ils prévoient l'avenir, comme à Fatima l'annonce de l'avènement papal de Pie XI. Où à Paris en 1830, lorsque Catherine Labouré apprendra les événements à venir, qui se dérouleront point par point quarante ans plus tard. Ils connaissent tout du passé des enfants de La Salette, lorsque la Sainte Vierge rappelle à Maximin qu'il avait déjà vu du blé gâté avec son père, alors que le gamin de 11 ans ne s'en souvenait pas.

La préparation de la naissance et de la vie de Louis XIV avec 119 ans d'avance, démontre une certaine autorité à manipuler le futur.

Je m'avance encore un peu, en supposant que cette maîtrise va jusqu'à arrêter le cours temporel pour les témoins. Ce qui donne aux Sokariens la possibilité d'agir en toute tranquillité. Autrement dit, quand le Temps reprend son écoulement normal, ces mêmes témoins voient simultanément la chute des fleurs de la tilma, et le tableau divin apparaître sur celle-ci.

Comment imaginer le processus ? Le portrait en pied du modèle est déjà préparé. Il ne reste plus que la touche finale, et la mise en place sur l'ayate. A moins que, comme suggéré plus haut, celle-ci soit recréée en laboratoire avec l'application du tableau. Qu'est-ce que la touche finale ? la scène que l'on découvre dans les yeux de la Vierge, avec tous les participants, y compris Juan Diego. Puisque lui porte la tilma, il n'est en principe pas possible qu'il figure dans les pupilles.

De manière totalement hypothétique, je le répète, voici comment je vois le déroulement du programme.

Les Bitiw suspendent le flux temporel à l'entrée de Juan Diego dans la salle d'audience de l'évêque. Eux-mêmes n'étant évidemment pas concernés par cet arrêt. Les acteurs présents sont donc figés.

Les techniciens s'introduisent à l'intérieur de la salle. Ce qui leur est facile, car ils peuvent émerger à l'endroit de leur choix sans se tromper. Sans doute grâce à un contrôle direct par télévision. Et peut-être par téléportation.

Une fois de plus, L'Île Bouchard et Saint- Bauzille, sont d'excellentes références. Dans le deuxième cas, La Sainte Vierge apparut soudainement à deux mètres du voyant, et à 1 mètre 50 de hauteur, faisant sursauter le brave homme qui cassait la croûte.

Et c'est dans la petite (très petite) église Saint-Gilles de l'Île Bouchard, que la Vierge apparut dans un décor de grotte, avec un archange agenouillé. Une véritable mise en scène !

A l'arrivée de Juan Diego, le puissant parfum des roses avait attiré des serviteurs dans la salle. Ils sont également pris dans l'image pupillaire. Les techniciens installent leurs appareils, et font le nécessaire pour capter la scène, de deux manières différentes. Soit la Vierge était présente, et habillée telle qu'on la voit, en ayant la vision de tous les participants (hormis bien sûr les techniciens hors champ) ; son image globale est prise en compte, et transmise sur la tilma.

Soit incruster directement cette scène dans les yeux du portrait. Ensuite de quoi, ils appliquent celui-ci sur l'ayate. Ou, s'ils ont copié la tilma, ils enlèvent celle de Juan Diego, pour la remplacer par son sosie, remettent les roses dans le tablier, que le voyant lâchera aussitôt revenu à la vie, c'est à dire, quand le blocage étant annulé, le temps reprendra son cours normal. Et le tableau apparaîtra instantanément.

Bien entendu, pour les personnes présentes, il n'y a eu aucune coupure. Tout s'est déroulé dans la continuité. Selon le récit détaillé du père Brune, Juan Diego, arrivé au palais de l'évêque, se heurta aux serviteurs qui se moquèrent de lui, avant de remarquer ce qu'il portait et le parfum qui s'en dégageait. Ils tentèrent de tirer sur les tiges qui dépassaient de la tilma, **sans y parvenir**. Ils insistent alors pour voir ce qu'il cachait. C'est en voyant les fleurs qu'ils décidèrent de laisser passer le messager.

Je note que tout a été fait pour que Juan Diego parvienne en face de Monseigneur Zumarraga, et que le tableau n'apparaisse qu'à ce moment. En effet, les serviteurs qui étaient au moins deux, n'arrivent pas à sortir les fleurs du tablier. Et quand ils exigent de voir celles-ci, ils ne remarquent pas le portrait. Un tableau coloré couvrant tout le devant, avec sa superficie de 143 centimètres par 55, ne peut passer inaperçu. **Celui-ci n'existe donc pas encore !** sinon, ils auraient tout de suite, et logiquement, averti l'évêque du miracle. Au passage, signalons que 143 divisé par 55, donne 2, 6 ; très proche donc du carré du nombre d'Or : 2, 618.

Si quelqu'un a une autre suggestion sur la manière dont s'est déroulée l'opération, je suis bien sûr prêt à l'écouter.

A moins de ne chercher aucune solution, et d'admettre tout simplement l'intervention divine.

Cependant, tous les chercheurs plongés dans l'étude du tableau depuis plusieurs décennies, sont bien trop excités par les découvertes successives, pour abandonner, et laisser la place au seul miracle.

D'autant que si l'on s'en tient purement au divin, la présence de tous les personnages dans les pupilles de la Dame, n'a pas lieu d'être. Sauf s'il s'agit d'un message destiné uniquement à notre science actuelle. **Car sans l'informatique, il eut été impossible de s'en apercevoir.**

Et dans ce cas, il s'agit bien d'un artefact venu d'ailleurs, et créé par un peuple possédant une Hyper Haute Technologie.

Je suis conscient que le lecteur, scientifique ou non, aura du mal à admettre une telle avance technologique, impossible à chiffrer autrement que par millénaires. Non par le fait que nous soyons des demeurés mentaux par rapport à ces êtres, mais parce que nous pensons que technologie supérieure veut dire esprit de conquête, et esclavage de la race humaine. C'est peut-être aussi pour cette raison, que des Autorités (la NASA par exemple ?) maintiennent la tête des hommes dans le sable, pour éviter une panique mondiale…surtout boursière !

Pourtant, si c'était le cas, ce serait chose faite depuis longtemps, alors que nous ne savions même pas que les galaxies existaient.

Que l'on se remémore la traversée ultra-rapide à travers son carré de vignes du voyant de Saint- Bauzille –de -la -Sylve, sans subir aucun dommage corporel. Belle démonstration technique de la dématérialisation d'un corps, tout en gardant son intégrité physique, puisque les témoins ont pu suivre ce déplacement.

Plus encore que les OVI, les apparitions mariales sont un vecteur du savoir-faire des Sokariens. Ceux-ci se moquant gentiment de nous, tout en mettant en avant leur pacifisme.

Alors, quelle crainte avons-nous ?

Les mathématiciens sont des gens pondérés et calmes par excellence. Leur distraction fut proverbiale, comme le savant Cosinus qui servit de référence. Malheureusement, ce sont les politiques et les militaires qui détournent leurs inventions à des fins destructrices.

Chez nos voisins du Duat, c'est la joie de vivre et l'amusement qui dominent, et qui guident leurs actes. Quelquefois aux dépens des humains, mais rien de bien méchant.

DEUXIEME PARTIE : MATHEMATIQUE METRIQUE.

Le portrait de la Vierge de Guadalupe va nous apporter une preuve supplémentaire de leur technicité mathématique, cachée dans ses mensurations.

Nous avons vu qu'il suffirait de quelques millimètres en plus ou en moins dans la longueur et la largeur, pour que le carré du nombre d'Or soit atteint (143 X 54, 62 ; ou 143, 99 X 55). Allons plus loin encore, en gardant les chiffres indiqués par le père Brune. Calculons la diagonale du rectangle. ($143^2 + 55^2$) = X^2. D'où X, l'hypoténuse ou diagonale, vaut 153,21 centimètres. La fraction étant négligeable, c'est le chiffre principal qui est la vedette. En effet 153, c'est le nombre de poissons attrapés par Pierre, quand Jésus lui dit de jeter son filet à droite, et c'est aussi le nombre de jours séparant le 13 mai 1917 du 13 octobre des apparitions de Fatima !

Ces 153 ne vous paraissent pas convaincants, car je prête des pensées trop profondes aux créateurs de ce merveilleux tableau ?

Alors apportons la touche finale, celle qui confondra les scientifiques, et ravira les théologiens. Voyons ce que donne la superficie.

Toujours en gardant les cotes initiales, nous obtenons 7865 centimètres carrés (143 X 55). Quelle serait la base d'un cercle de même surface ?

Détaillons : 7865 X 4 = 31460 cm², divisés par 3, 1416, le résultat est de 10000, 14 cm², **dont la racine donne 100, 07 centimètres.**

Ainsi donc, un cercle de même superficie que le portrait de la Sainte Vierge, soit 7865 centimètres carrés, **aurait obligatoirement un diamètre de : un mètre pile !**

Même en chipotant sur les 7 dixièmes de millimètres en plus, il faudrait une singulière mauvaise foi, pour dénigrer la volonté d'aboutir à ce résultat miraculeux, de la part des concepteurs.

Incidemment, à cette époque la notion du mètre n'était même pas en gestation. Elle ne commencera à poindre que 260 ans plus tard.

Pour que le cercle ait un diamètre absolument exact de un mètre, sans décimale aussi faible soit-elle, il faudrait que le tableau mesurât 142,8 centimètres en longueur. La superficie serait de : 142, 8 X 55 = 7854 cm². La diagonale–hypoténuse aurait alors pour longueur : 153, 026. Cette fois, il apparaîtrait nettement que ce chiffre n'est pas l'effet du hasard. Dans l'autre sens, les dimensions seraient 143 X 54, 92, et l'hypoténuse : 153, 18.

Incidemment, **notons que le nombre 7, 854 représente trois fois le carré du nombre d'Or.** On tourne toujours autour de ce dernier. Ce qui pour moi, est une bonne indication que les apparitions mariales en sont friandes.

Croquis N°1 :

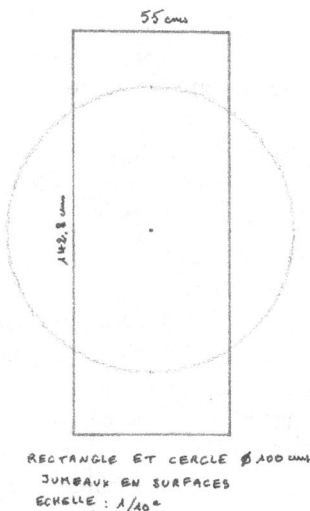

RECTANGLE ET CERCLE ⌀ 100 cms
JUMEAUX EN SURFACES
ECHELLE : 1/10ᵉ

En reprenant l'explication du père Brune concernant le signe du Nahui Ollin, centre du monde d'après la tradition aztèque, et qui se trouve sur la tunique, à l'endroit même où la Sainte femme porte le Christ, ce serait également le centre du cercle. Ce dernier pourrait représenter alors l'Unité, c'est à dire Dieu le Père.

Comme par hasard, la lumière irradiée continuellement par le portrait (selon le père Mario Rojas), émane principalement de ce centre.

On peut aussi y voir le symbole du Dieu Soleil égyptien : RA, avec le point central.

Cependant, il me paraît anormal que cette identité de surface s'arrête là. Le cercle sert de révélateur, c'est évident ; et je suis persuadé, sans pouvoir le démontrer actuellement, qu'il y a un message caché à notre intention, à travers cette figure géométrique symbolique.

En reportant six fois le rayon sur la circonférence, il est possible de dessiner une étoile à six branches, dite de David ; chaque arc de cercle mesurant exactement 52, 36 centimètre, valeur de la coudée royale égyptienne. Mais ce n'est pas l'objet principal du jeu de cache-cache mathématique. Il y a certainement une cryptographie plus sophistiquée, irréfutable et digne d'une Connaissance Supérieure, à la hauteur de la science moderne ou future. Notre technique nous a permis de découvrir les images pupillaires, invisibles à nos prédécesseurs. Ce n'est qu'un jalon, voire un appât… **ou un test** !

En guise de délassement intellectuel, je me suis amusé à rapprocher dans l'absolu ce chiffre de 7854 du nombre-code 607, base du quatrième secret de Fatima. Le quotient de la division donne 12, 94.

Pour atteindre le total plein de 13 (curieux non ?), il conviendrait que la surface du tableau aboutît à 7891 cm ^{2}.

Dans le meilleur des cas (pourquoi choisir le moins favorable ?) le tableau devrait alors mesurer 143 X 55, 18. La diagonale aurait une longueur de 153, 27, et le cercle un diamètre de 1002, 3 millimètres.

Evidemment, je comprendrais fort bien que l'on me reprochât une obsession hors de proportion. Mais avouez tout de même que le rapprochement est tentant. Surtout avec si peu de différences dans les diverses dimensions.

Et si, en mesurant très soigneusement la longueur et la largeur du tableau, on confirmait précisément ces deux cotes de 143 X 55, 18 ; ces 18 dixièmes de millimètre ayant très bien pu passer à la trappe. On s'éloignerait du carré de PHI.

Mais on y gagnerait la certitude que N-D de Guadalupe et les apparitions mariales de Fatima sont bien reliées, en justifiant le code 607.

Peut-être est-ce tout cela le véritable secret du merveilleux portrait ?

Alors, tableau miraculeux d'origine Divine, ou issu d'une Hyper Haute Technologie venue d'ailleurs ? mais n'est-ce pas un pléonasme ?

Enfin, si l'on veut s'amuser, on peut toujours essayer de débattre sur la question posée par le titre : le portrait de N-D de Guadalupe fait-il partie d'un quatrième règne, ou d'un cinquième état de la matière ?

* * *

L' ENIGME DU CHOIX
DES TEMOINS / VOYANTS
* * *

'' L'ignorance est la meilleure garantie d'une obéissance passive ''
(R.T.)

* * *

Rappel indispensable ; l'individu en présence proche ou lointaine d'un OVI, est un témoin. Quand il s'agit d'une apparition mariale, c'est un voyant. Ce qui ne fait aucune différence, puisque les deux sont '' victimes '' ou acteurs inconscients d'un metteur en scène identique.
Euphémisme de bon aloi ; depuis la naissance officielle de l'E.U.M. (Ere Ufologique Moderne), le 24 juin 1947, nous étudions le phénomène OVNI, et nous n'en connaissons pas grand-chose au bout de 70 ans. A part la certitude- toute personnelle faut-il le préciser ? -, qu'il s'agit des Suivants de l'Abeille / Bitiw / shebtiw / Sokariens.
Ne nous montrons pourtant pas trop humbles. Nous savons néanmoins qu'il remonte à la plus lointaine antiquité. Et si l'on y ajoute sa deuxième facette, à savoir les apparitions mariales, qui ont une ancienneté de 1500 ans (pardon Noble Dame, votre jeunesse n'est pas mise en cause), nous pouvons être certains que nous sommes surveillés, suivis, scrutés, analysés, disséqués corps et âme, décortiqués dans nos moindres composants, mieux connus et approfondis qu'aucun d'entre nous ne pourra jamais l'être individuellement ; et ce, depuis un bon paquet de millénaires (mise à part la psychologie dont nous reparlerons).
Ce qui explique en grande partie les guérisons miraculeuses suite aux interventions mariales, et celles à distance par rayonnement de la part des ufonautes.
Par ailleurs, si Jacques Vallée et Jean Sider se sont penchés sur une possible connexion ou connotation entre les OVI et les A- M, ils se sont malheureusement arrêtés au point d'interrogation. C'est loin d'être un reproche ; il fallait bien que quelqu'un commençât à soulever le lièvre.
Mais comme beaucoup d'autres qui les ont suivis sans oser aller plus loin, ils se sont focalisés uniquement sur Fatima et sa danse du soleil. Or si Fatima est importante, et primordiale sur le plan mathématique et historique, -ce que nous venons de voir- elle n'est qu'une des mariologies.

.

Il faudrait se pencher davantage sur les chapelles expressément demandées par la Sainte Vierge, avec une insistance dictatoriale qui devrait donner à réfléchir d'une manière beaucoup plus sérieuse.

Leur petit nombre noyé dans la masse des mariophanies cache un secret qu'il serait temps d'étudier. Surtout quand on sait que ces chapelles sont édifiées à des endroits précis, où le centimètre est le minimum imposé, et parfois sur des sommets tellement escarpés, qu'ils en sont presque inabordables (exemple : Ziteil en 1580 où '' *...les fidèles convoyèrent des pierres de la vallée, les entassèrent sur le lieu de l'apparition, puis, trouvant que le site était trop escarpé, les descendirent un peu plus bas ; le lendemain, des anges les avaient rapportées à l'emplacement initial...* '' (J. Bouflet ; '' *Les apparitions de la Vierge* '', Calmann-Lévy).

Ne conjecturons pas sur la nature de ces ''anges '', qui pourraient bien ressembler à de charmants et facétieux ufonautes, mais constatons que toutes les chapelles mariales sont édifiées sur des coordonnées telles qu'elles n'ont aucun sens pratique sur le plan religieux. (dans un champ, à l'emplacement où les bœufs refusaient d'avancer ; N-D D'Alet).

Par contre, cette précision extrême se rapproche beaucoup plus d'un ensemble militaire, d'un complexe scientifique, ou en rapport avec des points du ciel. **Bref, dans tous les cas où chaque pièce du puzzle doit être minutieusement placée.**

Rien que sur ces deux aspects, petit nombre et précision de l'emplacement, les exégètes auraient dû tirer la sonnette d'alarme ; ou du moins, mettre l'accent sur ces particularités.

De même, Guy Tarade a émis depuis plusieurs décennies l'hypothèse que les noms de famille des humains pouvaient être une base de travail. Ce qui fut confirmé par Jean Sider dans son livre '' *Les Extra-terrestres avant les soucoupes volantes* '' (J.M.G. éditions).

Cependant, les ufologues qui ne jurent que par Roswell, en se chamaillant sur le pour et le contre, tout comme avec Fatima, sont aveuglés par les lamparos qui empêchent de voir ce qu'il y a derrière. Et ils ne cherchent pas à reprendre ces idées novatrices, pour essayer d'en tirer la quintessence. Et c'est peut-être pourtant cette démarche que les Responsables des OVI attendent de la part de ceux qui se targuent d'être des spécialistes, et qui les hisserait à un niveau supérieur.

Mais qui somme toute, **ne sont que des moutons-autruches dotés d'une carte de visite trompeuse.**

En plus de mon orthogéométrie qui confirme totalement l'appartenance des apparitions mariales au phénomène OVNI, et de la géométrie propre aux chapelles mariales, j'ai aussi évoqué l'homonymie de

Maurice Masse à Valensole avec Honoré Masse, le pâtre de Théopolis qui reçut la visite de la Sainte Vierge en 1656. De même l'étrangeté de concordance des deux première lettres de MARIE, dans les trois épisodes que sont Mouriéras (Antoine MAzaud), Quarouble (MArius Dewilde), et Valensole encore (MAurice MAsse). Ce ne sont sans doute que de bizarres coïncidences, mais elles sont à noter.

Il ne faut rien rejeter ni négliger dans l'étude du phénomène OVNI. **Tout est à prendre en compte, tant que l'on n'a pas la preuve d'une fausse piste.**

Pour rechercher le pourquoi et la base du choix des témoins et des voyants, nous n'avons que cela comme point de départ.

Ah non ! il y a autre chose de plus flagrant encore ; le faible niveau d'instruction et de Connaissance générale, leur méconnaissance du phénomène OVNI, et le fait qu'ils n'étaient pas préparés à ce genre de rencontre.

Toujours cette histoire de théâtre faërique, où le témoin joue son rôle sans en être conscient. C'est le prototype du théâtre interactif, où le spectateur intervient. Actuellement, c'est très à la mode, mais l'intervenant n'est pas surpris, puisqu'il sait qu'il va participer.

Dans le cas des OVI et des A-M, l'acteur malgré lui n'a pas le temps de réaliser quoi que ce soit, que l'action est déjà lancée, et même parfois terminée. Avant de se rendre compte qu'il s'est passé quelque chose d'étrange, et qui déborde largement son entendement.

Ce qui ne serait pas, en principe, le cas d'un ufologue habitué à baigner en permanence dans cette ambiance très particulière. **En supposant que les ufonautes ne lui jouent pas un tour qui dépasserait son propre niveau de compréhension.**

Qui peut se vanter de pouvoir lutter à armes égales avec ces entités astucieuses à plus d'un titre ?

Astucieuses, oui, **mais jusqu'à quel point ?**

Que recherchent donc les Responsables des OVI-AM ? choisir un pauvre bûcheron sans influence morale pour intervenir auprès des autorités du village, afin d'obtenir l'édification d'une chapelle, relève d'une psychologie surprenante (Giulianova 1545-46). Demander à un homme désargenté de bâtir un sanctuaire sur un terrain qui ne lui appartient pas, ne viendrait à l'esprit d'aucun être humain (Gênes 1490). C'est pourtant ce qui se produisit, et qui finit par aboutir.

Il convient de préciser cependant, que les méthodes employées pour parvenir au résultat, sont plus proches du grand banditisme que de l'amour maternel ; coercition et rétorsion seraient plutôt les maîtres mots.

Pourquoi prendre des personnes de bas niveau social comme intermédiaires ? Pourquoi ne pas s'adresser directement aux autorités religieuses ou gouvernementales pour obtenir satisfaction ?

D'autant qu'en choisissant un porte-parole sans lui donner les moyens de se faire entendre, la Sainte Vierge fait tout le contraire de ce qu'un homme ferait à sa place.

Prenons l'exemple de la médaille miraculeuse montrée à Catherine Labouré le 27 novembre 1830 à Paris. Il fallut près de deux ans et 20.000 morts par l'épidémie de choléra, pour que cette médaille sorte en juin 1832. Si la Mère du Ciel avait directement fait pression sur les chefs de l'église, l'épidémie aurait été évitée, et la médaille frappée quasi immédiatement. Pourquoi donc ces bizarres atermoiements ?

Bien antérieurement à la Sainte Vierge, on retrouve le Seigneur s'adressant à un Moïse impuissant pour libérer les esclaves hébreux. Il fallut attendre la dixième plaie pour que le pharaon se décide. En montrant au roi d'Egypte sa puissance face à face, le Seigneur aurait gagné du temps, et évité bien des malheurs, notamment à son propre peuple.

J'en viens à me poser cette question peu plaisante ; La Sainte Vierge, le Seigneur et consorts se complairaient-ils à dresser volontairement des difficultés, des retards à l'accomplissement de leurs décrets, en punissant les voyants, et en provoquant ou laissant perdurer des épidémies mortelles, par le choix de la voie la plus difficile ?

Je ne crois pas. Je pense que cette attitude est une conséquence de notre façon de faire peu de cas de la vie humaine lors des guerres, guérillas, et autres attentats aveugles. Sans oublier les ravages de la drogue, du tabac et de l'alcoolisme, trop faiblement combattus.

Toujours cette veulerie du compromis de la chèvre et du chou.

De ce fait, la Sainte Vierge est en droit de supposer que nous ne sommes pas à quelques milliers de morts près quand une épidémie ravage une région, et que la mise en place de ses chapelles mérite largement ce sacrifice.

Comme pour Paris, on retrouve cette attente de deux années, et une épidémie de peste à Vincenza (Italie en 1426). La Vierge s'adresse à une vieille paysanne sur le mont Bérico, en lui ordonnant d'aller dire aux habitants du village d'édifier un sanctuaire '' *s'ils veulent être libérés du fléau qui les frappe* '' (ibid.). En termes juridiques, c'est du chantage, purement et simplement. Et des plus odieux encore. Personne n'écouta la vieille femme, malgré ses efforts. Ce n'est qu'en août 1428, que la Sainte Vierge réapparut et lui répéta son message. Cette fois, la peste aidant, si l'on peut dire, l'évêque récalcitrant (il porte la responsabilité de l'attente et des morts), accepta de commencer les travaux ; au fur et à mesure de l'avancement, la peste régressait.

Force est de reconnaître que la Sainte Vierge applique à notre encontre notre façon d'agir, puisque l'altruisme n'est pas ce qui nous guide. Nous ne connaissons que la menace, la flatterie, ou l'appât du gain, pour arriver à nos fins.

Pourtant, que l'on admette ou non la relation réalisation du vœu-régression de l'épidémie, ou que l'on s'en tienne à une coïncidence, selon la logique humaine personne n'agirait de cette façon, sachant parfaitement ce qui en découlerait ; scepticisme et moquerie. Au point que dans certains cas, la Vierge fut obligée d'intervenir par des miracles pour obtenir enfin satisfaction (cécité de sa messagère, ou paralysie subite d'un édile voulant frapper le voyant).

Curieuse façon d'agir, comme si elle ne connaissait pas le caractère humain, ce qui est faux, tout en finissant parfois par faire ce par quoi elle aurait dû commencer.

Si les ufologues étudiaient de plus près le comportement des ufonautes et de la Sainte Vierge, ils verraient non seulement que celui-ci est totalement irrationnel du point de vue humain, **ce que l'on sait déjà** ; mais que ce comportement peut-être carrément méchant, dictatorial, impitoyable même, comme si la vie du témoin ou du voyant n'avait aucune importance ; **pas plus que celle d'un esclave, ou d'un animal de laboratoire** (faire tomber quasi mortellement le voyant d'un figuier, et le guérir totalement le lendemain, après l'avoir averti en songe, Gênes 1490).

A l'opposé, ce comportement souffle le chaud et le froid, notamment avec les cas de guérison spontanée (fillette muette de naissance, et répondant à la Sainte Vierge qui lui adresse la parole ; guérison des mourantes, et annulation des infirmités par les ufonautes).

A Valensole, les petits êtres semblaient se moquer du témoin paralysé ; ce qui d'ailleurs prouve qu'ils n'étaient pas du tout paniqués par sa venue.

Il n'y a qu'une seule conclusion à en tirer ; La Sainte Vierge, les ufonautes, et les Responsables des OVI en général, mènent le jeu, mais n'en sont pas parfaitement maîtres, **parce que ce jeu est pitoyable dans son infantilisme.**

Indépendamment de leur technologie, sont-ils réellement supérieurs à nous ?

Choisir des personnes n'ayant pas autorité, possédant une instruction limitée, et donc forcément dans l'incapacité de transmettre clairement et de manière persuasive, un message jugé d'une importance capitale (les chapelles mariales), n'est pas ce qui se fait de mieux en la matière.

Indépendamment du marquage du point orthogéométrique, à quoi rime d'attendre un fermier de Corrèze à la tombée de la nuit, et de lui donner silencieusement l'accolade, avec le risque d'une réaction brutale et meurtrière ? Une ''simple '' RR 3 aurait suffi, comme par la suite à Quarouble.

Prendre comme témoin un brave paysan effaré et dépassé par ce qui sort de son milieu naturel, **fait peut-être rire des entités pas très finaudes**, mais n'apporte strictement rien de valable pour un éventuel contact. Et surtout ne favorise pas une vision angélique de l'humanité terrestre envers la pluralité des mondes habités.

Ce serait plutôt la méfiance qui prédominerait, et qui s'est installée effectivement.

Est-cela que les Responsables des OVI recherchent, et imposent depuis le début de l'Ere Ufologique Moderne ? Celle-ci précédée par les apparitions mariales, manipulant plus ou moins habilement le troupeau des fidèles à travers les siècles.

J'ai déjà parlé des dieux, aussi bien en Irlande qu'aux Indes, en Grèce ou dans les pays nordiques, qui se comportent comme des porcs en rut, soyons directs, tout en utilisant sans discernement, comme des jouets, des armes auxquelles les nôtres les plus puissantes sont comparables à des lance-pierres. Il semble pourtant qu'ils soient incapables de les réparer ou de les recharger (l'arc Gandiva d'Arjouna, entre autres, dans le '' *Mahabharata* '' de Vyasa).

J'ai personnellement la sensation que nous avons affaire à des entités du même acabit. Leur technologie mise à part, leur psychologie est des plus sommaires, alors qu'ils côtoient pourtant les humains depuis des millénaires.

Ainsi que je l'écrivais au début, ils nous ont analysés de fond en comble ; ce qui leur permet de savoir à quel moment ils doivent décrocher pour éviter l'effondrement irréversible du témoin. Ce qui représente un autre de leurs paradoxes ; dans un cas**, on se moque** éperdument de l'individu, dans un autre, **on le respecte.**

C'est tout à la fois fabuleux, fantasmagorique, incompréhensible, déroutant, admirable ; mais aussi révoltant et écœurant. D'un autre côté, il faut bien reconnaître que notre comportement vis à vis de nos congénères n'est pas à citer en exemple.

Ce qui ne donne pourtant pas à d'autres venus d'ailleurs le droit de nous juger, et de nous utiliser sans nous accuser formellement.

Revenons-en à Moïse et à son Seigneur. L'Exode est un des épisodes de la Bible le plus répandu de par le monde (épisode d'ailleurs très contesté depuis Immanuel Vélikovsky, et les toutes dernières recherches archéologiques). Cecil B. DeMille et son film '' *Les dix*

Commandements '' avec un Charlton Heston plus que convainquant, y ont largement participé.

De plus, la Bible est le best-seller planétaire par excellence. **Se pourrait-il qu'elle soit le livre de chevet des Responsables des OVI-A.M. ?**

Je vais préciser ma pensée, afin que le lecteur ne se fourvoie pas sur un mauvais sentier.

Il est de notoriété, à travers le détail des apparitions mariales et les rencontres du troisième type - et je m'y suis attardé - que la Sainte Vierge principalement, et les ufonautes dans une moindre part, s'adressent à des personnes les plus humbles, ou à des cultivateurs plus soucieux de leur labeur quotidien que des choses du ciel.

Comparons Moïse attiré par le buisson ardent, aux enfants de La Salette (1846), intrigués eux aussi par la lueur dans la combe, à la fillette muette de naissance à Borghetto di Vara (1300), aux adolescentes de Santa Brigida (1484-85), à Benoîte Rencurel au Laus (1664), à la petite Jeanne à Querrien (1652), sourde et muette de naissance elle aussi, mais qui répondit à la Sainte Vierge lui demandant de lui donner un mouton '' *Ces moutons ne sont point à moué, ils sont à mon père. S'ils veut vous en faire un présent, j'y consens volontière* ''(Y. Chiron '' *Enquête sur les apparitions de la Vierge* '' J'ai Lu). Admirons au passage la facilité de compréhension auditive, et la réponse claire et intelligente d'une petite handicapée de la parole. Arrêtons-nous sur Ziteil (1580), et ses pierres remontées au sommet, et n'allons pas plus loin.

Quel est le point commun avec Moïse ? Tous et toutes gardaient leur troupeau, c'est une évidence, **et aussi une coïncidence, ben voyons !**

Il n'empêche que c'est la copie conforme de l'épisode biblique, avec en prime l'insistance que ce soit quelqu'un non préparé et sans pouvoir qui devienne le porte-parole de la demanderesse. Moïse s'enfuit à la vue de sa verge transformée en serpent. Peu après, il y eut le tour de magie avec la main lépreuse redevenue normale.

On retrouve cette même utilisation de l'hypnotisme à Lourdes, où Bernadette Soubirous fut contrainte de manger de l'herbe et boire de l'eau boueuse.

Toutes ces dates sont anciennes, et la civilisation n'était pas ce qu'elle est de nos jours (oui, enfin bon, passons). Pourtant, les ufonautes et la Sainte Vierge (Fatima 1917 entre autres) continuent de s'adresser à des bergers ou à des paysans, et non pas au Vatican, à des hommes politiques de haut rang, à des scientifiques, ou... des ufologues.

On remarquera l'évidence que le recouvrement de l'audition et de l'élocution ont emporté l'adhésion quasi immédiate de la population et des autorités religieuses. Alors que l'entêtement sans preuves de la

Sainte Vierge a fait perdre énormément de temps, et parfois coûté la vie à bon nombre de personnes.

Citons Coatcoustronnec (N-D de Guiaudet 1692) ; il fallut que le curé sceptique devienne aveugle pour être convaincu.

Alors pourquoi cette obstination dans l'option illogique ?

A l'inverse, en ce qui concerne les OVI, les quelques guérisons à distance n'ont pas réussi à faire admettre à la communauté la réalité de l'existence de ces engins au comportement fantasque. Soit parce que ces miracles paraissent trop beaux pour être vrais, soit parce que la méthode employée relève de la magie, en étant totalement hors de portée de notre compréhension scientifique matérialiste.

On pourra évidemment dire pour la Sainte Vierge '' *C'est pas pareil, ça touche le divin* ''. Autrement dit, en science on veut des explications rationnelles, **et comme on ne les a pas, c'est impossible**. La religion elle, est beaucoup plus simpliste ; c'est une question de foi.

Ce qui nous ramène au problème psychologique.

Le nôtre est tellement complexe que les Responsables des OVI ne l'ont pas encore appréhendé. S'ils maîtrisent parfaitement nos réactions physiologiques et mentales, notre psychologie les déroute encore.

Ils en sont au '' tout blanc ou tout noir '', sans toute la palette de gris aux multiples nuances s'étalant entre ces deux extrêmes avec laquelle nous travaillons quotidiennement. De ce fait ils se mélangent les pinceaux et les crayons en voulant obstinément appliquer leur méthode.

Tout en ignorant leur façon de penser, j'imagine fort bien leur désarroi devant notre acharnement à décimer allégrement les troupeaux de baleines, en principe protégées, tout en ne faisant rien pour les défendre, afin de satisfaire l'appétit de certains consommateurs. Pendant que de son côté, un groupe de volontaires s'échine à sauver de la mort un seul spécimen échoué sur une plage. Voué ensuite à subir à retardement le sort funeste de ses congénères.

Ou en bien plus déroutant encore ; voir des personnalités politiques en France, renier leur propre conviction, et trahir leur parti en votant pour un opposant, **tout en lui déniant la capacité de gouverner correctement**. Nous-mêmes, terriens témoins directs (et victimes aussi) en restons babas. Alors, vous pensez…

Etudiés de l'extérieur, ces comportements aberrants et antinomiques doivent paraître **du crétinisme absolu** (ce que c'est d'ailleurs réellement, en toute logique).

Ce qui n'explique toujours pas le choix d'un individu en particulier par rapport à un autre.

Il existe probablement des facteurs justifiant ce choix aux yeux des Responsables des OVI-A.M., qui nous échappent, car ils ne nous viendraient absolument pas à l'esprit.

Parce qu'ils sont complètement irrationnels, farfelus, ou tout simplement qu'aucun argument valable ne pourrait les justifier.

C'est là toute la différence entre EUX et NOUS.

Un argument de base peut être évoqué comme critère premier de sélection. Si des personnes d'une éducation certaine agissent comme des demeurés mentaux (par exemple, les politiciens cités plus haut), en prenant des gens simples, innocents dans le sens de sans malice, on pourra aborder la psychologie humaine à partir d'un premier palier, afin de mieux la cerner.

Mais pour des entités à la mentalité fondamentalement différente de celle des terriens, c'est là le début des complications.

En effet, il faut tenir compte, non pas de la simplicité et la sincérité des voyants / témoins, mais des réactions et du comportement de leur entourage proche et étendu (c'est à dire : enquêteurs, gendarmes, journalistes).

Dans de nombreux cas d'apparitions mariales, **les plus féroces oppositions immédiates furent le fait des religieu**x (hommes ou femmes) eux-mêmes. Alors qu'on aurait pu s'attendre simplement de leur part à une certaine circonspection bienveillante, somme toute normale.

A la suite des rencontres du troisième type, les enquêteurs ont harcelé les témoins. Certains, peu scrupuleux, cherchant délibérément à les déstabiliser. Quant aux journalistes, leur mauvaise foi les poussa à se gausser, et à juger méchamment, comme s'ils étaient mandatés en la matière. C'est un indice probant de leur misérable médiocrité.

Dans les deux situations : OVI-A.M., ce sont des sentiments de frustration, de commisération, de supériorité bafouée, déclenchant un déversement de bile, qui prédominent.

Les gens d'église se disent '' pourquoi la Sainte Vierge ne s'adresse-t-elle pas à moi, plutôt qu'à cette gamine écervelée ? '', D'où leur dépit et leur réaction brutale et vindicative. Sentiment et rejet identiques chez certains enquêteurs, qui se donnent de l'importance, et chez les journalistes en mal du scoop qui leur vaudrait le prix Albert Londres ou Pulitzer, et qui se vengent par ironie mordante interposée.

Les ordinateurs hyper-quantiques les plus puissants et sophistiqués pouvant exister chez les Responsables des OVI, sont incapables de gérer une telle complexité de sentiments ; car ce qui semble normal pour eux, ne l'est pas pour nous.

Je reste toujours pantois, quand j'entends un prétendu journaliste demander naïvement : '' Monsieur le ministre êtes-vous coupable de ce dont on vous accuse ? ''. **Comme si ce ministre allait admettre publiquement sa culpabilité !!!** Il faut vraiment être plongé dans un rêve délirant pour croire une telle loufoquerie.

Mais c'est pourtant le genre de question qui doit ajouter au trouble des Suivants de l'Abeille, et les plonger dans un embarras des plus profonds.

Par ailleurs, à cause de leur grande ancienneté qui leur a fait atteindre leurs limites, ils sont peut-être figés, sclérosés, aussi bien en science qu'en esprit.

Cette supposition n'est pas forcément gratuite.

Nous-mêmes, en égyptologie par exemple, restons depuis plus d'un siècle, sur l'assertion que la grande pyramide et le sphinx sont vieux de 4500 ans, **malgré les preuves accumulatives leur accordant une plus lointaine naissance.** Et ce maintien obstiné est ancré profondément, pour éviter d'avoir à reculer et à modifier le catalogue dynastique.

En cela aussi, sans aucun doute, nous devons dérouter nos visiteurs par notre stupide inquisition scientifique.

Il est vrai qu'avec nos goulags, nos camps de concentration, et nos bidons-villes fleurissant partout dans le monde, et où les conditions d'existence sont plus proches de l'animalité que de l'être supérieur, il n'est pas facile de suivre, sans se perdre, les méandres de notre psychologie.

Alors, pourquoi ce choix du témoin / voyant ?

Indépendamment des critères éventuellement irrationnels et incompréhensibles pour nous que j'évoquais, ou du nom de famille à travers le temps, il est également possible qu'il s'agisse d'une simple question d'opportunité. Peut-être l'activité solaire est-elle à prendre en compte, ou une configuration astronomique particulière ? Mais toujours dans la catégorie : **instruction limitée / paysan / gardien de troupeau.**

La région d'intervention décidée, on recherche à l'aide d'un téléviseur psycho / temporel, selon ma conception, la personne susceptible de convenir. Une fois trouvée, on étudie son passé, tout ce qui la concerne, ses habitudes, et le moment le plus favorable pour la contacter.

C'est ainsi qu'Auguste Arnaud, à Saint- Bauzille de la Sylve, qui travaillait tous les dimanches matin dans son carré de vigne, a vu surgir la Sainte Vierge à deux mètres de lui et à un mètre cinquante du sol. Que les enfants de La Salette ont été attirés par la lueur dans la combe près de leurs affaires. Que la petite Jeanne fut suivie à Querrien partout où elle allait. Que Bernadette Soubirous à Lourdes, que Catherine Labouré à Paris, que Maurice Masse à Valensole, qu'Antoine Mazaud à Mouriéras, que Lonnie Zamora à Socorro, et d'autres bien sûr, qui ne s'y attendaient pas.

En définitive, il n'y a pas forcément choix spécifique de CE témoin / voyant, **mais de celui ou celle qui pouvait convenir à un moment donné.**

LE CAS SPECIFIQUE DE PELLEVOISIN :

Et justement, le cas de Pellevoisin me semble probant à ce sujet.

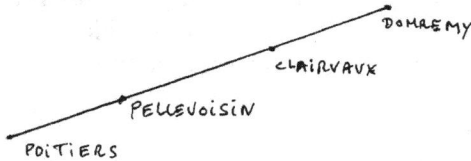

Ce croquis est le N° 23 que j'ai traité dans l'article concernant Jeanne d'Arc et Diane de Poitiers, les deux templières, dans mon livre : *De l'écorce terrestre au dieu inconscient.''*

Connaissant parfaitement l'histoire d'Estelle Faguette, et sa guérison miraculeuse au mois de février 1876, alors qu'elle était mourante, - le dernier médecin, le docteur Hubert, ne lui donnait que quelques heures à vivre -, une pensée me titillait, stupide peut-être, mais insistante.

Que ce serait-il passé si la malade était restée au Château de Poiriers.

Et où est situé ce château par rapport à Pellevoisin ?

C'est le 20 janvier qu'elle fut transportée dans une maison du bourg appartenant à sa patronne, la comtesse de La Rochefoucauld.

Et c'est là que la Sainte Vierge lui apparut pour la première fois dans la nuit du 14 au 15 février.

Grâce aux précieuses indications à distance de mon amie Cécile, excellente surfeuse sur Internet, j'ai enfin pu obtenir la véritable dénomination de Poiriers, introuvable sur la carte. Il suffit de lui accoler : Montbel, et tout s'éclaire.

Le château est bien indiqué sur la route de Palluau, à trois kilomètres sud-ouest de Pellevoisin.

Or, le tracé qui joint Poitiers à Domrémy court à un kilomètre au sud du château, avant de couper Pellevoisin en deux.

Et là bien sûr, une constatation s'ensuit : **si la droite passait par le château,** elle longerait Pellevoisin au Nord, et continuerait dans la nature en s'éloignant de Clairvaux et de Domrémy.

Donc pas de tracé historique, et pas d'appel du pied à l'Ordre du Temple.

Ce qui m'incite à poser cette question troublante :

En ce mois de février 1876, Estelle Faguette fut-elle guérie par la Sainte Vierge, plus parce que Pellevoisin se trouvait sur la ligne Poitiers- Domrémy, et à la conjonction Gisors-Chambord- Lascaux, que pour sa ferveur religieuse ?

Etait-elle le pion ayant la ''chance ???'' d'être mourante au bon endroit, pour participer par son complet rétablissement à cette géométrie géographique ?

Cette question en génère inévitablement une autre :

Est-ce réellement la comtesse de La Rochefoucauld qui eut l'idée de transférer Estelle Faguette au centre bourg, **ou lui fut-elle insufflée par la Sainte Vierge,** afin de réaliser un doublé, en guérissant (ce dont elle n'était pas sûre) la mourante, tout en complétant le schéma géographique ?

Un autre point me frappe : en novembre 1637, c'est le cardinal de La Rochefoucauld qui fut chargé d'enquêter sur les apparitions mariales dont fut témoin frère Fiacre, et la demande des trois neuvaines de prières, pour favoriser la naissance du futur Louis XIV.

Un peu plus de 239 ans plus tard, probablement la descendante indirecte du cardinal, se trouve mêlée à l'affaire Pellevoisin, en y jouant un rôle important par le déplacement d'Estelle Faguette.

Suivi familial par le phénomène OVNI ?

Formulons une dernière remarque ; quand il y a plusieurs voyants (Fatima, L'Île Bouchard), il n'y en a qu'un principal. Les autres ne sont que des figurants, et parfois n'entendent pas la Sainte-Vierge, tout en la regardant parler. La Salette est un cas particulier, avec ses deux voyants. Et encore, chacun d'eux reçut séparément un secret, que l'autre n'entendit pas.

Pour les RR3, le témoin privilégié est souvent seul.

C'est un peu comme être désigné en tant que membre du jury dans un procès. C'est ce qui peut arriver à n'importe quel citoyen majeur. Mais rares sont ceux qui peuvent se '' vanter'' à la fin de leur vie, d'avoir été convoqués.

* * *

LES APPARENCES PHYSIQUES
DE LA SAINTE VIERGE
* * * :

C'est un morceau d'anthologie; c'est un véritable chef- d'œuvre de la transformation. Tous les maîtres dans ce domaine, à commencer par le grand Frégoli, s'avoueraient vaincus par la Dame de Lumière.

Il faut reconnaître qu'elle dispose de tous les moyens artistiques du théâtre faërique ; moyens qui sont considérables, associés à un niveau dramatique ayant atteint les sommets de l'Art.

Tout est résumé dans la phrase magique de John Ronald Reuel Tolkien: C'EST POUR EUX UNE FORME D'ART. (*Faërie*, Christian Bourgeois éditeur)

Il convient de méditer avec beaucoup d'attention cette constatation d'un auteur spécialiste du Peuple-fée. Sa saga du Seigneur des anneaux lui donne le droit de formuler une telle affirmation, qui peut être considéré comme un dogme absolu. D'autant qu'elle n'est pas extraite d'un de ses romans, mais bien d'une ETUDE sérieuse et documentée. Nous ignorons toutefois les sources de sa connaissance.

La seule chose qu'il ignorait, c'est que les fées étaient une invention des Suivants de l'Abeille, inconnus de son temps. Néanmoins son étude s'applique parfaitement à la technologie de l'inconscient.

La Sainte Vierge est l'archétype de toutes les apparitions. Bien que représentant seulement quinze pour cent de l'ensemble de celles-ci, selon certains auteurs ; alors que pour d'autres, elle domine largement..

Par sa féminité maternelle, elle symbolise et concrétise toutes les aspirations des hommes. C'est l'aspect le plus remarquable de sa présence. Comme une mère, elle soulage, elle console, elle pardonne, elle protège; mais aussi, elle sait se montrer ferme, intransigeante, tyrannique et même punitive.

Elle sait jouer de tous les registres pour obtenir le regain, l'extension de la Foi, et aussi les sanctuaires qu'elle réclame. Mais cette admirable religiosité accompagne une orthogéométrie qui dissimule ce qui nous échappe en partie; **le pourquoi de cet imbroglio mathématique et géométrique.**

La partie théâtrale se conçoit fort bien si l'on y réfléchit tant soit peu ; la Sainte Vierge obtiendrait-elle ce qu'elle demande si elle se présentait partout dans le monde sous le même aspect stéréotypé, sous lequel les vitraux des églises la montrent ?

'' *Les apparitions de la Vierge* '' de Joachim Bouflet ; '' *Enquête sur les apparitions de la Vierge* '' d'Yves Chiron; et le fichier central des incidents de l'actualité phénoménale, de la Banque O.V.N.I., fourmillent de précieuses indications sur les différentes apparences présentées par la Noble Dame.

Les fichiers de la banque O.V.N.I., qui sont une base importante de données en tous genres, et pour diverses régions françaises et pays étrangers, m'ont été transmis par ce vieil ami Thierry Van De Leur. Grâce à sa collaboration et à ce fichier détaillé, j'ai pu répertorier les atterrissages et les apparitions mariales d'Espagne et du Portugal.

C'est ainsi qu'à Neubois, ville du Bas-Rhin, célèbre par ses nombreuses apparitions de la Vierge, celle-ci apparaît en robe d'or le 16 juillet 1872. En robe blanche et mesurant un mètre trente, le 28, toujours juillet. Le 7 septembre, elle est blonde au visage brun (je n'ose émettre l'idée qu'elle revient de vacances, telle une aoûtienne).

Le premier août 1873, ses cheveux sont châtains bouclés. Mais en 1874, c'est en blonde qu'elle se montre les 15 et 22 février.

Rien qu'à Neubois, la Vierge Marie nous sera apparue sous différentes Configurations ; cheveux blonds, châtains, puis blonde à nouveau. Et une indication de sa taille, qui pour être ponctuelle, n'est pas moins intéressante : un mètre trente. Ce qui est vraiment petit pour une adulte humaine. D'autres chiffres variés viendront.

A Kibeho, au Rwanda, la Sainte Vierge n'avait pas la peau vraiment blanche, sans que les voyantes puissent préciser la couleur. Et l'apparition parlait en Rwandais. Caractéristique générale. La Mère du Christ s'exprime toujours dans le dialecte ou la langue locale.

La description de la Sainte Vierge de Garabandal, est des plus curieuses.

Garabandal est un hameau perdu grosso modo à 90 kilomètres au sud de Santander en Espagne. Les apparitions mariales ont commencé en 1961. Actuellement, on estime le nombre à plus de deux mille, sans certitude que toutes soient authentiques.

La Sainte Vierge robe blanche, manteau bleu, a une figure et un nez allongés, les lèvres un peu épaisses, et la figure est basanée, tirant sur le doré. Sa chevelure châtain foncé est longue et ondulée, avec la raie au milieu. Elle a une très belle voix. Et surtout, détail insolite, elle paraît avoir dix ans. Plutôt curieux, car elle porte quelquefois l'enfant Jésus.

Rendons-nous à Saint Bauzille- de-la-Sylve, située à l'est de Montpellier.

Dans mes articles, j'ai déjà abondamment parlé de l'aventure survenu à Auguste Arnaud en 1873 ; car les péripéties en sont extraordinaires et absolument uniques. Mais dans ce chapitre, ce qui nous intéresse, c'est la description de la Visiteuse.

Pour une fois, la Sainte Vierge, surgie à un mètre cinquante du sol, est vêtue entièrement de blanc éclatant, et son apparence est on ne peut plus classique ; belle, sans sourire, taille moyenne, et âgée de 25 à 28 ans. Un grand voile l'enveloppait, en partant d'une haute couronne qui ceignait sa tête. Il dissimulait donc sa coiffure. Et bien entendu, comme le témoin stupéfait l'interroge en patois occitan, elle répond de même.

Apparemment, lors de cette première visite, Auguste n'était pas en extase. Par contre, lors de l'installation de la croix demandée par Marie, et selon les témoins, il fut le seul à voir l'apparition. De plus, il traversa toute la vigne à la vitesse d'un éclair sans s'en rendre compte. Il était donc bien dans un état voisin de cette extase, qui supprime toute sensation de temps et d'espace.

Mais c'est aussi une belle démonstration technologique de téléportation à la *Star Trek* !

Lors de cette visite très spectaculaire, la Sainte Vierge portait des vêtements Couleur or.

Il se peut que l'apparence de la Noble Dame soit en rapport avec l'âge du témoin. Auguste Arnaud était âgé d'une trentaine d'années; et une fillette de dix ans ou mesurant un mètre trente, n'aurait peut-être pas causé la même impression sur le brave homme, marié et père de famille.

De Saint-Bauzille, nous filons en Slovaquie, à la rencontre du garde forestier Matousch Laschut. Le premier juin 1958, étant de service, il priait dans la forêt proche de Turczovka, devant l'image de la Vierge accrochée à un arbre. Un éclair sur sa gauche attire son attention ; surprise, il n'y a plus d'arbres, mais un parterre de fleurs.

Puis il voit émerger une silhouette d'un brouillard blanc. Cette fois, la Sainte Vierge est une adolescente de 16-17 ans, habillée d'une longue robe blanche avec une ceinture bleue. Et elle est grande, approchant les deux mètres.

Notons que l'apparition du parterre de fleurs rejoint la vision qu'eut Juan Diego à Tepeyac en 1531. Il rappelle également le décor de grotte dans l'église de L'Île Bouchard.

Revenons justement en France, à Lourdes en 1858. Lors d'un interrogatoire, Bernadette Soubirous dira à propos de sa vision:
- Cela a la forme d'une petite fille.

Elle la décrira habillée d'une robe blanche avec une ceinture bleue, un voile blanc, et une rose jaune sur chaque pied.

Ici, si la robe blanche et la ceinture bleue sont également présentes, la taille de la Dame est descendue à celle d'une fillette. Et comme de juste, elle converse avec Bernadette en patois Lourdais.

En 1531, au Mexique, Juan Diego dira de la personne qui l'interpelle, qu'elle paraissait âgée de quatorze ans, et qu'elle ressemblait à une indienne. Ce qui d'ailleurs est confirmé par le portrait imprimé sur sa tilma, et dont l'image de N-D- de Guadalupe est mondialement connue.

Nous allons nous arrêter à La Salette en 1846. Cette dernière apparition suffira à compléter tout l'étalage de cet art faërique.

La Salette est un petit hameau pas très loin de Corps, dans les Alpes. Les deux enfants qui parlèrent d'abord en français, puis en patois local. Ils expliqueront qu'elle avait un bonnet " *selon la coiffure des femmes de l'Oisan* ", une longue robe blanche, un fichu blanc, et un tablier jaune. Bref, ne serait-ce que la lumière qui émanait d'elle, et les guirlandes de roses qui entouraient ses pieds, elle serait passée inaperçue au milieu des femmes du pays.

Elle est représentée ainsi sur les vitraux, et ce n'est pas la moins étonnante des apparitions mariales. Etant donné que l'endroit était totalement isolé dans les pâturages, elle aurait très bien pu garder sa robe blanche et sa ceinture bleue; ou un habillement similaire, sans aller chercher les vêtements de la région. C'est une énigme de plus à mettre sur le compte de ce fabuleux phénomène.

A signaler que si elle surgit d'un globe de lumière dans la combe où les enfants avaient déposé leurs affaires - ce qui dénote une prudente reconnaissance anticipée des lieux - pour partir, elle emprunta une autre voie. La Visiteuse franchit un ruisseau qui était à sec avant sa venue et qui coula en permanence par la suite, s'éleva à plus d'un mètre, et disparut progressivement.

Rien que ces arrivée et départ extraordinaires devraient attirer et retenir prodigieusement l'attention des physiciens.

De même à Cerreto, en Italie, le 19 mai 1853, elle apparaît subitement à genoux dans la boue sous une pluie battante, habillée d'une robe blanche parsemée de fleurs rouges, et d'un manteau bleu ciel avec des ronds rouges, et portant une couronne d'or. La petite voyante agenouillée près d'elle n'est absolument pas mouillée.

A remarquer que dans la grande majorité des cas, la Sainte Vierge est somptueusement vêtue, et arbore bien souvent bijoux et couronne en or. Ce qui laisse un arrière-goût bizarre par rapport à la pauvreté officielle de Marie mère de Jésus.

Bien que la véritable traduction du métier de Joseph s'apparentât plus à '' artisan du bâtiment'', c'est-à-dire un statut nettement plus aisé que celui de charpentier. Néanmoins, il ne justifie en rien les bijoux et la couronne d'or.

Si l'on fait un résumé de tout ce qui précède, le portrait-témoin de la Sainte Vierge s'établit ainsi :

Elle parle toutes les langues du monde, ainsi que les patois locaux. Elle mesure approximativement de un mètre trente voire nettement moins à Nouilhan (la hauteur d'une statue) à deux mètres. Ses cheveux sont longs et blonds, châtains et bouclés, frangés sur le front, souples et séparés par une raie centrale. Ses habits sont tellement variés, et si diversement colorés, que nul regroupement n'est possible ; avec toutefois une préférence pour une robe longue, bien souvent blanche avec une ceinture bleue. Un voile lui couvre la tête, mais pas toujours. Elle a un visage toujours gracieux certes, mais qui est typique de l'endroit où elle se trouve. Sa carnation varie du blanc au basané, en passant par le doré.

Allez demander à Interpol de rechercher une telle personne avec cette fiche signalétique ! Surtout si vous précisez que son aspect physique est celui d'une fillette de dix ans, ou d'une adolescente de 14 à 17 ans, ou encore d'une femme de 25-30 ans.

Autre dissonance : elle est parfois enceinte du futur Jésus. Notamment à Tepeyac, en 1531, telle qu'elle est sur la Tilma de Juan Diego ; à Matemblewo, en Pologne en 1790, où vêtue d'une robe rouge et d'une étole bleue, les manches relevées, elle aida à accoucher la femme du menuisier-témoin privilégié. Il est également exceptionnel de la voir avec les avant-bras dénudés.

L'unique point commun à toutes ces apparitions, et qui indique le côté hors normes de la Dame, c'est la Lumière. Elle est d'ailleurs partout représentée entourée d'une amande lumineuse : la mandorle. C'est une caractéristique que nul faussaire ne pourrait reproduire, s'il prenait l'envie à quelqu'un de jouer le rôle de la Sainte Vierge; c'est un sésame infalsifiable. D'autant qu'il semble que ce soit une qualité sui generis, une émanation d'elle-même. Selon les témoignages, elle peut être fortement visible et presque éblouissante, même dehors au soleil, ou atténuée et très douce à la vue.

Cependant, il n'est pas interdit de penser que cette mandorle soit un bouclier énergétique, protégeant la porteuse d'une agression éventuelle, semblable au champ protecteur des OVI, mais visible afin de mieux impressionner.

Ainsi, en 1905, le nain qui remit un bloc rocheux contenant de l'argent à Jones Burton au fond de la mine, était entouré par cette mandorle.

Bien entendu, je me place sur un plan déductif technique et purement matériel, hormis toute passion religieuse. Il est évident pour les croyants adorateurs de la Mère du Christ, que la mandorle est une preuve de sa divine sainteté.

* * *

ENIGMATIQUES SAINTES – VIERGES
* * *

Dans '' *Entropie magique* '', (livre '' *OVNI, A.M., DUAT, OSMNI*), j'ai émis quelques réserves à propos de la sagesse des Sokariens. Avec juste raison je pense, car l'attitude de celles qui jouent le rôle de la Sainte-Vierge, interpelle à plus d'un titre.

Je l'ai déjà évoquée dans mes précédents livres, en particulier pour la richesse bizarrement insolite de l'habillement de la Dame de la Salette, alors qu'elle s'adressait à enfants d'une pauvreté confinant à la misère.

Je rappelle ici cette description, que je trouve particulièrement choquante dans le contexte dauphinois de l'époque (1846).

'' *Ils évoquent la radieuse vision, la robe blanche de la Dame étincelante de diamants, son tablier couleur d'or, son fichu blanc bordé de roses de toutes les couleurs soulignant une chaîne d'or ; une deuxième chaîne, plus fine, retenait sur la poitrine un grand crucifix aux branches portant un marteau et des tenailles ; ils ont vu ses bas dorés et ses souliers blancs à boucle d'or, entourés de roses qu'elle foulait sans les écraser. Sur la tête, elle portait une coiffe blanche, nimbée de rayons, bordée également de roses multicolores.* '' ('' *Les apparitions de la Vierge* '' Joachim Bouflet, Calmann-Lévy).

Ce dut être un tableau merveilleux, pas de doute ; mais que cachait réellement cette opulence disproportionnée ? Pourtant, d'après Yves Chiron ('' *En quête des apparitions de la Vierge* '' J'AI LU), la vêture est beaucoup plus sobre, sans aucune quincaillerie rutilante . Qui croire ? On ne peut accuser les enfants d'inventer en décrivant ce qu'ils ne connaissaient pas (les diamants par exemple). Sont-ce des détails qui ont été rajoutés par certains auteurs ; dans quel but ? Difficile de faire la part du réel et de l'imaginaire. D'autant que c'est le propre des apparitions mariales de brouiller les cartes…

…Et des autorités vaticanes d'en rajouter pour faire bonne mesure ; oubliant la dichotomie existante entre pauvreté et richesse / ou opulence trop exhibée.

Lors d'un interrogatoire, Bernadette Soubirous dira : - *Cela (Aquero) a la forme d'une petite fille.*

Il semble qu'il y ait contradiction, ou une adaptation cléricale pour la première manifestation de Lourdes. '' *Dans une petite niche, au-dessus de la grotte, elle vit une lueur douce puis, au cœur de cette lumière, elle distingua comme une belle demoiselle, d'une beauté saisissante et qui souriait.* '' (Yves Chiron). On retrouve la même technique d'arrivée qu'à La Salette, décrite ci-après. Par contre pourquoi dire: cela à la forme d'une petite fille ? Malgré ses efforts, la visiteuse ne parvenait pas à avoir une apparence humaine ? Y aurait-il affabulation quelque part, **ou une déformation de la vision provoquée par la visiteuse dans les deux cas ?**

Il convient de souligner que Bernadette reconnut avoir ressenti de la peur. Et curieusement, c'est bien souvent ce premier sentiment qui domine.

A La Salette, après la sieste, les enfants cherchent les vaches, qu'ils retrouvent groupées, puis ils voient : '' *...une clarté mouvante ; c'est un globe de lumière qui se dilate, dans lequel se profile peu à peu la silhouette d'une Dame éblouissante, assise sur une pierre, le visage dans les mains.* '' (Ibid.).

Et quand la visiteuse repart : '' *les enfants remarquent que ses pieds effleurent l'herbe sans s'y poser. Puis ils la voient s'élever, se fondre peu à peu dans une clarté qui s'évanouit à son tour.* '' (ibid.).

Le fait d'effleurer l'herbe rappelle les petits hommes de Vallées de la Ciudad en août 1953, qui repoussaient la boue en marchant. Avec pour la Dame un probable système anti-gravité.

Ce qui, tout en gardant une méticuleuse propreté, ajoute au spectaculaire.

L'arrivée et le départ de la Sokarienne, ont leur correspondance rapportée par Jean Sider dans '' *Les extraterrestres avant les soucoupes volantes.* ''

En 1937, à Chashniki en Belarus, une petite fille garde des vaches, quand un petit homme descend du ciel sans parachute. Il ressemble à un nain de 1 m, 10 de haut environ, et il tient un objet ovale dans une main. Il reste une minute près de la fillette, puis s'élève dans le ciel à grande vitesse. '' *Après avoir atteint trois cents mètres d'altitude, il paraît se transformer en boule, laquelle finit par se dissoudre dans l'air.* ''

Indiquons que cette envolée verticale est fréquente à la fin des apparitions mariales. Notamment à Fatima, de façon graduelle.

La taille du nain et le fait qu'il tient un objet, sont semblables à la description de la véritable Dame de Fatima, telle que rapportée par la voyante Lucia. On est loin de l'iconographie traditionnelle colportée par l'Eglise.

Je la rappelle, pour bien montrer au contraire son étrangeté, qui fait que la peur est bien souvent la première réaction des voyants :

'' *C'était une Dame très brillante **d'environ 1, 10 m de hauteur**, qui semblait avoir entre douze et quinze ans. Elle portait une jupe étroite, une chemise et un manteau (erreur de traduction : il s'agissait d'une mante- NdjS)...' ...Son visage ne bougeait pas, et elle n'actionnait pas ses membres inférieurs quand elle se déplaçait ; elle parlait sans remuer les lèvres, agitant seulement ses mains de temps en temps. Lorsqu'elle partit, elle nous a tourné le dos.* ''

Le même document affirme que cette apparition d'une entité féminine fut transportée dans un faisceau de lumière '' tronconique'' qui a été émis aussi graduellement, d'abord pour se former, puis ensuite pour se rétracter et disparaître.'' ('' Les E.T. avant les S.V.'' page 219).

Selon cette description, c'est la seule fois dans les annales où la visiteuse porte une jupe. En outre, le dessin du livre de Sider, page 223, montre la jupe longue et serrée et le manteau écarté formant comme des ailes.

L'ensemble évoque irrésistiblement un insecte du genre abeille !

Comme bien souvent chez les ufonautes, l'Entité tenait à la main un objet très lumineux, n'ayant rien de religieux.

Serait-ce un instrument protecteur, ou un boîtier de commande pour l'apparition et la disparition ?

Là aussi, nombre de statues ou de sculptures des anciens dieux, les représentent tenant un objet non définissable devant eux ; **la déesse Ishtar notamment.**

Ce qui dénoterait une identité d'origine commune.

Par ailleurs, je suis entièrement d'accord avec cet auteur, lorsqu'il précise :

'' Ainsi que dans d'autres cas d'apparitions mariales qui ont été expurgées de détails non conformes aux '' normes'' dictées par le magistère.''

Il est évident que l'inquisition vaticane a établi dictatorialement une iconographie de base, concernant l'apparence réelle et les vêtements de la '' Sainte- Vierge ; et probablement imposé le silence à ce sujet aux voyantes / voyants.

Dans toutes les descriptions de la '' Vierge '' lors des apparitions mariales, combien sont conformes à la réalité ?

Si elles étaient dévoilées, ce serait un furieux coup de tonnerre dans le ciel du Vatican, ébranlant tout l'édifice.

Mais l'ufologie ferait un bond considérable dans l'approche du phénomène OVNI-A.M.

Rendons-nous dans la chambre d'Estelle Faguette mourante en cette nuit du 14 février 1876, à Pellevoisin.

Alors qu'elle n'a plus que quelques heures à vivre, selon le médecin venu dans la soirée, le diable horrible et grimaçant apparaît le premier au pied du lit de la jeune femme. Il recule lorsque la Vierge arrive.

Pendant cinq nuits de suite, même scénario, sauf que chaque fois, le diable est de plus en plus loin, jusqu'à s'évanouir complètement.

Durant ces cinq jours, on voit jusqu'où le théâtre faërique peut aller. Le diable est un personnage qui joue son rôle de faire-valoir de sa compagne, car ainsi que le précise Yves Chiron dans '' *Enquête sur les apparitions de la Vierge " : " Il faut noter néanmoins que tout ce qu'elle rapporte du démon (son aspect, sa fuite devant la Vierge) est en conformité avec ce que la théologie traditionnelle enseigne à ce sujet."*

Ben voyons, il ne pouvait en être autrement **; il fallait impérativement qu'il en soit ainsi.** Sinon le brave catholique de base y perdrait son latin de messe.

Par ailleurs, et c'est là que la sagesse des Sokariens est entachée d'un ego démesuré : *" L'essentiel des propos de la Vierge, dans cette première phase, tient en une promesse de guérison, et une demande (« publie ma gloire «)."* (ibid.).

Parlons-en de la promesse de guérison ; en fait la première nuit, La visiteuse dit à Estelle : *" Tu souffriras encore cinq jours en l'honneur des cinq plaies de mon fils. Samedi tu seras morte ou guérie."*

Pourquoi tout ce cinéma ? Estelle est aux portes de la mort, et il lui faut attendre cinq jours avant de connaître réellement son sort ?

C'est comme si la Sainte Vierge jouait sur les mots afin de cacher son embarras de ne pouvoir être affirmative.

La science des Sokariens était-elle en défaut à ce moment ?

Pourtant, le cas de Madeleine Kade, à Philippsdorf en 1866, est encore plus désespéré, puisqu'on lui avait administré l'extrême onction.

Or, la Vierge ne lui apparut qu'une seule fois, en lui disant : - Ma fille, bientôt tu seras guérie. Ce qui advint la nuit même, sans aucune des souffrances endurées par Estelle Fagette, avant de ressentir la fin définitive de ses maux. Et il n'y eut pas de diable en prime. Mais la Dame portait une couronne d'or.

Ce qui n'a pas empêché Madeleine Kade de reconnaître qu'elle tremblait de joie et de peur tout à la fois. Curieux, car en véritable croyante qu'elle était, la visite de la Sainte Vierge (que son amie ne vit pas), aurait dû la transporter uniquement de joie.

On peut donc constater qu'il n'y a pas une sorte de logique qui préside à ces guérisons. Estelle Faguette ne sera complètement guérie que dans la nuit du samedi 19 février, mais dans la douleur.

Et lors de la visite du 9 septembre (il y en eut quinze), la Sainte Vierge dévoile son côté étranger, mais non divin, quand elle dit à Estelle : *" Tu t'es privée de ma visite le 15 août ; tu n'avais pas assez de calme. Tu as bien le caractère du Français. Il veut tout savoir avant d'apprendre, et tout comprendre avant de savoir."* (ibid.).

Yves Chiron ne commente absolument pas cette diatribe incroyable. Elle lui paraît toute naturelle, alors que la véritable Sainte Vierge ne sortirait pas une telle admonestation, dans laquelle il n'y a pas une once d'amour. Ni même une certaine tendresse bourrue dans le reproche, qui pourrait être plus amical.

J'ai tellement été estomaqué par cette apostrophe incongrue, que j'en ai parlé à plusieurs reprises, mais dans des contextes différents de cet article.

Pourtant, chacun devrait sursauter à cette lecture.

On retrouve cette même brutalité de paroles sans ménagement (tu seras morte ou guérie, tu es bien française), en Corse.

Il s'agit d'une apparition qui eut lieu au XVIII è siècle à Pancheraccia. Une fillette s'était perdue, et elle implora la Vierge, qui apparut et lui demanda pourquoi elle pleurait. Cette question parait bizarre, mais elle a pour but de faire dire à la fillette qu'elle a soif. Ce qui permet à la Dame de lui faire creuser un trou où l'eau sourd. Et la Vierge demande la construction d'une chapelle. Pour que la fillette soit crue par les gens du village, elle lui imprima sur la main un signe de croix, et lui dit : '' d'ici un an tu ne seras plus de ce monde.''

C'est charmant pour la mère, qui dut tomber en pamoison à l'énonce de ce terrible verdict rapporté par sa fille. Toute pieuse qu'elle était, quel calvaire fut le sien, se demandant chaque jour si celui-ci serait le dernier pour son enfant.

J'avoue être révolté par une telle annonce, bien qu'elle se révélât hélas, exacte. Il y a un manque de compassion qui matérialise en quelque sorte l'étrangeté du personnage. Une voyante, tireuse de cartes ne dira jamais une telle chose, c'est interdit par la déontologie de la profession, et aussi par charité psychologique. Ce que ne semblent pas connaître les Saintes Vierges. Ou bien, elles s'en moquent.

Une sécheresse de cœur se cache sous cette apparence de bondieuserie, qui peut se résumer par : J'échange guérison contre : publie ma gloire. C'est uniquement du '' donnant- donnant.''

Tel l'exemple de cette fillette aveugle au XI è siècle à Marsanne, où la Vierge promit de la guérir si on édifiait une chapelle.

C'est le paradoxe stupéfiant entre les guérisons gratuites dispensées par les Ufonautes à distance à bord de leurs appareils, et le chantage odieux exercé par les Saintes Vierges.

De tout ceci, je tire l'impression que chaque Sainte Vierge agit pour son compte personnel, chacune des comédiennes voulant sa gloire affichée, comme une vénération obligatoire.

A l'instar des Déesses de l'Antiquité, à ceci près que chacune avait sa personnalité propre.

S'agit-il d'une compétition, d'une lutte de pouvoir, assimilée à un jeu dont le but serait de conquérir le plus de fidèles ? Ceux-ci bien sûr, n'ayant pas conscience des différences entre postulantes, et les prenant toutes pour une seule personnalité.

A Estelle Faguette, la Vierge demande la création d'un scapulaire du Sacré-Cœur, en lui répétant : '' *Je t'ai choisie pour publier ma gloire et répandre cette dévotion. ''* Et elle précise qu'il lui sera agréable de voir cette livrée portée par chacun de ses enfants.

Sans doute pour montrer aux autres candidates / adversaires qu'elle a plus de dévots qu'elles. Tandis qu'une autre Sainte Vierge demandera la frappe de la médaille miraculeuse à Paris en 1830.

A San Nicolas, en Argentine en 1983, c'est une médaille commémorant son intervention qu'elle réclame.

A Fatima, c'est encore mieux. Les six apparitions sont basées mathématiquement en fonction de l'arrestation des 54 templiers en mai 1310, et que Nostradamus à transcrit dans son quatrain 81 (chiffre templier au plus haut niveau), en utilisant pour la seule fois dans ses centuries les mots / chiffres Kappa, thita, lambda. Ce qui m'a permis de décrypter le code 607 du quatrième secret de Fatima.

Toutefois, il est fort probable que les mathématiques secrètes aient été volontairement dissimulées par cette compétition entres concurrentes.

De même, j'ai montré que derrière la guérison d'Estelle Faguette se cachait une ligne droite : Poitiers, Pellevoisin, Clairvaux, Domrémy, qui ne pouvait exister que parce que la mourante avait été transportée du château de Montbel dans le bourg même.

Et que cette droite était en rapport avec Diane de Poitiers et Jeanne d'Arc toutes deux membres de l'Ordre du Temple, alors entré en clandestinité (article '' *L'énigme du choix des témoins / voyants* '').

D'où la question : la Sainte-Vierge guérisseuse est-elle la même que celle de Fatima ? Sinon, compte tenu de ce que j'ai écrit plus haut :

Combien y-a-t-il de Saintes-Vierges ?

Prenons l'exemple de Querrien, village de Bretagne en 1656.

La petite Jeanne, sourde et muette de naissance, gardait les moutons de son père, quand une belle Dame habillée tout en satin lui apparut, et lui demanda un de ses moutons. Ce à quoi la fillette répondit sans effort, preuve d'une double guérison instantanée sans aucune adaptation des cordes vocales. **C'est dans ces moments-là que j'admire et félicite chaleureusement les Saintes-Vierges.**

Celle-ci demanda la construction d'une chapelle au milieu du village.

Mais le plus surprenant, c'est qu'elle suivait la petite Jeanne partout où elle était dans la nature. A l'inverse d'Estelle Faguette, la Vierge ne venait pas qu'à un seul endroit. Le nombre de ses visites fut identique dans les deux cas.

Et puisque j'ai évoqué les chapelles mariales, dont j'ai tiré tout le potentiel possible à mon niveau, je me demande également si c'est la même entité qui est à l'origine de toutes les chapelles mondiales ?

L'Indienne nahualt de quatorze ans qui est apparue à Juan Diego en 1531 près de Mexico, et qui a laissé son image sur sa tilma, vénérée depuis près de six cents ans (Notre Dame de Guadalupe), l'a-t-elle faite en accord avec les dirigeants Sokariens, ou a-t-elle agi en dissidente, avec toutefois l'appui des techniciens ?

Autrement dit : les apparitions mariales ne sont-elles qu'un avatar des '' amusements '' sokariens, ou est-ce une troupe théâtrale indépendante qui les a inscrites à son programme ?

Je pense que la réponse tient un peu des deux ; cette troupe est sans doute'' subventionnée '' officiellement si l'on accepte ce terme.

La demande insistante des chapelles mariales, ou téocalli pour N-D de Guadalupe, dissimule quelque projet très important ; disséminé au milieu des centaines de représentations anodines.

Enfin, il y a cette propension, tel le Seigneur envers Moïse, à utiliser des sous-fifres sans pouvoir de persuasion. Comme si le jeu devait durer le plus longtemps possible, avec interdiction de s'adresser à qui de droit.

Si je me réfère à la frappe de la médaille miraculeuse demandée en 1830, la Sainte Vierge a laissé perdurer l'épidémie de choléra pendant deux ans, avant que la médaille voie le jour en juin 1832.

Quelle est la raison de cette attente, si ce n'est pas pour faire durer le jeu-concours ?

Bien que faisant partie intégrante du phénomène OVNI, les apparitions mariales posent une énigme aussi importante que les engins et les ufonautes ; auxquels il faut inclure évidemment les OSMI et leurs occupants.

Et bien que ne répondant pas aux attaques sous-marines, ces êtres sont froidement calculateurs.

Une certitude toutefois ; indépendamment des guérisons accordées et des '' miracles '', toutes ces Saintes Vierges utilisent la technologie de l'inconscient pour dominer leurs voyants / voyantes.

Ne serait-ce que par les rêves dans lesquels elles parlent au voyant. A ce sujet, Antoine Gigal écrit en parlant du dieu Bès :

'' *Sachez que ce génie révéré pour ses oracles à Abydos était connu par ailleurs pour être oniromancien. C'est-à-dire qu'il suscitait des rêves que l'on interprétait ensuite.*'' (TOP SECRET H.S. N° 6).

On peut rapprocher cette phrase du coma onirique érotique provoqué du Chinois Meng Zhaoguo, rapporté par Shi-Bo, et aussi du rêve de Benedetto Da Pareto à Gênes en 1490, la Sainte Vierge lui disant qu'elle était responsable de son accident, puisqu'il n'avait pas obéi à sa demande de chapelle.

Manque de compassion, sécheresse de cœur, sentence directe dénonçant un vide dans la psychologie, ego démesuré d'un côté de la balance. Sur l'autre plateau : intervention en temps de guerre en faveur d'un parti (armée française) ou d'assiégés (île de Rhodes face aux Turcs en 1480, sous l'apparence de la déesse Athéna, avec lance et bouclier), guérison des mourantes, et de certaines douleurs ou blessures, aide pour trouver une mine d'or ou d'argent.

Cet équilibre quasi parfait du fléau de la balance n'a en réalité qu'un seul et unique but : AMUSEMENT.

Pour faire plaisir à un psychisme totalement différent du nôtre.

* * *

TROISIEME FACETTE
*   *   *:

PICTOGRAMMES CHAMPÊTRES

*   *   *

AMUGROMAGLYPHES.

* * *

En supposant qu'il y ait au moins un lecteur curieux de connaître la signification de ce titre abscons ressemblant à du javanais, je m'en voudrais de le laisser dans le désarroi de l'ignorance.

En fait, et le lecteur doit s'en douter, ce mot barbare représente, sinon la finalité des cercles de culture, du moins deux de leurs bases.

AMU pour amusement ; MA pour mathématiques. En retirant le MU et le MA, il reste : agroglyphes.

Ces sculptures champêtres étant de plus en plus complexes, magnifiques et sophistiquées à travers le temps, méritent amplement cette dénomination.

Ainsi que je l'ai souligné dans l'addenda de l'avant-propos, pour faire bonne mesure les Suivants de l'Abeille ont choisi deux termes qui comportent les deux premières lettres de MARIE.

Inversées dans AMusement pour signifier également Apparition Mariale.

Anecdotique et peut-être sans aucun fondement ? Certes, je n'en disconviens pas. Toutefois, reconnaissez que c'était trop tentant, pour laisser passer une aussi belle occasion.

Le DVD : *"Secrets et mystères du monde : les cercles de culture"* dans la série éditée par *"Jupiter communications"*, traitant de manière exhaustive et scientifique ce sujet, m'a été généreusement et amicalement transmis par Rémy l'ami des abeilles.

Quelques années auparavant, mais sans que je puisse en tirer le maximum de déductions à cette époque, c'est Claude Burkel qui m'en avait envoyé une copie.

A présent, en fonction de l'avancée de mes travaux, j'ai pu le revisionner avec un regard plus lucide.

Il fut un temps, où, pour la revue *"Atlantis"* à laquelle je collaborais, l'un des rédacteurs, G. Scozzari, m'avait demandé d'écrire un article sur les agroglyphes en y mettant ma touche personnelle. J'avais refusé, car j'estimais que je ne possédais pas assez d'éléments probants pour émettre un jugement personnel valable, et me démarquer ainsi des autres auteurs.

A présent, avec le recul, je peux combler cette lacune et boucler définitivement mes travaux ; car ainsi que je le démontrerai, je considère que les cercles de culture – bien que cette dénomination initiale soit désormais incorrecte -, **sont bien la troisième composante du phénomène OVNI-AM.**

Je peux évidemment me tromper, car peut-être trop marqué par tout ce que j'ai déjà écrit.

Cependant, tous les témoignages et les résultats stupéfiants des enquêtes scientifiques, en plus d'autres éléments difficilement réfutables que j'évoquerai, convergent vers cette conclusion que j'estime inévitable.

En effet, j'ai défini, notamment dans '' *Des OVMI de l'Abeille à la mort du pantin*'' et dans le présent livre, que les Suivants de l'Abeille, les Bitiw que je nomme également Sokariens (sans revenir sur cette définition), ont en quelque sorte pour sacerdoce, en exagérant le terme, le maître-mot : AMUSEMENT.

Et que leur religion, si c'est ainsi qu'ils la considèrent, est MATHEMATIQUE.

Leur dieu créateur étant probablement – de mon point de vue s'entend – **le Nombre d'Or.**

L'orthogéométrie que j'ai décryptée et leurs nombreuses manifestations s'inspirent de ces deux mots-clés. Je crois en avoir fourni assez de preuves.

Or, comme on les retrouve dans les créations des pictogrammes, ainsi que nous le verrons, il est donc logique de supposer que l'origine soit la même.

Celle-ci n'étant pas extraterrestre dans le sens manifesté par les chercheurs et les scientifiques dans le documentaire.

Il serait non seulement étonnant, mais surtout hautement improbable que deux cultures / civilisations extérieures à l 'espèce humaine – **tout en étant proches d'elle** -, utilisant des objets volants identiques, ainsi qu'une science de haut niveau similaire de part et d'autre, soient : l'une responsable des OVNI et des apparitions mariales ; l'autre construisant les agroglyphes.

Les deux s'appuyant comme par hasard sur les deux mêmes principes.

J'ai visionné attentivement à de nombreuses reprises ce DVD, afin de pouvoir en tirer et avancer des arguments probants, sans risquer d'être pris en défaut d'affabulations ou d'interprétations détournées à mon profit.

Nous allons donc détailler et commenter chaque point important ; en outre, et indépendamment de ce documentaire, je m'appuierai sur un événement plus tardif en deux parties, très connu des spécialistes pour lequel ils se sont fourvoyés, tout en me donnant raison.

Tout d'abord, séparons :

LE VRAI DU FAUX :

Ainsi que le dit avec humour et justesse le journaliste George Knapp, l'un des intervenants, ce ne sont pas deux piliers de bar qui sont responsables des véritables cercles de cultures.

Qu'ils aient eu l'idée de créer des imitations (cercles de faible envergure et sommaires) pour se faire mousser à cause de la bière qu'ils ingurgitaient, est plus que probable.

Qu'ils aient eu des imitateurs leur emboîtant le pas, pour connaître une fausse gloire pas très reluisante, c'est certain ; comme toujours en pareil cas ; surtout quand les médias les encouragent, pour éviter d'aller chercher au-delà du canular. Les concours minables organisés par des journaux en font foi.

Quand on eut la certitude que ces cercles naissaient en une nuit, le prestige du canular grandit... Pour retomber très vite, lorsque **cette nuit se résumait en réalité à une poignée de secondes.**

Sans compter que lors d'une seule nuit, une quinzaine de pictogrammes apparurent dans plusieurs pays, dont certains très éloignés l'un de l'autre, comme l'Angleterre et la Russie.

Autrement dit, les deux retraités anglais auraient dû louer un OVNI auprès des Sokariens pour se déplacer très rapidement d'un endroit à l'autre ; ou mettre en place un groupement international œuvrant au même instant.

Exit donc la fausseté et la vantardise qui ne peuvent faire le poids face aux merveilles d'une technologie supérieure.

Aussi, ne parlerons-nous que des véritables pictogrammes ; ceux dont les scientifiques ont constaté la pliure très particulière des tiges sans cassure, et ayant subi très brièvement une très haute température, sans pour autant les abimer et les brûler.

Rien qu'à ce stade, les faussaires peuvent regagner leur pub pour achever leur cuite ; ils sont déjà éliminés.

Toutefois, reconnaissons qu'ils ont rendu un immense service aux véritables créateurs...et à moi aussi personnellement ; en obligeant les Bitiw à réagir contre toutes les fausses interprétations, dont la leur, ils m'ont apporté des arguments imparables.

DU TAC AU TAC :

Dans le documentaire, il est expliqué qu'après chaque interprétation plus ou moins vaseuse, rapidement des agroglyphes sont apparus pour les contrer.

1) A la suite des affirmations des petits vieux anglais se disant les inventeurs des cercles de culture, des pictogrammes complexes ont été créés dans du colza canola, plante extrêmement fragile, et qui n'aurait pas résisté à la charge sauvage des '' piliers de bar''.

2) Une des thèses prétendait que le vent soufflant à proximité des collines, favorisait la naissance de tornades ; celles-ci étant à l'origine des cercles de culture. Réplique des Bitiw : des agroglyphes apparurent dans la plaine anglaise, loin des collines.

3) Afin d'éviter de laisser des traces d'intervention humaine, les agroglyphes auraient été façonnés à partir de ballons dirigeables. Peu après cette assertion, des pictogrammes virent le jour sous des lignes à haute tension, inaccessibles aux ballons.

Toutes les autres hypothèses émises, de la plus technique (utilisation de rayon laser par les militaires depuis des satellites, alors qu'ils disposent d'immenses étendues plus discrètes) ; à la plus saugrenue (batifolage des hérissons à la saison des amours), ne peuvent absolument pas convenir pour des raisons facilement démontrables.

D'autant qu'elles ne tiennent pas compte de caractéristiques impossibles à reproduire par la science actuelle.

Par exemple, ce cercle gigantesque entourant une portion d'autoroute et son embranchement, tracé en toute discrétion.

Photo N° 1 du documentaire cité.

Je pense que les façonneurs de ce cercle ont voulu démontrer leur savoir-faire, mais aussi que tous les éléments inscrits leur convenaient parfaitement, sans qu'ils aient eu besoin de tracer d'autres figures.

Un peu, par comparaison, comme l'apparition de la Sainte Vierge dans l'église de l'Île Bouchard en décembre 1947. Cette église étant déjà à la place choisie, elle n'a pas eu à en demander la construction à cet emplacement, ainsi qu'elle le fait pour les chapelles mariales.

Ici, c'est le même principe qui a été appliqué. Signalons que le point central se situe à la moitié du virage de l'embranchement, au niveau de la ligne droite.

Quant à savoir quel est le symbolisme ou la géométrie recherchée...

TECHNIQUE UTILISEE :

Elle est multiple. Il y a une seule certitude avérée : les pictogrammes, même les plus élaborés et gigantesques, ne demandent qu'une minime fraction de temps pour éclore, pourrait-on dire.

Rarement, des témoins ont pu voir un OVNI à l'œuvre ; quelquefois, c'est un rayon qui exécute le travail. Mais bien souvent, les agroglyphes apparaissent sans aucune manifestation visuelle ou auditive.

Autrement dit, les Suivants de l'abeille agissent comme bon leur semble, selon leur bonne vieille habitude.

Mieux encore, **ils contrôlent les contrôleurs**. Je m'explique plus clairement.

Dans le documentaire, un auteur scientifique, Colin Andrews, a tenté une expérience en été 1991.

Lui et son équipe de techniciens, se sont installés près d'un champ de la campagne anglaise, avec une batterie de caméras infrarouges et radars. Plus des chiens postés dans les environs, pour donner éventuellement l'alerte.

Au matin, rien n'avait été enregistré ou détecté ; mais une fois la brume levée, les hommes ont constaté qu'il y avait un splendide pictogramme dans le champ.

Les Bitiw, sachant que les techniciens les attendaient, ont agi de manière absolument indétectable, neutralisant les radars et les caméras.

Je crois que si des caméras captant l'ultraviolet avaient été installées, elles auraient également fait chou blanc.

Si ce n'est pas de l'amusement, qu'est-ce que c'est ?

Mais surtout, ce sont les chiens qui furent neutralisés ; non pas directement bien sûr, mais en dépassant leur capacité d'alerte. Si un homme ne réagit pas à un sifflet à ultrasons qu'il n'entend pas, un chien répond à l'appel.

Les annales de l'ufologie regorgent de rapports où les chiens et les animaux en général ont été perturbés par le passage d'un OVNI ou lors de son atterrissage ; le champ énergétique provoquant une peur panique.

Citons brièvement Kiki, le chien de Marius Dewilde à Quarouble, qui mourut quelques mois plus tard ; ou la petite chienne de madame Lebœuf à Chabeuil, aussi malade que sa maîtresse, mais pas pour les mêmes raisons.

Dans le cadre de l'expérience tentée par Colin Andrews, les Bitiw ont utilisé une technique qui se situait bien au-dessus des capacités d'alerte des chiens ; ceux-ci passant une nuit tranquille.

Concernant la technologie employée pour créer les pictogrammes, les scientifiques ont suggéré, en se basant sur les courbures imbriquées des tiges, sans que leur structure soit altérée, ainsi que le montre la photo N° 2 ci-dessous, l'utilisation de deux champs magnétiques tournant en sens inverse l'un de l'autre simultanément en se superposant :

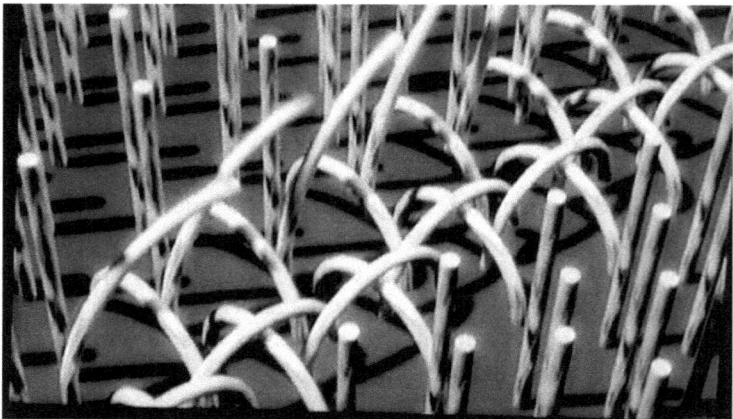

Photo N° 2 du documentaire cité

Moi je veux bien accepter cette explication. Cependant, il me semble que si c'était le cas, les tiges seraient pliées alternativement vers la droite et la gauche. Or, elles sont croisées ; ce qui indiquerait plutôt **un champ tournant perpendiculairement par rapport à l'autre.**

Si je ne me trompe pas, cette technique serait encore plus fabuleuse que des champs inversés, déjà impossibles à concevoir par notre science d'école maternelle.

Et n'insistons pas sur la faible durée temporelle pour obtenir le chef-d'œuvre complet ; elle tient de la magie.

ETUDES ET ANALYSES :

Indépendamment de ce qui précède, des analyses poussées dans les domaines chimique et nucléaire, ont abouti à des résultats extraordinaires ; que personnellement j'estime être dans la logique malicieuse des Suivants de l'Abeille.

Donc, outre l'utilisation éventuelle des deux champs magnétiques, il fut constaté à l'intérieur des cercles un intense rayonnement de micro-ondes. Et une altération de la structure moléculaire (a-t-on interrogé les falsificateurs pour savoir comment ils s'y étaient pris pour réaliser ces prodiges ?).

Encore plus fort après les Perséides de 1993. Suite à la traditionnelle pluie de météorites du mois d'août, une fine couche de vernis recouvrait les plantes de nouveaux agroglyphes. Analysée, cette couche se révéla être du fer pur d'origine météorique.

Enfin, c'est ce que supposent les techniciens, tombés dans le panneau ; car le fer des météorites n'est jamais absolument pur ; d'autre part, si c'était le cas, il y aurait eu cette couche partout, la poussière céleste ne choisissant pas ses points de chute. Ni de déposer cette poussière de manière régulière et uniforme.

Poussant leurs études sur d'autres pictogrammes, les chercheurs retrouvèrent de petites billes de fer, toujours parfaitement pur, de 50 à 100 microns de diamètre ; preuve supplémentaire que l'origine est bien artificielle.

Le coup de grâce a été administré par un curieux agroglyphe anglais contenant dix radio- éléments n'existant pas naturellement **et ne pouvant être synthétisés que dans des cyclotrons ou des réacteurs à fusion.**

Ce qui montre que la route est encore longue pour que nous parvenions à ce résultat. Je vais citer quatre de ces isotopes : Ytterbium 169, Rhodium 102, Vanadium 48, et Europium 146.

COMMENTAIRES :

Les Suivants de l'Abeille aiment, raffolent, adorent la pureté sous toutes ses formes ; lumières intenses ou les minéraux. Je suis bien placé pour l'affirmer grâce à mes expériences personnelles ; que soit Cléry-Saint-André ou d'autres que je garde secrètes.

C'est digne d'un esprit plus sain que celui des humains qui se vautrent dans la noirceur aux multiples visages.

Aussi, profitant des étoiles filantes des Perséides, ont-ils lancé cette opération fer pur, pour induire en erreur les chimistes, qui ont conclu hâtivement en se basant sur cette rencontre annuelle. Sans se demander : pourquoi spécialement 1993 et pas les autres années ?

Amusement bien puéril, direz-vous. En effet, mais qui souligne un savoir- faire hors du commun.

Mais par ailleurs, je considère personnellement qu'à l'instar de la Sainte-Vierge, il y a là une sorte d'orgueil, certes pas bien méchant mais perceptible, d'une supériorité manifeste dans ces implantations de fer pur et d'éléments isotopiques rares, issus d'une hyper haute technologie ; le tout, y compris les mathématiques et la super géométrie, afin de montrer aux humains qu'ils sont loin au-dessus d'eux.

Bien qu'en relativisant, on peut aussi admettre que c'est aussi pour nous inciter à nous dépasser nous-mêmes. C'est ce qui s'est passé pour des scientifiques travaillant sur les énergies nouvelles. Ils ont obtenu de meilleurs résultats en calquant leurs montages techniques sur la géométrie de certains agroglyphes.

Et que dire des avancées concernant :

GEOMETRIE ET MATHEMATHIQUES :

Je crois que là, on atteint l'aspect religieux propre aux Suivants de l'Abeille.

La photo N° 3, choisie parmi d'autres, est révélatrice de cette harmonie géométrique :

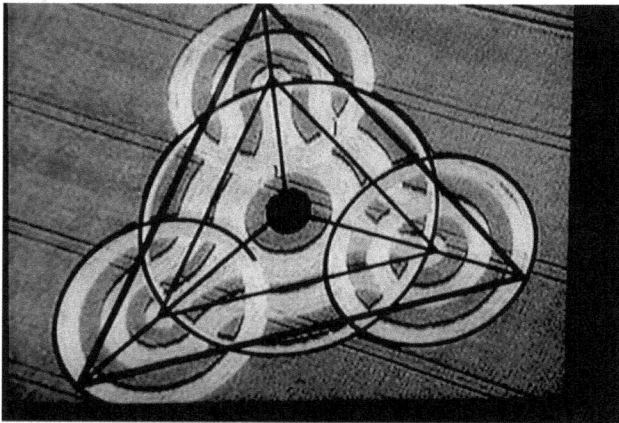

Photo N° 3 du documentaire cité.

Outre que ces figures représentent des fractales mathématiques complexes, selon les spécialistes, quatre théorèmes n'existant dans aucun manuel purent être élaborés grâce à des figures particulières ayant une connexion entre elles. C'est le professeur Gerald Hawkins, spécialisé dans les mathématiques pures qui fit cette découverte en 1990. Puis, il mit au point un cinquième théorème d'où les quatre autres pouvaient être extraits.

Comme s'ils suivaient ses travaux – **ce qui était le cas bien sûr** – les Bitiw firent apparaître un nouveau pictogramme, qui montrait comment déchiffrer ce cinquième théorème.

En fait, je pense que ces mathématiques bien supérieures à ce que nous connaissons, sont en quelque sorte une suite du tracé laissé par l'atterrissage de Socorro, le 24 avril 1964.

Le quadrilatère formé par les pieds de l'engin dessinait un ensemble extrêmement complexe, basé sur le nombre d'Or, excluant la fraude, et validant le témoignage de Lonnie Zamora (voir mon article : '' *Socorro, Clovis et le policier''* , et les explications techniques dans le livre de C. Bowen '' *En quête des humanoïdes''*).

La corrélation mathématique et géométrique de l'ancêtre Socorro et des pictogrammes champêtres, est un pas de plus en faveur d'une origine commune.

COMMENTAIRES :

'' *Les cercles de culture sont-ils le résultat du passage sur Terre d'Êtres venus d'une autre planète ?* '' Interrogation au début du documentaire.

Je suis toujours aussi stupéfait quand j'entends des personnes, femmes et hommes dotés d'une intelligence et d'une instruction supérieures – donc sans commune mesure avec les moutruches adorateurs du dieu football- se demander pourquoi des E.T. déposent des messages pour disparaître aussitôt ; et ce qu'ils veulent nous dire. Ces mêmes personnes étant persuadées qu'il y aura finalement un contact.

Je trouve incroyable une telle naïveté à ce niveau.

Pourtant, un minime brin de réflexion arriverait aux conclusions suivantes :

Des explorateurs spatiaux, ou des plénipotentiaires voulant nous contacter, ne viendraient pas du fin fond de l'espace, pour chaparder un bouquet de lavande à Valensole, regarder une pièce de Victor Hugo à Beausoleil, ou tracer un pictogramme furtivement dans la campagne anglaise.

Et repartir aussitôt, une fois la farce jouée.

Je crois profondément que la norme utilisée sur Terre est valable dans tout l'univers, quels que soient le psychisme et la morphologie des êtres.

Des explorateurs arrivant sur un nouveau monde, se comportent obligatoirement en :

1) Ambassadeurs offrant une alliance. 2) en Envahisseurs détruisant tout (les conquistadors). 3) en cartographiant, photographiant, prenant des notes et des films, étudiant le terrain, puis repartant.

C'est ce que les Suivants de l'Abeille ont fait semblant d'appliquer pour leurrer les ufologues et compagnie avec leurs scaphandres fictifs.

Mais jamais des entités venues d'ailleurs après un très long voyage, ne s'amuseraient à des broutilles de gamins attardés, pour repartir aussitôt après vers la planète-mère.

Cette évidence est telle, qu'il paraît inutile d'insister ; et pourtant...

Dans le paragraphe : DU TAC AU TAC, j'ai bien expliqué qu'après chaque argument avancé au sujet de la formation des agroglyphes, la réponse cinglante ne se faisait pas attendre ; **est-ce le fait de navigateurs faisant la navette quotidienne depuis Bételgeuse ou la galaxie d'Andromède ?**

Evidemment que non mes bons amis ; tout le monde en conviendra.

IL FAUT OBLIGATOIREMENT QUE CES ENTITES SOIENT PRESENTES EN PERMANENCE ! **Mais sans que ces messages indiquent une volonté d'un futur contact.**

Et justement pour aller dans le sens de mon assertion, je vais parler de l'événement en deux parties, postérieur au documentaire, bien que datant initialement de 1974. Cette antinomie va avoir son explication.

Le 16 novembre 1974 donc, des astrophysiciens ont utilisé le grand radiotélescope fixe de 305 mètres d'Arecibo à Porto-Rico, pour envoyer dans l'espace un message complexe, mais simple à déchiffrer pour des êtres intelligents. Sous la forme d'un rectangle, il indiquait le lieu d'envoi, la silhouette humaine et des indications diverses, notamment la spirale de notre ADN. Fin de première partie.

Direction Chibolton en Angleterre. Le 13 août 2001, soit près de 27 ans plus tard, une réplique exacte de ce rectangle fut tracée dans un champ, à peu de distance en dessous d'un visage humanoïde apparu, lui, six jours auparavant, le 07, comme pour avertir de l'arrivée du prochain courrier.

Le nouveau rectangle reprenait la même disposition que celui envoyé, mais avec des informations différentes, qui indiquaient une origine humanoïde comportant des variantes de nous-mêmes.

Avant d'aller plus avant, je voudrais émettre l'idée que dans les deux cas : visage et rectangle, rien n'indique qu'il s'agisse de deux réalités correspondant aux envoyeurs; il est possible que ce soient des œuvres de fiction, comme il se peut que cette race existe quelque part dans l'univers.

Donc la réponse au message parti d'Arecibo est arrivée près de 27 ans après l'envoi. Non pas de la même façon, **mais inscrit dans un champ de céréales anglais.** Ce qui est trompeur, j'ose me permettre de l'affirmer. Car il est une conclusion hâtive qui ne viendra jamais à l'esprit d'aucune personne, quel que soit son niveau d'intelligence et d'instruction :

C'est de croire que le message envoyé à la vitesse de la lumière, a mis treize ans pour arriver à destination ; et qu'aussitôt reçu, une expédition s'est envolée, toujours à la vitesse luminique et sans subir le paradoxe des jumeaux, a également mis treize ans pour se poser à Chibolton (pourquoi pas Arecibo ?), et tracer le rectangle / réponse, avant de regagner discrètement ses pénates.

Ou d'abord créer le visage, et attendre six jours derrière un buisson pour terminer le travail.

Ce serait grandguignolesque !

A la lecture de ce que j'ai écrit, chacun pourrait être persuadé que je nie en bloc toute cette histoire.

Que nenni mes Seigneurs ! L'envoi du message et les deux pictogrammes créés 27 ans plus tard sont bel et bien une réalité.

Ce que je dis nettement, clairement, sans ambages et de manière péremptoire, c'est qu'il ne s'agit pas d'E.T. venus de l'espace lointain ; mais '' **d'étrangers bien de chez nous**'' selon l'expression d'Agecanonix, le doyen du village d'Astérix.

Le message a été capté par les Suivants de l'Abeille, qui ont attendu 27 ans pour transmettre à leur façon deux accusés de réception ; ce qui est plus dans leur manière d'agir.

Le temps ne compte pas pour eux ; la Sainte Vierge qui apparaît **depuis quinze siècles** en est l'exemple type. Ce délai, conséquent pour nous, leur permettait de fourvoyer les enquêteurs et les scientifiques, en leur faisant justement avaler ce qui ne peut absolument pas être.

Eh oui, braves gens : jusqu'où ne va pas se nicher la farce et le ludique ?

Le dernier acte étant achevé ;

LE RIDEAU SE BAISSE :

Y aura-t-il un jour un quatrième comparse venant se joindre aux trois premières facettes du phénomène OVNI ? Pour mon compte, j'en doute, sans doute à cause du nombre trois que je vais définir.

C'est la question principale que nous devons nous poser après ces quelques dizaines d'années de pictogrammes fleurissant un peu partout à travers le monde.

A ce propos, je vais m'autoriser une petite digression, en disant que pour moi, le plus magnifique , esthétique et probablement géométrique de ces ornements champêtres est incontestablement l'homme / papillon dont les extrémités des ailes majestueusement déployées couvrant une immense surface sont terminées par des cercles de diamètre décroissant, parachevant délicatement l'harmonie générale. L'ensemble, qui représenterait un travail colossal pour une équipe d'hommes, est apparu en 2009 en Hollande.

S'il existe quelque part une telle race d'hommes, ce ne peut-être que sur une planète paradisiaque. Que l'espèce humaine ne doit absolument pas aborder.

Redescendons, sinon en enfer, du moins au purgatoire, pour définir une dernière fois l'ensemble du phénomène OVNI actuel :

Trois composantes donc, qui forment le triangle équilatéral de base, et autour duquel nous tournons. Ce sont :

1) les agroglyphes ; 2) les apparitions mariales ; 3) l'orthogéométrie générale.

Elle-même pouvant être décomposée en trois sous-produits :

1) **Les figures et les lignes droites** (d'où mon néologisme : orthogéométrie) associant les atterrissages et les apparitions mariales (avec les lieux préhistoriques, historiques, spirituels et religieux, selon mon théorème ; le tout sous l'égide du nombre d'Or et de PI).

2) **La géométrie propre aux chapelles mariales sur le sol français.** Qui représentent près de la moitié du total mondial. Les autres étant éparpillées sur la planète.

3) **Les mathématiques et la géométrie issues des pictogrammes.**

A ce sujet, dans le documentaire il n'est pas question du nombre d'Or, qui semble avoir échappé aux mathématiciens. Mais il est plus que probable, je dirais même certain, **qu'il est omniprésent.**

Autrement dit, on peut affirmer que dans le phénomène OVNI, les mathématiques avec le nombre d'Or se taillent non seulement la part du lion, mais celle de toute la tribu des félidés. Orchestrées bien évidemment par l'Amusement.

Les interventions de la Sainte Vierge peuvent également être réparties en trois catégories :

1) apparitions simples pour exhorter à la prière, aux processions ou au respect du dimanche (prosélytisme) ; 2) Les guérisons ; 3) les demandes de chapelles.

Nous devons aussi tenir compte des trois plans ou domaines qui clôturent cette triple trilogie :

La cathédrale majeure du religieux est sans conteste **: Lourdes,** démontrant ainsi que la France est la patronne des chapelles mariales.

Et dans le domaine des mathématiques mariales, **le point d'orgue est atteint par le quatrième secret de Fatima.**

Ajoutons pour terminer cette étude générale, que sur le plan technologique, **le portrait en pied grandeur nature** de la Vierge de

N-D de Guadalupe à Tepeyac au Mexique, sur la tilma de Juan Diego, est un must en la matière.

Il défie le temps depuis 486 ans en se régénérant sans cesse, ainsi que nous l'avons vu dans *;'' Cinquième état ou quatrième règne ?''*

En conclusion et de manière ésotérique, ce sont donc trois fois que nous nous sommes arrêtés sur chacun des sommets du triangle de base.

C'est pour cette raison qu'il me paraît difficile d'imaginer un quatrième étage / partenaire transformant le triangle en carré.

*   *   *

CHAPITRE VI :
* * *

INTERVENTIONS DES S. D. A.
* * *

CANON A RAYONS X.

* * *

Le documentaire datant de 2010, il s'agissait sûrement d'une re-rediffusion. N'ayant pas vu les précédentes, j'ai donc suivi avec intérêt celle passée sur la TNT 24 RMC découverte, dimanche soir 24 septembre 2017, et intitulée : '' *39-45, armes secret-défense.''*

Hitler installa à Peenemünde, au bord de la Baltique, des centaines de scientifiques allemands, afin qu'ils inventent des armes assurant la victoire définitive.

Eux et leurs familles habitaient des logements tout confort et étaient chouchoutés. A condition qu'ils travaillent consciencieusement pour le troisième Reich. Ils n'avaient qu'à demander pour obtenir ce qu'ils voulaient.

Les prisonniers de guerre qui matérialisaient ce que les savants imaginaient, subissaient un sort nettement moins enviable ; privations, malnutrition, tortures et exécution au déclin de leurs forces, étaient les seuls cadeaux offerts par les nazis. Les morts ne dévoilent aucun secret.

Au milieu des armes ou gadgets meurtriers sortis des cerveaux enfiévrés, une séquence m'a fait dresser particulièrement l'oreille.

Selon les documents traduits, elle traitait d'un colonel dont le nom n'est pas cité, en relations épistolaires avec les autorités, et proposant une invention extraordinaire, capable de détruire à distance les avions en plus d'autres prouesses.

A force de relances, et les revers se multipliant, les dirigeants nazis lui accordèrent un essai au printemps 1944. Le matériel nécessaire fut amené de nuit en grand secret à Peenemünde. L'expérience ayant réussi, l'inventeur eut son laboratoire et les crédits.

Son invention, dont officiellement il n'existe aucun croquis, consistait en une sorte de canon lançant un faisceau de rayons X d'une portée de quarante kilomètres.

Si ce canon avait été opérationnel, sans doute la guerre aurait-elle connu un autre visage.

Or curieusement, sans préavis, ni avertissement, ni justification, tout fut arrêté au mois d'août 1944, **et les installations détruites.**

C'est totalement inhabituel chez les nazis. Une fois un projet accepté, ils le poursuivaient, même si les résultats n'étaient pas plus spectaculaires qu'efficaces ; ce fut une de leurs faiblesses, heureusement.

Dans les derniers temps, ils se sont focalisés sur des avions-suicides incontrôlables construits par centaines, mais qui ne furent jamais pilotés. Et bien souvent aussi, sur des chimères ne pouvant aboutir, la technologie de l'époque n'étant pas assez avancée.

Pourtant, dans leur acharnement, ils ont fait progresser la science astronautique, même si le but recherché n'était pas pacifique. De même, ils ont construit les premiers avions à réaction.

Or ce canon à rayons X qui promettait d'être une arme redoutable, fut stoppé dans son élan seulement deux ou trois mois après sa mise en route, sans aucune explication ; complètement oublié.

Malgré que sa portée initiale appréciable de quarante kilomètres, et qui aurait pu être rapidement augmentée, lui assurait un bel avenir guerrier. Pourquoi donc cette étrange entorse à l'esprit du troisième Reich et de son führer ?

Il m'est apparu qu'il y eut probablement une intervention extérieure suffisamment persuasive pour tout arrêter.

A première vue, cette idée de pression paraît incroyable dans un état de guerre totale où tous les coups sont malheureusement permis, et surtout envers **un orgueilleux demeuré mental qui n'écoutait que lui.**

Pour moi, et je n'étonnerai personne, la seule opposition valable est celle des Suivants de l'Abeille.

Ils sont les Maîtres des 77 rayons (mon exagération vient de mon séjour prolongé dans le midi). Nous l'avons constaté avec entre autres les guérisons à distance, ou la prise en charge des hélicoptères et avions.

Néanmoins, se pourrait-il que leur plus grande hantise soit **qu'un rayon qu'ils ne connaîtraient pas, puisse les tenir en échec, voire les vaincre ?**

Dans le film '' *Les soucoupes volantes attaquent''*, c'est un rayonnement électromagnétique qui s'opposant à leur mode de propulsion, abat les engins. Peu nombreux, ils sont tous de forme circulaire ; pas de cigares géants ni de sphères monstrueuses.

Il est donc possible que cette arme nouvelle sortant du conventionnel, aurait eu pour résultat de perturber à distance le fonctionnement de ces appareils.

Il ne faut pas perdre de vue que les Shebtiw suivent de près les progrès techniques de l'espèce humaine ; les guerres ne faisant pas exception, au contraire, puisqu'elles exacerbent la recherche scientifique dans les deux camps.

'' *Pendant la guerre 39-45, et surtout au cours des derniers mois du conflit, les aviateurs alliés effectuant des missions au-dessus de l'Allemagne rencontrèrent plusieurs fois d'étranges lumières – disques ou sphères – qui suivaient leurs appareils, les devançaient, tournaient autour d'eux puis s'en allaient à une allure foudroyante, se riant des balles de mitrailleuses et des obus de DCA.... /... De leur côté – et l'on apprit cela après la victoire –les aviateurs allemands firent aussi fréquemment ces rencontres de foo-fighters (combattants fous) comme les baptisèrent les pilotes américains.''* (J. Guieu, Fleuve noir '' *Les soucoupes volantes viennent d'un autre monde''*).

Au passage, constatons que Jimmy Guieu avait flirté sans lendemain avec : SE RIANT, le fin mot de l'histoire des OVI, mais qu'il a laissé filer aussi vite qu'un U.F.O. !

Donc, au courant de cette nouvelle arme qui sortait de l'équipement traditionnel, et qui entrait précisément dans leur propre rayon (bof !), les Suivants de l'Abeille auraient décidé d'intervenir pour empêcher sa réalisation.

Non par choix du camp à soutenir, mais parce qu'ils estimaient que les temps n'étaient pas venus.

Pour appuyer cette supposition, les rayons laser n'ont qu'une application essentiellement pacifique ; mise à part leur utilisation pour pointer les armes de poing et d'épaule, ou les missiles vers leur cible.

Il y a environ trente ans, il fut question de fabriquer des fusils à rayon laser capables de brûler un homme à grande distance, pour équiper les soldats américains ; ils ne virent jamais le jour.

Là aussi, intervention extérieure ?

Encore en 2018, soixante-treize ans après le conflit mondial, au cours de toutes les guerres actuelles, l'armement reste on ne peut plus classique ; simple '' amélioration technologique '' si l'on peut dire, du matériel ancien.

Mais aucun rayon de la mort.

Il y eut dans un lointain passé le dard d'Indra chez les Hindous, et l'œil de Balor dans la tradition irlandaise, qui réduisaient en cendres des milliers d'hommes en quelques secondes.

A présent, les fusils thermiques, les pistolets paralysants, les désintégrateurs et les dissociateurs moléculaires ne se sont pas évadés des romans de science-fiction.

Admettons que Les Suivants de l'Abeille soient intervenus pour empêcher la mise en pratique du canon à rayons X ; comment s'y seraient-ils pris ?

J'entrevois deux manières de procéder, que je soumets à votre jugement :

1) Utilisation directe et personnelle de la technologie de l'inconscient dans le cerveau mégalomane d'Hitler. Celui-ci, contraint d'obéir, aurait alors ordonné l'abandon du projet, sans avoir à fournir d'autres explications que celle adoptée par nos trois derniers présidents : c'est moi le chef !

2) En introduisant dans les cauchemars nocturnes du dictateur une séquence au cours de laquelle une Walkyrie lui ordonne d'abandonner totalement le projet en cours, sous peine de mort dans les cinq jours.

Vision onirique se répétant éventuellement les nuits suivantes, en déduisant les jours avant expiration du délai.

Cette menace devrait suffire à ébranler l'esprit malade et désaxé du tyran. Sinon retour à la première option, imparable celle-là.

L'avantage de ces deux techniques, c'est qu'elles sont silencieuses, performantes, totalement indécelables et anonymes.

Toutefois, la différence entre les deux options est énorme.

Dans la première, on obéit à un ordre en étant intimement et totalement persuadé que l'on agit de son propre chef.

Dans la seconde, on reste conscient de subir un ascendant autre que sa propre volonté ; et les conséquences d'un refus pourraient être mentalement terribles.

De cette manière, les Shebtiw / Bitiw peuvent imposer leurs directives sans se dévoiler.

Question insidieuse : Pourquoi dans ce cas ne pas intervenir pour arrêter la guerre ou l'empêcher ?

Toujours ce bon vieil illogisme : je fais des bêtises, réparez-les à ma place. La guerre est décidée par les hommes, qu'ils l'assument. Du moins tant qu'elle reste conventionnelle.

Dans le cas présent, ce canon menaçait peut-être la tranquillité des Bitiw. D'où cette intervention ponctuelle. Quant à la guerre, sa fin était inéluctable, mais aurait pu être reculée.

Si mon raisonnement est valable, ce serait une preuve de plus, qu'avec l'embargo spatial et la non utilisation de l'antigravitation, les Sokariens contrôlent à distance nos activités (Fukushima). Et peuvent même les diriger à leur guise.

Le reste du temps, nous sommes livrés à notre sort.

Du moins tant qu'il n'interfère pas avec celui des Suivants de l'Abeille.

*   *   *

LES DEUX COREE ET LE CORAN
* * *

Il est toujours actuellement, très, très loin de la France, en Extrême-Orient, Hankuk selon la langue du pays. Presqu'île du continent chinois s'étirant entre la mer Jaune et la mer du Japon, et pointant son doigt vers Nagasaki.

La superficie de la Corée du nord dépasse celle de sa sœur du sud, mais avec moitié moins de population.

Après le conflit qui dura de 1950 à 1953 – qui vit de nombreux survols d'OVI observateurs – et auquel les principales nations participèrent de part et d'autre ; ce qui aurait pu être le début d'une troisième guerre mondiale, le *statu quo* resta ce qu'il était depuis 1948.

Chacun dans son coin, la séparation symbolique étant le 38 è parallèle. Bien qu'il y eût des signatures et des promesses de détente, en ce 1er mai 2018, la fin de la guerre n'est toujours pas paraphée officiellement. Depuis son accession au pouvoir à la suite de son père, le dirigeant nord-coréen Kim Jong-Un s'est fait une spécialité de multiplier les provocations après les premiers essais nucléaires, et les lancements de fusées montant en puissance, afin d'atteindre le niveau de missiles intercontinentaux ; le but visé étant les Etats-Unis d'Amérique.

Provocations poussées auxquelles le président Donald Trump ne manqua pas de répondre avec des propos de plus en plus menaçants.

Escalade qu'apparemment rien ne semblait pouvoir arrêter. Jusqu'au jour d'avril dernier où on apprenait l'installation d'un téléphone rouge (le jaune paraissait plus logique) entre les deux présidences coréennes.

Puis, à la grande stupeur générale, doublée pour de nombreuses personnes de par le monde, d'une joie sans mélange, ce fut la rencontre historique du 27 avril sur la ligne de démarcation de Moon Jae- In et de Kim Jong-Un, avec accolades et effusions joyeuses sans réticence ou faux semblant.

Les seuls à faire grise mine, furent les journalistes français (Europe 1) qui ironisèrent sur ces embrassades ; apparemment, cette détente les prive d'un conflit espéré leur permettant de se transformer en correspondants de guerre.

Et le plus curieux, c'est que pas un de ces grands penseurs ne s'est posé la seule et unique question : **que s'est-il donc passé pour que le dictateur nord-coréen, jouant les César nucléaires, se prive des Ides de mars en abandonnant subitement toute velléité ?**

Il est devenu sans arrière-pensée doux comme un agneau, prêt, en plein accord avec son homologue du sud, à **dénucléariser toute la péninsule**.

Au point même qu'il démantèle son usine atomique, et invite les experts étrangers à venir constater.

Incroyable, dantesque, pharamineux, prodigieux, merveilleux ; enfin de ce côté la paix, après tant d'échanges de menaces et de noms d'oiseaux.

Donc, puisque les journalistes ferment les yeux et plongent la tête dans le sable, faisons le travail à leur place.

D'un seul coup, subitement, la peur du président américain et d'une réaction brutale ? Laissez-moi rire tranquillement.

Les dirigeants chinois sont-ils intervenus avec suffisamment de force pour obtenir ce résultat ? Non, absolument pas, car ils se seraient empressés de le proclamer ; victoire diplomatique sur le monde occidental.

De plus, Pékin a souvent incité les deux parties à plus de modération, sans obtenir gain de cause. Kim Jong-Un était trop imbu de sa personne, et comme Hitler, n'écoutait que lui-même.

Sa tendre épouse lui-a-t-elle suggéré un matin de revoir sa politique internationale à la baisse ? C'est plus que douteux, même s'il apprécie ses recommandations.

Et bien entendu, ce n'est pas son Etat-Major militaire qui l'a encouragé dans ce sens ; d'autant qu'en agissant ainsi, il risquait de perdre la face. Ce qui est très important chez les peuples asiatiques.

Or, non seulement, il ne se ressent pas de ce virage, mais il joue parfaitement son rôle de repenti, en promettant qu'il ne renouvellerait pas '' un passé malheureux''.

Extraordinaire, stupéfiant, foudroyant, gigantesque, élogieux.

Pour moi, pour qu'une telle conclusion totalement inimaginable en début d'année 2018, rejoigne la finalité des contes de fées, il n'y a qu'une seule réponse :

L'intervention des Suivants de l'Abeille par application de la Technologie de l'Inconscient.

C'est la seule possibilité qui s'offre à nous pour expliquer ce revirement dans la joie, la sérénité, et la sincérité.

Car Kim Jong-Un est sincère n'en doutons-pas. Et seule la Technologie de l'Inconscient peut réussir ce miracle. Elle est imparable, et on ne peut échapper à son emprise : **Kim Jong-Un n'avait aucune autre possibilité que d'obéir.**

Par contre, pour lui éviter de se sentir humilié, les Suivants de l'Abeille ont sans doute utilisé la méthode décrite dans '' *Le canon à rayons X* '', qui consiste à faire croire au sujet traité qu'il est le seul responsable de sa décision. Ce qui lui laisse toute sa fierté.

Cependant, et dans une moindre mesure, puisqu'il était déjà partisan de la paix et du rapprochement, l'intervention dut également avoir lieu envers Moon Jae-In, pour qu'il n'y ait aucune suspicion concernant la sincérité du président nord-coréen.

Ainsi, tout est bien qui finit bien ; on peut l'espérer par anticipation.

Le lecteur pourra se demander malgré mon optimisme, pourquoi les Suivants de l'Abeille seraient intervenus pour compenser les faiblesses des autres diplomates ?

A cause de leur phobie pour l'arme atomique et l'énergie nucléaire en général que nous maîtrisons très mal, pour ne pas dire qu'elle nous dépasse.

Avec Kim Jong-Un et Donald Trump, le doigt risquait d'appuyer sur le bouton à tout moment.

J'ai déjà écrit que les Sokariens n'interviennent pas dans nos affaires, sauf s'ils s'estiment concernés. Et la menace de l'holocauste est suffisamment éloquente pour répondre à un appel au secours, même non formulé.

Maintenant, il est à espérer que tous les chefs d'Etat tiendront compte de cet heureux dénouement, et mettront la pédale douce, très douce, sur l'armement nucléaire ; car à n'en pas douter, ils savent à présent, mieux que les journalistes aux yeux bandés, ce qui s'est réellement produit.

Pour mieux me faire comprendre, dois-je préciser que ces responsables nationaux sont parfaitement au courant de la domination discrète, mais efficace des Bitiw / Suivants de l'Abeille ?

Ce qui ne veut pas forcément dire qu'ils l'acceptent de bonne grâce.

* * *

Quant au Coran, il n'est pas courant en Corée. Alors pourquoi l'évoquer ?

Parce qu'il nous ramène chez la Fille Aînée de l'Eglise, où ses sourates pas souriantes du tout sont la lecture préférée des imans.

Et de par son statut féminin, la France est donc méprisée par les islamistes.

Toutefois, ce n'est pas suffisant pour que les Suivants de l'Abeille interviennent ; ils ne le font pas en Syrie, car ils ne sont pas directement concernés. A nous Terriens de trouver la solution.

Malgré l'arrivée massive de migrants, dont une bonne partie ne vient que pour consolider l'implantation de l'islam radical, c'est au gouvernement d'agir avec discernement.

Or par exemple à Nantes, le 26 avril, sept enfants mineurs étrangers ont été interpellés pour avoir vandalisé leur foyer d'accueil. Beau geste de remerciement et de reconnaissance envers ceux qui se dévouent pour eux (info de télé Nantes).

Mais aussi avertissement de ce qui peut se produire à plus grande échelle (exemple ; les casseurs du 1er mai). Jusqu'au jour où…

Si l'islam solidement implanté en France, puisque deuxième religion en passe de devenir la première, en profite pour instaurer son hégémonie politique, avec la complicité, ou l'abandon du pouvoir par le gouvernement, il est possible, mais là je suis prudent en la matière ; je répète donc QU'IL EST POSSIBLE que les Suivants de l'Abeille mettent en action la Technologie de l'Inconscient pour amener soit :

1) Un retrait des forces islamiques. Mais sans qu'elles soient payées contrairement à ce que fit Charles Martel en 732.

Pour conforter cette première solution, mais sans intervention extérieure, et pour rassurer les Français inquiets de cet afflux, les médias n'arrêtent pas de clamer qu'à la fin de la guerre en Syrie, les réfugiés repartiront.

En omettant soigneusement de préciser :

A) Que tous ne viennent pas de ce pays.

B) Que ce conflit interne dure depuis sept ans, qu'il continue à s'offrir ses victimes quotidiennes, que les militaires de tous bords y testent sans arrêt leurs nouvelles armes, et que les diplomates continueront à ronronner au-delà de la fin de l'éternité.

Donc à quand un retour illusoire ?

2) Une radicalisation totale dans l'autre sens, **l'islam faisant son mea culpa à l'instar de Kim Jong-Un, et comme lui sans pouvoir s'y opposer !** : C'est-à-dire : tolérance sans limites de toutes les confessions ; la reconnaissance des femmes comme égales des hommes ; le droit pour chacun et chacune de pratiquer sa croyance ou son athéisme, de s'habiller et d'étudier sans aucune contrainte, et dans le respect mutuel.

Ce n'est sans doute pas pour que la France soit sous le joug du Coran que la Sainte Vierge y a fait édifier la moitié du total mondial des chapelles mariales.

Elles seraient en danger de devenir mosquées.

Aussi, je crois qu'il faut s'attendre à cette intervention, qui permettra à chacun de connaître la paix universelle, tant souhaitée par tous les peuples ; dans la liberté individuelle au milieu de celle des autres.

Que vouloir de plus, à part la bonne vieille plaisanterie de l'agrandissement des bouteilles d'un litre ?

* * *

APPENDICE
* * *

LA PEUR DE L' E.T.
* * *

Qu'est-ce qui la motive ? Y a-t-il réellement une raison ou une base sur laquelle s'appuyer ? Est-ce une mode qui supplante d'autres ayant disparu ?

Ou dissimule-t-elle une autre peur plus importante, qui ne doit absolument pas apparaître au grand jour ?

Cette peur / paravent étant celle des gouvernements et des scientifiques inféodés, et non pas celle du peuple, qui lui, suit bêtement les consignes imposées.

Cette peur est apparue avec la naissance de l'Ere Ufologique Moderne. En fait, dès que l'on s'est rendu compte que les engins observés étaient bien matériels, tout en ayant des performances nettement au-dessus des moyens de l'époque, et malgré tout, modestes par rapport à ce que l'on enregistra par la suite.

Comme une montée en puissance progressive**, selon un plan minutieusement établi.** Ce qui se révéla exact, avec l'apparition puis la disparition des scaphandres au cours des atterrissages.

Dès lors, il y eut deux attitudes de la part des autorités dirigeantes et militaires américaines :

1) dénigrer systématiquement les témoignages, ou trouver une explication rationnelle.

2) Mais pour le cas où ces engins seraient bien une réalité, ils ne pourraient être que d'origine E.T. et donc potentiellement envahisseurs.

Cette crainte mise en avant étant issue de '' *La guerre des mondes* '' de H.G. Wells qui a fortement marqué les esprits. Avant 1947, ceux-ci ne vivaient qu'à travers la guerre, qui relégua au second plan les fantasmes nés de ce livre ; et qui, une fois la paix revenue, ne demandaient qu'à ressurgir.

Auparavant, il y eut le fameux péril jaune, remplacé de nos jours par le péril pour les jeunes, que sont le tabac, l'alcool et la drogue ; auxquels s'ajoutent Internet et les iphones rognant sur le sommeil (Franceinfo du 15 mars 2018).

Avec la découverte massive des exoplanètes, la possibilité de vie intelligente E.T. devenant de plus en plus évidente, sinon assurée, la crainte d'un envahissement s'est amplifiée, alimentée par les frileux axés et dirigés dans ce sens.

Cette peur de l'envahissement de la Terre par des E.T. a tellement progressée, devenant pratiquement une certitude, que même des ufologues de renom, et les chercheurs d'anomalies lunaires et martiennes, en sont eux-mêmes persuadés. J'ai cité à ce propos Nick

Pope, un des chefs de file, sans que l'on puisse expliquer cet incroyable retournement de costume.

A l'inverse, ce fut Stephen Hawking, qui trois mois avant son décès disait qu'il n'y avait pas de vie ailleurs, et que nous devrions en profiter pour coloniser les planètes. Yoyotage de la chéchia approuvé par la NASA, trop heureuse de saisir cet avis '' autorisé'' pour affirmer sa mainmise.

C'est incroyable de voir des personnes luttant contre des complots gouvernementaux, faux ou avérés, pensant qu'un ordre occulte de reptiliens dirige la planète, plongent dans la marmité chauffée par la NASA, la CIA et consorts ; alors qu'elles devraient être simplement et merveilleusement fascinées par ce qu'elles découvrent sur la lune notamment.

Non, pour ces ufologues aux idées courtes, ces installations – **dont on ignore si elles sont encore opérationnelles-** ne peuvent servir qu'à une invasion de notre planète.

Cette constatation, pour ceux qui gardent leur libre-arbitre et les yeux ouverts, est une preuve que la peur de l'E.T. est délibérément entretenue, non pas comme une mode passagère, mais bien comme un paravent pour cacher une vérité, incontournable celle-là, et à laquelle personne ne songe, et qui pourtant crève les yeux, peut-être trop d'ailleurs ; ce qui amène à ne plus pouvoir s'en apercevoir.

Le fait que sans les connaissances appropriées, la majorité de l'Humanité est obligée de faire confiance aux scientifiques de tous bords, et principalement à l'astronomie.

Les astrophysiciens et les théoriciens de la cosmogonie ont imposé des dogmes qu'ils font semblant de modifier en douceur, tout en les noyant dans un fatras de jargon technique auquel le lecteur lambda ne comprend rien, mais qu'il doit accepter de bonne grâce, car venant de diplômés qui ont reçu licence d'enseigner de professeurs les ayant formatés à leurs idées suivant la ligne générale.

Je ne citerai que trois exemples des questions brûlantes, dont on nous a imposé une définition sans réplique, alors que l'incertitude demeure :

1) Soleil, astre froid ou chaud ? 2) Terre, planète sphérique pleine ou creuse ? 3) Antarctique, continent connu ou monde à part ?

A ce propos, il est curieux que dans les années soixante, **tous les gouvernements se sont engagés pour qu'il soit intouchable.** Bizarre, bizarre.

J'ai cité ces trois exemples sans vouloir prendre parti, mais pour faire ressortir une anomalie importante :

Nous n'entendons qu'un seul son de cloche !

Comme pour le réchauffement climatique qui représente une manne colossale de **45 mille milliards de dollars** qu'il ne faut surtout pas laisser s'évanouir dans la nature, les opposants ou simplement les sceptiques qui voudraient entendre des arguments convaincants, irréfutables, sont muselés et n'ont pas le droit à la parole.

C'est ce que j'ai appelé : inquisition scientifique, qui n'a rien à envier à la religieuse. **Même la torture morale, et jusqu'à l'élimination physique progressive, sont utilisées.**

De même en égyptologie ; la recherche du tombeau de Cléopâtre par une avocate reconvertie sans diplôme, n'a posé aucun cas de conscience à Zahi Hawass, puisque situé en fin d'empire égyptien. Aucun risque donc de bouleverser les datations. La Grande Pyramide n'étant pas concernée.

La Lune est un astre mort, il n'y a rien dessus ni dessous (malgré les affirmations des astronautes), et elle appartient aux futurs colons (reste à connaître leur nationalité). Signé : NASA.

Or, si nous avions des contacts officiels et amicaux avec des E.T. certainement plus avancés que nous dans de nombreux domaines, ils pourraient nous apporter des précisions, nous fournir des éléments péremptoires qui risqueraient de balayer les dogmes scientifiques. Et donc de remettre en cause la manne de milliers de milliards de dollars qu'ils représentent. En plus de la mainmise sur le peuple.

Ce qu'il ne faut surtout pas !

Afin d'éviter cette éventuelle possibilité en montrant notre bonne volonté et notre tolérance planétaire, il n'y a qu'une chose à faire : continuer d'alimenter nos luttes intestines, maintenir l'inquisition, et continuer d'instiller la peur de l'E.T. qui ne peut être qu'un méchant envahisseur.

De cette façon, il y a peu de probabilités pour que des discussions sur les points sensibles voient le jour. La seule préoccupation du peuple affolé et inquiet étant de haïr et de fuir, si un jour des voyageurs cosmiques se présentaient avec de bonnes intentions.

Et pour cela, il faut lui offrir des dérivatifs lénifiants en apparence, mais dangereux en profondeur : Internet, iphones, tablettes, qui le contrôlent sournoisement.

Et de manière plus ludique : football et rugby.

Ainsi, l'espèce humaine est suffisamment programmée et encadrée, pour refuser sous toutes les formes un contact qui ne pourrait être pourtant que bénéfique, en faisant avancer la Connaissance par comparaison.

Car tout est là : deux avis valant mieux qu'un, il est plus facile de se faire une idée précise d'un fait, si l'on entend les deux parties.

Et d'en tirer éventuellement une conclusion balayant les dogmes imposés jusqu'à ce jour dans l'isolement.

Isolement que la NASA a probablement contribué volontairement à nous faire imposer – à l'aide des missions Apollo - puisqu'allant dans le sens souhaité.

En effet, comment expliquer que sous couvert d'œuvrer pour l'Humanité entière, seul le drapeau américain fut planté sur la Lune, par le Corps des Astronautes Américains (A.A.C. selon les initiales des trois hommes du premier vol) de la mission Apollo 11 ? Pourquoi cette provocation parfaitement orchestrée, bras d'honneur envers les Sélénites ?

Pourquoi toutes les missions ont-elles laissées leurs cochonneries sur place au mépris de la bienséance, et du principe hautement affiché de la stérilisation ? Voir : '' *Américan Astronauts Corps* '' du livre :'' *De l'écorce terrestre au dieu inconscient.''*).

En agissant ainsi volontairement de manière éhontée, la NASA cherchait-elle à faire condamner la planète entière ?

Etait-ce le véritable objectif ultra -secret de ces expéditions lunaires ?

*   *   *

SCAPHANDRE ET TERRAFORMATION
* * *

De tous les pays terrestres, peu nombreux sont ceux qui peuvent regretter de ne pas avoir de représentations rupestres d'entités engoncées dans un scaphandre. Sans doute pour ces '' laissés pour compte'' n'est-ce qu'une question de temps, avant de pouvoir entrer dans le panthéon par la découverte tardive de ces êtres venus d'ailleurs. L'électronique pointue, l'informatique devenant quantique, et la science des particules progressant formidablement, permettent à l'archéologie de scanner précisément, à l'aide des satellites, une surface étendue de terrain ; alors qu'il faudrait des décennies pour la creuser péniblement et au hasard avec pelles et pioches.

Ce défrichement de bureau indique à coup sûr où fouiller pour dégager une nouvelle pyramide, ou des structures artificielles complexes. De plus, il révèle que les déserts ne l'ont pas toujours été, et recèlent dans leur sous-sol des myriades de monuments et de villes entières, qui ne demandent qu'à retrouver la lumière solaire.

De quoi donner des siècles de travail et de déchiffrement aux archéologues.

Donc, par là même, découvrir également des souterrains et des grottes non encore répertoriés, avec en prime des graffiti, des gravures de visiteurs en grande tenue spatiale de cérémonie.

L'imposante salle découverte au-dessus de la grande galerie dans la Pyramide-Mère de Guizeh, est une promesse d'autres à venir. Toutefois, l'archéologie étant une dévoreuse de temps, entre les prémices et la mise au jour définitive, il peut s'écouler tellement d'années, que les découvreurs initiaux ne sont pas assurés de contempler de visu la finalité de leurs efforts.

Ceci étant défini, revenons à nos petits bonshommes avec la tête emprisonnée dans le bocal.

En premier lieu, il est incontestable que si les indigènes les ont représentés ainsi, c'est qu'ils les ont vus tels quels. Ces êtres ne sont pas imaginaires, et le scaphandre ne peut être une œuvre de fiction de cette époque ; surtout répandue à travers le monde.

Nous verrons plus tard ce que peuvent être ces ''astronautes de la préhistoire''.

Pour le moment, intéressons-nous au scaphandre ; à quoi peut-il servir ?

Tout d'abord, parce que l'environnement est nocif ; c'est le cas du plongeur sous-marin évoluant dans un milieu inadéquat ; ou des astronautes.

En second, et même si l'atmosphère est compatible, il évite d'être soumis aux microbes et autres virus du monde étranger ; de plus, cette protection est à double sens, en empêchant ses propres bactéries d'être à même de contaminer de manière épidémique la population locale. Si par exemple, les conquistadors espagnols avaient porté un scaphandre, ils n'auraient pas transmis aux précolombiens des maladies désastreusement dévastatrices.

La troisième possibilité est le leurre.

On retrouve ce thème dans certains livres de science-fiction, où de potentiels envahisseurs jouent les malheureuses victimes en ne pouvant pas survivre dans notre atmosphère sans scaphandre. Alors qu'en réalité, ils respirent un air identique. Ce qui rassure les terriens bonnes pommes, persuadés que ces êtres ne représentent pas un danger.

Tout comme dans les premiers temps de l'Ere Ufologique Moderne, les ufonautes ont utilisé ce subterfuge pour faire croire aux enquêteurs privés et organismes gouvernementaux qu'ils venaient d'un monde à l'atmosphère différente de la nôtre.

Comme par la suite les scaphandres disparurent définitivement, on peut en inférer sans l'ombre d'un doute, que l'utilité ludique de cet accessoire encombrant avait fait son temps.

En effet, il est évident qu'aucune race ne peut être capable de respirer une atmosphère toxique en aussi peu d'années. A la rigueur, seule une accoutumance progressive sur plusieurs générations pourrait peut-être arriver à ce résultat, mais avec des modifications physiques et physiologiques ; et à condition que les atmosphères aient quelques points communs, et ne soient pas fondamentalement opposées, comme l'oxygène, le chlore et le méthane.

Donc, exit le scaphandre protecteur respiratoire et anti-microbes chez nos voisins farceurs. Tout comme nous, ils sont immunisés.

Cependant, on peut être assuré que les entités rupestres n'ont pas agi dans ce sens auprès des Néandertaliens. Il n'était pas nécessaire de jouer la comédie avec des hommes sans connaissances astronomiques et scientifiques poussées. Et donc innocents dans le sens le plus noble du terme.

Il ne reste plus que les deux premières possibilités, et à mon sens, seule la protection microbienne est à retenir.

Pourquoi cette certitude ?

Ces entités sont humanoïdes !

Or si cette forme est la plus répandue dans l'univers, c'est que l'atmosphère de la planète correspondante est basée sur l'oxygène, probablement au taux proche de 21 pour cent, comme la norme terrestre.

Si ce gaz et ce niveau étaient totalement différents, l'aspect corporel ne serait pas humanoïde, mais assurément étrange. Ce que les autochtones n'auraient pas manqué de faire figurer.

Même les statuettes des créatures reptiliennes du musée de Bagdad, sont morphologiquement humanoïdes.

Alors de deux choses l'une : ou ces astronautes étaient des Suivants de l'Abeille, ou ils venaient d'un autre système solaire de notre Galaxie.

Les deux hypothèses ne s'excluant pas l'une / l'autre.

Avant l'arrivée sur Terre des Bitiw, il a pu y avoir d'autres visiteurs.

Et aussi après leur installation définitive.

Dans ce cas, y-a-t-il eu contact entre les deux groupes ?

C'est possible, avec trois alternatives :

1) Ces visiteurs étaient des naufragés qui sont repartis après avoir été secourus par les Sokariens. A moins qu'ils se soient intégrés à eux.

2) Il s'agissait d'explorateurs scientifiques pacifiques, se contentant de cataloguer et d'enregistrer notre planète comme appartenant aux Suivants de l'Abeille.

3) C'étaient des envahisseurs peu nombreux, technologiquement moins avancés. Ils ont vite compris que leur intérêt était de chercher ailleurs un refuge potentiel.

Toutefois, il est possible qu'ils aient tenté leur chance ? D'où une guerre de courte durée, dont il reste des traces éparses dans la mémoire des hommes.

Mais force restant définitivement aux Suivants de l'Abeille.

A ce propos d'ailleurs, il est possible que l'astroport des anciens dieux du mont Mashou / Ararat, avec Shamash comme directeur, ait été utilisé comme base principale.

Rappelons à ce sujet que Gilgamesh, le roi d'Ourouk, était deux tiers Bitiw, un tiers humain. ('' *Gilgamesh et le mont Mashou*'' dans '' *De l'écorce terrestre au dieu inconscient*'').

Deuxième partie :

Toujours dans la littérature science-fictionniste, des auteurs font état de la terraformation d'une planète ; c'est le cas de Vénus pour Francis Carsac. C'est aussi le scénario d'un épisode de la série télévisée '' *Stargate*''. Mais là, c'est une race alienne qui veut s'accaparer une planète de type terrestre.

Cette imposante et impressionnante modification consiste tout simplement à supplanter le travail de la nature, en lui substituant d'autres conditions de vie ; nouvelle atmosphère, remplacement de l'eau par un autre liquide toxique pour nous ; faune et flore différentes en adéquation ; bref un nouvel ADN généralisé, compatible avec les concepteurs du projet.

Cette transformation requiert donc une science nettement supérieure à la nôtre, des ressources prodigieuses de l'ensemble d'un monde, et non d'un seul pays ; également des moyens de transport et une logistique pour lesquels le problème financier ne doit pas intervenir.

Précisons que cet avant-propos n'est rien comparé au temps exigé pour que le travail soit complètement et correctement achevé et viable.

Si, en jouant les dieux créateurs, on multiplie par un facteur cent ou mille la vitesse de l'évolution naturelle, ce qui paraît considérable à première vue, sur une période de cent millions d'années terrestres – pourtant négligeable sur le plan géologique -, il faudra tout de même attendre cent-mille ou un million d'années avant de profiter de ce paradis.

La civilisation ayant entamé le travail, n'en verrait pas l'aboutissement. Alors, à quoi bon entreprendre une opération impossible à mener à bien, alors que des milliers de planètes peuvent éventuellement convenir, avec un minimum d'aménagements ?

Même en supposant une opération proche de la magie, c'est-à-dire en accélérant encore le processus, le minimum se compterait encore en milliers d'années, pour pouvoir vivre confortablement, et non sous des coupoles protectrices.

Ce que les rêveurs oublient, c'est que la vie en général d'une planète est liée à un ensemble de composants qui travaillent en harmonie et cohérence.

Prenons l'exemple de la flore terrestre :

Les arbres et les plantes absorbent le gaz carbonique rejeté par les humains et les animaux, pour le transformer par photosynthèse en oxygène, pour alimenter l'atmosphère, et permettre ainsi aux hommes de respirer.

Remplacez cet oxygène par du chlore, et toute la flore actuelle sera détruite. Quant à la remplacer par quelque chose d'équivalent, ce n'est pas une opération qui se réalise en claquant des doigts.

Et ce raisonnement est aussi valable pour les animaux et bactéries, du plus grand au plus minuscule virus.

La déduction est donc facile à exprimer ; une race extraterrestre ne respirant pas l'oxygène, et donc non humanoïde, ne pourrait envahir la Terre avec l'espoir de la transformer pour y vivre à visage découvert.

Sauf en étant protégée par des coupoles étanches, ce qui ne serait pas la solution idéale.

La crainte de certains scientifiques pusillanimes pour ne pas dire peureux devant la proposition de Seth Shostak d'envoyer des messages dans le cosmos pour nous faire connaître, n'a pas lieu d'être.

Curieusement le plus renommé de ces astrophysiciens, le défunt Stephen Hawking, croyait aux menaces pesant sur la Terre, et ' ' *préconisait toutefois de n'envoyer aucune missive et de ne répondre à aucun éventuel message !''*(Sciences et Avenir N° 854 avril 2018).

Pourtant, outre le temps qu'il faudrait au message pour parvenir à destination (vingt années-lumière), et l'arrivée d'éventuels loups attirés par l'appât du gain de notre globe, ceux-ci devraient être obligatoirement humanoïdes, et avoir la mentalité pourrie et dominatrice des terriens.

Si la première condition est possible sinon probable, la deuxième laisse beaucoup à désirer.

L'espèce humaine est sans aucun doute une exception dans le domaine de la sauvagerie, de la violence gratuite, de la méchanceté foncière, et de la soif de conquête.

Les attentats aveugles des fanatiques religieux (103 morts à Kaboul le 27 janvier 2018, et les autres notamment en France passive) en sont une illustration sanglante.

Si on y ajoute les agressions personnalisées quasi quotidiennes sans que la justice suive (pauvre France), pour un sac à main ou un portable, des explorateurs spatiaux comprendraient vite qu'ils ont sous les yeux une bestialité que même les animaux ne connaissent pas.

* * *

SONT – ILS REELLEMENT CONSCIENTS ?
*   *   *

La présentation par la chaîne ARTE en ce samedi 29 juillet 2017 d'une série de quatre documentaires astronomiques / astronautiques, dont trois dataient de 2016, n'a pas fait varier d'un iota la vieille antienne du '' Voyage vers Mars qui se réalisera '', ni celle du '' Méfions-nous du méchant envahisseur E.T.''

Dans ce dernier exemple, pour faire bonne mesure, on y ajoute une raison supplémentaire de l'arrivée des vaisseaux de l'espace (dans le documentaire, il n'y en a qu'un, un gros, sans doute par restriction de budget).

Tout simplement faire son marché parmi les populations pour remplir son garde-manger. On continue donc à se vautrer dans l'horrible et le vampirisme.

Et ce n'est pas la présentation actuelle en cet été 2017 pour les touristes et vacanciers au cirque de Gavarnie du roman de Bram Stoker sur Dracula, qui me contredira.

Et justement, mentalité généralisée oblige, aucun des professionnels apportant leur contribution – du célèbre ufologue Nick Pope à l'astrophysicien vieillissant Michio Kaku, en passant par des moins médiatiques – n'a évoqué la possibilité que cette visite soit le fait d'explorateurs totalement pacifiques, ignorant l'usage des armes, et persuadés que l'univers n'est peuplé que de doux rêveurs dans leur genre.

Interdit dans le scénario sous peine de censure ? Ou considéré comme ne faisant pas sérieux dans le contexte ?

En particulier, Nick Pope, un des chefs de file mondiaux de l'ufologie (ce qui ne mène pas loin), montre bien une fois encore les limites de la pensée de ces prétendus chasseurs d'OVI.

D'ailleurs, au cours de notre dernier récent entretien téléphonique, Claude Burkel m'a fait part de son écœurement du rabâchage pluri-décennal de ces chercheurs pontifiants.

Je ne suis donc pas le seul à crier au loup, et l'opinion de cet ancien enquêteur toujours sur la brèche et se battant comme un forcené pour éveiller les jeunes intéressés par le phénomène OVNI, est agréable à entendre.

Toutefois, n'est-ce pas le tintement de la clochette noyé dans le grondement du bourdon de Notre-Dame ?

Bon, poursuivons, et précisons que si Nick Pope pérorait, il n'était pas question d'OVNI. Ce que j'ai trouvé curieux de sa part. Comme si là aussi, on voulait éviter d'effleurer ce sujet trop dérangeant dans la certitude des âneries habituelles.

Non, il s'agissait toujours de discuter, de palabrer, de formuler une opinion quasi commune, à présent fortifiée par la multitude d'exoplanètes découvertes.

Nous ne sommes pas uniques dans l'univers, et bientôt, peut-être dans quelques jours, des E.T. viendront nous rendre visite (Nick Pope).

Amusant, n'est-il pas ?

Plus loin, nous verrons que la possibilité de cette visite n'est pas partagée par tout le monde.

Mieux encore, et toujours aussi drôle. Seth Shostak, le grand patron du programme SETI, n'ayant rien trouvé à se mettre sous l'oreille à l'écoute des hypothétiques messages, veut en lancer vers des étoiles éloignées de 20 années-lumière, afin que la réponse éventuelle nous parviennent dans la durée d'une vie (40 ans).

Ubuesque, direz-vous avec raison.

Bien sûr, je suis d'accord avec vous. Mais la farce ne s'arrête pas là ; tenez-vous bien.

Levée de boucliers de nombreux opposants qui craignent que ces messages attirent l'attention sur notre planète de voraces cannibales.

Et ces apeurés proposent quoi ? Eh bien, selon la vieille habitude terrestre, un symposium, la création de commissions qui disserteront à perte de vue sur la nécessité d'envoi de ces messages, sans arriver à se mettre d'accord, puisque c'est toujours le mot de la fin.

Tiens, je ne sais pourquoi, cette proposition me fait penser à notre chère Assemblée Nationale, et à ses oiseuses, onéreuses et inutiles commissions, dont il ne sort jamais que des ...dépenses, principalement de banquets, sur le compte du contribuable.

Est-ce tout ? Non, cher lecteur. Dans ces documentaires de haut niveau, il est aussi question de voyage vers Mars avec équipage humain, et de l'installation à demeure de chercheurs sur la lune (c'est *" 2001 l'odyssée de l'espace"* revisitée).

Et c'est là que je me suis posé la question-titre.

Encore et toujours les vieilles fusées incapables de contenir eau, vivre et oxygène (ne pas oublier de faire le plein de carburant, et de fermer le gaz avant de partir) pour un équipage et des passagers, sept mois de voyage aller, autant pour le retour (quand il est prévu, ce qui n'est pas le cas de tous les programmes en cours) .

Mais enfin, bon sang de dragon, on ne leur a pas dit à tous ces jeunots qui rêvent de fouler les déserts martiens, que les fusées sont des cercueils ringards, que l'homme est interdit de séjour dans l'espace depuis 1975, et que poser le pied sur la lune est synonyme, **au meilleur**, d'expulsion illico presto ?

Bien sûr que non. Comme pour l'égyptologie, les vieilles et pas vénérables barbes leur inculquent le sacro-saint principe que nous sommes les plus forts, les meilleurs, les premiers en tout (surtout en C…), etc…

Alors on dépense des fortunes et des trésors d'ingéniosité pour faire semblant que nous nous préparons un avenir spatial hors du commun ; **Qui ne verra jamais le jour !**

Cette affirmation péremptoire est confirmée par un documentaire diffusé par France 5 le 12 septembre, concernant l'aventure extraordinaire du programme Titan, et l'atterrissage (et non pas le titanissage bien sûr) de la sonde Huygens sur ce satellite de Saturne.

Merveilleuse soirée devant l'écran, ce qui est rare, voire exceptionnel.

Mais le film se termine sur des rêves inaccessibles et puérils.

Alors que l'on n'est pas fichus de retourner sur la Lune, les scientifiques envisagent d'installer une colonie sur un astre inhospitalier situé à plus d'un milliard de kilomètres, où le méthane liquide et les moins 180 degrés sont les rois. Et pour y arriver en six mois, il est envisagé s'utilisé une fusée à moteur ionique ; ce qui ne change pas grand-chose par rapport au statut actuel.

Et toujours pas un mot sur l'antigravitation !

Et pas une voix timide, fluette, de ténor ou de baryton ne s'élève pour proposer de faire une pause en mettant au point la propulsion antigravitationnelle ; et prendre le temps qu'il faudra pour y parvenir.

Tout en continuant à envoyer des sondes automatiques, dont les résultats sont remarquables grâce aux techniciens qui œuvrent avec efficacité, assis dans leurs fauteuils, sans quitter la planète-mère.

En fait et en vérité, des savants ont résolu depuis longtemps cette utilisation de l'antigravitation ; je ne citerai que Marcel Pagès, qui avait construit un engin opérationnel entièrement autonome.

Et d'autres chercheurs sans doute, qui ont été éliminés avec leur invention.

Mais tout a été jeté aux orties. Pourquoi ? Sur ordre de qui ?

A force de retourner le problème, j'en suis arrivé à la conclusion que je propose, et que je crois être la seule réponse possible. L'idée de l'interdiction de l'utilisation de l'énergie antigravitationnelle m'est venue au cours d'un entretien téléphonique avec Rémy l'Ami des abeilles (mais pas des moustiques). Comme quoi il est bon d'avoir des conversations très au-dessus des marguerites.

L'interdiction formelle d'envoyer des hommes dans l'espace lointain, c'est-à-dire au-delà de la lune, elle-même inapprochable, **comportait probablement la clause *sine qua non* de non utilisation de l'énergie antigravitationnelle.**

En effet, celle-ci permet de voyager à des vitesses fantastiques sur des distances considérables (illimitées pour ainsi dire), à moindre coût, tout en permettant d'emporter de quoi subvenir aux besoins d'un équipage humain.

Et au lieu des sept mois prévus avec une fusée asthmatique, le trajet vers Mars serait couvert lentement en quelques jours, pour peu que l'on veuille prendre le temps de profiter du paysage.

Les fabuleux cigares d'un kilomètre de long des Suivants de l'Abeille sont bien là pour nous en faire la démonstration.

En nous laissant faire joujou avec nos suppositoires volants à pédales huilées à l'hydrogène liquide, nous ne risquons pas de dépasser la banlieue terrestre. Ni d'exporter sur les autres mondes le surplus de nos guerres, dont nous possédons pourtant un stock considérable.

Nous fonçons donc vers une fuite en avant de plus en plus accélérée, sans pouvoir faire machine arrière, et dévoiler la vérité. Alors on continue à développer des projets onéreux et bons pour la poubelle, et on ne sait plus quoi inventer pour maintenir la pression sur le public.

Et curieusement, allant dans le sens de cet article déjà écrit et en cours de tapage lors de l'achat du bimestriel, la revue '' *Monde Inconnu*'' publie dans son numéro 387 d'août / septembre 2017 deux articles totalement contradictoires, et une déclaration de Stephen Hawking qui fait douter de son équilibre mental.

1) Il y aura un million de colons sur Mars d'ici cent ans.

Ce qui représente un défi mondial insurmontable au point de vue ressources, transports et logistique.

2) Mais l'espérance de vie de l'Humanité ne tient qu'à un fil.

C'est le véritable nœud Gordien ; qui le tranchera ?

3) On peut y ajouter l'élucubration que je qualifierais de traditionnelle sur les bases lunaires : '' *des missions qui vont devenir réalité d'ici dix ans.*''

C'est quand même beau d'arriver à bourrer le mou au peuple avec des fantasmes répétitifs, sans susciter aucune réaction de doute.

Cependant, hormis ces foutaises qui deviennent lassantes, le morceau de bravoure de ce numéro du '' *Monde inconnu*'', est la stupéfiante déclaration de Stephen Hawking. La voici *in extenso* :

'' *Pour vivre nous devons croire à nos chances d'être la seule espèce vivante intelligente dans l'univers et utiliser cette aubaine pour coloniser l'espace et d'autres planètes. Une idée folle mais écoutée avec beaucoup d'intérêt par les ingénieurs de la NASA.*''

Cher astrophysicien de très haut niveau, je suis désolé de vous le dire, mais ou vous perdez complètement la boule, car nous ne sommes plus sous la férule de l'inquisition religieuse, et la Terre n'est pas le centre de l'univers.

Ou je crois plus volontiers que vous êtes au courant de notre quarantaine illimitée. Alors, foutu pour foutu, vous racontez n'importe quoi pour essayer de vous raccrocher aux branches, en espérant que votre renommée fera pencher la balance.

Dans votre déclaration vous oubliez les occupants des OVI, dont pourtant ce même numéro titre : '' *Aurions-nous acquis leur technologie suite au crash de Roswell ?* ''

Qu'en pensez-vous monsieur le génie de l'astrophysique ?

Que de contradictions explosives en quelques pages d'une revue. Qui s'en apercevra ?

Mais outre ce poncif ahurissant, dans ce même article on trouve normal de laisser la démographie galoper brides abattues. Et ce n'est pas la déclaration de certains scientifiques américains annoncée sur TNT 27 ce 1er août, jugeant que la COP 21 n'a que 1 % de chance, qui nous rendra plus optimistes.

D'autant que ces messieurs commettent une erreur grossière en disant que la population mondiale sera de 11 milliards d'habitants en 2100.

Sous-estimation volontaire ou manque de lucidité ? En 2020 nous serons huit milliards bien tassés. **La natalité étant exponentielle, dans quatre-vingts ans, ce chiffre aura presque triplé**…si l'Humanité existe toujours.

C'est grotesquement amusant, et dramatiquement risible ; nous sommes condamnés à nous améliorer si nous voulons survivre, ou continuer ainsi jusqu'à disparaître complètement.

Le jugement qui nous est infligé de rester cloués sur notre sol, nous impose obligatoirement ce choix impératif.

Néanmoins, pour éviter d'alerter les populations, les dirigeants sont contraints de poursuivre un programme inutile, tout en distillant les paillettes dorées devant les yeux des moutruches.

Dans l'espoir qu'une grâce nous sera accordée ?

Si la bienveillante autorité levait l'interdit, alors nous pourrions construire cette nef antigravitationnelle.

Ensuite de quoi, quand tout serait prêt, charger de cadeaux l'astronef, afin de ne pas arriver les mains vides chez les E.T., qui attendent patiemment et les bras ouverts notre visite.

En n'oubliant pas d'apporter avec les salutations fraternelles de la planète Terre, une ruche remplie d'abeilles.

Car, le X remplaçant le S, l'anagramme d'APIS = PAIX.

*   *   *

REACTION EPIDERMIQUE.
*   *   *

Après avoir été marquée par des générations de livres, puis de films de science-fiction de plus en plus violents, horribles voire sanguinolents à l'extrême, présentant les E.T. comme des envahisseurs impitoyables, dont l'unique but est de réduire à sa plus simple expression l'espèce humaine, comment celle-ci réagirait-elle si elle apprenait la vérité ?

A savoir qu'après avoir placé la lune sur orbite il y a plusieurs dizaines de milliers d'années, ceux qui se présentent comme les Bitiw, Suivants de l'Abeille, et que j'appelle du nom générique de Sokariens, ont débarqué sur le plateau de Giza, dans la future Egypte, avant, bien plus tard, de s'installer à demeure dans le domaine souterrain du Duat et dans les abysses océaniques.

Ce qui n'est que la partie émergée de l'iceberg, car pour la partie secrète, les Suivants de l'Abeille continuent à travailler à la réparation de leur sanctuaire spatial, c'est-à-dire ce que l'on croit être NOTRE satellite, ainsi que l'a dévoilé en bloc George Léonard dans son ouvrage : '' *Ils n'étaient pas seuls sur la lune* '' (1976 éditions Belfond).

Il prolongeait et poussait plus loin les observations effectuées depuis des siècles par des astronomes amateurs et professionnels, relevant des activités et manifestations apparemment peu en rapport avec le principe généralement admis (sauf par les poètes) : lune astre mort.

Depuis George Léonard, la NASA a repris ces études de manière quasi officielle. Ne serait-ce que pour couper court à des rumeurs se propageant dangereusement de travaux effectués par de supposés êtres vivants. **Et bien que les commentaires en direct des astronautes des missions Apollo fassent état de bizarreries extraordinaires dont la nature seule ne pouvait être responsable.**

On voit souvent surgir des océans des engins énormes sortant de l'eau pour s'élancer vers le ciel. De là à supposer que ce sont des vaisseaux de liaison avec notre compagne céleste, il n'y a qu'une certitude que j'ai fait mienne.

De même ai-je affirmé que cette communauté des Suivants de l'Abeille est responsable des monuments gigantesques édifiés sur Mars dans une lointaine antiquité. Ainsi que de ceux en réduction du plateau de Giza.

Bien, ceci étant dit, écrit et certifié par l'auteur, revenons à cette réaction humaine détaillée, si le secret bien connu de la NASA et de nombreuses autorités (vaticanes), était d'un seul coup dévoilé.

Il est plus que probable que pour l'ensemble de la population - à laquelle les sinistres jeux vidéo ont renforcé l'impact du cinéma catastrophe -, serait l'épouvante suscitée par la crainte distillée depuis longtemps, d'un envahissement à brève échéance.

Mais pourtant que l'on ne voit pas se concrétiser depuis des décennies sans nombre !

Peu importe ; l'être humain de base, celui que j'ai baptisé moutruche, ne réfléchirait pas un seul instant que cet envahissement, et l'esclavage odieux qui s'en suivrait pour les survivants, auraient pu se produire depuis des temps immémoriaux.

Les diverses autorités gouvernementales – en plein accord secret -, n'agiraient pas ainsi en dévoilant ce qu'elles taisent depuis des lustres, sans une arrière- pensée peu altruiste.

En effet, cette décision à première vue surprenante, aurait probablement pour but de resserrer encore un peu plus le carcan maintenant les peuples dans d'étroites limites.

Il suffirait de continuer à propager – de manière officielle cette fois -, la phobie du méchant et monstrueux envahisseur, que des films, que j'estime engagés tel '' *Independence Day* '' ont contribué à servir.

Ce qui autoriserait à instaurer un contrôle drastique de la population, sous le prétexte de démasquer éventuellement ce que l'on nomme communément : cinquième colonne, abritant un nid d'espions, voire de collaborateurs travaillant insidieusement de l'intérieur.

Car, et c'est là le plus drôle de l'histoire – façon de parler -, les Sokariens ne bougeraient pas, et ne se manifesteraient pas au grand jour. Ils resteraient dans l'ombre, se contentant de poursuivre leurs incursions aériennes et terrestres immuablement et imparablement, sans changer un iota de leur politique basée sur l'amusement.

LES TERRIENS ACTUELS NE LES INTERESSANT PAS !

Par ailleurs, devançant les chrétiens en perte de vitesse, les musulmans s'empresseraient sans aucun doute de profiter de cette manne inattendue, pour renforcer leur domination en mettant sur le compte de leur dieu préféré l'existence de ces êtres venus d'ailleurs.

Leur slogan pourrait se résumer à ceci :

'' Si ces E.T. ont choisi d'amener leur planétoïde près de notre monde et de descendre sur Terre, c'est parce que celle-ci est le royaume principal d'Allah, et qu'ils ont voulu se rapprocher du maître de l'univers''.

Bien sûr, d'autres religions ou philosophies pourraient en dire autant ; c'est à celle qui surenchérirait.

De leur côté, les scientifiques seraient décontenancés. Si pour certains astronomes et astrophysiciens les E.T. ne sont pas un mirage mais bien une réalité logique, le fait de savoir qu'ils sont parmi nous à notre insu depuis des millénaires, serait probablement considéré comme une gifle morale.

On a tellement argumenté sur notre intelligence unique en son genre, sur notre savoir que nulle autre espèce dans le cosmos n'a pu atteindre, que le fameux aphorisme prôné par de grands esprits imbus de notre supériorité : '' Si les E.T. existaient, ils seraient déjà venus sur Terre '' se retournerait contre ces savants de pacotille. Puisqu'ils étaient là sous notre nez et que nous ne les voyions pas.

Et avec quelle science nettement au-dessus de la nôtre !

Quant au pouvoir occulte, celui des banquiers devenant peu à peu officiel et bien visible, s'il autorisait la NASA à dévoiler ce voisinage, qui pourtant les dérange un tantinet, c'est parce que les spéculateurs y trouveraient leur compte (en banque).

En effet, cette annonce ferait dévisser vertigineusement les actions boursières, ce qui arrangerait les initiés. Par la chute des cours, qui progressivement remonteraient une fois la panique initiale maîtrisée par le calme qui s'en suivrait – l'invasion annoncée n'ayant pas lieu -, ces spéculateurs ramasseraient un gros paquet de billets (verts de préférence) gonflant leur portefeuille.

Et comme toujours, le seul que se trouverait être le dindon de cette farce spatiale, c'est le peuple pris en otage.

Etranglé par la censure gouvernementale, lancé dans les bras des religions sous prétexte de protection divine, victime de la flambée des prix qui ne manquerait pas de s'ensuivre, comme toujours quand il s'agit de rumeurs de guerre.

Ou d'arrivée d'ouragan du siècle ; en Floride, en prévision de pénurie éventuelle causée par Irma, le jus d'orange a été augmenté de 6 pour cent (annonce Franceinfo radio). C'est toujours ça de gagné.

Parmi les bénéficiaires, on peut présumer que les terroristes islamistes seront aux premières loges. Ce qui est logique, bien que paraissant insolite.

La peur de ce grand méchant loup-garou se verrait d'un seul coup supplantée par celle d'un ennemi en principe bien plus féroce.

Ce qui leur laisserait les mains libres pour agir à leur guise, multipliant les attentats qui seraient mis sur le compte de ces envahisseurs imaginaires.

Bref, de quoi accentuer une pagaille parfaitement orchestrée.

La NASA est-elle en train de la préparer ?

* * *

EMBARGO HUMANITAIRE.
* * *

Après le passage dévastateur de l'ouragan Irma sur les îles de Saint Martin et Saint – Barthélémy en ce début septembre 2017, je ne peux que regretter et m'indigner une fois encore que l'Humanité n'ait pas choisi la voie normale de l'évolution, en voulant à tout prix continuer à utiliser des machines volantes bruyantes, polluantes, poussives, et à la merci des éléments naturels : pluie, vent, tempête.

Ce constat inclus aussi bien les hélicoptères et avions, que les fusées, dites lunaires donc en principe pacifiques, et que les missiles balistiques atomiques porteurs de mort latente.

Le tout pour toujours plus engraisser les profits de quelques individus totalement indifférents au sort du reste de l'espèce humaine.

Nous ne sommes plus au temps du : '' Courbe la tête fier Sicambre'', ancêtre de notre vieille et vénérable France. Mais à celui du : '' prosterne-toi vil esclave devant ton dieu pétrole, et adore ses prêtres officiants.''

Irma, porte-parole involontaire de ces ''personnages'' (guillemets indispensables) qui n'ont rien d'humain, et à l'âme plus noire que les fumées des feux de l'enfer, a apporté une preuve supplémentaire de notre retard technologique.

Retard qui aurait pu être comblé et éviter ainsi les désastres humains et matériels des deux îles françaises, sans parler des autres nationalités touchées : Hollandaises, Cubaines, Florido-Américaines, entre autres.

Il suffisait - et ce verbe prend ici une importance toute particulière – d'accepter d'aider ceux qui ouvraient la voie de l'antigravitation ; tel Marcel Pagès dont les plans étaient absolument au point, et le prototype de laboratoire parfaitement fonctionnel.

Dans mon esprit, il n'est pas question de lancer un vibrant cocorico, car peu importe la nationalité du chercheur. Il s'agit de rester dans la logique constructive, qui consiste à aller de l'avant **du moment qu'il est positif.**

Et c'est bien le cas de cette énergie ; avec elle, fini le bruit, la pollution, la lenteur.

LA LENTEUR : tout est là.

Averties à l'avance de la progression de l'ouragan Irma (et bien sûr de tous les autres auparavant), les autorités françaises, auraient pu envoyer par anticipation des troupes armées pour prévenir les pillages, des médecins et infirmières avec du matériel adapté, des dizaines de milliers de packs d'eau. Et bien entendu les matériaux indispensables pour protéger les infrastructures.

Les OVI Sokariens l'ont abondamment démontré en se jouant : ils peuvent faire le tour du monde en moins de deux heures, et je suis sûrement pessimiste sur cette durée.

Un pont aérien entre la métropole et les îles, affrontant avec succès les conditions climatiques, aurait pu amener à pied d'œuvre tout le nécessaire en moins d'une heure. En fait, la préparation, l'embarquement et le déchargement demanderaient plus de temps que le transport lui-même.

J'ajouterai ce qui est sans doute une utopie, car une invention n'en entraîne pas forcément une autre, surtout de grande ampleur. Je veux parler du bouclier champ de force, que j'ai déjà évoqué.

C'est peut-être une application généralisée de l'antigravitation, sans certitude. Cependant, son invention eut été une pure merveille, à condition de ne pas la réserver pour l'usage militaire.

Avec ce bouclier, même un ouragan de force dix – si ce degré existait - se casserait immanquablement les dents, laissant ce qu'il espérait être ses victimes, aussi intactes qu'avant son passage.

Mais voilà, je rêve. Les hommes n'ont pas suivi la voie de la sagesse, privilégiant celle de l'argent, du pouvoir (pour quelques-uns seulement) ; ces deux composants apportés par le pétrole.

Ce qui permettait de s'en affranchir devait donc être honni !

Cette politique de l'autruche engraissée poussée à son extrême, a eu pour conséquence, pas forcément inattendue de la part des dirigeants occultes, mais négligée ou minorée, d'aboutir à un embargo spatial de la part des Suivants de l'Abeille.

Ils nous ont laissé atteindre leur sanctuaire lunaire, en espérant peut-être une lueur d'intelligence. Mais quand ils constatèrent que seul le drapeau américain fut planté, **non accompagné de celui de l'O.N.U.**, ainsi que la logique et le message déposé le laissaient supposer (au nom de tous les peuples de la Terre : balivernes oui !) ; et quand ils virent les déchets s'accumuler sur leur sol, au mépris du respect de la bienséance et de leur domaine sacré, la coupe débordant, **ce fut l'interdiction de ne pas dépasser la banlieue spatiale en 1975.**

Depuis, l'enfer terrestre n'a fait qu'empirer, et l'astronautique plafonne au maximum à mille kilomètres, limite extrême.

L'espèce humaine est la seule responsable de ses propres malheurs, par la faute de quelques mafieux tout-puissants.

Mais le dernier résultat en date de cette politique pourrie (pardon pour le pléonasme), ce sont des vies humaines, une catastrophe écologique et environnementale, des milliards d'euros de dégâts matériels, une économie et des ressources (principalement touristiques) qui mettront des mois, et plus probablement des années à se rétablir.

Cependant, peu importe du moment que de nouvelles poches de pétrole sont découvertes…
Et par voie de conséquence, cet embargo devient humanitaire.

* * *

DU POINT DE VUE HUMAIN...
* * *

...Et en mettant de côté le principe de base de l'amusement, le comportement des occupants des OVI / OSMI a de quoi surprendre.

S'ils accompagnent parfois les avions durant quelques instants, avant de partir subitement à super grande vélocité, ou si un OSI (Objet Submersible Identifié) suit le sillage d'un cargo pour ensuite le rattraper et plonger sous lui vers les grandes profondeurs, on pourrait penser à une action sans but précis, due à un simple désœuvrement passager, même si l'apport ludique est sous-jacent.

On remarquera que ce raisonnement est celui d'un terrien bon teint, avec son propre psychisme, qui n'est pas celui des Suivants de l'Abeille.

D'autre part, si ces cas de poursuites sont connus et décortiqués car dévoilés, un nombre considérable de manifestations de survols, de suivis, d'atterrissages, de plongées ou sorties maritimes reste et restera inconnu.

Peut-être trop légèrement ou abusivement, ce nombre est chiffré à près de 90 %. Sans le cautionner ni le discuter, reconnaissons honnêtement qu'un chiffre lancé ainsi à l'aveuglette est plus théâtral que crédible.

La seule certitude en la matière est qu'il y a forcément des **témoins à travers le monde** qui n'ont jamais rapporté leur observation, voire leur rencontre avec des ufonautes. Je rappellerai Valensole où seul Maurice Masse fut sur le devant de la scène. Alors que cette bourgade et ses environs sont l'objet de visites répétées.

Personnellement, j'ai été en contact avec des personnes qui m'ont raconté ce qu'elles avaient vu des années auparavant, et dont elles parlaient pour la première fois.

La peur des railleries des voisins et des '' amis '', de la condescendance polie des gendarmes et des enquêteurs, l'acharnement négatif des journalistes, sont autant de freins susceptibles de museler définitivement un témoignage de grande valeur.

Sans parler des rares fois où le témoin ne devait pas être à cet endroit à ce moment-là ; d'où des complications personnelles à ne pas étaler.

Et bien entendu, les innombrables confrontations par les trois forces armées de tous les pays qui resteront secrètes à jamais ; à part celles qui ont transpiré, et qui ont eu un grand retentissement.

Ce qui laisse présager l'existence d'un dossier ultra-sensible, qui s'il était ouvert au public, insufflerait soit une panique généralisée parmi ceux qui confondraient réalité et envahisseurs ; **deux mots totalement opposés en matière d'ufologie.**

Soit un espoir probablement illusoire pour les plus lucides ; car même si les Bitiw admettaient officiellement leur existence, **ils s'empresseraient de maintenir leur indépendance, et de repousser tout accord général ou particulier.**

Quand on constate l'attitude puérile de l'ONU face à la Corée du Nord, on se rend bien compte que toute intervention extérieure est vouée à l'échec. Et qui plus est, ne ferait qu'attiser les tensions internationales.

Les preuves de bonne foi seraient considérées comme autant de bienveillance exclusive envers d'autres nations adversaires.

Et réciproquement comme de juste ; écheveau impossible à démêler, et qui est bien connu des Suivants de l'Abeille.

C'est pourquoi les manifestations de nuit sont les plus nombreuses dans les lieux désertiques loin des regards, notamment les étendues marines, trop vastes pour être observables sur leur totalité en permanence.

Et si, comme pour Christophe Colomb en 1492, un OVI manœuvre dans les airs, surgit brusquement de l'océan à proximité d'un navire de guerre, un OSI est repéré par les détecteurs d'une flotte, ce n'est pas un hasard, **mais bien un acte volontaire.**

Et quand ce vaisseau spatial tourne deux ou trois fois autour du bâtiment militaire, alors qu'il est à portée de canon de celui-ci, ce n'est pas pour comparer les métiers, mais bien **par curiosité provocatrice.**

Bien que protégés par son champ de force, et ne risquant rien, les occupants veulent se rendre compte si les marins plus ou moins paniqués ouvriront le feu.

Toutefois, ce comportement n'est que l'aspect secondaire d'une mission qui reste inconnue.

Néanmoins, et malgré tous les rapports étudiés et les manifestations supposées, on peut conjecturer que l'activité des Bitiw n'est pas aussi intense que celle de l'espèce humaine.

En premier lieu, le trafic routier et ferroviaire est typiquement affaire des terrestres ; et il est fort probable que les transports des passagers par voie aérienne, spatiale et maritime de nos voisins, sont loin d'être aussi intensifs que les nôtres ; ne serait-ce que par l'énorme différence démographique.

Alors, que peuvent donc être leurs activités ?

1) La surveillance à distance et hors de portée des regards, des différents conflits opposant ces imbéciles d'humains pour une poignée d'hosties ou de merguez consacrées à un autre dieu.

2) Le contrôle des centrales nucléaires. La vidéo du cigare venant constater les dégâts de Fukushima en mars 2011, a fait le tour de la planète. C'est une preuve on ne peut plus indéniable.

3) Autre preuve confirmée par les militaires américains et russes : la surveillance étroite des bases de lancements de missiles nucléaires, avec démonstrations de neutralisation des vecteurs.

4) Allant dans le même sens ; le suivi de la progression scientifique, tant militaire (surtout) que civile.

5) Le contrôle généralisé de l'activité volcanique et sismique.

6) Probablement aussi celui des humeurs du soleil dans tous les domaines : apparitions, évolution, disparitions des taches ; les variations du magnétisme ; et les prévisions des éjections de masses coronales qui pourraient mettre à mal la magnétosphère.

Les Bitiw ont la supériorité technologique conséquente pour s'approcher directement de l'astre central à la distance voulue pour effectuer les relevés en temps réel.

7) Assurément aussi l'exploration et l'étude des cités et monuments engloutis. L'avantage d'être à l'aise dans les grandes profondeurs, autorise l'accès à des villes d'une antiquité inconcevable : l'Atlantide redécouverte.

Sachant que les hommes ne pourront y avoir accès que dans un avenir tellement lointain – s'ils existent toujours – les Suivants de l'Abeille ont tout loisir de travailler sereinement.

Egalement aussi, l'exploitation des mines à très grandes profondeurs, et l'exploration des cavernes naturelles, peut-être pour agrandir leur domaine, à des endroits définitivement interdits aux hommes.

8) Enfin, une grande partie des envols des vaisseaux de toutes tailles concerne certainement les voyages spatiaux pour l'étude des planètes et des satellites du système solaire, et les relations à l'aide des lignes régulières avec les colonies lunaires, martiennes, et sans doute autres.

En définitive, toutes ces manifestations visibles, inaperçues, ou volontairement cachées, dissimulent en réalité une activité beaucoup plus dense et soutenue que ce que l'on pourrait croire.

Et c'est sans doute pourquoi l'amusement tient une si grande place ; ces moments de détente aux dépens (relatifs) des humains, représentent les vacances accordées en contrepartie des efforts fournis et du travail accompli.

D'autant que la bêtise humaine est loin de favoriser la tâche des Suivants de l'Abeille. Chaque jour sur la brèche, se demandant tous les matins à l'écoute des informations, ce que ces bipèdes orgueilleusement stupides vont bien pouvoir inventer pour se détruire davantage.

*   *   *

COMMENTAIRE :

Il est à remarquer que si un pourcentage inconnu mais jugé comme conséquent concernant les manifestations des OVI proprement dits, est ignoré, il en n'est pas de même pour les visites de Marie.
On peut être assuré qu'aucune de ses apparitions n'est restée dans l'ombre.
Déjà par le fait qu'il s'agit de religion, et que les voyants se battent pour faire connaître la merveilleuse vision. Mais aussi, parce que la Sainte Vierge veut sans doute que toutes, absolument toutes ses visites soient connues. D'autant que contrairement aux témoins des posés d'OVI, la presse est plus respectueuse pour les mariologies.
Ce qui peut signifier que dans certains cas de rencontres du troisième type, les ufonautes se moquent que les témoins parlent ou se taisent.
Et s'ils voulaient que leurs témoignages soient connus, la technologie de l'inconscient entrerait en jeu.
D'autre part, pour des visions plus lointaines ou aériennes, leur peu d'importance *apparente*, ne justifie pas pour le témoin une publicité qui pourrait devenir trop dérangeante.

* * *

APRES – PROPOS.

* * *

J'ai repris les articles plus représentatifs, et j'avoue aussi, les plus spectaculaires, et donc en principe les plus explicites, et pouvant emporter l'adhésion du lecteur.

Ce regroupement d'articles ufologiques en un seul volume permettant d'avoir une meilleure vue d'ensemble, en plus d'être cohérente.

Pour ce lecteur qui est à la base de mes préoccupations, j'ai voulu que les articles présentés auparavant de manière disparate concernant la trilogie du phénomène OVNI-A.M.- Agroglyphes se trouvent réunis.

Eventuellement sous une présentation nouvelle, afin qu'ils soient plus digestes (je pense notamment à la technologie de l'inconscient, ou au quatrième secret de Fatima), et avec parfois des compléments (la peur de l'E.T., la farce suprême, ou les centuries de Nostradamus), ou des commentaires additionnels.

Ces nouveaux articles se rapportant à l'ufologie ou la côtoyant de près.

Avec les nouveautés, telles l'histoire officieuse des Suivants de l'Abeille, ou la théorie du Nombre d'Or créateur de l'univers, j'espère ne pas avoir été trop ardu ou complexe.

C'est pourquoi j'ai limité les exemples pouvant aider à la compréhension du phénomène, sans arriver à la saturation.

Notamment, j'ai essayé de mettre en lumière les contradictions de celles et ceux qui agissent au sein de ce phénomène.

Pour lesquels, les mathématiques sont une sorte de religion ; le quatrième secret de Fatima en est l'exemple dominant.

Bien que je sache que tout le monde n'y trouvera pas son compte. Certains jugeront que j'aurais dû expliquer davantage ; d'autres, que j'ai été trop prolixe ou répétitif ; c'est classique.

J'ai principalement écrit pour les découvreurs du phénomène OVNI, mais aussi pour les personnes de tous âges intéressées ou se passionnant carrément pour les sciences, et raisonnablement pour le paranormal.

Par raisonnable, j'entends : ne pas se précipiter et avaler goulument tout ce que l'on présente sans réfléchir.

En ce qui concerne les sciences, l'astronomie est une base idéale, car elle permet d'appréhender la petitesse de notre système solaire, et encore plus celle de la Terre et de ses misérables pucerons dits sapiens.

Le phénomène OVNI-A.M.- agroglyphes peut donc être plus compréhensible à la lumière de ces connaissances de base.

Auxquelles il convient d'ajouter impérativement : **l'objectivité et l'ouverture d'esprit.**

Sans ces deux qualités, on est voué immanquablement à passer à côté d'une voie nouvelle.

Celle-ci peut mener à une impasse ; ce n'est pas ce qui importe. Il suffit de revenir en arrière, et de prendre une autre direction. Tandis que rester figé sur une seule idée devenue fixe avec ses œillères, ne mènera à aucun résultat.

Bien sûr, même en utilisant cette méthode qui ne connaît pas de limites mentales ou psychiques, il se peut que ce soit moi qui me fourvoie, et que les ufologues traditionnalistes aient raison avec leurs E.T. venant par hasard d'un autre système solaire.

Toutefois, tant que quelqu'un ne m'aura pas prouvé par A + B et même Z que j'ai pris les Suivants de l'Abeille pour argent comptant, et que de ce fait ma carte de crédit est épuisée, je resterai sur mes positions.

Voyez-vous cher lecteur, pour en arriver à ce septième livre, j'ai dû jeter par-dessus les moulins mon bonnet trop lourd à porter, car chargé des enseignements scolaires (pourtant plus éclairés que ceux d'aujourd'hui), étudier et apprendre par moi-même, en faisant le tri pas toujours facile.

Oui, je suis baptisé, je suis allé au catéchisme et j'ai fait ma première communion.

Il a fallu que j'étudie en détail les apparitions mariales, dont j'ignorais à peu près tout. C'est-à-dire que j'en savais autant que n'importe quel moutruche. C'est dire mon ignorance.

Cependant, au fur et à mesure de mes lectures et de mes réflexions, j'ai douté de la valeur religieuse de la Sainte-Vierge ; ses intransigeances m'irritaient.

Mais quand j'ai pu associer les endroits où elle avait laissé sa marque avec les atterrissages d'OVI (OVNI à l'époque), j'ai poursuivi plus avant mes recherches.

Je vais être brutal ; je ne crois pas qu'il faille un grand courage pour faire fi des préjugés, mettre de côté sa teinture catholique, et se dire tout simplement : **et si j'essayais autrement ?**

Un pas en avant en entraîne un autre.

C'est plus facile que d'arrêter de fumer ou de boire, car il n'y a aucune addiction, simplement un atavisme familial dont on peut se libérer sans grand effort. Encore faut-il vouloir l'accomplir.

Ce fut le cas aussi avec les pictogrammes champêtres ; je me suis rendu compte, au bout d'un certain nombre de pas (et d'années), qu'ils étaient le prolongement du Phénomène OVNI.

Constatation que j'ai voulu transmettre au lecteur.

Alors, avec ces nouvelles lunettes, on lit différemment les témoignages, on les soupèse et décortique autrement.

Ce qui amène à abandonner ce que tout le monde croit, et suit aveuglément sans dévier.

En définitive, ce qui est le plus délicat et difficile à admettre pour quelqu'un de non préparé, c'est l'amusement, base de travail, si j'ose dire, des Suivants de l'Abeille.

Néanmoins, une fois ce principe admis, le reste devient limpide.

Je pense avoir apporté seulement quelques lueurs sur un phénomène dont notre trop anémique éclairage ne peut dissiper toutes les ténèbres.

*   *   *

Raymond TERRASSE, L. A., S.M. / s.m. mai 2018.

BIBLIOGRAPHIE
* * *

Andres Alfaya : Le triangle des perturbations (R. Laffont).

E. Coarer-Kalondan : Les Celtes et les extra-terrestres (Marabout)

C. Fort : Le livre des damnés (éd. Des deux rives 1955)

Yves Chiron : Enquête sur les apparitions de la Vierge (J'ai LU).

J. Bouflet : Les apparitions de la Vierge (Calmann-Lévy).

Charles Bowen : En quête des humanoïdes (J'ai Lu)

H. Julien / H. Figuet : OVNI en Provence (Ed. de Haute-Provence)

Lob et Gigi : Le dossier des soucoupes volantes (Dargaud).

A.Gigal : égyptologie, revue Top Secret Hors série N° 4 et 6.

R. Maestracci : La Géographie secrète de la Provence.
(Cheminements).

G. Gruais et G.C. Mouny : Le grand secret des pyramides de Guizeh
Guizeh, au-delà du grand secret (Rocher).

T. Van De Leur : Parisis Code. Plusieurs volumes par thèmes.
Ed. LULU.com.

C. Lecouteux : Les nains et les elfes au Moyen-Âge. (Imago).

J.R.R. Tolkien : Faërie (C. Bourgeois)

J. Sider : Les E.T. avant les soucoupes volantes (J.M.G.)

J. Guieu : Les soucoupes volantes viennent d'un autre monde, et
Black-out sur les soucoupes volantes.(Fleuve noir).

I.L. Olyvier et J.F. Boedec : Les soleils de Simon Goulart
(Les Runes d'Or.)

J. Vallée : Chroniques des apparitions E.T. (Denoël).
Science interdite (OP éditions).

Shi Bo ; OVNI nouveaux dossiers chinois (Aldane).

H. Durrant : Premières enquêtes sur les humanoïdes E.T.
Les dossiers des OVNI (R. Laffont)).

A. Michel : M.O.C. (R. Laffont)

Phénomènes aérospatiaux non identifiés (La quatrième vitesse
cosmique : Pierre Marx (Le Cherche Midi).

L.C. Vtncent : Le paradis perdu de MU (Ed. de la Source).

G.A.B.R.I.E.L. : Les soucoupes volantes : Le grand refus ?
(Michel Moutet)

R. Terrasse : Amitié franco-mariale, et géométries ufologiques.
De l'écorce terrestre au Dieu inconscient.
De l'art rupestre à l'âme des robots.
Du fortéen au nombre d'or.
OVNI-A.M.-DUAT-OSMNI (LULU.com.).
Des OVMI de l'Abeille à la mort du pantin.

G. Legman : La culpabilité des templiers (Artefact).

L. Charpentier : Les mystères templiers (R. Laffont).
G. Leonard : Ils n'étaient pas seuls sur la lune (Belfond).
J. Markale : L'épopée celtique d'Irlande. (Payot).
E. Brasey : Nains et gnomes (Pygmalion).
E. Ruppelt : Face aux soucoupes volantes (France Empire).
B. Méheust : Soucoupes volantes et folklore (Mercure de France).
Père F. Brune : La Vierge du Mexique (Le jardin du livre).
X. Guichard : Eleusis-Alésia.
S. Tristan : Les lignes d'or (Alphéa).
G. Tarade : OVNI Terre planète sous contrôle (A. Lefeuvre)
            Soucoupes volantes et civilisations d'outre espace
            (J'AI LU)..
C. Garreau : Soucoupes volantes,20 ans d'enquêtes (Mame).
C. Garreau / R. Lavier : Face aux E.T. (J.P. D elage).
J.J. Vélasco / N. Montigiani : OVNIS L'évidence (Carnot).
C. Berlitz : Le triangle du dragon (Âge du Verseau).
S. Greer : Révélations (édi. Nouvelle Terre).
D. Coilhac : Les mystères cachés des châteaux (Axiome).
            Les châteaux de la Loire et Nostradamus décodés.
D. Louapre : Insoluble mais vrai ! (Flammarion 2017).
C. Hakenholz : Nombre d'Or et mathématique (Chalagam édition).
)D. Brown : Le symbole perdu (JC Lattès).
D. Icke : Race humaine, lève-toi ! (Macro édition).
C. Night / A. Butler : Who built the Moon ?
Les apparitions de Bayside (Nouvelles éditions Latines).
Les prophéties de Nostradamus (éditions Baudelaire)
REVUES : Sciences et Avenir : N° 830, 831, 832, 833, 834, 83 ; 837
            de Avril à Novembre 2016. Et 847 de septembre 2017, et
            854 avril 2018.
            Astronomie magazine N° 174 janvier 2015
            Monde Inconnu : N° 380, 381 de Juin-Juillet et Août-
            Septembre 2016. Et 387 de août-septembre 2017
            NEXUS N° 110 de mai-juin 2017.
            Science et Vie H.S. N° 280 septembre 2017.
            La revue des soucoupes volantes N° 5 (1978)
            J. et J. D' Aiguire.
            Atlantis N° 431 et 433
            Actualité de l'Histoire H.S. N0 15 décembre 1997.
            UFOVNI N° 87 4è trimestre 2008 de l'association GERU
            de Roubaix.
BD   Mission Kimono N° 13, 14, 14 De F. Nicole et J.Y. Brouard.
DVD   '' *Secrets et mystères du monde : les cercles de culture.*''
        Jupiter communications.